Pyhrn-Eisenwurzen

Inge und Rudolf Forster

Pyhrn-Eisenwurzen

Geschichte, Kultur, Natur, Ausflüge, Wanderungen und angenehme Plätze zwischen Alm- und Ennstal, Alpenvorland und Totem Gebirge in Oberösterreich

Mitarbeit:
Wolfgang Heitzmann und Udo B. Wiesinger

Herausgegeben von Othmar Pruckner

Falter Verlag

Für Stefanie, die uns begleitet hat

Dank
Eine der schönen Erfahrungen bei der Arbeit an diesem Reiseführer war die offene Aufnahme und bereitwillige Unterstützung durch viele Menschen in der Region. Besonderen Dank schulden wir Mag. Franz Sieghartsleitner und seinem Team im Verein Eisenstraße sowie unseren Mitautoren Mag. Wolfgang Heitzmann und Mag. Udo B. Wiesinger. Vielen Dank auch an Angela Ahrer, Karl Antensteiner, Herbert Brandner, Angelika Diesenreiter, Franz Ehrenhuber, Gerhard Fallent, Werner Freihofner, Horst Höller, Irma Huemer, Mag. Peter Horny, Heinrich Kieweg, Johann Kitzberger, Mag. Reinhold Kräter, Dr. Eva Kreissl, Franz Limberger, Alois Lindenbauer, Peter Mayer, Josef Mayr, Mag. Wolfgang Mühllechner, Siegfried Pesendorfer, Margareta Pichler, Eva Pötzl, August Pfaffenhuemer, Dr. Johannes Pfaffenhuemer, Andreas Renoldner, Manfred Rußmann, Hildegard Schmidberger, Karl Sieghartsleitner, Mag. Julius Stieber, Jörg Strohmann, Franz Wimmer, Frater Klaudius Wintz, Hermann Zangenfeind, Ilse Zeitlinger, Florian Ziegler.

Die Drucklegung dieses Buches wurde vom Land Oberösterreich gefördert.

ISBN 3-85439-203-6

1011 Wien, Marc-Aurel-Straße 9
Telefon 01/536 60-0, Fax 01/536 60-35

Umschlaggestaltung: Rainer Dempf
Umschlagfoto: Hinterstoder, Schiederweiher mit Spitzmauer
(Fotonachweis Seite 429)
Zeichnungen: Atelier Stolz
Karten: Thomas Pölz
Typografie: Christof Janitschek
Lektorat: Kirstin Breitenfellner
Produktion: Susanne Schwameis
Satz: Falter Satz, 1011 Wien
Druck: Landesverlag, 4010 Linz

Inhalt

Vorhergehende Seite:
In der Lehrwerkstätte der Steyr-Werke wird die handwerkliche Tradition noch hochgehalten

Fotos oben, von links nach rechts:
Sonnenuntergang am Hohen Nock, dem höchsten Gipfel des Sengsengebirges
Fluderanlage beim Waldhammer Roßleithen (Ausschnitt)
Einladung zur Rast: Jausenstation bei Hinterstoder
Blick vom Kremstal zur Kremsmauer und zum Toten Gebirge

Großes Foto:
Herbststimmung bei Spital am Pyhrn, im Hintergrund die Pyhrgasgruppe

*Orgel der Stiftskirche St. Florian, benannt nach ihrem berühmtesten Organisten: Anton Bruckner (li.)
Ein Original: Schalttafel im Kraftwerk Steyrdurchbruch bei Molln (re. oben)
Einst weit verbreitet, neuerdings wiederentdeckt: die Maultrommel (re. unten)*

Von den Alten noch immer verwendet: die Sense (li. oben)
Freizeitvergnügen auf dem Klauser Stausee (li. unten)
Ein selbstbewußter „Sensenherr": Caspar Zeitlinger und seine Familie vor dem Gradnwerk in Micheldorf (Ölbild von Franz X. Bobleter, 1838)
Paragleiterparadies: Ennstal bei Ternberg (re. unten)

Folgende Seite: Die Konglomeratschluchten der Steyr nördlich von Molln

Pyhrn-Eisenwurzen: Konflikte, Kontraste, Kultur und Kalkalpen

Pyhrn-Eisenwurzen. Wo sind wir hier eigentlich? Der Name klingt nach Autobahn und hartem Metall, nach Verkehr und Industrie. Und nicht nach Ferien, Urlaub, Natur, Ruhe und Erholung. Nein, der Name des Landstrichs – er liegt im südöstlichen Oberösterreich, reicht von der Donau über das Alpenvorland bis zur steirischen Grenze – klingt aufs erste nicht lieblich. Vielmehr läuft man Gefahr, sich an ihm die Zunge zu zerbrechen. Und schon in der Schule hatte man Schwierigkeiten, den Namen richtig zu schreiben.

«Der Pyhrn», als Kürzel für Pyhrnpaß, war und ist seit jeher einer der wichtigsten Verkehrswege durch die Ostalpen. Kelten, Römer, Slawen – Heerscharen, Pilger und Händler – mühten sich per pedes über den Paß. Im Zeitalter der Vollmotorisierung rollen auf der «Gastarbeiterroute» die Autokolonnen gegen Süden. In den Sommermonaten, so hat es den Anschein, kommt halb Europa hier vorbei.

Wen wundert's, daß dadurch Konflikte entstehen? «Der Pyhrn» war in der jüngeren Vergangenheit in den Medien weniger als Fremdenverkehrsregion, sondern vielmehr als Schauplatz heftiger Kämpfe von Naturschützern und Autobahnbauern präsent. Diese Schlacht ist geschlagen, die Autobahn bald fertig. Und damit ist es hoch an der Zeit, das Bild dieses Landstrichs wieder ins richtige Licht zu setzen. Denn wenige Schritte abseits dieser Transitroute ist die Pyhrnregion so schön und so friedlich wie eh und je. Und als wirkliches Trostpflaster haben die Naturschützer an einem anderen, nicht weit entfernten Schauplatz einen Triumph gefeiert: Sie retteten das Reichraminger Hintergebirge vor einer Riesenstaumauer und erkämpften den Nationalpark Kalkalpen. Der zählt nun zweifelsfrei zu den besuchenswertesten Zielen Österreichs. Er ist ein Symbol dafür, daß es sich lohnt, für eine gute Sache zu kämpfen. Natürlich wird er in diesem Buch ausführlich gewürdigt.

Bleibt noch die Frage, was es mit dem blumigen Namen «Eisenwurzen» auf sich hat. Gibt es hier Großindustrie? Sind die Täler erfüllt von Maschinengedröhn? Mitnichten. Vielmehr bewegt man sich in einem blühenden Landstrich, in dem kleine Schmieden, uralte Hammerwerke und archaisch anmutende Werkstätten verstreut sind. Hier wurde über Hunderte Jahre das Eisen des steirischen Erzbergs zu Nägeln, Draht oder Taschenfeiteln verarbeitet; und einige Betriebe produzieren noch heute Sensen und Sicheln. In kaum einer anderen Region findet man derart viel industriegeschichtliche Denkmäler auf so engem Raum. Viele von ihnen wurden im Rahmen der Landesausstellung 1998 unter dem Titel «Land der Hämmer – Heimat Eisenwurzen» zugänglich gemacht, und alle werden im weiteren ausführlich beschrieben. Allerdings – und um kein falsches Bild zu erzeugen: Man befindet sich in der Eisenwurzen auch durchaus auf der Höhe der Zeit. Der Bezirk Kirchdorf zählt zu den wirtschaftlich stärksten Regionen Oberösterreichs, wohl auch deshalb, weil sich hier alte Handwerkstradition mit technischem Geschick der Bewohner verbindet. Und Steyr, die alte Industriestadt mit dem wunderbaren Stadtkern, beherbergt eines der modernsten Motorenwerke Europas.

Was macht die Gegend für Touristen so besonders reizvoll? Sie ist ganz Österreich, und das in immens verdichteter Form. Sie ist der Übergang vom Reich der Vierkanthöfe, von den Hügeln und Feldern des Alpenvorlandes zum schroffsten aller Kalkgebirge. Ein Teil des Ennstales zählt ebenso dazu wie das Steyrtal, das Kremstal und das Almtal. In der Region liegt einer der meistbestiegenen Gipfel des Landes Oberösterreich, der Große Priel. Für Ausflügler und Naturfreunde sind in diesem Reiseführer die schönsten Wanderrouten beschrieben. Nicht zufällig finden sich hier auch wohlhabende und berühmte Klöster, zum Beispiel St. Florian mit seiner weltberühmten Bruckner-Orgel oder Kremsmünster mit dem einzigartigen «Mathematischen Turm». Und all jenen, die gerne essen und trinken, empfehlen wir eine Einkehr in wunderbaren Almhütten und ausgezeichneten Restaurants.

Die Pyhrn-Eisenwurzen ist, ohne falsches Pathos, ein Land der Berge, Flüsse, Hämmer und Stifte. Ein Land, wie geschaffen für Wanderer und Radfahrer, Kulturtouristen und Abenteurer, Wildwasserpaddler und Segelflieger. Es ist ein Land für all jene, die wenigstens für ein paar Tage Urlaub von Streß, Hektik, Lärm brauchen, und natürlich auch für jene, die sich – bei aller Sympathie für High-Tech! – eine kurze Pause von PC, Laptop und Internet gönnen wollen.

Wir wünschen Ihnen – mit diesem Buch als Begleiter – wunderschöne Tage in der Pyhrn-Eisenwurzen!

Naturerlebnis Pyhrn-Eisenwurzen

Wer wäre schon nicht gerne steinreich? Die Windischgarstner sind es im wahrsten Sinne des Wortes: Im Naturpark des Luftkurortes liegen rote und graue Felsbrocken, braune, blauschwarze und grünliche. Manche von ihnen sind vielfarbig gesprenkelt, andere wieder von feinen weißen Adern durchzogen, und einer schmückt sich sogar mit versteinerten Muscheln. Das bunte Baumaterial stammt aus einer Gegend, in der sich die verschiedensten geologischen Zonen kreuzen. So stumm sie auch daliegen: Sie erzählen die geradezu unglaubliche Geschichte vom Ursprung einer ganz besonderen Landschaft.

BUNTE STEINE

Am Anfang dieser Geschichte, vor einigen Milliarden Jahren, steht der sogenannte Urknall. Erst als sich unser Planet langsam abkühlte, bildete sich – ähnlich wie die Haut auf der Milch – eine feste Gesteinskruste. Kontinente entstanden und zerbrachen wieder – sie schwimmen bis heute, angetrieben durch Wärmeströmungen im oberen Erdmantel, wie Puzzleteile über den Globus. Wenn solche Kontinentalplatten zusammenstoßen, dann türmen sie unermeßliche Gesteinsmassen auf – auf diese Weise entstanden die Alpen und damit auch der Gebirgssaum zwischen der Voralpe (1770 m) und dem Großen Priel (2515 m), der die Pyhrnregion wie eine Mauer im Süden begrenzt.

Die ältesten Gesteine in der Pyhrn-Eisenwurzen, die sogenannten Werfener Schichten, sind mit 230 Millionen Jahren wirklich «steinalt». In diesen Sandsteinen und Schiefertonen, die man z.B. am Fuß der Haller Mauern findet, kann man noch deutlich die «Farben der Wüste» sehen: Sie wurden nämlich im heißen Wüstenklima von alten Gebirgen abgetragen und in Äquatornähe ins Meer geschwemmt. Dieses Tethysmeer reichte einmal bis ins Gebiet des heutigen Alpenvorlandes. So unglaublich es auch klingt: Die Kalkalpen entstanden aus den

Überresten von Milliarden Lebewesen (Plankton, Muscheln, Ammoniten), die vor etwa 200 Millionen Jahren auf den Boden dieses Meeres sanken. Das «Dach» der Haller Mauern und des Toten Gebirges besteht vor allem aus geschichtetem Dachsteinkalk, der über 1000 Meter mächtig werden kann und heute vollkommen verkarstet ist. Das Zentralplateau des Toten Gebirges und – in viel kleinerem Umfang – auch die Gipfelregion des Warschenecks (2388 m) zeigen sich den Bergsteigern als öde, stellenweise fast vegetationslose Wüste mit kahlen Kogeln und tiefen Dolinentrichtern. Jeder Wassertropfen, der dort oben aufschlägt oder aus dem Schnee schmilzt, verschwindet im Inneren der Berge, die durchlöchert sind wie ein Schweizer Käse. Der Grund dafür liegt in der chemischen Korrosion des Kalks durch das Wasser – ganz nach dem Motto «Steter Tropfen höhlt den Stein». Auf diese Weise entstehen auch die messerscharfen Karren, die Höhlen und Dolinenschächte, die im Toten Gebirge bis zu 500 Meter (!) tief sind. Man muß aber nicht unbedingt die Gipfel erklimmen, um den Karst zu erleben: Der Pießlingursprung bei Roßleithen ist eine jener Stellen, wo das

Im «bedeckten Karst»: der Brunnsteiner See auf der Wurzeralm

unterirdische Wasser durch unlösliche Gesteinsschichten an die Oberfläche gedrückt wird. So quellen hier zwischen 200 und 2000 Liter pro Minute aus dem dunklen Schlund – genug, um eine Stadt mit Wasser zu versorgen. Hübsch ist auch der Steyrursprung anzusehen, wo sich das Karstwasser unter dem riesigen Schuttstrom des Poppensandes sammelt und in armdicken Quellen aus dem Waldboden gurgelt. Nicht übermäßig groß, aber besonders eindrucksvoll entspringt auch ein Teil des Vorderen Rettenbaches am Südfuß des Sengsengebirges bei St. Pankraz: Hier drängt das kühle Naß manchmal unterhalb einer freistehenden Felsbrücke, der «Teufelskirche», hervor.

Doch zurück in die geologischen Urzeiten: Damals bauten Schwämme und Korallen in Küstennähe mächtige Riffe auf, deren Überreste wir heute noch im fast 2000 Meter hohen Sengsengebirge oder in der schroffen Kremsmauer (1599 m) erkennen können. Vor knapp 140 Millionen Jahren, am Anfang der Kreidezeit, begann die afrikanische Platte nach Norden zu drängen und leitete damit die ersten stärkeren Faltungsvorgänge ein. Die Sedimentpakete begannen nach Norden zu «wandern» und zerbrachen dabei in einzelne Decken. Als der Boden wieder sank, bildete sich das Gosaumeer, ein tropisches Tierparadies, in dem ein neuer Sedimentationszyklus einsetzte. Die Täler, aber auch z.B. der Pyhrnpaß, stammen in ihren Grundzügen aus dieser Phase der Gebirgsbildung. Schon während der der Kreidezeit vorangegangenen Jurazeit, also vor etwa 160 Millionen Jahren, entwickelte sich am nördlichen Kontinentalsockel vor der Küste der Tethys eine bis zu 1000 Meter tiefe Grabenzone. Die Ablagerungen, die sich an ihrem Rand sammelten, rutschten immer wieder lawinenartig in diese Rinne. So entstand der Flysch (das schweizerdeutsche Wort bedeutet soviel wie fließen), ein recht rutschfreudiges Sedimentgestein, das dann vor 65 Millionen Jahren von den Kalkalpen «überfahren» wurde und heute nur noch einen schmalen Saum am Nordrand der Alpen bildet (z.B. den Damberg bei Steyr).

Mit dem vorläufigen Abschluß der alpinen Gebirgsbildung vor rund 18 Millionen Jahren begann jedoch auch die mechanische Erosion am Gestein zu nagen. Wie die munteren Bäche beweisen, übernahm das Wasser den Hauptanteil an diesem Zerstörungswerk: Es dringt in Gesteinsritzen ein, dehnt sich beim Gefrieren aus und hinterläßt, wenn es wieder wärmer und damit flüssig wird, einen vergrößerten Spalt. Diese Sprengwirkung läßt mitunter ganze Felswände abplatzen, wie dies etwa an der Seehagelnordwand im Sengsengebirge oder in der Schermbergnordwand, der dritthöchsten Felsmauer der Alpen, immer wieder passiert. Nach heftigen Gewitterregen und nach der Schneeschmelze verwandeln sich Bäche und sogar trockene Rinnen in reißende Wasserstürze, wobei mitgeschwemmte Gesteinsbrocken den Untergrund bearbeiten. Das Ergebnis sind Klammschluchten und Wasserfälle wie die Dr.-Vogelgesang-Klamm bei Spital am Pyhrn, der Strumboding- und der Klinserwasserfall bei Hinterstoder, die Heindlbodenschlucht zwischen Steyrling und Stodertal, die Rinnerberger Klamm bei Leonstein, der Klausgraben bei Losenstein, die Schluchten des Reichraminger Hintergebirges, der Hölleitenwasserfall bei Großraming oder der Schreibachwasserfall oberhalb von Trattenbach. Damit ist die Geschichte unserer Berge aber immer noch nicht zu Ende: Sie werden – in geologischen Zeiträumen – weiter nach Norden wandern.

GEBOREN AUS EIS

Ihre landschaftliche Schönheit verdankt die Pyhrn-Eisenwurzen nicht zuletzt auch der wiederholten Vergletscherung während der Eiszeit, die vor etwa 1,8 Millionen Jahren begann und der Landschaft reichlich Kalt-Warm gab: Zeitweise lagen die Durchschnittstemperaturen um vier bis fünf Grad tiefer als heute, dazwischen herrschten aber auch gemäßigte Verhältnisse, und manchmal war es sogar deutlich wärmer als heute. In den Kältephasen – nachzuweisen sind mindestens sieben oder acht davon – versanken die Täler unter Hunderte

Meter hohen Eisströmen. Während der beiden letzten Kälteperioden, der Riß- und der Würm-Eiszeit, schwappten gewaltige Gletscherarme aus dem oberen Ennstal über den Pyhrnpaß und über den Buchauer Sattel herüber – zeitweise streckte das Eis seine glitzernden Zungen bis ins Gebiet um Kremsmünster und Großraming hinaus. Im Gebirge hobelte die kalte Pracht kräftig am Gestein und hinterließ schließlich ausgefräste Kare, die sich – wie im Fall des Almsees und der Ödseen, des Gleinker Sees und der beiden Feichtauer Seen – mit Wasser füllten, dazu all die formschönen Gipfel wie z.B. die allseits «zugespitzte» Spitzmauer bei Hinterstoder. Die dabei anfallenden Schuttmassen «fuhren» mit dem Eis bis in die Gletschervorfelder, wo sie schließlich, vermischt mit Sand und Lehm, als Moränenmaterial liegenblieben oder mit dem Schmelzwasser weiter hinausgeschwemmt wurden. Am Unterlauf der Steyr lassen sich anhand der Hoch- und Niederterrassen die Eiszeiten zählen. Als es wieder wärmer wurde, fräste das kühle Naß den heutigen Verlauf der Schluchten von Enns und Steyr aus dem zu Konglomerat verfestigten Schuttbett – am besten kann man das heute noch bei Molln nachvollziehen. An einigen Stellen stießen die Flüsse und Bäche am Grund des lockeren Konglomerats auf härtere Gesteine und mußten diese Schichten durchsägen. Das ist die Erklärung für die Entstehung des Steyrdurchbruchs bei Frauenstein – einst floß die Steyr nämlich durch das heutige Kremstal ab – und der mäanderförmigen Großen Schlucht im Reichraminger Hintergebirge. Noch eine Besonderheit verdanken wir dem Eiszeitgeröll: die Rinnende Mauer in der Steyrschlucht nördlich von Molln. Das Wasser, das sich dort im Konglomerat sammelt, tritt als einmalige Traufquelle aus dem Stein: Sieben Meter hoch tröpfelt und sprudelt es hier aus der Wand, und ein grüner Teppich von Moosen, Sumpfdotterblumen und Schaumkraut gibt diesem einmaligen Naturphänomen seinen würdigen Rahmen. Aber das gehört eigentlich schon ins nächste Kapitel.

EINE WELT IN GRÜN

Verschlungene Auwälder und ausgedehnte Fichtenforste, luftige Buchen-Tannen-Fichten-Mischwälder und subalpine Fichten- und Lärchenbestände bis zur etwa 1600 Meter hoch gelegenen Waldgrenze, an einzelnen Standorten wie etwa im Süden des Warschenecks auch Zirben und schließlich die oft undurchdringlichen Latschengürtel: das ist der grüne Mantel der Pyhrn-Eisenwurzen. Darunter gedeiht und blüht die bunte Vielfalt der heimischen Flora: Pflanzen wie z.B. Hundswurz und Frauenschuh, Silberwurz, Knabenkraut, Steinröserl oder die herzblättrige Kugelblume, die hier prächtig gedeihen, gibt's anderswo gar nicht mehr. Petergstamm und Jagablut, Enzian und Alpenrosen leuchten in der Pyhrn-Eisenwurzen übrigens nicht nur auf den hohen Bergen, wo sie eigentlich hingehören, sondern mitunter auch in tiefen, finsteren Schluchten: Das Wasser hat ihre Samen zu Tal geschwemmt, und in den Schlünden der Steyrschlucht, der Krummen Steyrling und des Reichramingbaches finden sie ihr gewohntes Mikroklima, sodaß sie auch hier zu blühen beginnen.

Nachdem vor rund 10.000 Jahren die letzten Eiszeitgletscher dahingeschmolzen waren, hat sich dieses Naturkleid jeweils nach der herrschenden Großwetterlage entwickelt: Die ersten waren die zwergwüchsigen Tundrenbewohner wie Fichte, Birke und Kiefer. Als es langsam wärmer wurde, folgten Erle und Eiche, mit zunehmender Feuchtigkeit gesellten sich schließlich auch die Buche und die Tanne dazu. Wo es heute noch die schönsten Wälder gibt? Manchmal gleich vor der Haustür, etwa in der Rosenegger Au, die über den Wehrgraben fast in die Eisenstadt Steyr hineinreicht und als Naherholungsgebiet sehr geschätzt wird. Manchmal auch ziemlich weit oben, z.B. rund um den Almboden der Feichtau am Nordabfall des Sengsengebirges.

Da verschiedene Publikationen immer wieder von einem Urwald sprechen: Einen solchen gibt es leider auch in der Pyhrn-Eisenwurzen nicht mehr. Wohl aber gibt es Waldbereiche, die nie ganz gerodet wurden und deren Baumbestand recht naturnah geblieben ist. Dazu gehört in erster Linie das fast 300 Quadratkilometer große Waldmeer des Reichraminger Hintergebirges, aber auch die Wetterbäume im Prielgebiet oder das Gebiet von der Wurzeralm bei Spital am Pyhrn nach Westen, der Tauplitzalm zu. Dort wächst vielleicht der schönste Wald von allen – und man kann rund fünf Stunden lang in einem wahren Naturpark aus Lärchen und Zirben dahinwandern. Die oft bizarr zerzausten Bäume, die man bis auf 2000 Meter Seehöhe gegen das Warscheneck zu finden kann, sind manchmal weit mehr als 1000 Jahre alt.

WASSERAMSEL UND SCHWARZSTORCH

Ganz bestimmt begegnet man hier so manchem Getier, das in diesem grünen Paradies kreucht und fleucht. Im Sengsengebirge etwa – auf drei Prozent der Landesfläche – leben noch 64 Prozent aller in Oberösterreich heimischen Schmetterlingsarten. Auch fast alle Vögel sind noch da: 1995 wurden das Sengsen- und das Hintergebirge von Birdlife Austria der EU-Kommission als «Important Bird Area» ausgewiesen. An den Gewässern kann man noch die Wasseramsel und den Schwarzstorch beobachten, in den Bergwäldern balzen noch Birk- und Auerhahn, auf alten Bäumen klopfen Weißrücken- und Dreizehenspecht. Das Krächzen des Kolkraben ist allgegenwärtig, wogegen man schon eine Portion Glück braucht, um einen Steinadler zu sichten. Öfter kreuzen Rehe und Gemsen den Weg und vielleicht auch einmal eine Ringelnatter oder eine Kreuzotter. (Keine Panik: Die suchen stets sofort das Weite.) Gering ist dagegen die Chance, einen Bären zu Gesicht zu bekommen – auch wenn Meister Petz immer wieder, aus dem Ötscherland kommend, durch die Eisenwurzen streift. Wer mehr über Flora und Fauna der Region wissen möchte, kann sich in Ternberg, am Kreuzberg bei Weyer oder in Hinterstoder auf Lehrpfaden näher informieren.

STÖRFAKTOR MENSCH?

Paradiesisch war die Gegend zwischen Enns, Steyr, Krems und Alm nur, bis die Menschen kamen. Im Edlbacher Moor bei Windischgarsten konservierte Getreidepollen belegen, daß der Mensch gegen Ende der Jungsteinzeit – also vor etwa 7000 Jahren – auch in der Pyhrn-Eisenwurzen damit begonnen hat, die natürliche Vegetation zu verändern. In den Höhlen des Warscheneckmassivs haben die Neandertaler gar schon vor 65.000 bis 45.000 Jahren, in der Warmphase der mittleren Würm-Eiszeit, nach Bären gejagt. Es dauerte noch einige Zeit, bis die Menschen großflächig in die Natur eingriffen – dafür taten sie es dann umso gründlicher: Schon im Mittelalter rodete man die Wälder für die Gewinnung von Siedlungsraum, Ackerland und Almboden. Wer es sich beispielsweise in der Jausenstation Baumschlagerreith bei Hinterstoder schmecken läßt, sitzt gleich zweifach auf historischem Grund: Reith kommt von «reuten», also von einer Rodung, und der Hausname Baumschlager spricht ohnehin für sich. Selbst ganze Bergzüge wie das Sengsengebirge erinnern an die ersten Pioniere – auf dem Hochgseng (heute Hochsengs) rückte man dem Wald mit Feuer zu Leibe und schuf weite Almflächen, die großteils wieder von Latschen erobert worden sind. Das fruchtbare Ackerland

Der Steinadler kreist im Sengsengebirge

der Traun-Enns-Platte, heute Standort der großen Vierkanthöfe der reichen Körndlbauern mit ihren Mais- und Rapsfeldern und dem durchdringenden Gestank nach Schweinegülle, dieses Land also war ursprünglich von dichten Buchenwäldern bewachsen. Die Eibe starb hierzulande aus einem ganz speziellen Grund aus: Sie war als vorzügliches Holz für Bogen geschätzt. Im Mittelalter hatte man schließlich auch die Wälder rund um den nahen Erzberg bereits derart geplündert, daß Kaiser Maximilian I. anno 1495 beschloß, eine eigene Waldordnung zu erlassen, um die Wiederaufforstung mit Brief und Siegel vorzuschreiben. Trotzdem herrschte vielerorts noch während des Dreißigjährigen Krieges Holznot, und viele Almhütten bestehen aus Spargründen heute noch aus Steinmauern.

Kraftwerk Klaus: Der Mensch gestaltet die Natur

Um die Mitte des 19. Jahrhunderts begannen die Forstbesitzer, schnellwüchsige Fichten stramm in Reih und Glied zu pflanzen, um damit rasch Geld zu machen. Die Rache der Natur ließ nicht lange auf sich warten: Die eintönigen Fichtenmonokulturen halten wenig Niederschlagswasser zurück und einem Sturm nur schlecht stand. So kam das Jahrhunderthochwasser plötzlich alle zehn Jahre, und nach dem Ersten Weltkrieg fegte ein Wirbelsturm im Hintergebirge den Baumschmuck ganzer Bergkuppen um. Dies war die Geburtsstunde der legendären Reichraminger Waldbahn, der man angesichts der inzwischen ausgesprengten Forststraßen – allein im Hintergebirge gibt es an die 300 Kilometer davon – nachtrauert. Es grenzt an ein Wunder, daß es dem Biologen Kurt Rußmann mit dem Alpenverein in den siebziger Jahren im allerletzten Augenblick gelang, ein Naturschutzgebiet für die Feichtaualm und den Kamm des Sengsengebirges zu erstreiten – die Planierraupen standen schon bereit. Erst heute sind da und dort erste Ansätze einer naturnahen und nachhaltigen Forstwirtschaft zu bemerken.

DAS ZEITALTER DER KRAFTWERKE

In der Zwischenzeit war auch die wilde Schönheit der Enns in einer Kette von Stauseen versunken. Auf der Suche nach neuen Verwertungsmöglichkeiten wandten sich die Ennskraftwerke dem benachbarten Steyrtal zu und planten bei Molln ein gigantisches Speicherkraftwerk: Der See in der Breitenau wäre größer gewesen als der Hallstätter See, und die Steyr wäre unterirdisch ins Ennstal hinübergeleitet worden. Die Bedenken wegen der häufigen Erdbeben in dieser Gegend wurden so lange in den Wind geschlagen, bis die Gläser wieder einmal wackelten. Die Betonmauer von Klaus war allerdings nicht mehr zu verhindern – der Stausee, der die tiefste und urtümlichste Schluchtstrecke der Steyr überflutete, hält im Gegensatz zum ursprünglich geplanten Speichersee zumindest seinen

Wasserstand konstant und wird heute als Freizeitgelände vermarktet.

Der nächste Schlag zielte auf das Reichraminger Hintergebirge, in dem eine Bürgerinitiative 1981 einen Testschießplatz für Noricum-Kanonen der VOEST verhindert hatte. Zum Feiern blieb keine Zeit, denn schon lagen die Berechnungen für zwei Speicherseen und die Ausleitung des Reichramingbaches, des längsten noch erhaltenen Bachökosystems der Ostalpen, auf dem Tisch. Quer durch alle Parteien und Wirtschaftsbereiche feierten Oberösterreichs Entscheidungsträger das Projekt einhellig als zukunftsträchtige Arbeits- und Energiebeschaffungsstrategie. Nur ein kleines Häuflein von Umweltschützern aus dem Ennstal erfrechte sich, gegen die emotionsgeladene und von Politikerfreibier unterstützte Prokraftwerksstimmung anzukämpfen. Mit Flugblättern, Broschüren, Diavorträgen, Politikervorsprachen, Protestaktionen, geführten Wanderungen und nicht zuletzt mit einer behutsamen touristischen Erschließung gelang es ihnen, einen Meinungsumschwung herbeizuführen. Zuletzt wollten es die Ennskraftwerke denn doch wissen und begannen im Sommer 1984 einfach draufloszubauen. Die Kraftwerksgegner besetzten die illegal eingerichtete Baustelle kurzerhand und behinderten die Arbeiten so lange, bis das Aus für die Stauseen von Seiten der Politik auch offiziell kam. Die vom Gericht wegen Besitzstörung verurteilten «grünen Spinner» mußten ihre Strafe jedoch selbst berappen.

Widerstand machte sich auch an anderen Fronten bemerkbar: Er formierte sich auf der Viehtaler Alm bei Kleinreifling, wo die OMV auf dem Grund der katholischen Kirche und mit dem Segen des Salzburger Erzbischofs nach Öl zu bohren versuchte. (Zur Erinnerung: Die Kalkalpen haben ja den Untergrund «überfahren», und Tausende Meter unter dem Kalk und Flysch vermutet man gewinnbringende Rohstoffe.) Und er formierte sich gegen den Fertigbau der Pyhrnautobahn, die das Tal der Teichl zerpflügt, das Transitverkehrsaufkommen, Lärm und Schadstoffe vervielfacht und die das Tal verwüstenden Schottergruben zu Goldgruben werden läßt, aber auch gegen ein geplantes Atommüllager im Bosruck und gegen die Zerstörung der Rinnenden Mauer bei Molln durch den größten Schotterbaron der Gegend. Immerhin konnten einige der schlimmsten Schäden verhindert werden, und so darf sich die Pyhrn-Eisenwurzen nach wie vor zu Recht als Naturregion bezeichnen. An der Steyr, im Reichraminger Hintergebirge, im Sengsen- und im Toten Gebirge besitzt sie tatsächlich einige der schönsten Kalendermotive Österreichs – man denke nur etwa an den Schiederweiher bei Hinterstoder, in dem sich der Große Priel, der höchste Gipfel der Region, spiegelt. Zu ihren kostbaren Schätzen zählen die Naturschutzgebiete am Almsee, am Gleinker See, auf den Planwiesen bei Leonstein, am Brunnsteiner See mit dem Teichlbodenmoor auf der Wurzeralm, am Glöcklteich bei Roßleithen, in den Haller Mauern, auf dem Bosruck und auf dem Kreuzberg bei Weyer. Sie besitzt zahlreiche geschützte Naturdenkmäler, eine stellenweise sehr hohe Dichte an Biobauern (wie etwa im mittleren Ennstal) und einige Gebiete, in denen sich die agrarische Kulturlandschaft – wie in der Pernzell bei Grünburg oder auf den heckenüberzogenen Hügeln um Losenstein – harmonisch in den Naturraum einfügt. In der Region gibt es schließlich auch innovative Ökoprojekte wie den Windkraftwerkspark bei Laussa oder die erfolgreiche ökosoziale Dorferneuerungsgemeinde Steinbach an der Steyr. Dazu kommt seit kurzem ein Nationalpark, der das «grüne» Image natürlich noch gewaltig stärkt.

Der Nationalpark Kalkalpen

Die Idee für den Nationalpark geht zurück auf den Alpenverein, der zunächst erreichte, daß das Sengsengebirge zum Naturschutzgebiet erklärt wurde, vor allem aber auf die Hintergebirgsschützer, die ihn schon 1982 als Alternative zum Speicherkraftwerk propagierten. 1989 leiteten die oberösterreichischen

Naturschutz- und Alpinvereine mit der «Mollner Erklärung» die konkreten Planungen dafür ein, 1990 wurde der Verein Nationalpark Kalkalpen gegründet. Bereits 1993 lag ein ausgereiftes Planungskonzept vor, das von der Weltnaturschutzunion IUCN (International Union for Conservation of Nature) als positive Leitlinie auf dem Weg zu einem international anerkannten Nationalpark gewürdigt wurde. Die IUCN definiert Nationalparks als «große Gebiete, in denen ein oder mehrere Ökosysteme durch menschliche Nutzung oder Inanspruchnahme in der Substanz nicht verändert werden, in denen Pflanzen- und Tierarten, geomorphologische und biologische Besonderheiten von besonderem Interesse für Wissenschaft, Bildung und Erholung oder Naturlandschaften von großartiger Schönheit vorhanden sind».

NATIONALPARK KALKALPEN

In der Zwischenzeit hatte die Landesregierung eine eigene Nationalpark-Planungsstelle in Leonstein und ein Forschungszentrum in Molln eingerichtet. Die vorprogrammierten Auseinandersetzungen mit den Grundbesitzern und Interessenverbänden, die dem Projekt naturgemäß zum Teil recht ablehnend gegenüberstanden, und mit den Naturschutzverbänden, die so manches Planungsziel verwässert sahen, gestalteten sich zäh bis heftig – obwohl (oder weil) mehr als 80 Prozent der Fläche des ersten Planungsabschnittes im Sengsen- und Hintergebirge den Österreichischen Bundesforsten gehören. Immerhin konnte 1997 ein erster, rund 200 Quadratkilometer großer Teil des Nationalparks oberösterreichische Kalkalpen offiziell eröffnet und einer Nationalparkgesellschaft zur weiteren Führung übergeben werden. Das gesamte Projekt umfaßt mit den oberösterreichischen Teilen des Toten Gebirges und den Haller Mauern eine Fläche von insgesamt etwa 600 Quadratkilometern – eine der größten Karstlandschaften und Trinkwasserreserven Europas. Ob es jemals realisiert wird, steht in den Sternen, aber eine Anbindung an das steirische Nationalparkprojekt Gesäuse ist in greifbare Nähe gerückt.

Als Wanderer oder Radfahrer wird man mit den komplizierten wissenschaftlichen Projekten des Nationalparks weniger in Berührung kommen als mit seinen touristischen Einrichtungen und seinen interessanten Bildungsprogrammen: Die markierten Wanderwege im Hintergebirge wurden bereits von den Naturschützern angelegt, die auch die ersten Radrouten von den Bundesforsten erstritten und den historischen Triftsteig durch die Große Schlucht als Klettersteig wieder begehbar gemacht hatten. Unter dem häßlichen Begriff «Besucherlenkungskonzept» wurde ein System entwickelt, das den zu erwartenden touristischen Andrang sinnvoll in die Außenzonen dirigieren soll, um die Kernzonen langfristig von jeder menschlichen Nutzung freizuspielen. Dies soll jedoch nicht durch Zwang und Verbote geschehen, sondern durch Angebote und Information – nach dem Motto: Nur was man kennt, schätzt man auch, und nur was man schätzt, schützt man. WOLFGANG HEITZMANN

AUSKUNFT Nationalpark-Informationsstellen: 4580 Windischgarsten, Hauptstraße 56, Tel. 07562/6137; 4463 Großraming, Kirchenplatz 3, Tel. 07254/8414; 4592 Leonstein, Obergrünburg 340, Tel. 07584/3651-0. Auskünfte auch über die Tourismusinformationen der Nationalparkgemeinden Großraming, Molln, Reichraming, Rosenau am Hengstpaß, Roßleithen, St. Pankraz, Weyer-Land und Windischgarsten. **LITERATUR** Die Nationalpark-Kalkalpen-Zeitschrift «Natur im Aufwind» erscheint vierteljährlich und kann kostenlos bezogen werden. Ein Buch mit dem Titel: «Natur im Aufwind – Der Nationalpark in den oberösterreichischen Kalkalpen» erschien 1997 (Linz).

Zur Geschichte der Eisenstraßenregion

Römer, Otakare, Habsburger – eine Region im Zentrum der österreichischen Geschichte

Über viele Jahrhunderte war das gesamte Eisenstraßengebiet durch ein Material verbunden – das Eisen. Es wurde am Erzberg gewonnen, zu Stahl verarbeitet, und in der ganzen Region entstanden daraus verschiedenste Produkte für den privaten, landwirtschaftlichen und gewerblichen Bedarf sowie auch Waffen, nach denen die Herrschenden verlangten. Die berühmtesten Produkte der Region waren die Sensen, die in die ganze Welt exportiert wurden. Doch wo liegen die politischen Wurzeln dieses Landes?

Zur Römerzeit entstanden bedeutende Verkehrswege. Die Alpenstraße führte – aus Aquileja, dem römischen Stützpunkt der Erschließung des Donauraums in Friaul, kommend – über den Pyhrnpaß und das Steyrtal bis Ovilava (Wels) sowie über Kremsmünster nach Lauriacum (Enns). An der Donau entlang führte die Limesstraße, von Wels über Ebelsberg und Enns bis St. Pölten die jüngere Binnenstraße. Eine zentrale Rolle spielte Enns/Lauriacum, das im Jahr 191 als Lager mit angrenzender Zivilstadt entstand. Die Römerherrschaft in Oberösterreich endete im Jahr 488.

Ab dem 8. Jahrhundert gehörte das heutige Oberösterreich zum bayerischen Stammesherzogtum. In der Eisenstraßenregion trafen die Bayern auf die aus dem Südosten eingewanderten Slawen, noch heute weisen zahlreiche Orts- und vor allem Flurnamen auf sie hin. Im Jahr 907 wurde die Enns zur Ostgrenze Bayerns und damit des fränkischen Reiches. Nach der Schlacht auf dem Lechfeld 955 entstand östlich der Enns die Ottonische Mark, die Keimzelle des babenbergischen Österreich. Seit dieser Zeit sind lokale Machthaber nachzuweisen. Die Grafen von Lambach errichteten wahrscheinlich in der zweiten Hälfte des 10. Jahrhunderts die Burg Steyr. Der herrschaftliche Mittelpunkt des Gebietes um Kirchdorf dürfte der Georgenberg bei Micheldorf gewesen sein.

DIE STEIRISCHEN OTAKARE

Die Herrschaft der Grafen von Lambach erstreckte sich im 11. Jahrhundert vom Hausruck bis zum Toten Gebirge und wahrscheinlich bis zur Enns. Durch Erbschaft dürften die aus dem Chiemgau stammenden steirischen Otakare, Traungauer Grafen, in das Gebiet gekommen sein. Die 985 erstmals erwähnte Styrapurc kam ein halbes Jahrhundert später in ihren Besitz. Mit der Herrschaft Steyr und der sich entwickelnden Stadt Enns beherrschten sie das Ennstal bis zur Donau und einen Großteil des Steyrtales, ihnen gehörte das Ischlland, das Trauntal und das Gebiet am Pyhrn. 1122 verlegten die Otakare, die auch Markgrafen der Kärntner Mark an der Mur waren, den Schwerpunkt ihrer Herrschaft von Steyr an die Mur.

Das entstehende Land wurde nach ihrer Hauptburg Steiermark genannt. Im 12. und 13. Jahrhundert begann die Bedeutung von Enns und Steyr durch ihre verkehrs- und handelspolitische Lage zu wachsen. Enns erhielt eine eigene Münzstätte – die erste auf dem Gebiet Oberösterreichs – und im Jahr 1212 das Stadtrecht.

Im Hochmittelalter kann man in Mitteleuropa nicht von genau abgegrenzten Landesgebieten sprechen. Das Staatswesen war von Personen bestimmt, die sich um geistliche und weltliche Fürsten und Hochadelige scharten. Im heutigen Oberösterreich waren die einflußreichsten Machthaber die steirischen Otakare. Sie beherrschten den Großteil des Landes. Über ihnen stand der Herzog von Bayern. 1180 wurde schließlich die Steiermark zum selbständigen Herzogtum. Aufgrund der 1186 auf dem Ennser Georgenberg geschlossenen Vereinbarung gingen die Besitzungen nach dem Tod des letzten der steirischen Otakare 1192 an die Babenberger über.

VON DEN BABENBERGERN ZU DEN HABSBURGERN

Im Vertrag von Ofen, 1254, der den Streit um das babenbergische Erbe vorläufig beendete, kam das Eisenstraßengebiet an Ottokar von Böhmen. Damals wurde die heute noch gültige Südgrenze Oberösterreichs zur Steiermark gezogen. In der Folge begann sich die Eigenständigkeit des Gebietes westlich der Enns gegenüber dem restlichen Österreich abzuzeichnen. Im Hochmittelalter entwickelte sich die Eisenstraßenregion als landesfürstliche Herrschaft Steyr zu einem großen geschlossenen Herrschaftsbezirk. Unter den Habsburgern wurde sie von Richtern oder Pflegern verwaltet, die ähnliche Rechte wie ein Landeshauptmann hatten. Erst im 15. Jahrhundert konnte der Hauptmann ob der Enns seine Befugnisse auf Steyr ausdehnen.

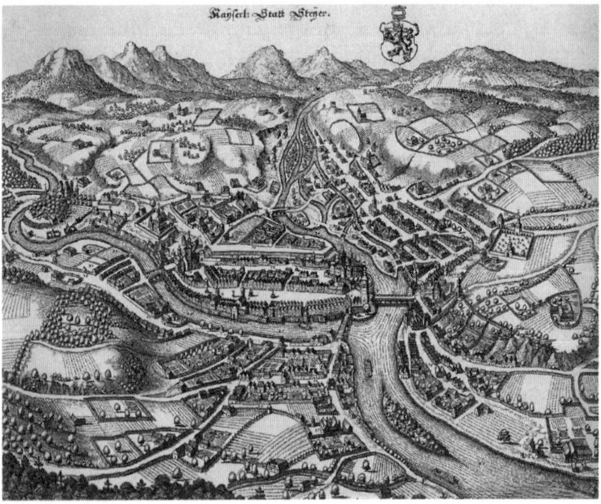

Steyr: Merian-Stich von 1649

Linz wurde erstmals 1490 als Hauptstadt des Fürstentums Österreich ob der Enns genannt.

Während es in einigen Regionen Österreichs infolge der Pest im 14. und 15. Jahrhundert zu einer starken Reduktion der Bevölkerung kam, verdichtete sie sich in der Eisenregion. Steyr zählte im Jahr 1543 6416 Einwohner und war damit die drittgrößte Ansiedlung auf der Fläche des heutigen Österreich – nach Wien und Schwaz in Tirol. Linz hatte damals etwa 2500, Enns etwa 2000 Einwohner.

1666 erwarb der damalige Reichsgraf von Lamberg die Herrschaft Steyr vom Kaiser – die Familie behielt die Herrschaft und das Schloß Steyr bis zum Ende des Zweiten Weltkriegs, als die umfangreichen Waldungen in den Besitz der Bundesforste übergingen. 1783 erhielt Oberösterreich eine eigene Landesregierung, 1861 schließlich wurde es zum selbständigen und gleichberechtigten «Erzherzogtum Österreich ob der Enns». Unabhängig von den Landesgrenzen behielt jedoch die vom Eisen bestimmte Region ihren engen wirtschaftlichen und kulturellen Zusammenhang.

Der Erzberg – Eisen für die Region

Der steirische Erzberg erhebt sich aus dem von schroffen Bergwänden umgebenen Eisenerzer Talkessel, den er mit einer Höhe von 1500 Metern um 830 Meter überragt. Die Erzlagerstätte selbst ruht auf älteren Schichten und tritt auf der Nord- und Westseite des Berges in einer Mächtigkeit von 150 bis 200 Metern größtenteils frei zutage. Das Lager enthält neben hochwertigem Eisenspat auch Verbindungen, deren Verhüttung zwar möglich, aber nicht wirtschaftlich ist. Der Erzberg stellt die bedeutendste Erzlagerstätte der Alpen und das größte Vorkommen von karbonatischem Eisenerz in Europa dar. Ans Licht der historischen Quellen trat der Erzberg erst nach der ersten Jahrtausendwende. Um ihn rankt sich eine Vielzahl von Mythen und Sagen. Die schönste sei hier kurz wiedergegeben: *In einer Grotte zeigte sich oftmals ein Wassergeist. Männer bemächtigten sich seiner durch List, indem sie Speise und berauschenden Trank aufstellten und mit Pech beschmierte Kleidung hinlegten. Der Wassermann zog die Kleidung an und wurde gefangen. Um wieder freizukommen, macht er folgende Angebote: «Ein goldener Fuß, doch Gold bald schwinden muß. Silbernes Herz, die Zeit verzehrt's. Ein eiserner Hut hält lang und gut. Drum wählet gut, so habt ihr gnug.» Als die Männer sich für den eisernen Hut entschieden, wies der Wassergeist auf den Erzberg.*

Seit dem 8. Jahrhundert wird hier Erz gewonnen, zunächst im Tagbau, dann im Grubenbau, später wieder im Tagbau. Seit etwa 100 Jahren wird das Erz in Etagen abgebaut. Heute besteht der Erzberg aus 21 Etagen von durchschnittlich 24 Metern. Im Verlauf der Geschichte wurden hier über 200 Millionen Tonnen Erz gewonnen; noch in den sechziger Jahren wurden jährlich drei Millionen Tonnen Erz abgebaut, heute ist es nicht einmal mehr die Hälfte, und um das Jahr 2000 soll der Bergbau ganz eingestellt werden. Ansätze, den Erzberg zu einem großen Industriemuseum unter Nutzung der Geräte umzugestalten, gibt es bereits; schon jetzt kommen jährlich etwa 70.000 Besucher.

REGIONALE ARBEITSTEILUNG ALS MOTOR FÜR DIE REGIONALENTWICKLUNG

Die einzelnen Glieder der Organisation des Eisenwesens waren die Radmeister, die den Abbau am Erzberg und die Verhüttung des Erzes betrieben, die Hammermeister, die für die Weiterverarbeitung des Eisens zu Halb- und Fertigfabrikaten sorgten, und die Händler, die sowohl den Handel mit Eisenwaren als auch den mit Lebensmitteln zur Versorgung der Erzeugungsgebiete betrieben. Die Gründe für das Entstehen einer regionalen Arbeitsteilung lagen vor allem in der Notwendigkeit, die Ressourcen der gesamten Region in möglichst rationeller Weise zu nutzen. In engem Zusammenhang standen: der Erzabbau am Erzberg, die Verhüttung in Vordernberg und Innerberg, die Verarbeitung im Kleineisengewerbe der gesamten Region mit lokalen Schwerpunkten, der Handel innerhalb der Region und nach außen, die Landwirtschaft als Lieferant von Lebensmitteln für Bergbau und Produktionsbetriebe, die Holzwirtschaft als wichtigste Energiequelle neben der Wasserkraft und schließlich zahlreiche weitere Sparten, wie Versorgungs- und Reparaturhandwerke, Tavernen, Vorspanndienste usw.

WASSER ALS TRANSPORTWEG UND ENERGIETRÄGER

Entscheidend für die Entwicklung des eisenverarbeitenden Gewerbes und später auch der ersten industriellen Betriebe waren Bäche, die als Transportwege dienten und die notwendige Energie für den Antrieb der Wasserräder lieferten.

Die Wasserkraft wurde in verschiedenen Phasen der Eisenproduktion eingesetzt. Die Schmelzhütten in Innerberg und

Ennsflößer (um 1940)

Vordernberg – Radwerke genannt – erhielten sogar ihren Namen von der Nutzung der Wasserkraft mittels Wasserrädern. Einen wesentlichen Schub bewirkte der Einsatz der Wasserkraft im Bergbau. Die Verwendung leistungsfähiger Pumpen bei der Entwässerung der Gruben ermöglichte ein wesentlich tieferes Vordringen unter Tag. Daneben waren es aber vor allem die zahlreichen kleineren und größeren Hammerwerke und Schmieden überall im Land, die ohne entsprechendes Wasserangebot nicht funktionsfähig gewesen wären. Diese Nutzung des Wassers reicht in Österreich weit über die gewerbliche Produktion hinaus in die industrielle Phase. Zum Unterschied von anderen Industriegebieten, die im 19. Jahrhundert vor allem durch den Einsatz von Dampfmaschinen ihre Bedeutung erhielten, war beispielsweise in der Österreichischen Waffenfabrik im Steyrer Wehrgraben, der größten Waffenschmiede der Monarchie, die Wasserkraft der zentrale Energieträger. Reste überdimensionaler Wasserräder legen davon noch heute Zeugnis ab.

In mehrfacher Hinsicht dienten die Bäche und Flüsse der Region als Transportwege. Das in den großen Wäldern geschlägerte Holz wurde über Triftsysteme abwärts geschwemmt. Ein Teil des Holzes ging – zu Flößen zusammengestellt – weiter flußabwärts. Die Flöße wurden auf Enns und Steyr zum Transport von Eisen, Eisenwaren und anderen Produkten genutzt. Die Enns wurde nach Errichtung eines Treppelweges auch für Schiffe befahrbar, die von Pferden flußaufwärts gezogen wurden.

DER WALD

Holz als Rohstoff für Holzkohle und damit als die entscheidende Energiequelle für die Eisenverarbeitung stellte bis weit ins 19. Jahrhundert hinein einen zentralen Faktor für das Funktionieren des Eisenwesens dar. Die Wahl der Standorte für die Eisenbetriebe richtete sich wesentlich nach der Verfügbarkeit von Holzkohle. Im Lauf der Jahrhunderte erhöhte sich der Holzbedarf sehr stark, sodaß immer wieder neue Waldgebiete zur Versorgung erschlossen werden mußten. Oftmals kam es zu Übernutzungen, und der Staat versuchte in Form von Waldordnungen einzugreifen.

KUNST UND KULTUR AN DER EISENSTRASSE

Zahlreiche Denkmäler religiöser und weltlicher Herkunft zeugen heute noch von der wechselvollen Geschichte der Region. Das Eisenwesen prägte über viele Jahrhunderte nicht nur die Wirtschaft und das soziale Leben, sondern auch Kunst und Kultur. Augenfällig ist auch heute noch der damalige wirtschaftliche Reichtum, der in den Städten und Märkten in der Architektur der Bürgerhäuser seinen Niederschlag fand. Man sprach nicht umsonst – etwa in bezug auf Weyer – von «goldenen» Märkten. Herausragende Beispiele für diese bürgerliche Architektur sind insbesondere am Stadtplatz von Steyr zu finden.

Hausklingel in Weyer

Zu den bedeutenden sakralen Bauten der Region, die mit dem wirtschaftlichen Aufschwung in Zusammenhang stehen, gehört die gotische Stadtpfarrkirche von Steyr.

Im 16. und 17. Jahrhundert entwickelten besonders der Adel und das protestantische Bürgertum weitreichende kulturelle Interessen. Die einzige der damals entstandenen Adelsbibliotheken, die erhalten blieb, ist die Lambergsche Bibliothek in Steyr, die nun auch wieder zugänglich ist. Die übrigen Sammlungen gingen im Zuge der Gegenreformation verloren. Die Barockzeit brachte zahlreiche bedeutende Bauwerke hervor, Adel und Geistlichkeit ließen Schlösser, Klöster, Kirchen und Kapellen neu errichten. Das städtische Bürgertum beschränkte sich vielfach auf eine Barockisierung der Fassaden, wie Beispiele am Stadtplatz von Steyr belegen. Bei vielen Bauten trat neben der Funktion der Symbolcharakter in den Vordergrund, vor allem bei den monumentalen Anlagen der Klöster und Kirchen. Die Steyrer Michaelskirche, ab 1630 zusammen mit dem Jesuitenkollegium errichtet, stellt durch ihre Größe und Lage ein mächtiges Symbol der Gegenreformation dar.

Aus dem Bereich der Eisenverarbeitung sind vor allem einige Ensembles von Schmiedebetrieben erhalten geblieben. Das bedeutendste findet sich in Micheldorf und stellt heute eine Kombination aus musealer Nutzung in Form eines Sensenschmiedemuseums und aktueller Produktion der Firma Caspar Zeitlinger dar. Ähnlich eindrucksvoll ist das in waldige Hügel und zackige Felsen eingebettete ehemalige Sensenschmiedewerk Schmiedleithen in Leonstein. An manchen Orten stehen noch die schloßartigen Wohnhäuser der einstigen «schwarzen Grafen», etwa in Laussa oder Molln. Mitunter wurden ganze Orte oder Täler von der Eisenverarbeitung geprägt, wie am Ortsbild von Steinbach an der Steyr oder in Trattenbach noch heute zu sehen ist.

Architektonisch besonders eindrucksvoll sind die großen Speichergebäude, in denen die Produkte der Region und die zur Versorgung nötigen Lebensmittel gelagert wurden. Genannt seien hier die Speicher in Weyer – Ausstellungsort im Rahmen der Landesausstellung 1998 – und der 1612 errichtete Innerberger Stadel in Steyr.

Wenig geblieben ist von den historischen Methoden der Waldbewirtschaftung und Holzbringung. Auch die Flüsse stellen sich durch die Regulierungsmaßnahmen und Kraftwerke heute in einem anderen Bild dar als zur Zeit der Hochblüte des

Eisenwesens. Nur wenige Reste von Klausen oder Rechenanlagen sind erhalten geblieben.

Ähnliches gilt auch für die historischen Transportmittel und -wege. Die Straßen wurden – nur zum Teil auf den alten Trassen – den modernen Erfordernissen angepaßt. Die Treppelwege an der Enns verschwanden in den Stauseen der Kraftwerke, und die Steyrtalbahn wird nur mehr in musealer Form betrieben.

Mehr Spuren hinterließ die Zeit des Übergangs zur Großindustrie. Hier ist es besonders der Wehrgraben in Steyr, der heute noch zumindest in Ansätzen ein Bild der Entwicklungen des 19. Jahrhunderts vermitteln kann. Einige erhaltene – wenn auch neuen Nutzungen zugeführte – Fabriksobjekte des 19. Jahrhunderts, die Arbeitersiedlung Eysnfeld, die Unternehmervillen Wasservilla im Wehrgraben und Schloß Vogelsang hoch über dem Tal, Sozialeinrichtungen wie die Schwimmschule und als Lebensader des gesamten Ensembles das über viele Jahrhunderte als Energieträger genutzte Wehrgrabengerinne geben einen Eindruck davon, welche Bedeutung dieser Steyrer Stadtteil einst hatte.

In Verbindung mit dem Eisenwesen stehendes Brauchtum – wie etwa der Schmiedejahrtag, der an vielen Orten gefeiert wurde – wurde teils nie ganz aufgegeben, teils in letzter Zeit wiederbelebt.

HOCHBLÜTEN UND KRISEN

Die Geschichte der österreichischen Eisenerzeugung ist von vielen Schwankungen gekennzeichnet, die sich auf die soziale Lage der Bevölkerung auswirkten. Ab dem 14. Jahrhundert setzte ein Aufschwung ein, endend in einer Hochblüte im 16. Jahrhundert. Damals hatte die Steiermark einen Anteil von 20 bis 30 Prozent an der europäischen Eisenproduktion. Das aus Innerberg/Eisenerz kommende Eisen wurde von den Steyrer Händlern nach Deutschland, Westeuropa und sogar bis Indien exportiert. Reformation und Gegenreformation, die Abwanderung von Fachkräften, Streitigkeiten zwischen den Produzenten sowie der Verlust von Absatzgebieten nach dem Dreißigjährigen Krieg führten zu einer schweren Krise. Auch während des 17. Jahrhunderts hielten die Schwierigkeiten an.

Im Jahr 1625 wurde die Innerberger Hauptgewerkschaft von Kaiser Ferdinand II. als erster europäischer Großkonzern gegründet. Zu ihr gehörten alle Radwerke und «welschen» Hämmer der Region mit den zugehörigen kleinen Hämmern, allen Gebäuden, Grundstücken und Wäldern, die Eisenhandelsgesellschaft in Steyr, der gesamte Verlag, nicht jedoch die Hammerwerke, die Endprodukte erzeugten. Die Betreiber der in die Gesellschaft einbezogenen Unternehmen erhielten je nach dem Wert ihrer Betriebe Einlagescheine und wurden zu Gesellschaftern. Bald sammelte jedoch die Gesellschaft unverkäufliche Lager an und wäre in den siebziger Jahren beinahe in Konkurs gegangen.

Erst Ende des 17. Jahrhunderts kam es wieder zu einem Aufblühen des Eisengewerbes und des Handels, Ende des 18. Jahrhunderts wurde der Höhepunkt der Entwicklung erreicht, die Franzosenkriege brachten jedoch wieder erhebliche Einbrüche. Seit dem 18. Jahrhundert verspürten die heimischen Produzenten und Händler zunehmend internationale Konkurrenz. Zum einen war es die technische Überlegenheit ausländischer Erzeuger, zum anderen der Preisdruck rivalisierender Produzenten und Händler in der Region selbst, die zu Problemen führten.

Im Vormärz erlebte das Eisenwesen in Österreich nochmals eine kurze Blüte. Zwischen 1800 und 1850 stieg die Produktion um 300 Prozent. Allerdings beruhte dieser Aufschwung nicht auf der Einführung neuer Technologien, dem wesentlichen Faktor für die Vormachtstellung Englands in der Schwerindustrie. In Österreich kam es nur probeweise zum Ersatz von Holzkohle durch Koks, zum Einsatz von Dampfmaschinen und anderen neuen Techniken. Der Vorteil des Standortes lag vor allem in den niedrigen Erz-, Holz- und Transportkosten.

Die zweite Hälfte des 19. Jahrhunderts brachte schließlich den endgültigen Niedergang des Kleineisengewerbes in der Region. Für diese Entwicklung gab es zahlreiche Ursachen. Im Zuge der Liberalisierung der Wirtschaft kam es zur Einführung der Gewerbefreiheit und zur Liberalisierung der Handelspolitik, die zu einer Begünstigung von ausländischer Konkurrenz führte. Vor allem war es der Rationalisierungs- und Konzentrationsprozeß, der die Konkurrenzfähigkeit kleiner Betriebe zerstörte. In Steyr gab es im Jahr 1859 noch 175 Betriebe des Kleineisengewerbes, 1886 waren es nur mehr 51 – die Zahlen sanken in den folgenden Jahren weiter dramatisch. Nur wenige Unternehmen schafften den Übergang zur Großindustrie, in der oberösterreichischen Eisenregion vor allem Josef Werndl mit seiner Steyrer Waffenfabrik und – wesentlich später – die Sensenindustrie in Scharnstein. Der Niedergang der Kleineisenindustrie führte zu einer Verarmung und zur Entvölkerung ganzer Täler.

Doch auch die Großindustrie war in hohem Ausmaß konjunkturabhängig. Die Steyrer Waffenfabrik etwa war durch häufige und extreme Schwankungen der Beschäftigtenzahlen ge-

Werndlsche Fabriksanlagen im Steyrer Wehrgraben

kennzeichnet. Ihr Nachfolgebetrieb – die Steyr-Werke – erlebte vor dem und im Ersten Weltkrieg eine Hochkonjunktur, die einseitige Ausrichtung auf Waffenerzeugung zog aber nach dem Ersten Weltkrieg eine lange Krise nach sich, aus der auch der Aufbau neuer Produktionszweige – vor allem der Automobilerzeugung – keinen echten Ausweg bot. Ab 1938 trat wiederum die Rüstungsproduktion, diesmal im Dienste des Nationalsozialismus, in den Vordergrund. Nach dem Zweiten Weltkrieg festigten die Steyr-Werke mit neuen Produkten ihre Stellung als wichtigster Industriebetrieb der Region, bis die europaweite Krise der Schwerindustrie und strukturelle Mängel in den achtziger Jahren zur Aufteilung des Unternehmens führten. In dieser Zeit begann der Aufstieg des BMW-Motorenwerks in Steyr zum bedeutendsten Industrieunternehmen der Stadt.

Ab den fünfziger Jahren kam es zum endgültigen Verschwinden der noch bestehenden Reste der traditionellen Kleineisenindustrie – mit Ausnahme von zwei heute noch bestehenden Sensenwerken in Laussa und Roßleithen. Manche Unternehmen fanden Wege des Übergangs von traditioneller Erzeugung zu zeitgemäßen Produkten wie Türbeschlägen oder Fahnenmasten.

Bemerkungen zur Sozialgeschichte

Im 13. Jahrhundert gab es im steirischen Eisenwesen bereits eine berufliche Differenzierung von Meistern, Schmieden und ihren Gehilfen, Eisenschmelzern und Verarbeitern. Mit der Einführung der Wasserkraft erfolgte die endgültige Trennung von Bergleuten und Eisenverarbeitern. Die Organisation der Berufslaufbahn wich über lange Zeit von den in den Handwerkszünften üblichen Regelungen ab. Die Arbeit an den schweren Hämmern, bei der Holz-, Kohlen- und Rechenarbeit stellte für viele eine Aufstiegsmöglichkeit aus dem bäuerlichen Dienst dar und für unehelich Geborene, denen der Zugang zu den Zünften verschlossen war, die Möglichkeit zu arbeiten.

BERGBAU UND HÜTTENWESEN

Der Abbau der Erze erfolgte bis ins 18. Jahrhundert rein händisch. Die Vernetzung der Berufe war eng. Ein Arbeiter in der Grube gab rund acht anderen Arbeitern Verdienstmöglichkeit und schuf, wenn man eine Familie auf drei Personen annimmt, für 24 Menschen Unterhalt. Nicht eingerechnet sind die Fuhrleute, Wagner, Schmiede, Wirte und Bauern, die alle vom Eisenhandel Nutzen zogen.

Bauxitabbau in Unterlaussa (hist. Aufnahme)

Die Arbeitszeit am Berg betrug in Innerberg schon um 1540 acht Stunden täglich, in den übrigen Bereichen war sie jedoch wesentlich länger. Die besondere Bedeutung des Eisenwesens in Kriegszeiten führte dazu, daß die Bergknappen und später alle im Montanwesen Beschäftigten vom Militärdienst befreit waren.

Anfänge der Versorgung von Alten und Kranken in Form sogenannter Bruderladen reichen bis ins 16. Jahrhundert zurück. Schon im 18. Jahrhundert entwickelte sich daraus eine spezifische Form der Sozialversicherung. Damit war die soziale Absicherung im Montanwesen wesentlich besser als in anderen Sektoren und vor allem besser als später zur Zeit der Industrialisierung im 19. Jahrhundert. Im Berggesetz von 1854 wurden die bisher freiwilligen Unterstützungskassen dann zu Pflichtversicherungen umgewandelt. Die Arbeitsbedingungen waren häufig katastrophal und Arbeitszeiten von bis zu vierzehn Stunden täglich, Frauen- und Kinderarbeit die Regel.

DIE SCHMIEDE

Die Lebens- und Arbeitsbedingungen der Schmiede waren keineswegs einheitlich. Ein Nagelschmiedmeister in Losenstein im 19. Jahrhundert war zwar in seiner Rechtsstellung einem Micheldorfer Sensenschmiedmeister ähnlich, in seiner sozialen Lage jedoch in einer grundsätzlich anderen Situation. Die Nagelschmiede gehörten zu den ärmsten Schichten unter den eisenverarbeitenden Betrieben, die Sensenschmiede, die eine besondere Stellung innerhalb der verschiedenen Schmiedeberufe einnahmen, wurden als schwarze Grafen bezeichnet. Ihre Bedeutung wuchs vor allem im 16. Jahrhundert mit dem Entstehen einer zünftischen Organisation und der Formulierung von Handwerksordnungen.

Träger des Handwerks waren die Sensenschmiedmeister, zusammengeschlossen in der Zunft, z.B. in der Kirchdorf-Micheldorfer Sensenschmiedezunft. Nach außen war die Zunft streng abgeschlossen, Nichtmitglieder waren als unredliche Meister starken Behinderungen im Handel ausgesetzt. Dies betraf beispielsweise Meister, die in einer von Adeligen, Bürgern oder Bauern eingerichteten Werkstätte arbeiteten. So stießen etwa die ersten Gründungen von Sensenwerken in Scharnstein durch Helmhart Jörger auf erbitterten Widerstand der eingesessenen Kirchdorf-Micheldorfer Meister. Jörger, ein Adeliger, war ja kein Meister und griff mit seinen Gründungen in die Rechte des Handwerks ein.

Eine wichtige Funktion der Zünfte war die Ausbildung des Nachwuchses. Die Aufnahme der Jungen war an bestimmte Voraussetzungen gebunden, vor allem die eheliche Geburt. Nach dreijähriger Lehrzeit wurde der Junge vor dem gesamten Handwerk «freigesprochen». Innerhalb der Knechte gab es hierarchische Unterschiede, nur die höchstgestellten Berufsgruppen hatten beständig bei einem Meister Arbeit. Im 17. Jahrhundert wurde der Aufstieg vom Knecht zum Meister immer schwieriger, viele Gesellen blieben ein Leben lang unselbständig. In die Meisterschaft rückten fast ausschließlich die Kinder von Meistern nach. Insgesamt waren – etwa um 1800 – bei einem Sensenhammer neunzehn Arbeiter mit verschiedenen, genau definierten Tätigkeiten beschäftigt.

Eine Gefahr für die herausragende Stellung der Kirchdorf-Micheldorfer Sensenschmiede bildete die Auswanderung von Gesellen und Meistern, die sich vom Verbot der Abwanderung nicht abhalten ließen und für die Verbreitung der Methoden und für die Errichtung von Betrieben in den Bereichen der Absatzmärkte sorgten. Zahlreiche protestantische Schmiede wurden im Zuge der Gegenreformation vertrieben und in Bayern und anderen deutschen Gebieten als Fachkräfte freudig aufgenommen. Zur Zeit Maria Theresias verboten Auswanderungspatente die Abwanderung von Sensenschmiedmeistern und -gesellen aus den österreichischen Erbländern bei Todesstrafe!

Daneben gab es die Verpflichtung zur Wanderschaft, der Gesellen seit dem Ende des 14. Jahrhunderts unterlagen. Sie führte im Laufe der Zeit nicht nur zu einem intensiven Austausch von Fachwissen, sondern brachte auch immer wieder neue Ideen, auch politischer Art, ins Land. Im 19. Jahrhundert trug diese Einrichtung zur Ausbreitung des Gedankenguts und der Forderungen der Arbeiterbewegung bei.

Die Arbeits- und Lebensbedingungen vieler Arbeiter, vor allem in den niedrigeren Funktionen, waren meist sehr schlecht. Mitunter formierte sich daher auch Widerstand. In den Jahren 1740 und 1764 gab es Aufstände der Losensteiner Nagelschmiedgesellen, 1757 eine Empörung der Traunviertler Sensenschmiedknechte, die eine Verdrängung durch ungelernte Arbeitskräfte befürchteten. Um die Arbeiter zu zerstreuen und die Ordnung wiederherzustellen, mußte jeweils aus der Linzer Garnison Militär herbeigerufen werden.

DIE «SCHWARZEN GRAFEN»

Die Sensenschmiede hatten eine spezifische Kultur, die am ehesten als bürgerlich bis großbürgerlich zu beschreiben ist und im Gegensatz zu der der Bauern stand. Während die Sensenschmiede und Hammerherren in der Steiermark nicht selten als Großunternehmer auch geadelt wurden, blieben die oberösterreichischen Gewerken Handwerker. Ihr «Adelswappen» war das Meisterzeichen, das nicht nur in die Sensen geschlagen wurde, sondern auch Familienzeichen war.

Sensenhammer

Die im 18. Jahrhundert zu Wohlstand gekommenen Gewerkenfamilien betrieben meist auch selbst eine Landwirtschaft, um eine weitgehende Autarkie des Unternehmens zu erreichen. Einige der erhaltenen Ensembles, etwa in Micheldorf oder Leonstein, zeigen heute noch diese Elemente des Zusammengehörens von Produktion, Wohnen und landwirtschaftlichem Betrieb.

DIE HÄNDLER

Handel durfte lange Zeit nur von den Stadtbürgern betrieben werden. Zahlreiche Regelungen schützten die privilegierten Händler vor Konkurrenz. Ins Land kommende fremde Händler durften nur in den Städten kaufen und verkaufen, der Handel mußte mit Vermittlung der heimischen Bürger betrieben werden. Auf dem Land produzierte Güter, die über den Eigenbedarf hinausgingen, mußten auf den städtischen Märkten angeboten werden – nur auf den Jahrmärkten oder Kirchtagen war kurzfristig der Handel auch auf dem Land erlaubt.

Die Eisenhändler waren über einen langen Zeitraum die eigentlichen Beherrscher des Eisenwesens. Sie lieferten das Kapital zur Umstellung von kleinen Hammerwerken zu den großen

Betrieben mit Anwendung der Wasserkraft und beherrschten die gesamte Weiterverarbeitung durch das System des «Verlags»: Durch das laufende Vorstrecken von Geld und Rohstoffen mit der Auflage, das Endprodukt nur an den Verleger zu verkaufen, blieben die Schmiede in einer ständigen Abhängigkeit.

DIE BAUERN

Die Bauern der Region waren in vielfältiger Weise in das System des Eisenwesens eingebunden. An erster Stelle stand dabei ihre Funktion als Versorger der Betriebe mit Lebensmitteln. Es gab aber auch verschiedene Nebentätigkeiten für die Bauern. Besonders wichtig – vor allem in den Waldgebieten – waren die Köhlerei und das Kohlenfuhrwerk, die für manche nicht nur Nebenerwerb blieben, sondern Existenzgrundlage wurden. Weitere Möglichkeiten des Zuerwerbs für Bauern und des Haupterwerbs etwa für weichende Söhne eröffneten sich durch den Fernhandel.

SCHIFFER, FLÖSSER, KÖHLER

Ein Berufsbereich, der zahlreiche Menschen beschäftigte, war das Transportwesen, das von den Bauern meist nebenberuflich betrieben wurde. Vor allem in den Gebirgsregionen waren bei den Steigungen Vorspanndienste erforderlich, die von Bauern aus der Umgebung mit ihren Zugtieren geleistet wurden. Die Schiffahrt auf der Enns wurde von Schiffmeistern betrieben, die meist in Steyr oder Weyer ansässig waren. Im 16. Jahrhundert erforderte der Betrieb von zwei Ennsschiffen zwei Schiffmeister, 20 Knechte und 12 Pferde. Schiffahrt und Flößerei auf den Flüssen der Eisenstraßenregion waren nicht nur ein personalaufwendiges und anstrengendes, sondern auch ein gefährliches Unternehmen. Besonders die schwer zu lenkenden Flöße verunglückten häufig an den Felsen im Flußbett.

Zu den ärmsten Berufsgruppen im Eisenwesen gehörten die Köhler. Viele hatten keinen ständigen Wohnsitz, sondern zogen von einer Köhlerhütte zur nächsten. Die Lebens- und Arbeitsbedingungen waren hart und gefährlich. Der Köhler mußte wochenlang allein im Wald zubringen und etwa alle zwei Stunden – auch nachts – den Meiler beobachten. Er hauste dabei in der winzigen Köhlerhütte. Die Entlohnung erfolgte meist im Akkord, also pro Meiler.

ANFÄNGE DER ARBEITERBEWEGUNG

Nach der bürgerlichen Revolution von 1848, die nur Verbesserungen der Lage der Bauern gebracht hatte, nicht aber der Industriearbeiter, begannen sich allmählich auch diese zu organisieren.

Die ersten Aktivitäten waren eher spontan und daher auch völlig erfolglos. 1867 kam es in Steyr zu einem Arbeiterkrawall bei der Hammermühle, der unter Einsatz von Gendarmerie und Militär niedergeschlagen wurde. 1874 gab es hier einen größeren Arbeiteraufruhr, der unter Einsatz von 280 Pionieren aus Linz und des Bürgerkorps beendet wurde. Einige Arbeiter wurden zu Freiheitsstrafen verurteilt. Die erste Sozialistenversammlung fand 1881 im Casino statt. Arbeiterunruhen, wie die

Fahrradproduktion in der Steyrer Waffenfabrik um 1900

von 1889, für deren Unterdrückung wieder Militär angefordert wurde, waren eine wichtige Begründung für die Notwendigkeit des Baus der Jägerkaserne in Steyr.

Während in anderen Städten der erste Mai, der seit 1890 als internationaler Feiertag der Arbeiter propagiert wurde, Anlaß zu heftigen Konflikten wurde, gestattete die Steyrer Waffenfabrik ihren Arbeitern, den Tag zu feiern. Die Überlegung dahinter war wohl, daß die Erhaltung des Friedens dem Unternehmen durchaus nützlich sein würde – bei einem Verbot wäre es wohl zu heftigen Konflikten gekommen.

Die ersten Organisationen der Arbeiterschaft zielten auf eine Verbesserung der Bildungssituation. In Steyr wurde 1869 ein Arbeiter-Bildungsverein gegründet, etwa zur gleichen Zeit entstand auch ein katholischer Arbeiterverein. Ab 1889 gab es einen Arbeiter-Konsumverein, ab 1896 als erste gewerkschaftliche Organisation die Ortsgruppe Steyr des Verbandes der Eisen- und Metallarbeiter Österreichs.

Die Forderungen der Arbeiterschaft in dieser Zeit betrafen vor allem die Arbeitszeit (Achtstundentag) und die politische Mitbestimmung (allgemeines, gleiches und direktes Wahlrecht). Viele davon wurden erst nach dem Ende der Monarchie erfüllt.

Eine formale Beteiligung an der politischen Macht erreichte die Arbeiterbewegung erst mit der Einführung des allgemeinen Wahlrechts; von da an gab es in der Stadt Steyr eine sozialdemokratische Mehrheit im Gemeinderat, die erst durch die austrofaschistische Diktatur und den Nationalsozialismus gebrochen wurde.

Das Projekt Eisenstraße in Oberösterreich

Nachdem schon seit längerer Zeit ein Verein Eisenstraße in der Steiermark bestanden hatte, wurde im Jahr 1990 ein solcher in Oberösterreich, etwa zur gleichen Zeit ein Schwesterverein in

Niederösterreich gegründet. Seither arbeiten die drei Organisationen mehr oder weniger eng zusammen.

Der oberösterreichische Verein setzte sich vor allem zum Ziel, die Geschichte und Gegenwart der Region der eigenen Bevölkerung bewußter zu machen, die Relikte der Geschichte des Eisenwesens zu erhalten und neuen Nutzungen zuzuführen und damit zusätzliche touristische Angebote zu schaffen. In vielen Diskussionen mit interessierten Bewohnern stellte sich heraus, daß die Zahl der erhaltenswerten Objekte viel größer war, als zuerst angenommen wurde. Damit begann das Projekt zu wachsen.

Als Vehikel für die Realisierung vieler Einzelprojekte in den über dreißig Mitgliedsgemeinden diente vor allem die Vorbereitung einer dezentralen Landesausstellung. Ursprünglich war vorgesehen, diese Präsentation grenzüberschreitend mit Niederösterreich und der Steiermark zu verwirklichen, die Landesgrenzen erwiesen sich jedoch als zu undurchlässig. Im oberösterreichischen Teil der Eisenstraße entstanden neue Museen, Ausstellungen, Schaubetriebe. Das Gebiet wird von einem Netz thematischer Wanderwege durchzogen, die auf originelle Weise die verschiedenen Facetten der Geschichte einzelner Betriebe, Orte und Gebiete vermitteln. Die meisten Einzelprojekte der Landesausstellung stellen keine kurzfristigen Präsentationen dar, sondern bleiben auf Dauer erhalten, sodaß insgesamt eine Verbesserung der kulturellen und touristischen Infrastruktur erreicht wurde. Das Projekt Eisenstraße ist – gemeinsam mit dem gleichzeitig geplanten und realisierten Nationalpark Kalkalpen – zu einem wesentlichen Motor für die Regionalentwicklung in einem Gebiet geworden, das unter wirtschaftlichen Schwierigkeiten zu leiden hatte. Wichtig dabei ist, daß die Initiative zu diesen Aktivitäten aus der Bevölkerung kam und nicht von außen aufgesetzt wurde.

Dieser Reiseführer begleitet den Leser durch den oberösterreichischen Teil der Eisenstraßenregion. Die Geschichte der angrenzenden Gebiete, Niederösterreichs und der Steiermark, die ebenfalls über lange Zeit vom Eisen beeinflußt waren, kann hier nur angedeutet werden. UDO B. WIESINGER

AUSKUNFT Zum Projekt Eisenstraße: Verein Eisenstraße Oberösterreich, Alter Pfarrhof, 4594 Steinbach an der Steyr, Tel. 07257/8585. Der Verein verfügt über eine umfangreiche Bibliothek mit Spezialliteratur. Internet: http://www.ris.at/homes/eisenstrasse. **LITERATUR** Der oberösterreichische, niederösterreichische und steirische Eisenstraßenverein geben zusammen regelmäßig das «Journal Eisenstraße» heraus. Bücher: Gerhard Sperl, Hans Stögmüller, Werner Tippelt: Österreichische Eisenstraße. Ein Kulturführer in Farbe, Steyr 1992. Heimat Eisenwurzen. Beiträge zum Eisenstraßensymposion Weyer, Steyr 1997. Wolfgang Heitzmann (Hg.): Die Eisenstraße. Landschaft und Geschichte, Alltag und Freizeit, Linz 1987. Gerhard Trumler (Hg.): Eisenwurzen. Landschaft – Kultur – Industrie, Wien 1997.

Das Tor zur Eisenwurzen: Alte Städte und mächtige Klöster

Zwischen den Unterläufen der Flüsse Enns, Steyr und Krems erstreckt sich eine leicht hügelige, von zahlreichen Gewässern durchzogene und noch heute überwiegend bäuerlich geprägte Landschaft. Innerhalb des imaginären Dreiecks, das sich zwischen den großen Siedlungen – den Städten Steyr und Enns sowie den Märkten Sierning, Bad Hall und Kremsmünster – ziehen läßt, liegen verstreut wuchtige, oft schloßähnliche Vierkanthöfe inmitten weiter Felder und Obstgärten. Die zahlreichen Güterwege sind gesäumt von meist barocken Kapellen und Bildstöcken. Von der «Lieblichkeit» des oberösterreichischen Alpenvorlands, von der einst Stifter und Schubert schwärmten, ist wohl einiges durch Straßenbau, Bachregulierung, Flurbereinigung und Zersiedelung verlorengegangen.

Dennoch ist das Tor zur Eisenwurzen von den ganz großen landschaftsverändernden Eingriffen des 20. Jahrhunderts weitgehend verschont geblieben. Reizvoll wie eh und je ist der Blick in die Ferne. Insbesondere bei Föhn entfaltet sich das ganze Panorama der so unterschiedlichen Bergformationen der Pyhrn-Eisenwurzen-Region: das dunkelgrüne Band der bis oben bewaldeten Voralpen, die langgestreckte Kette des bleichen Sengsengebirges, dahinter die über große Teile des Jahres schneebedeckten Felsgipfel des Toten Gebirges und als westliche Begrenzung die kammartige Kremsmauer und das Hochplateau des Kasbergs. Im Übergangsbereich zu den Voralpen liegen einige Aussichtspunkte, von denen man nicht nur ins Gebirge, sondern auch nach Norden auf das gesamte Alpenvorland blicken kann – die Hohe Linde bei Waldneukirchen, Weiß'n am Sattel bei Nußbach und der Gusterberg bei Kremsmünster.

Über Jahrhunderte wurde diese Region von den Städten Steyr und Enns und den Klöstern Kremsmünster, St. Florian, Garsten und Gleink geprägt. Dort konzentrieren sich auch heute noch die großen touristischen Sehenswürdigkeiten: Die Altstadtensembles der Eisenstadt Steyr und der Handelsstadt Enns zählen zu den besterhaltenen und schönsten Österreichs. In den Klöstern von Kremsmünster und St. Florian, in den Stiftskirchen der schon lange aufgelassenen Klöster Garsten und Gleink und in der Wallfahrtskirche von Christkindl waren die größten Baumeister, Stukkateure und Maler des Barock am Werk. Dazu kommt die ganz andere Architektur von Bad Hall mit seinen neoklassizistischen und Jugendstilkurgebäuden und -villen und einer der schönsten Rokokokirchen des Landes in unmittelbarer Nachbarschaft. Das Spektrum der hochwertigen und in schönen Gebäuden untergebrachten Museen umfaßt neben anderen das Arbeitsweltmuseum in Steyr, das Römermuseum in Enns und das Handwerkermuseum in Bad Hall.

All das reicht für viele lange oder kurze Kultururlaube, die in jeder Jahreszeit ihre eigenen Reize haben können. So hat sich etwa Steyr in den letzten Jahren zu einem besonders begehrten (vor-)weihnachtlichen Reiseziel entwickelt. Für Entspannung nach dem Kulturgenuß sorgen zahllose Möglichkeiten für Spaziergänge und kleine Wanderungen, ein dichtes Netz von Radwegen, viele gut ausgestattete Frei- und Hallenbäder oder etwa zwei landschaftlich besonders schön gelegene Golfplätze, nämlich in Bad Hall und St. Florian. In diesem Teil der Pyhrn-Eisenwurzen kann der Gast aus einem breiten Angebot hochwertiger Unterkunftsmöglichkeiten und qualitätsvoller Gasthäuser wählen. Wer darauf Wert legt und dem Autofahren nicht abgeneigt ist, für den bietet sich das Tor zur Eisenwurzen als idealer Standort und Ausgangspunkt für Unternehmungen in den nahe gelegenen Tälern von Alm, Krems, Steyr und Enns an.

ANREISE Mit dem Auto: Westautobahn B 337 nach Steyr, B 122 nach Bad Hall und Kremsmünster, von Süden Pyhrnautobahn oder B 138 oder B 115. Mit der Bahn: Kronprinz-Rudolf-Bahn (Anbindung an West-, Süd- und Pyhrnbahn) nach Steyr, Pyhrnbahn (Anbindung an West- und Südbahn) nach Kremsmünster und Bad Hall. **AUSKUNFT** Tourismusinformation Pyhrn-Eisenwurzen, Am Kirchenplatz 7–9, 4560 Kirchdorf, Tel. 07582/624 50, Fax 07582/649 07-20; für die Stadt Steyr: Tourismusverband, Stadtplatz 27, 4400 Steyr, Tel. 07252/532 29, Fax DW 15.

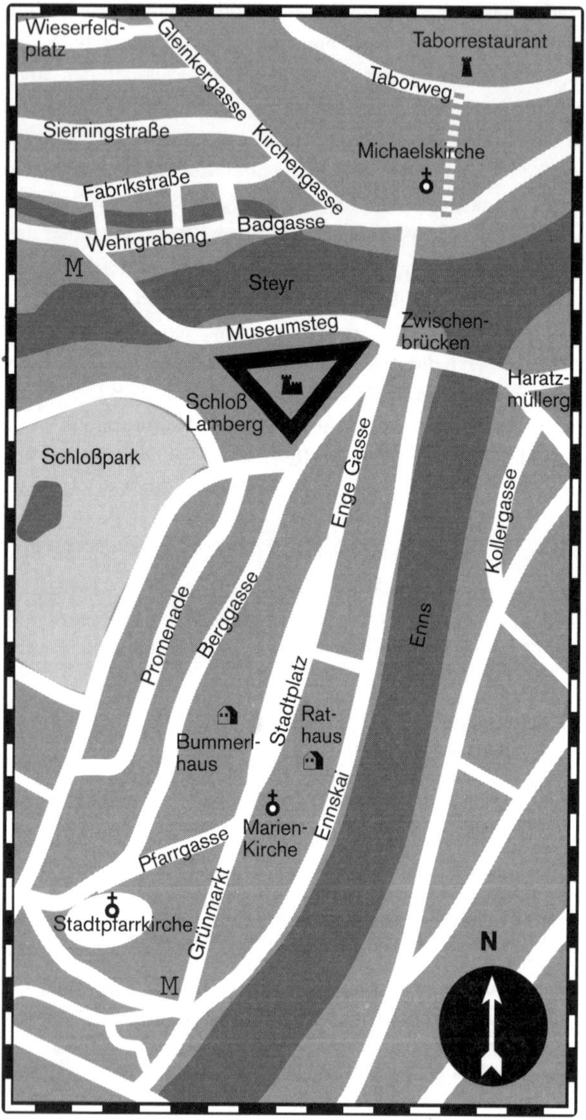

Wieserfeld-
platz
Gleinkergasse
Taborrestaurant
Taborweg
Sierningstraße
Kirchengasse
Michaelskirche
Fabrikstraße
Badgasse
Wehrgrabeng.
M
Steyr
Museumsteg
Zwischen-
brücken
Haratz-
müllerg.
Schloß
Lamberg
Schloßpark
Enge Gasse
Kollergasse
Promenade
Berggasse
Enns
Stadtplatz
Rat-
haus
Bummerl-
haus
Ennskai
Marien-
Kirche
Pfarrgasse
Grünmarkt
Stadtpfarrkirche
M
N

Steyr

Stadtbild und Stadtgeschichte

In der Geschichte der Stadt Steyr dominiert die Wirtschaft. Seit fast einem Jahrtausend lebt Steyr von der Eisenverarbeitung und vom Eisenhandel. Seine Geschichte verlief daher in gewisser Weise ohne große Brüche. Da das Eisengeschäft jedoch nie krisensicher war, ging es mit dem Wohl der Stadt bergauf und bergab. Und von den großen gesellschaftlichen Umwälzungen konnten sich auch die stets auf ihre Autonomie bedachten Steyrer Bürger nicht abkoppeln. Wie kaum eine andere Stadt drückt Steyr seine Geschichte in einem über Jahrhunderte gewachsenen Stadtbild aus. Hier erzählt – wie

Berühmtes Panorama: Blick auf die Steyrer Altstadt vom Tabor aus

der aus Steyr gebürtige Schriftsteller und Filmemacher Walter Wippersberg es auf den Punkt brachte – das Stadtbild nicht einzelne Höhepunkte der Stadtentwicklung, sondern die ganze Geschichte. Dazu haben nicht zuletzt die topografischen Gegebenheiten beigetragen: Neue wirtschaftliche und soziale Anforderungen wurden hauptsächlich durch die Erweiterung der Stadt hinauf auf die nächsthöhere Terrasse und weniger durch die Umstrukturierung bestehender Stadtviertel beantwortet.

DAS MITTELALTER

Am Anfang der städtischen Siedlung Steyr kurz vor der ersten Jahrtausendwende stand die Errichtung der Styrapurhc als Grenzfestung an der Enns. Benannt wurde die Burg aber nach der Steyr, deren keltische Bezeichnung «styr» soviel wie die Aufgestaute bedeutet – denn wenn die Enns Hochwasser führt, wird die Steyr im Mündungsbereich aufgestaut. Schon bald danach war der Hauptsitz der sogenannten Otakare, der Traungauer Grafen, die 1056 bis 1192 von hier aus die Steiermark regierten, das Zentrum einer bedeutenden feudalen Wirtschaftsmacht, die auch das Recht auf Eisenabbau am steirischen Erzberg hatte. Unter den Babenbergern, die 1192 die Macht übernahmen, gelang es den Steyrer Aristokraten, sich bedeutende wirtschaftliche Privilegien gegenüber konkurrierenden Handelsplätzen wie Waidhofen und Weyer zu sichern. Nach und nach brachten die Steyrer Patrizier mit einem Verlagssystem die eisenerzeugenden und eisenverarbeitenden Werkstätten in ihre Abhängigkeit, und es gelang ihnen schließlich, das wirtschaftliche Leben der ganzen Region zwischen den beiden Flüssen bis hinunter zum Erzberg auf ihre Bedürfnisse auszurichten. Steyr war also bis zum 15. Jahrhundert zum unbestrittenen Zentrum der Eisenwurzen geworden und neben Wien die bedeutendste Stadt Österreichs.

«FESTES BOLLWERK DES LUTHERTUMS»

Den vorläufigen Höhepunkt ihrer wirtschaftlichen Macht erreichte die Stadt in der Reformationszeit. Die sozialrevolutionären Ideen des Protestantismus fanden rasch Aufnahme, und bald war Steyr ein «festes Bollwerk des Luthertums». Im Laufe von etwa fünfzig protestantischen Jahren, um die Mitte des 16. Jahrhunderts, gelang es dem Zunftbürgertum der Handwerksmeister und den Eisenhändlern, sich von der aristokratischen Führungsschicht zu befreien und eine immer größere Unabhängigkeit von der Herrschaft in der Burg zu erreichen. Und die Stadt wuchs an Bevölkerung und Reichtum.

Entsprechend stieß die Gegenreformation in Steyr auf anhaltenden Widerstand, der erst mit der Niederschlagung des Bauernaufstandes von 1626, den die Steyrer unterstützt hatten, gewaltsam beendet wurde. Um der Bekehrung zum Katholizismus auszuweichen, wanderten viele wohlhabende protestantische Familien aus. Krieg, Vertreibung und politische Unterdrückung trafen den wirtschaftlichen Lebensnerv der Stadt und stürzten sie in eine tiefe Krise. Im Kontrast zur Armut der Stadt demonstrierten Kirche und Kaiser im 17. Jahrhundert mit mehreren barocken Kirchenbauten und Klosterumbauten ihre wiedergewonnene Macht.

WAFFEN UND WAFFENRÄDER

Erst im 18. Jahrhundert begann sich die Stadt wieder zu erholen, was durch die Napoleonischen Kriege, in denen Steyr dreimal besetzt war, wieder zunichte gemacht wurde. Erst ab der Mitte des 19. Jahrhunderts, parallel zum Niedergang der handwerklichen Eisenverarbeitung, gewann Steyr über die industrielle Herstellung von Waffen seine einstige wirtschaftliche Stellung zurück. Josef Werndl, der einer ehemaligen Nagelschmiedfamilie entstammte, baute das Unternehmen seines Vaters zu einer der größten Waffenfabriken der Welt aus. Im Wehrgraben entstand ein geschlossenes Ensemble von Fabriken und Arbeitersiedlungen, die Bevölkerung verdoppelte sich. Die Unsicherheiten des Waffenmarktes führten jedoch zu starken Schwankungen der Auftragslage und der Beschäftigtenzahlen (zwischen 1000 und 10.000!), die durch das Ausweichen auf neue Produktionszweige – unter anderem ab 1894 auf die Fahrradherstellung («Waffenrad») – nur zu einem kleinen Teil ausgeglichen werden konnten. Erhebliche politische und soziale Spannungen waren die Folge. Der herannahende Erste Weltkrieg löste einen großen Boom in der Waffenindustrie aus. Um ihn zu nützen, wurde die Waffenfabrik aus dem zu eng gewordenen Wehrgraben auf eine bislang unbebaute Fläche nach Ennsdorf verlegt. Die Beschäftigtenzahl erreichte 15.000, die Wohnbevölkerung stieg nochmals sprunghaft an.

VOM «ROTEN STEYR» ZU DEN HERMANN-GÖRING-WERKEN

Entsprechend tief war der Fall nach dem verlorenen Krieg und dem Verbot der Waffenproduktion. Der an ihre Stelle getretenen Automobilindustrie der nunmehrigen Steyr-Werke (später Steyr-Daimler-Puch AG) mangelte es an Nachfrage, und so war Steyr zwar eine «rote Hochburg», aber die endlich zur politischen Macht gelangte Sozialdemokratie hatte bald eine Stadt zu verwalten, in der es nichts als Armut gab. Während des Bürgerkriegs im Februar 1934 war Steyr dann einer der Hauptschauplätze des Widerstands. Nach der Niederschlagung des Aufstandes wurde die Sozialdemokratie verboten. Politische Enttäuschung und wiedererweckte wirtschaftliche Hoffnungen trieben auch in Steyr große Teile der Arbeiterschaft in die Arme der Nazis. Dem neuerlichen Aufschwung der Rüstungsindustrie – die Steyr-Werke wurden Teil der Hermann-Göring-Werke – folgte nach dem Zweiten Weltkrieg wiederum der Sturz ins Bodenlose.

In der Zweiten Republik erholte sich die Stadt jedoch rasch wieder, die Steyr-Werke wurden abermals zum beherrschenden Betrieb, nicht mehr vorrangig mit Waffenerzeugung, sondern mit Lastkraftwagen, Traktoren und Landmaschinen. Die Abhängigkeit von einer großen Fabrik bedeutete für Steyr aber auch immer eine latente Bedrohung. Sie ist heute durch die Ansiedelung anderer Betriebe gemildert, etwa durch das 1979 eröffnete BMW-Motorenwerk.

Die Steyrer Stadtteile

Steyr ist eine Stadt, die man gut und leicht zu Fuß besichtigen kann. Wer sie mehr als oberflächlich kennenlernen will, braucht dazu mindestens zwei Tage. Wer nur für einige Stunden und das erste Mal in der Stadt weilt, beschränkt sich am besten auf die Innere Stadt und die Achse Schloß–Berggasse–Stadtpfarrkirche. Jenen, die etwa einen Tag lang Zeit haben, sei eine Erweiterung dieses Programms vor allem durch die Ortsteile Steyrdorf, Tabor und Wehrgraben empfohlen.

DIE INNERE STADT: GOTIK, RENAISSANCE, BAROCK UND ROKOKO

Die ältesten Teile der Stadt entstanden unterhalb des Burgfelsens und dehnten sich nach und nach am linken Ennsufer aus – eine Häuserzeile unmittelbar am Fluß, eine unterhalb der Terrasse, auf der die Burg errichtet wurde. Als Ausgangspunkt eines Rundganges nimmt man am besten das südliche Ende des *Grünmarkts*, das von den beiden Flügeln des Neutors begrenzt wird. Wenn man durch das Südosttor, wo fast genau 400 Jahre lang, bis 1973, die Eisenstraße über die Neue Brücke ans rechte Ennsufer führte, auf die jetzige Aussichtsterrasse tritt, öffnet sich der Blick über den Fluß auf das Hochplateau der Ennsleite. Entlang der Kante zeigt sich eine Abfolge markanter Stilrichtungen des sozialen Wohnbaus des 20. Jahrhunderts, beginnend links mit Arbeiterwohnhäusern der ehemaligen Waffenfabrik bis hin zum ersten Hochhaus aus den fünfziger Jahren. Im mit dem Neutor verbundenen *Innerberger Stadel*, einem prächtigen Renaissancebau aus dem Jahre 1612, lagerte die Innerberger Hauptgewerkschaft einst Eisen und Getreide. Das Fresko über dem Mitteltor zeigt Josefs Brüder in Ägypten beim Getreidekauf. Heute beherbergt der Innerberger Stadel das Heimatmuseum der Stadt Steyr. Besonders schön sind einige Innenräume mit Holztramdecken. Im Museum sind unter anderem eine Nagelschmiede, eine Sensenschmiede, eine reichhaltige Messersammlung und eine Sammlung verschiedenster Krippenfiguren ausgestellt. Auch das Steyrer Kripperl, ein historisches Stabpuppentheater, ist hier untergebracht (siehe S. 79f.).

Museum der Stadt Steyr (Heimathaus), Grünmarkt 26, Tel. 07252/57 53 48, Öffnungszeiten: April bis Oktober Di–So 10–15 Uhr, November bis März Mi–So 10–15 Uhr.

Die meisten Häuser am Grünmarkt wurden während der protestantischen Epoche im Stil der Renaissance errichtet. Aus dem geschlossenen Ensemble des Grünmarkts seien das *Haus Nr. 25* mit Runderker und Putzquaderung, das *Haus Nr. 10* mit Sonnenuhr und das an der Ecke zur Pfarrgasse gelegene *ehemalige Berggericht* hervorgehoben.

Die Straße wird zunehmend breiter und geht bei der Marienkirche in den linsenförmigen *Stadtplatz* über, den vielleicht schönsten in Österreich: Im Kern sind die meisten Häuser aus der Gotik oder Renaissance; die vorherrschenden Barock- und Rokokofassaden wurden vielfach erst nach dem großen Brand im Jahre 1727 aufgetragen. Die *Marienkirche* wurde in der Zeit der Gegenreformation an Stelle des ehemaligen Dominikanerklosters errichtet. Die aus der Häuserfront zurückgesetzte Zweiturmfassade gibt einen kleinen Vorplatz und zwei Kapellen mit eindrucksvollen Figuren frei: Christus am Ölberg und die Kreuzigung. Die sehenswerte Inneneinrichtung der Kirche stammt überwiegend aus dem Rokoko. Gleich neben der Marienkirche liegt ein doppelgiebeliges Haus. Sein Besitzer, der protestantische Stadtrichter Madlseder, beteiligte sich am Bauernaufstand des Jahres 1626 und wurde dafür enthauptet.

Das wohl edelste Haus am Stadtplatz ist das gotische *Bummerlhaus (Nr. 32)* mit abgewalmtem Giebeldach und vorkragendem erstem Stock (1497), einst lutherische Schule, später Wirtshaus Zum goldenen Löwen. Den Leuten erschien der Löwe eher wie ein kleiner Hund, eben ein Bummerl. Direkt gegenüber befindet sich das *Rathaus* (1765–1768), ein bedeutendes Rokokodenkmal, erbaut von Gottfried Hayberger, der später auch Steyrer Bürgermeister war. Die prachtvolle Fassade wird von einem schlanken, eleganten Turm gekrönt, an dessen Seite zwei Figuren angebracht sind: die linke symbolisiert Allwissenheit (sie trägt ein Szepter mit dem Auge Gottes), die rechte Selbsterkenntnis (Spiegel mit Schlange). Mittelpunkt des Stadtplatzes ist der 1684 aufgestellte *Stadtbrunnen* mit dem hl. Leopold, Landespatron von Oberösterreich und Niederösterreich. Als Gründer des Stiftes Klosterneuburg hält er in seiner Rechten ein Modell desselben, in seiner Linken die Flagge der Stadt

Der Innerberger Stadel am Grünmarkt

Steyr mit einem feuerspeienden Panther auf grünem Grund. Die dem Rathaus schräg gegenüberliegende neugotische *Sparkasse* ist das einzige Gebäude, das den Maßstab der sonst so schmucken spätmittelalterlichen Häuser sprengt.

Erwähnt sei noch das *Sternhaus (Nr. 12)* mit seiner besonders reichen Barockfassade (1768). Seinen Namen erhielt es nach dem goldenen Stern über dem Portal, gehalten von zwei Greifvögeln, dem Symbol für den Eisenhandel. Die Engelsfiguren über den Fenstern im zweiten Stock verkörpern die fünf Sinne des Menschen. Das *Meditzhaus (Nr. 9)* mit der ebenfalls aufwendigen Barockfassade schließt einen der reizvollsten Renaissancehöfe mit malerischen Arkadengängen und toskanischen Säulen ein. Bei einer Rast im Café-Restaurant Rahofer kann man sich vergegenwärtigen, welch wichtige Handelsplätze die Innenhöfe mit ihren großen Durchgängen bis hinunter zum Ennsfluß einst waren. Hier wurde nicht nur mit Eisenprodukten, sondern auch mit Stoffen, Früchten und Gewürzen aus Italien gehandelt. Übrigens: Höfe gibt es im Kern der mittelalterlichen Stadtplatzhäuser unzählige zu entdecken. Vom Stadtplatz hinauf zur Berggasse und hinunter zum Ennskai führen zahlreiche enge Gäßchen mit ausgetretenen Treppen und von Schwibbogen überspannt. Die schmalen Schauseiten der Häuser am Kai sind besonders malerisch und bunt und lassen die große Länge der zumeist aus einem vorderen und hinteren Trakt bestehenden Gebäudekomplexe nicht erahnen.

Verläßt man nun den Stadtplatz Richtung Norden, gelangt man direkt in die *Enge Gasse*, wo die Häuserzeilen wieder ganz nahe beisammenstehen. Von hier nahm die Stadtentwicklung ihren Ausgang. Besonders hervorzuheben sind unter all den schönen Fassaden der schwarze Sgraffitoschmuck am *Haus Nr. 17* und die Ornamente und allegorischen Darstellungen in Seccomalerei am *Haus Nr. 6*. Die Enge Gasse führt nun nahe an den Zusammenfluß von Enns und Steyr, *Zwischenbrücken* genannt, mit dem gelb gefärbten *Wasserturm* (1572), der einst zur Versorgung der Brunnen der Inneren Stadt errichtet wurde. An seiner

Südseite ist eine Hochwasserskala angebracht, an der man ablesen kann, wie oft die Stadt schon von verheerenden Überschwemmungen heimgesucht wurde. Trotz der von ihnen ausgehenden Gefahren waren die beiden unterschiedlichen Flüsse die Lebensadern der Stadt: Der größere, die trübe, braungrüne Enns, diente als Verkehrsweg, die klare, dunkelgrüne Steyr, die sich vor ihrer Mündung in mehrere Arme aufspaltet, eignete sich besonders gut als Energielieferant.

ENNSDORF: URSPRÜNGLICHER SIEDLUNGSKERN UND SPÄTERE WAFFENSCHMIEDE

Wer ausreichend Zeit hat, mache von Zwischenbrücken aus einen kleinen Abstecher über die Ennsbrücke. Hier lag – neben der Engen Gasse und dem Steyrdorf – der dritte Siedlungskern der alten Stadt. Von hier führte bis zum Bau der Neutorbrücke und des Treppelwegs die uralte Eisenstraße über die Enns in die Innenstadt. Im Mittelalter war diese kleine Vorstadt von Handwerks- und Gewerbebetrieben beherrscht, die die Stadt und die Reisenden mit Gütern des täglichen Bedarfs versorgten. Die unangenehmen Gerüche, die bei der Arbeit der hier angesiedelten Gerber, Färber und Bierbrauer entstanden, wurden durch vorwiegend von Westen wehenden Wind von der Stadt ferngehalten.

Unmittelbar nach der Brücke zweigt links die Haratzmüllerstraße ab. Sie war einst die Hauptstraße ins Land unter der Enns und in Richtung Wien. Schöne Fassaden und alte Steckschilder, die auf verschiedene Zunftherbergen verweisen, erinnern an ihre einstige Bedeutung. Zurückgekehrt zur Brücke, gelangt man durch die erste Gasse rechts – die Kollergasse – zum gotischen *Kollertor* (1480), einem der noch erhaltenen Stadttore. Einige Schritte weiter gibt es einen herrlichen Aussichtspunkt mit Blick auf die Häuserfront am Ennskai und auf die Dachlandschaft der Inneren Stadt.

Der Stadtteil Ennsdorf erweiterte sich in der zweiten Hälfte des 19. Jahrhunderts zunächst um den Bahnhof herum. Zwischen 1912 und 1920 wurde dann die Waffenfabrik oberhalb des alten Ennsdorfes – mit einem repräsentativen Verwaltungsbau an der vorderen Terrassenkante – neu errichtet. Die Verlegung des Werkes hatte auch weitere städtebauliche Auswirkungen, führte sie doch zur Errichtung von Arbeiterwohnhäusern auf der Hohen Ennsleite, womit die Stadt auch auf dem rechten Ennsufer die höchste Terrasse erreichte.

STEYRDORF – WIESERFELD – TABOR: DAS ERSTE STADTERWEITERUNGSGEBIET

Ebenfalls sehr früh entstand das Siedlungsgebiet gegenüber der Burg am linken Ufer der Steyr, das zunächst nur den heutigen Michaelerplatz, den Beginn der Badgasse und das erste Stück der Kirchengasse umfaßte. Steyrdorf war beherrscht von Handwerksbetrieben und wuchs noch im Mittelalter hinauf bis zur heutigen Sierninger Straße und vor den heutigen Wieserfeldplatz. Auf dem Weg über die Steyrbrücke zeigt sich die wohl bekannteste Ansicht von Steyr: die Michaelskirche mit den beiden Zwiebeltürmen, dem Giebel samt Fresko, rechts das ehemalige Jesuitenkloster (heute Bundesrealgymnasium) und links auf dem Uferfelsen der gotische Bau der ehemaligen Spitalskirche (heute Pfarrhof) und das anschließende Bürgerspital. Letzteres stammt aus dem 12. Jahrhundert und ist eines der ältesten Gebäude der Stadt. Die *Michaelskirche* (1635–1677), das wichtigste Bauwerk der Gegenreformation, ist wie ein Triumphzeichen in das Stadtbild gesetzt. Ihr mußten auf kaiserlichen Befehl elf stattliche Bürgerhäuser weichen. Im Kircheninneren sind die Rokokoeinrichtung und der klassizistische Altar sehenswert. Das *Jesuitengymnasium* hatte die Aufgabe, die Jugend im «rechten» – katholischen – Glauben zu unterrichten. Das auffallend schmale *Haus Kirchengasse Nr. 1* war einst Sitz der Messererzunft (1543–1635), die Fassade ist mit besonders prächtigen Sgraffitoornamenten geschmückt.

Auch im Steyrdorf finden sich vereinzelt «großbürgerliche» Häuser. So verbirgt sich hinter dem schlichten gotischen Apothekenhaus, *Kirchengasse Nr. 16*, der wohl schönste Arkadenhof von Steyr: der *Dunklhof* (1520) mit reich verzierten Säulen, Ornamentik voller Phantasie, bewachsen mit wildem Wein, der durch die Fenstergitter ins Haus greift. An der Kreuzung Kirchengasse/Gleinker Gasse, im Zentrum des Steyrdorfes, steht der *Rote Brunnen*, der seinen Namen einem ehemaligen Kupferdach verdankt. Ihn schmückt eine zierliche Marienstatue aus dem 18. Jahrhundert. Direkt gegenüber, Sierninger Straße Nr. 1, sollte man das *Lebzelterhaus* mit Flacherker und Renaissance-Sgraffitodekor eingehender betrachten.

Steyr: Schnallentor

Der Weg führt nun entweder links durch die Sierninger Straße mit ihren spätmittelalterlichen Häusern und abwechslungsreichen Fassaden oder bergauf durch die Gleinker Gasse. Dazwischen liegt der *Wieserfeldplatz*. Hier siedelten sich um die Mitte des 16. Jahrhunderts Hunderte neue Messererbetriebe an, da die Eisenverarbeitung einen solchen Aufschwung nahm, daß innerhalb der Stadtmauern für weitere Betriebe kein Platz mehr war. Im *Haus Nr. 37* wurde 1831 Josef Werndl geboren. Wie von der Zeit vergessen wirken die vielen Kleingärten in der Mitte des Platzes; leider werden sie zunehmend in Parkplätze umgewandelt. Ein Stück bergauf bewacht das sgraffitogeschmückte *Schnallentor*, ein Renaissancebau, die Nordeinfahrt der Stadt. Wer hier durchfuhr, mußte die sogenannte Pflastermaut entrichten, ist doch Schnalle die Bezeichnung für eine alte Münze.

Hier ist zugleich die höchste Terrassenstufe am linken Steyr- und Ennsufer erreicht: der *Tabor*. Einst offenes Land Richtung Norden, auf dem nur der Friedhof und der Feuerturm standen, bildete der Tabor das wichtigste Stadterweiterungsgebiet nach 1945. Rechts vom Schnallentor steht der Friedhofsturm, Eingang zu der sehr beachtenswerten *Arkadenfriedhofanlage* aus der Renaissance. Der Mittelgang führt zum eindrucksvollen Grab von Josef Werndl mit lebensgroßen Figuren zweier trauernder Frauen. Nach Durchschreiten der einzelnen Abschnitte erreicht man – die Straße überquerend – den Urnenfriedhof, dessen Krematorium Franz Koppelhuber in Anlehnung an Clemens Holzmeisters Wiener Krematorium im Jahre 1926 schuf.

Entlang der Friedhofsmauer führt der *Taborweg*, von wo aus man unbedingt einen Blick auf die Dachlandschaft von Steyrdorf werfen sollte. Besonders reizvoll ist dieser Blick im Winter, wenn die unzähligen Dachgiebel eine Schneehaube tragen. Aussichtsreich ist auch ein Besuch im Taborrestaurant und -café. Das kapellenartige Gebäude war früher Stadtbefestigung und Feuerwachtturm. Von hier aus zeigt sich eindrucksvoll, wie die Natur – das Wasser und die eiszeitlichen Terrassen – der Stadt die räumliche Struktur vorgegeben hat. Man sieht die beiden Flußbänder, die den Stadtkern umschließen, die mächtige Anlage von Schloß Lamberg, die steilen, aneinandergedrängten Dächer und Giebel, die Hauptachse Enge–Stadtplatz–Grünmarkt und, alles überragend, die schlanke Spitze der Stadtpfarrkirche. Läßt man den Blick weiterwandern, zeigt sich im Südosten ein breiter bewaldeter Hügel mit weißer Kapelle, der Damberg (811 m), Hausberg der Steyrer, davor die gotische Kirche von St. Ulrich, südwestlich auf einer Terrasse oberhalb der Steyr die Wallfahrtskirche Christkindl, hinter allem als Kulisse die Bergzüge der Voralpen und des Sengsengebirges. Über eine großteils überdachte Stiege gelangt man zur Michaelskirche zurück.

Flußabwärts an der Enns liegt der schmale Stadtteil *Ort*, in dem sich einige schöne Jugendstilvillen befinden. Kunsthistorisch am bedeutendsten ist das für den berühmten Stahlschnittmeister Michael Blümelhuber zwischen 1908 und 1910 erbaute Haus am Hang oberhalb der Blümelhuberstraße, in dem heute eine Ausbildungsstätte für Stahlschneidekunst untergebracht ist.

WEHRGRABEN: LEBENDIGE INDUSTRIEGESCHICHTE

Zwischen Bürgerspital und Messererhaus führt die schmale Badgasse hinunter zum Steyrfluß. Mit der zunehmenden Nutzung der Wasserkraft entstanden hier zunächst Mühlen und dann auch Handwerksbetriebe. Im 15. Jahrhundert wurde der eineinhalb Kilometer lange Wehrgraben angelegt, ein raffiniertes System von Schleusen, Wehren und Kanälen, dessen Wasser für den Betrieb der Mühlen und Werkstätten genutzt werden konnte. Ab dem 16. Jahrhundert entwickelte sich der Wehrgraben allmählich zu einem neuen Stadtteil, zum eigentlichen Produktionszentrum der Stadt. Im 17. und 18. Jahrhundert entstanden hier neben der handwerklichen Kleineisenverarbeitung die ersten frühindustriellen Betriebsformen. Und so errichtete ab der Mitte des 19. Jahrhunderts auch der berühmte Josef Werndl seine Fabriksanlagen in diesem Stadtteil. Nach und nach kaufte er Gründe und Häuser auf und gliederte sie in seinen schließlich 16 Objekte umfassenden Betrieb ein. Auch Arbeiterhäuser, ja ganze Arbeitersiedlungen wurden hier angelegt. Der Wehrgrabenbereich entlang des Kanals wurde bald zu eng, sodaß schließlich mehr oder weniger die ganze Steyrniederung mit ihren verzweigten Flußarmen und Kanälen zu einer einzigen Industrielandschaft wurde.

Mit der Absiedelung der Waffenfabrik nach Ennsdorf in den Jahren 1912 bis 1914 kam die stürmische Entwicklung plötzlich zum Stillstand. Armut griff Platz, Betriebe kamen und gingen, Häuser und Wehranlagen begannen zu verfallen. Da nur wenig Neues entstand, blieb die gründerzeitliche Struktur des Wehrgrabens erhalten. Nach der Auflösung der Wehrgrabenkommune, eines über 400 Jahre bestehenden Zusammenschlusses der Wassernutzer, faßte die Stadtregierung in den siebziger Jahren den Beschluß, die nutzlos gewordenen Gerinne einfach zuzuschütten und im Wehrgraben ein modernes Wohnviertel zu errichten. Die Arbeiterstadt Steyr war auf dem Weg, einen wesentlichen Teil ihrer Geschichte auszulöschen. Eine Bürgerinitiative, der es gelang, Medien, Fachleute und zuletzt auch die Denkmalbehörde zu mobilisieren, konnte die Zerstörung eines der bedeutendsten industriehistorischen Ensembles Österreichs letztlich verhindern.

Der denkmalgeschützte Wehrgraben ist heute ein revitalisiertes Architekturmuseum ersten Ranges, mit Bauten vom Mittelalter bis ins späte 19. Jahrhundert. Zentren des neuen Lebens sind das Museum Arbeitswelt und das Forschungs- und Ausbildungszentrum für Arbeit und Technik (FAZAT). Die idyllische Lage am Wasser, die vielen Gärten, der geringe Verkehr und die gute Besonnung machen den Wehrgraben aber auch zu einem begehrten Wohngebiet. Die Restaurierung zahlreicher Häuser zeugt davon.

Den Wehrgraben zu besichtigen ist eine Entdeckungsreise. Hilfreich dabei ist die Beschilderung der wichtigsten Häuser. Den Stadtplan wird man dennoch von Zeit zu Zeit brauchen, um sich im verzweigten System der Straßen, Inseln und Wasserarme wieder zurechtzufinden. Wer sich gerne mit Tips auf den Wehrgraben-Rundgang begibt, für den sind die folgenden Vorschläge gedacht.

EIN SPAZIERGANG DURCH DEN WEHRGRABEN

Ausgangspunkt ist der Eingang zur Badgasse. Das *Badtor* – ein Teil der Stadtbefestigung aus dem frühen 14. Jahrhundert – bildete einst die Stadtgrenze. Im *Haus Nr. 1* wohnten schon frühzeitig sogenannte Bader; sie betrieben nicht nur eine Badeanstalt, sondern waren auch Ratgeber bei Krankheiten. An den folgenden Häusern verbinden Schwibbogen die früher zusammengehörenden Gebäude mit den Werkstätten am Wasser und den Wohnungen am Hang, etwa bei der alten *Gerberei (Nr. 2/3)*. Die Badgasse mündet in die Fabrikstraße mit ihren überwiegend gründerzeitlichen Fassaden, der Kern der Häuser reicht jedoch oft bis ins 15. Jahrhundert zurück. Im Gebäude der *Dok-*

tormühle (Nr. 15/20) war früher eine Mühle mit sechs Mahlgängen, später ein Teil der Waffenfabrik untergebracht. Im *Salliterhaus (Nr. 34)* mit mehreren Hoftrakten und einer reich dekorierten Fassade wohnten die Salliterer, die die Aufgabe hatten, Salpeter für die Schwarzpulvererzeugung zu beschaffen.

Bei der Direktionsstraße überquert man den Wehrgrabenkanal. Das hier befindliche *Elektrizitätswerk* war 1913 von der Waffenfabrik an Stelle der sogenannten zweiten Zeugstätte errichtet worden. Die vier Zeugstätten an den Gefällestufen des Kanals, von denen aus mit mehreren Wasserrinnen, sogenannten Fludern, jeweils unterschiedliche Handwerkszweige mit Wasser versorgt wurden, gab es nachweisbar schon 1525.

Über die Wehrgrabengasse stadteinwärts kommt man von hier auf kurzem Weg zum Museum und zur Stadt zurück. Folgt man dem Wehrgraben stadtauswärts, gelangt man zur *Schwimmschule.* Josef Werndl ließ sie 1874 als Holzfachwerkbau für seine Arbeiter errichten, von der damaligen Anlage ist leider nur wenig erhalten. Besonders Ausdauernde gehen geradeaus weiter zu Werndls Wohnhaus, der *Wasservilla (Nr. 24)*, und errei-

Das Museum Industrielle Arbeitswelt im Wehrgraben, Steyr

chen schließlich das zu den Werndlschen Sozialbauten zählende, 1890 erbaute *Arbeiterheim (Nr. 89/103).*

Am linken Ufer des Kanals kommt man zurück zur Schwimmschulstraße, folgt ihr ein Stück in südlicher Richtung und betritt das *Eysnfeld.* Auf dieser Insel im Steyrfluß ließ Werndl bereits 1875 bis 1888 eine weitläufige Arbeitersiedlung errichten. Vorbei an den typischen zweigeschossigen Häusern der Werndlgasse mit je vier Wohneinheiten, erreicht man die östliche Spitze der Insel. Eine Fußgängerbrücke überquert das Gsangwasser zur *Fabrikinsel,* die schon länger nur mehr eine Halbinsel ist. Das mächtige Gebäude der Gsangfabrik, einst das größte Fabriksgebäude der Waffenfabrik, wurde jüngst zu einem attraktiven Wohnhaus umgebaut. Weitere ehemalige Fabriksgebäude befinden sich in der nahen Blumauergasse unterhalb des Schlosses Vogelsang, das Werndl für sich bauen ließ, aber nie bewohnte. Von der Gsangfabrik gelangt man über eine weitere Fußgängerbrücke zurück in die Direktionsstraße und bis zur Wehrgrabengasse, der man nach rechts stadteinwärts folgt. Ein bemerkenswertes Gebäude ist das *Josefslazarett (Nr. 31),* erbaut 1570 und um 1900 mit einer neuen Fassade versehen. Während der großen Zeit des Wehrgrabens unter Werndl diente es als Unterstandshaus für verarmte Personen. Ein gemütliches Gasthaus namens «knapp am eCK» (Nr. 13/15) lädt zum Ausruhen ein, bevor das Museum Arbeitswelt erreicht wird.

DAS MUSEUM INDUSTRIELLE ARBEITSWELT

Der Wehrgraben ist ein idealer Standplatz für ein Museum, dessen Thema die hiesigen Lebens- und Arbeitsbedingungen vom Beginn der Industrialisierung bis zur Gegenwart sind. Untergebracht ist das *Museum Industrielle Arbeitswelt* in zwei ehemaligen Fabriksgebäuden, die heute durch eine Stahl-Glas-Konstruktion verbunden sind. Eine um 1770 gegründete Messerfabrik, hundert Jahre später die Waffenfabrik und schließlich wieder eine Messerfabrik waren die früheren Nutzer der Anlage.

Das Innere des Museumsgebäudes ist so flexibel gestaltet, daß immer wieder neue Großausstellungen Platz finden; die inszenierte Vermittlung von gesellschaftlich wichtigen Themen steht im Mittelpunkt. Darüber hinaus ist es dem Museum gelungen, durch Veranstaltungen zu einem neuen kulturellen Zentrum der Stadt zu werden. Mit der Ausstellung «glühendrot/krisenbleich – Zeitmontagen zu Arbeit und Kultur der Industrieregion Steyr» beteiligt sich das Museum an der Landesausstellung 1998. Themen sind Aufstieg, Brüche und Krisen der Stadt Steyr vom Mittelalter bis zur Gegenwart.

Museum Industrielle Arbeitswelt, 4400 Steyr, Wehrgrabengasse 7, Tel. 07252/773 51, Fax DW 11, E-Mail: office@museum-steyr.ris.at, Internet: http://www.museum-steyr.ris.at. Öffnungszeiten: nach der Landesausstellung 1998 Di–So 10–17 Uhr. Eigene Museumszeitung.

Anläßlich der Landesausstellung 1998 wurde auch der denkmalgeschützte Jugendstilbau der ehemaligen Reithoffer-Gummiwerke an der Straße nach Garsten aus dem Jahre 1882 reaktiviert. Die Ausstellung «Tradition – Innovation. Industrie im Wandel» zeigt die technologische Entwicklung am Beispiel Steyr; sie soll über 1998 hinaus erhalten bleiben. Im riesigen

Die ehemaligen Reithoffer-Gummiwerke, Steyr

Gebäude werden künftig auch eine Galerie und eine Musikschule Platz finden.

Industrie Forum Steyr, 4400 Steyr, Pyrachstraße 1, Tel. 07252/585-2550, Fax DW 801. Öffnungszeiten: nach der Landesausstellung 1998 über den Tourismusverband Steyr, Tel. 07252/532 29, zu erfragen.

Die industrielle Gegenwart und Zukunft Steyrs schließlich steht im Mittelpunkt des dritten Steyrer Beitrags zur Landesausstellung 1998. Träger der Ausstellung «drehmomente» ist das BMW-Motorenwerk. Auch nach der Landesausstellung 1998 sind Betriebsbesichtigungen nach Voranmeldung möglich.

BMW Motoren, 4400 Steyr, Hinterbergerstraße 2, Tel. 07252/888-54, Fax DW 654.

SCHLOSS LAMBERG – BERGGASSE – STADTPFARRKIRCHE: ZEICHEN WELTLICHER UND GEISTLICHER MACHT

Oberhalb des Zusammenflusses von Steyr und Enns schiebt sich ein Fels keilförmig zum Ufer, als strategisch günstiger Platz wie geschaffen für die einstige *Styrapurhc*. Durch mehrere Brände wurde die Anlage weitgehend zerstört, nur der sogenannte Römerturm und der Graben blieben erhalten. 1666 erwarben die Grafen von Lamberg die Burg und besaßen sie bis 1938. Nach dem verheerenden Brand von 1727 ließen sie ein repräsentatives Barockschloß nach Plänen von Domenico d'Angeli durch den Baumeister Johann Michael Prunner bauen.

Das *Schloß Lamberg* erreicht man von Zwischenbrücken aus, von wo die *Berggasse* durch ein Tor, auf dem die Gründungssage dargestellt ist, hinaufführt. (Der Aufgang ist auch über einen Stiegenturm möglich, der bei der Fußgängerbrücke beginnt, die vom Museum Arbeitswelt nach Zwischenbrücken führt.) Der dreieckige Innenhof ist von einer langgestreckten zwei- und dreigeschossigen Fassade umschlossen, elegant aufgelockert durch den vorspringenden Bau von Uhrturm, Stiegenhalle, Eingang zu den Prunksälen mit der größten Adelsbibliothek

Österreichs und Schloßkapelle. In der Mitte dieses Hofes steht ein Brunnen mit einem steinernen Hund als Wasserspender, dem Wappentier der Lamberg. Den Brunnen umringen groteske Steinzwerge – im Spätbarock entstandene und damals beliebte Spottfiguren verschiedener Nationalitäten und Berufe.

Adelsbibliothek im Schloß Lamberg, Besichtigung von Mai bis Oktober an Samstagen im Rahmen einer Führung oder gegen Voranmeldung, Auskunft im Tourismusbüro, Tel. 07252/532 29.

Josef Werndl, Industriepionier von Steyr

Über den Burggraben führt eine bemerkenswerte Arkadenbrücke in den angrenzenden *Schloßpark*, der erst seit dem Ende der Monarchie allgemein zugänglich ist. Geradeaus erstreckt sich die Handel-Mazzetti-Promenade, an deren Ende Josef Werndl (1831–1889) ein Denkmal gesetzt wurde: Der Großindustrielle steht mit einem Gewehr in der Hand auf einem hohen Sockel, zu seinen Füßen vier Arbeiter, in den Stein steht geschrieben: «Arbeit ehrt». Werndl wird hier als der vielgepriesene «Vater der Arbeiter» dargestellt – eine Bezeichnung, die durchaus doppeldeutig gelesen werden kann: Denn einerseits war Werndl ein verantwortungsbewußter und sozial gesinnter Mann, der mehr für «seine» Arbeiter tat als andere Unternehmer seiner Zeit. Andererseits war er aber auch ein durchaus patriarchalischer Unternehmer, der den Forderungen der aufkeimenden Arbeiterbewegung nach politischen und sozialen Rechten nichts abgewinnen konnte. Soziale Maßnahmen, wie die Wohnsiedlung im Eysnfeld, kamen vor allem den Facharbeitern zugute. Das große Heer der einfachen Arbeiter mußte ständig mit der Entlassung rechnen.

Die zum frühesten Siedlungskern gehörende Berggasse verläuft von der Burg auf der Terrassenkante oberhalb des Stadtplatzes bis zur Stadtpfarrkirche. Im Zusammenhang mit der Gegenreformation stand die Errichtung des auffälligen barocken *Coelestinerinnenklosters* (1676–1681). Heute sind darin eine Volksschule, ein Gefangenenhaus und in der ehemaligen Kirche das Alte Stadttheater untergebracht. Die Rückseite der Stadtplatz-Häuserzeile gibt den Blick in lauschige Terrassengärtchen, alte Arkadenhöfe und auf vielfältige Giebelformen frei. Zwischendurch führen immer wieder kleine Gäßchen und Treppen hinunter ins Zentrum. Aus der Reihe der schönen Bürgerhäuser seien noch das kleine, stadtseitig gelegene gotische Häuschen mit schlichten Kratzputzornamenten und der promenadenseitig gelegene mächtige Speicherbau der Innerberger Hauptgewerkschaft erwähnt, der später in ein Wohnhaus mit Biedermeierfassade umgebaut wurde. Die Berggasse endet beim Brucknerplatz. Das *Bruckner-Denkmal* erinnert an die oftmaligen Besuche des berühmten Musikers, der hierher kam, um auf der Krismann-Orgel der Stadtpfarrkirche zu spielen und in der Stille des Pfarrhofes Teile seiner 8. und 9. Symphonie zu komponieren.

Die *Stadtpfarrkirche* hat eine lange Bau- und Umbaugeschichte. So wurde die nach einem Brand wiederaufgebaute romanische Kirche nach Plänen von Hans Puchsbaum, dem Meister der Wiener Dombauschule, in gotischen Stil transferiert. Nach nur wenigen Jahren wurde das meiste davon wieder durch einen Brand zerstört. Die gotischen Reste wurden dann während der Gegenreformation barockisiert. Der Dichter Adalbert Stifter (1805–1868) ließ 200 Jahre später als Landeskonservator Barockes entfernen und durch Neugotisches ersetzen. Sein Purismus offenbart sich in der schwärmerischen Beschreibung der Stadtpfarrkirche in seinem Roman «Der

Nachsommer» aus dem Jahre 1857. Bemerkenswert in der Kirche sind links vom Hochaltar das gotische Sakramentshäuschen mit kostbarem Stahlschnittgitter, ihm gegenüber der dreiteilige Chorbaldachin, in der Taufkapelle das von protestantischen Bürgern gestiftete Taufbecken aus 1569 und an der Turmwand im nördlichen Seitenschiff das ehemalige Hochaltarbild «Anbetung der Hl. Drei Könige» von Johann Carl von Reslfeldt. Vor dem Nordportal steht das alte *Mesnerhaus*, unter ihm hindurch führt die aus der Renaissance stammende Brucknerstiege zur Pfarrgasse, der Verbindung zum Stadtplatz. Südlich der Pfarrkirche befinden sich der barocke Pfarrhof und die Margaretenkapelle, hinter der die Pfarrstiege wieder zurück zum Grünmarkt führt.

DAS STEYRER KRIPPERLTHEATER: «BÄCKERNAZL» UND «LIACHTLANZÜNDER»

Am Innerberger Stadel kündet ein schmiedeeisernes Aushängeschild, das einen Nachtwächter mit Hellebarde und Laterne darstellt, vom Spielort des Steyrer Kripperls. Im kleinen, fast immer gefüllten Theatersaal drängen sich hier in der weihnachtlichen Spielzeit jeweils um die 160 Menschen. Es ist ein gemischtes, zumeist aus Einheimischen bestehendes Publikum aller Altersstufen, das überwiegend nicht zum ersten Mal gekommen ist und dennoch – oder gerade deshalb – erwartungsfroh der Vorstellung entgegensieht. Denn das Steyrer Kripperl ist keine Schaukrippe im herkömmlichen Sinn, sondern eine Spielkrippe mit beweglichen Figuren und zugleich ein volkstümliches Puppentheater, dessen Spielszenen nur mehr lose mit dem biblischen Weihnachtsgeschehen verknüpft sind. Wahrscheinlich ist es das letzte noch erhaltene und regelmäßig betriebene derartige Krippentheater – einst war diese Form der Unterhaltung in vielen Teilen Mitteleuropas verbreitet und sehr beliebt.

Der Theatersaal in diesem traditionsreichen Gebäude beherbergt das Kripperl seit 1922, für die Zeit davor lassen sich seine Spuren in verschiedene Gasthöfe der Vorstädte zurückverfolgen. Die etwa fünf Meter breite und drei Meter tiefe Bühne sowie die meisten der etwa 500 Figuren sind eine Gemeinschaftsarbeit einiger im Wehrgraben ansässiger

Messerer und ihrer Frauen aus der Zeit um 1860; ein Teil der Figuren ist jedoch wesentlich älter. Die Bühne ist stufenförmig aufgebaut. Eine Galerie von Werkstätten und Buden erhebt sich in zwei Ebenen über dem Stall von Bethlehem. Darüber erstreckt sich auf der Oberbühne beidseits von Zwischenbrücken die biedermeierliche Stadt Steyr.

Hier treten die einzeln auf Stäbe oder in Gruppen auf Laufbretter montierten und in unsichtbaren Schienen geführten Puppen auf, hier spielen auch die meisten Szenen aus dem umfassenden Repertoire, von denen jeweils acht bis zehn aufgeführt werden. Die religiösen Szenen werden dem Aufführungsdatum entsprechend ausgewählt. Welche der humorvollen Stückerln aus dem städtischen handwerklichen Leben jeweils gespielt werden, steht in keinem Programmheft. Die beliebtesten allerdings werden niemals ausgelassen, etwa der «Bäckernazl», der seinen Meister an der Nase herumführt, der «Liachtlanzünder», dem ein Lausbub immer wieder die Gaslaternen ausbläst, und der «Nachtwächter», den ein frecher Kasperl zu mitternächtlicher Stunde mit allerlei Schabernack bei seinem gewohnten Rundgang aufhält. Die Autoritäten werden also herausgefordert – und die Sympathie des Publikums gilt den Aufmüpfigen und Frechen. Dann hat aber doch wieder alles seine Ordnung: Den Nazl ereilt eine Tracht Prügel, der Lausbub büßt mit einer brennenden Pudelhaube, und Kasperl endet hinter Schloß und Riegel.

Das hinter den Kulissen verborgene Ensemble besteht traditionell aus einem weiblichen und einem männlichen Hauptsprecher, etlichen Helfern für kleinere Rollen und einer Sängergruppe. Gesprochen und gesungen wird durchwegs im lokalen Dialekt. Die Bedeutung von Wörtern wie «Bschoadbinkerl», «Weisat» oder «Ridscha» wird den meisten Ortsfremden ohne eigenes Dialektwörterbuch wohl leider verschlossen bleiben.

Steyrer Kripperl, Grünmarkt 26, Spieltage: Sa, So und Feiertag zwischen Adventbeginn und Maria Lichtmeß (2. Februar) je drei Vorstellungen am Nachmittag, Spieldauer ca. eine Stunde, Auskünfte und Kartenvorverkauf beim Tourismusverband, Tel. 07252/532 29, Restkarten an der Tageskasse (kein Telefon).

ENNSLEITE UND MÜNICHHOLZ: HOCHBURGEN DER ARBEITERSCHAFT

Eine Fahrt auf die *Ennsleite* lohnt nicht nur wegen der wunderbaren Aussicht auf die gesamte Stadt, sondern auch wegen einiger interessanter Bauwerke. Der alte, der Stadt zugewandte Teil des Gebiets ist von den zwischen 1913 und 1919 errichteten Arbeiterwohnhäusern geprägt. Insbesondere die vom Wiener Architekten Eugen Faßbänder geplanten Häuser gelten Architekturhistorikern als gleichwertig mit den besten Anlagen des Roten Wien. Während der Februarkämpfe 1934 verschanzten sich hier die Schutzbündler mit Maschinengewehren hinter Holzscheiten und Matratzen, bis die «rote Festung» von den Kanonen des Bundesheeres in wenigen Stunden sturmreif geschossen war. Heute erinnert ein einfaches Mahnmal neben den Wohnhäusern in der Wokralstraße an mindestens 20 Tote und einen standrechtlich verurteilten und hingerichteten Schutzbündler.

Nach dem Wiederaufbau nach 1945 wurde auf der Ennsleite ein weiteres bemerkenswertes Kapitel moderner Architektur geschrieben. Das 1958 bis 1961 in der Arbeiterstraße nach Plänen der Gruppe 4 (Holzbauer, Kurrent, Spalt) und von Johann Georg Gsteu errichtete *Seelsorgezentrum* verbindet auf besonders gelungene Weise neue architektonische Ideen und die kirchliche Erneuerungsbewegung jener Zeit. Das bauliche Grundkonzept drückt den Gedanken der Veränderbarkeit innerhalb eines beständigen Rahmens aus: Das Gerüst (in Form von X-Stützen) bleibt bestehen, die «Haut» und das Innere sind veränderbar.

Von der Ennsleite geht es – vorbei an den Steyr-Werken und dem BMW-Motorenwerk – nach *Münichholz*. Hier, im Nordosten der Stadt, errichteten die Göring-Werke zusätzlich zu einem neuen Kugellagerwerk einen völlig neuen Stadtteil mit 2500 Wohnungen. Münichholz ist eine typische Anlage des NS-Siedlungsbaus, in dem politisch-ideologische Momente viel weniger zum Durchbruch kamen als bei den Parteibauten. Vom Reißbrett weg verwirklichten die Planer in Münichholz ein breites Spektrum von Bauweisen, von der Wohnblockverbauung bis zum Reihen- und Einfamilienhaus. Charakteristisch sind insbesondere die weitläufig angelegten, meist zwei- und dreigeschossigen Häuser, die um großzügige Grünflächen und Höfe herum gruppiert sind. Das macht den auch heute noch hohen Wohnwert dieser Siedlung aus.

AUSKUNFT Tourismusverband, 4400 Steyr, Stadtplatz 27, Tel. 07252/532 29, Fax DW 15, E-Mail: steyr-info@ris.at. **STADTFÜHRUNGEN** Tourismusverband, auch mit Tonband möglich. **STEYRTALMUSEUMSBAHN** Siehe den Abschnitt «Das Steyrtal von Aschbach bis Leonstein». **ESSEN UND TRINKEN** Café-Restaurant Rahofer (1 Haube), Stadtplatz 9, Tel. 07252/546 06, Ruhetage: So, Mo. Gasthof Rahofer (1 Haube), 4484 Kronstorf, Hauptstraße 18, Tel. 07225/8303, Ruhetage: So, Mo (13 km von Steyr in Richtung Enns). Romantikrestaurant Minichmayr (1 Haube), Haratzmüllerstraße 1–3, Tel. 07252/534 10, Ruhetag: So, Panoramablick auf den Zusammenfluß von Enns und Steyr. Hotel-Restaurant Mader, Stadtplatz 36, Tel. 07252/533 58, Ruhetag: So, Renaissance-Arkadenhof. Schloßrestaurant Schloß Lamberg, Berggasse 2, Tel. 07252/486 75, kein Ruhetag. Restaurant Taborturm, Taborweg 7–9, Tel. 07252/629 49, Ruhetag: Di, beste Aussicht auf die Stadt. Quenghof, Spitalskystraße 12, Tel. 07252/488 35, Ruhetag: Fr. Gasthaus Seidl-Bräu, Haratzmüllerstraße 18, Tel. 07252/417 00, Ruhetage: Sa und So. «knapp am eCK ... der wirt», Wehrgrabengasse 15, Tel. 07252/762 69, Ruhetag: Mo, Gastgarten neben Museum Arbeitswelt. Landgasthof Mayr, Pfarrplatz 3, St. Ulrich bei Steyr, Tel. 07252/ 520 91, Ruhetag Mo, Vierkanter mit Gastgarten und schöner Aussicht, gepflegte regionale Küche. Unser kleines Café, Stadtplatz 13/Ennskai, Tel. 07252/468 40, Mo–Sa 8–20, So 13–19 Uhr, 28 Zeitungen. **ÜBERNACHTEN** Romantikhotel Minichmayr, Haratzmüllerstraße1, Tel. 07252/534 10, Fax 07252/482 02-55, Panoramablick, höchster Komfort. Hotel Mader, Stadtplatz 36, Tel. 07252/533 58, Fax DW 6, inmitten der historischen Altstadt, hoher Komfort. Stadthotel Styria, Stadtplatz 40–42, Tel. 07252/515 51, Fax DW 51, im Zentrum, Komfortzimmer, gotischer Konferenzraum. Parkhotel Styria, Eisenstraße 18, 10 Gehminuten vom Zentrum, Tel. 07252/478 31, Fax DW 209. Landgasthof Mayr, Pfarrplatz 3, St. Ulrich bei Steyr, Tel. 07252/520 91, Fax DW 53. **CAMPING** Forelle Steyr, Kematmüllerstraße 1a, Tel. 07252/680 08. **JUGENDHERBERGE** Hafnerstraße 14, Tel. 07252/455 80. **BAUERNMARKT** am Stadtplatz, Fr 13.30–16, Sa 8–11 Uhr. **GALERIEN** Galerie Schloß Lamberg, Kunstverein Steyr, Blumauergasse 4, Tel. 07252/417 42 od. 543 43. Galerie Pohlhammer im Museum Arbeitswelt, Wehrgrabenstraße 7, Tel.

07252/773 51; im FAZAT, Wehrgrabenstraße 1–5, Tel. 07252/658 32. Galerie Schnittpunkt, Grünmarkt 2, Tel. 07252/230 91. Fotogalerie, Stadtplatz 30, Tel. 07252/243 43. **MUSEEN** Sommerhuber Kachelofenmuseum, Resthofstraße 69, Tel. 07252/633 91-0, Öffnungszeiten: Mo–Fr 8–12 und 14–18 Uhr, Sa 8–12 Uhr. Eisenuhrenmuseum, Enge Gasse 19, Tel. 07252/530 91, Öffnungszeiten: nach Vereinbarung. **THEATER** Aufführungen im Alten Stadttheater, Dominikanersaal, Museum Arbeitswelt und im Dunklhof, Auskunft im Tourismusbüro, Tel. 07252/532 29. **VERANSTALTUNGEN** Schloßkonzerte Rosenegg, Mitte Juni bis Anfang September, Auskunft: Tel. 07252/465 51, oder Tourismusbüro Steyr, Tel. 07252/532 29. Adventmärkte, -konzerte und Krippenausstellungen in Steyr, Christkindl, Garsten und St. Ulrich, Auskunft im Tourismusbüro Steyr, Tel. 07252/532 29. **BADEN** Stadtbad (Freibad, Hallenbad, Sauna), Haratzmüllerstraße 126, Tel. 07252/532 93, Hallenbad von September bis Mai tgl. 9–21 Uhr. **FISCHEN** Enns und Stauseen, Fangzeit: 1. Mai bis 31. Oktober, Auskünfte: Angelsportverein, Tel. 07252/236 79. **MINIGOLF** ASKÖ Steyr, Tel. 07252/636 73. **RADVERLEIH** Pilat, Tel. 07252/224 49. Bahnhof, Tel. 07252/233 21. **REITEN** Reitclub Steyr, Hausleitnerstraße 16a, Tel. 07252/610 16. **TENNIS** Tennisplatz, Tel. 07252/232 29. Tennishalle Maier, Tel. 07252/616 20. Tennishof Rottenbrunner, Tel. 07252/612 19. **LITERATUR** Hans Stögmüller: Wehrgraben, Steyr 1987. Walter Wippersberg: Der Wehrgraben in Steyr, Steyr 1982. Die Stadt Steyr, Linz 1990.

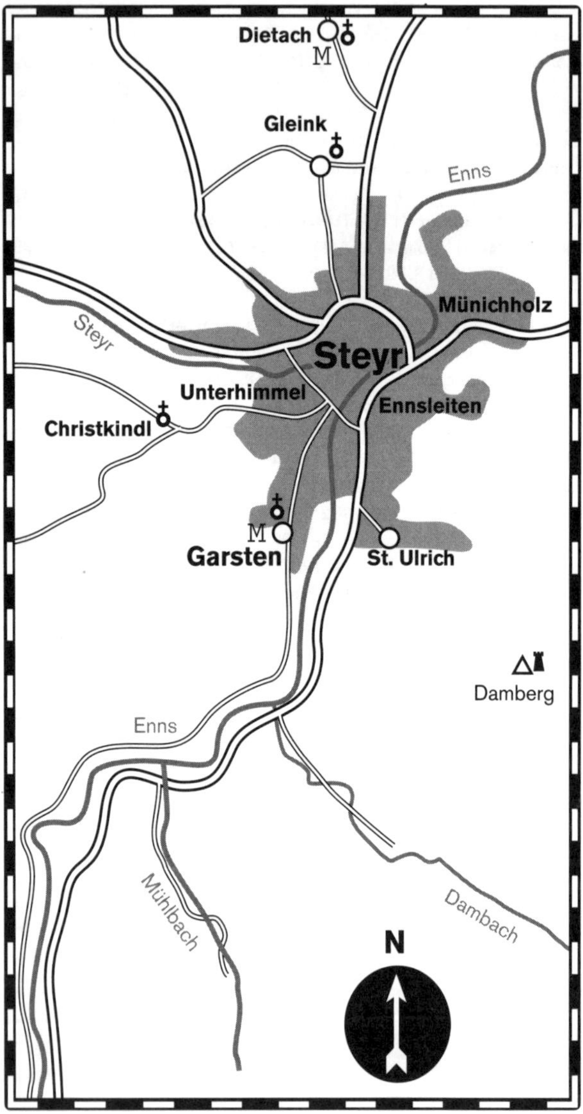
Dietach
M
Gleink
Enns
Münichholz
Steyr
Steyr
Unterhimmel
Ennsleiten
Christkindl
M
Garsten
St. Ulrich
Damberg
Enns
Mühlbach
Dambach
N

Sehenswertes vor den Toren der Stadt

GLEINK: JUNGE BEWOHNER IM ALTEN KLOSTER

Am nördlichen Stadtrand – und in den letzten Jahrzehnten mit Steyr fast zusammengewachsen – liegt der vom Gebäude des ehemaligen Klosters beherrschte Ortsteil Gleink. Das 1125 gegründete *Benediktinerkloster* gehörte von jeher zu den ärmeren Klöstern Oberösterreichs. So erfolgte auch die Barockisierung erst zu Beginn des 18. Jahrhunderts. Die freskierten Gewölbe wurden später übermalt und erst 1954 wieder freigelegt. Die Gemälde an den Chorwänden – Maria mit Kind und hl. Josef – hat 1725 Martino Altomonte gemalt. Bemerkenswert sind auch der Hochaltar im schönsten Knorpelwerkstil und die Orgel. Das Kloster wurde unter Joseph II. aufgehoben und dient heute als Jugendwohnheim der Caritas.

Martinimarkt im Stift Gleink, bekannter Markt rund um Martini (11. November) mit Kunsthandwerk, Bauernmarkt, Ganslessen.

DIETACH: BAUERNMUSEUM UND GOTISCHE FRESKEN

Einige Kilometer nordwestlich von Gleink, in Dietach, befindet sich eines der größten Bauernmuseen des Landes, der *Gallhuberhof*. In seinem Vierkanter hat der Besitzer, Ernst Sandmair, mehr als 3000 Exponate aus der bäuerlichen Arbeitswelt und Kultur zusammengetragen, darunter einen der ersten Steyr-Traktoren. – In der Filialkirche Dietachs, in *Stadlkirchen*, wurden vor kurzem bei einer Renovierung gut erhaltene Fresken entdeckt, die mindestens 400 Jahre übertüncht gewesen waren, darunter eine überlebensgroße Schutzmantelmadonna, eine Darstellung der Heiligen Drei Könige und der Schutzpatronin

Margareta aus dem 14. Jahrhundert. Die Kirche in ihrer heutigen Gestalt geht auf den Besitzer des ehemals benachbarten Schlosses von Stadlkirchen, Georg von Neuhaus, zurück, der die urkundlich bereits im 12. Jahrhundert erwähnte und von den Türken teilweise zerstörte Kirche 1580 neu errichten ließ.

Bauerntechnikmuseum Gallhuberhof, Thannstraße 22, 4407 Dietach bei Steyr, Tel. 07252/382 94. Öffnungszeiten: So und Feiertage 13–17 Uhr, während der Woche nach Vereinbarung.

CHRISTKINDL: WALLFAHRTSKIRCHE, KRIPPE UND WEIHNACHTSPOST

Die Kuppel der Wallfahrtskirche von Christkindl ist von vielen Plätzen der Stadt aus zu sehen. Neben religiösen Wallfahrern pilgern in der Weihnachstzeit wahre Ströme touristischer Wallfahrer dorthin. Sie werden von drei Attraktionen angezogen: der Kirche, der mechanischen Krippe und dem Sonderpostamt. Die *Wallfahrtskirche zum gnadenreichen Christkindl im Baum unterm Himmel* geht auf die Frömmigkeit eines einfachen Steyrer Bürgers zurück. Ferdinand Seitl, Kapellmeister der Stadtmusik und Betreuer der Feuerwache auf dem Stadtpfarrturm, litt an Fallsucht. 1695 kaufte er von den Coelestinerinnen in Steyr um 30 Kreuzer ein aus Wachs geformtes Christkind. Er bewahrte es in einem ausgehöhlten Fichtenstamm auf der felsigen Hochterrasse des Steyrufers bei der Ortschaft Unterhimmel auf. Dorthin pilgerte er häufig und betete eifrig um seine Genesung, und er hatte auch bald keine epileptischen Anfälle mehr, was er seiner Andacht zuschrieb. Die Heilung sprach sich herum und zog bald viele Wallfahrer an. Der Abt von Garsten nahm sich der Sache an und ließ vorerst eine hölzerne Kapelle um den Baum errichten.

Der Bau der Kirche wurde 1708 nach Plänen von Giovanni Battista Carlone nach dem Vorbild von Santa Maria Rotonda in Rom begonnen und von Jakob Prandtauer vollendet, der auch den mit der Kirche verbundenen Pfarrhof errichtete. Im Grundriß besteht die Kirche aus einem kreisrunden Hauptraum und kreuzförmig angeordneten Halbkreisen. Das Zentrum des heutigen Altars bildet der ursprüngliche Fichtenstamm. Der von Leonhard Sattler geschnitzte Hochaltar stellt die Dreifaltigkeit dar, von quellendem Gewölk umfangen, wobei das Kultbild, das Christkindl, als Gottessohn einbezogen wurde. Den Tabernakel bildet eine vergoldete Weltkugel mit den verschiedenen Erdteilen im Relief. Das Kuppelfresko «Maria Himmelfahrt» sowie das Bild des Marienaltars «Geburt Christi mit Anbetung der Hirten» stammen von Johann Carl von Reslfeldt.

Die Wallfahrtskirche Christkindl

Die *mechanische Krippe* ist im ehemaligen Wirtschaftsgebaude des Pfarrhofes untergebracht. Der heimelige Raum wirkt wie ein kleines Theater. Karl Klauda, der die Krippe anfertigte, kam 1880 aus Böhmen nach Steyr, wo er als Schlosser in der Waffenfabrik arbeitete. Für die Krippe schnitzte er in vierzigjähriger Arbeit ungefähr 300 Figuren, dazu den kunstvollen Rahmen. Bewegt werden die meisten Figuren durch Fahrradketten, auf deren Gliedern sie mit Stiften befestigt sind – eine geniale Idee. Das Räderwerk wurde früher mit einer Handkurbel angetrieben, heute durch einen Elektromotor. Die Figuren bewegen sich in einer reich gegliederten orientalischen Landschaft, dazu ertönt Musik aus einer böhmischen Walzenorgel aus dem 19. Jahrhundert.

Im Zentrum steht – natürlich – die Heilige Familie im Stall von Bethlehem. Das Jesuskind richtet sich segnend in der Krippe auf und legt sich wieder hin, ein Hirte zieht ehrerbietig seinen Hut; von links kommen biblische Gestalten, beginnend mit Adam und Eva, im rechten Teil laufen Schafe herum, und ganz oben links machen sich die Heiligen Drei Könige samt Gefolge auf, um dem Jesuskind zu huldigen. Auch von Handwerk geprägtes heimisches Leben mischt sich in das Bild.

Kirchen- und Krippenführungen in der Weihnachtszeit mehrmals täglich, Auskunft im Tourismusverband Steyr, Tel. 07252/532 29.

Auf welche Person in der österreichischen Postverwaltung die himmlische Idee zurückgeht, in Christkindl ein *Weihnachtspostamt* einzurichten, ist unbekannt, jedenfalls aber wurden erstmals im Jahr 1950 schon 42.000 Sendungen, damals noch nur aus dem Inland, von nur einer Bediensteten mit einem Sonderstempel versehen und weitergeleitet. Seither ist das Sonderpostamt im Gasthaus neben der Kirche untergebracht. 1955 gelangte bereits eine halbe Million frommer Wünsche aus aller Welt über Christkindl zum Empfänger. Eine aus dieser Zeit stammende Beschreibung der Aktion zeigt, wie sehr die Idee im Bewußtsein der Wiederaufbauzeit verankert war: «Diese so echt österreichische Einrichtung warb und wirbt in ganz einfacher Form für unsere Heimat Österreich. Christkindl, ein kleines, unscheinbares Postamt, brachte es zuwege, ein völkerverbindendes Zentrum der Welt zu werden.»

In den letzten Jahren hat sich die Zahl der Sendungen auf zwei Millionen eingependelt. Die Arbeit der eigens dafür abgestellten etwa 20 Postbediensteten beginnt am Freitag vor dem ersten Adventsonntag und endet am Dreikönigstag. Sie bringen – nach einigem Training auf Treffsicherheit und guten Abdruck – den Sonderstempel auf Karten und Briefen an. Jedes Jahr gibt es zwei neue Motive – bis 26. Dezember den Weihnachts-, dann den Dreikönigsstempel. Beantwortet werden auch die jährlich ungefähr 5000 Briefe, die von Kindern aus vielen Ländern in verschiedensten Sprachen einfach an das Christkind geschrieben werden: Petit Enfant Jésus, Gesù Bambino, liebes Christkind ... Ich war zwar nicht immer artig, trotzdem habe ich einige dringende Wünsche ... Ich hoffe, Du drückst ein Auge zu.

Weihnachtspost über Christkindl, mit «Leitzettel», erhältlich in allen Postämtern; Auskünfte: Postamt Christkindl, Tel. 07252/526 00.

Über den Wehrgraben stadtauswärts läßt sich Christkindl in einer etwa einstündigen Wanderung auch zu Fuß erreichen. Unterhalb des Steilhanges von Christkindl liegt die kleine Ortschaft *Unterhimmel.* Am Unterhimmler Wehrgraben entstanden schon im 16. Jahrhundert eisenverarbeitende Werkstätten, später auch Industriebetriebe. Heute zeugen nur mehr verlassene und verfallene Gebäude von dieser Zeit. Flußaufwärts erstreckt sich entlang des Steyrufers die urtümliche *Rosenegger Au,* die man auf zahlreichen unmarkierten Wegen – auch mit dem Fahrrad – durchstreifen kann. Das auf einer Terrasse über der Au gelegene Schloß Rosenegg, bereits im 14. Jahrhundert als Bauernhof erwähnt, ist heute in Privatbesitz und in den Sommermonaten Veranstaltungsort für Konzerte.

GARSTEN: BAROCKE PRACHT UND KRIPPENSCHAU

Etwa siebenhundert Jahre lang – von seiner Gründung durch Otakar I. von Steyr (1082) bis zu seiner Auflösung durch Joseph II. (1787) – war das Benediktinerkloster Garsten das religiöse Zentrum des ganzen Landes zwischen der Enns und der Steyr. Schon bald nach der Gründung begann die Urbarmachung großer Landstriche und die Christianisierung der beiden Täler, das Stift entwickelte sich zu einem kulturellen und wirtschaftlichen Mittelpunkt. In der Reformationszeit kam es in arge Bedrängnis, erholte sich aber rasch wieder und wurde zu einem

Vorkämpfer der Rekatholisierung des Steyrer Raumes. Um 1616 wurde die alte *Stiftskirche* in frühbarockem Stil restauriert, die Kreuzigungsgruppe über dem Eingang und die Pieta von Hans Spindler beim zweiten Seitenaltar rechts aus dieser Zeit sind noch erhalten. Als Antwort auf die Bedrohung durch das Osmanische Reich entstand die Idee, Kirche und Kloster völlig neu zu erbauen. Die gesamte Anlage sollte im Sinne des Barock auf die Kirche als Hauptachse ausgerichtet sein, getreu dem benediktinischen Wahlspruch: «Damit in allem Gott verherrlicht werde!» Der italienische Baumeister Pietro Francesco Carlone erhielt den Bauauftrag, nach seinem Tod führten seine Söhne Carlo Antonio und Giovanni Battista die Arbeiten fort. Die Freskenmalereien übernahmen großteils die Gebrüder Grabenberger. Die Stiftskirche wurde 1683 fertiggestellt – in dem Jahr, als die Türkenbelagerung in Wien erfolgreich abgewehrt wurde. Die Fresken von Johann Carl von Reslfeldt auf der Musikempore erinnern an diesen Sieg. Die prunkvolle Kirchenausstattung geht auf das Wirken vieler namhafter Künstler zurück. Besonders prächtig sind die Kanzel, der Tabernakel und das rankengeschmückte Kirchengestühl sowie der von Marian Rit-

Figuren der Pöttmesserkrippe

tinger angefertigte schwarz-goldene Hochaltar. Eine Besonderheit des Kirchenraumes sind die niederländischen Bildteppiche mit Szenen aus dem Leben Alexanders des Großen. Von den Seitenkapellen sei der Bertholdaltar hervorgehoben, der an den ersten Abt des Stiftes erinnert. Das Altarblatt von Reslfeldt zeigt Berthold als Wundertäter; auf der gegenüberliegenden Wand ist eine 1970 von Heribert Mader geschaffene moderne Darstellung der «Vita Bertholdi» auf 20 Bronzetafeln zu sehen. Nach dem Tod Carlo Antonio Carlones übernahm Jakob Prandtauer den Stiftsbau, seine Architektur kann man besonders am Saaltrakt gegenüber dem Kircheneingang bewundern, wo sich auch der prachtvolle Festsaal befand.

Nach der Aufhebung des Klosters wurden die Hauptgebäude zunächst als Kaserne und Lazarett genützt. 1850 wurde die gesamte Anlage an den Staat verkauft und dient seither als eine der größten österreichischen *Strafanstalten.* Mit der Schließung des Klosters verlor Garsten seine einstige Bedeutung. Heute ist der Markt fast mit der Stadt Steyr zusammengewachsen. Ein Besuch Garstens empfiehlt sich besonders während der Adventzeit. Die Garstner locken nicht nur mit einem schönen *Adventmarkt,* sie haben auch die Krippentradition ihres Ortes wiederbelebt. Sie reicht von der erhaltenen barocken «Buchsbaumkrippe» von Marian Rittinger (1705) über die Kastenkrippen der Nagelschmiede bis zum heutigen Krippenbau. Schon seit einiger Zeit finden während der Adventzeit Krippenausstellungen statt. Im Rahmen der Landesausstellung 1998 sind zahlreiche wertvolle Krippen fünf Monate lang im Stift zu besichtigen, unter ihnen die Großkrippe des Südtirolers Ferdinand Pöttmesser mit mehr als 700 Figuren. Sie wird danach in Christkindl aufgestellt werden.

AUSKUNFT Marktgemeindeamt, 4451 Garsten, Tel. 07252/533 07, Fax DW 26. **ESSEN UND TRINKEN** Gasthaus Hammermeister, Dambachstraße 101, Tel. 07252/521 03, Ruhetag: Mo, Gastgarten unter Kastanienbäumen. Gasthaus Rieglwirt, Höllstraße 47, Tel. 07252/532 73, Ruhetage: Mo, Di, Gastgarten mit Kinderspielplatz. **STIFTSMUSEUM** Kunstschätze des ehemaligen Stiftes Garsten, Am Platzl 2, nach der

Landesausstellung 1998 Besichtigung n.V., Auskunft im Gemeindeamt oder im Pfarramt, Tel. 07252/541 96. **KRIPPENAUSSTELLUNG** Stiftsmuseum Garsten, geöffnet während des Garstner Adventmarktes, Auskunft im Gemeindeamt. **ADVENTMARKT** Am Platzl, erstes und zweites Adventwochenende und 8.12. – gilt als der schönste unter den zahlreichen Weihnachtsmärkten in Steyr und Umgebung. **BAUERNMARKT** Am Platzl, Sa 8–11 Uhr. **BADEN** Freibad Garsten, Tel. 07252/533 07. **BOOTFAHREN** am Stausee, Auskunft: Ennskraftwerke, Tel. 07252/454 73 oder 461 44. **MINIGOLF** neben dem Freibad, Tel. 07252/475 52. **REITEN** Reitschule Walter Hampl, Mühlbachstraße 40, Tel. 07252/466 54. **TENNIS** SV Garsten, M.-Rittinger-Straße, Tel. 07252/481 63. **LITERATUR** Karl Mayer, Gerald Kapfer: Weihnachtskrippen aus Garsten, Steyr und Christkindl, Linz 1992.

Durch das *Dambachtal*, südöstlich am anderen Ennsufer gelegen, führte der Flößerweg, auf dem die Ennsschiffer – das Flußknie bei Ternberg umgehend – nach getaner Arbeit von Steyr heimwärts nach Weyer gingen. Das Tal war auch ein Hauptort der Nagelerzeugung. In rund 40 Werkstätten stellten die Nagelschmiede ihre verschiedenen Schuh- und Gebrauchsnägel her. Der Untergang ihres Gewerbes begann mit der industriellen Erzeugung; der letzte Nagelschmied legte schließlich 1954 den Hammer weg. In der Nähe des uralten Gasthauses Hammermeister, wo früher ein Zainhammer das Rohmaterial für die Nagelerzeugung herstellte, wurde anläßlich der Landesausstellung 1998 eine Nagelschmiede originalgetreu wiedererrichtet, in der das alte Handwerk vorgeführt wird.

Dambacher Nagelschmiede, Öffnungszeiten: zwischen Ende April und November n.V., Auskunft: Franz Sallinger, Tel. 07252/526 66, oder Gemeindeamt Garsten, Tel. 07252/533 07.

Das Dambachtal wird von einer ca. 800 Meter hohen Hügelkette hufeisenförmig umschlossen. Der bekannteste ist zweifellos der *Damberg*, der von einer Aussichtswarte gekrönte Hausberg der Steyrer. Er läßt sich vom Dambachtal aus in einer besonders im Frühling und Herbst reizvollen Wanderung ersteigen. Ausgangspunkt ist das Gasthaus Hammermeister. Wer sich den anfänglichen Gang auf einem Güterweg ersparen will,

Kreuzweg zur Wallerkapelle im Mühlbachtal

fährt einige Kehren hinauf, von wo aus über Blumenwiesen und entlang des Waldes in etwa einer Stunde der Gipfel erreicht wird. Auf dem Damberg und den umliegenden Hügeln finden Mountainbiker einige sehr attraktive Strecken mit unterschiedlichen Schwierigkeitsgraden vor.

Ein beliebtes Ausflugsziel für Wanderer ist auch das weiter südlich verlaufende *Mühlbachtal.* Vom Talende aus erreicht man in wenigen Minuten – vorbei an weiß getünchten Kreuzwegstationen – die kühn auf einen Felsen gesetzte *Wallerkapelle.* Von dort führen mehrere aussichtsreiche Wanderwege in die weitläufige und dünn besiedelte Hügellandschaft. Zurückgekehrt ins Mühlbachtal, kann man mit der Schattleiten-Mühle eine jener Hausmühlen in Betrieb sehen, die dem Tal seinen Namen gaben.

Schattleiten-Mühle, Mühlbachstraße 42, Öffnungszeiten n.V., Auskunft: Alfred Bramberger, Tel. 07252/466 55.

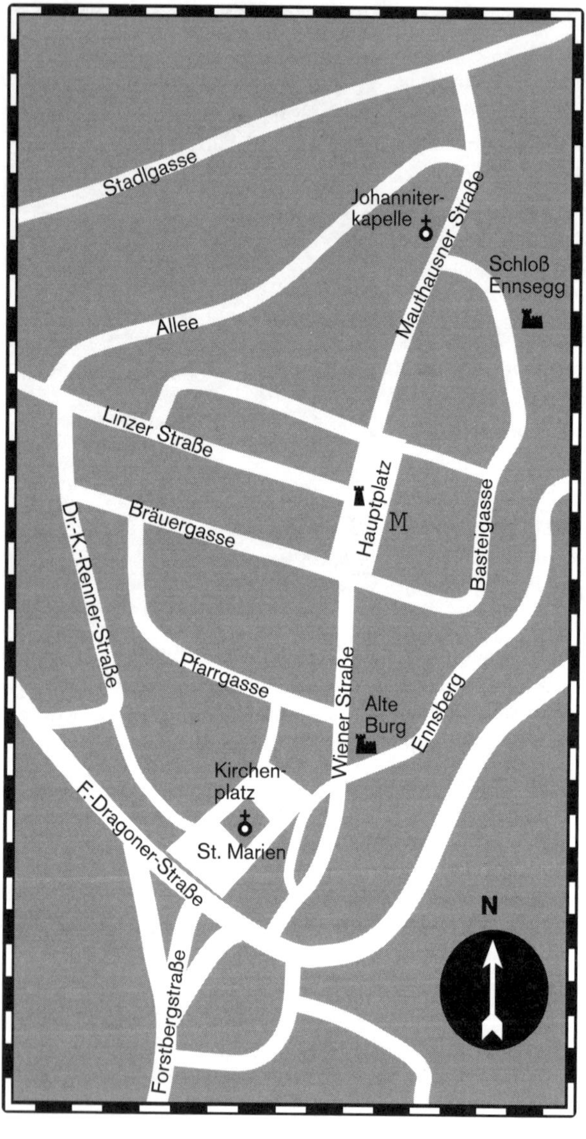
Stadlgasse
Johanniter-
kapelle
Mauthausner Straße
Schloß
Ennsegg
Allee
Linzer Straße
Hauptplatz
M
Basteigasse
Bräuergasse
Dr.-K.-Renner-Straße
Pfarrgasse
Wiener Straße
Alte
Burg
Ennsberg
Kirchen-
platz
St. Marien
F.-Dragoner-Straße
Forstbergstraße
N

Enns und St. Florian

Enns: Die älteste Stadt Österreichs

Die Stadt Enns – genauer die Altstadt von Enns – liegt auf einem Höhenrücken im Mündungsgebiet des Ennsflusses in die Donau. Dem von Osten kommenden Besucher bietet sich das Bild einer eng ineinandergeschachtelten Häuseransammlung, begrenzt vom zierlichen Turm der Pfarrkirche zur Linken und dem mächtigen Schloß Ennsegg zur Rechten, die vom markanten Stadtturm in der Mitte gekrönt wird. Die in Friedens- ebenso wie in Kriegszeiten strategisch bedeutsame Lage hat den seit mehreren tausend Jahren als Siedlungsgebiet nachgewiesenen Ort immer wieder zum Brennpunkt historischer Ereignisse und Entwicklungen gemacht.

Ennser Stadtturm

Insbesondere zwei geschichtliche Epochen haben sich nachdrücklich in der baulichen Gestaltung und im historischen Bewußtsein der Stadt niedergeschlagen: zum einen jene Zeit, als das militärische Standlager und die Zivilstadt Lauriacum einen der nördlichen Eckpfeiler der römischen Provinz Noricum bildeten, zum anderen die mittelalterliche Blütezeit der Stadt, als Enns drauf und dran war, Linz als politisches Zentrum des Landes ob der Enns abzulösen. Der Anspruch und Stolz der Ennser, die älteste Stadt Österreichs zu sein, nimmt auf diese beiden Epochen Bezug und gründet sich auf zwei Dokumente: Im Jahr 212 verlieh Kaiser Caracalla der Stadt Lauriacum das Stadtrecht. Und genau 1000 Jahre später wurde der Ort, nachdem er 26 Jahre zuvor durch einen Erbvertrag zwischen der Steiermark und den Babenbergern zu Österreich gekommen war, von Leopold VI. wiederum mit den städtischen Privilegien ausgezeichnet. Der jüngste Beleg für die exponierte Stellung der Stadt ist die Besatzungszeit nach 1945, als die amerikanischen und sowjetischen Grenzstationen an der Ennsbrücke die Teilung des Landes symbolisierten. Im Gedächtnis der älteren Ennser ist diese Zeit noch mit vielen Anekdoten präsent.

EIN ERSTER ÜBERBLICK

Einen guten ersten Eindruck von der besonderen Lage und historischen Bedeutung der Stadt gewinnt der Besucher durch einen Rundblick von der Galerie des *Stadtturms*. Dieser massive, 60 Meter hohe und rund 10 Meter breite quaderförmige Bau bildet durch seine Lage genau in der Mitte des rechteckigen Hauptplatzes gleichsam den natürlichen Mittelpunkt der Altstadt. Erbaut wurde er 1564 bis 1568 als Wacht-, Glocken- und Uhrturm von einer selbstbewußten Bürgerschaft – als Enns nicht nur eine Hochburg des Protestantismus, sondern auch eines der kulturellen und wirtschaftlichen Zentren des Habsburgerreichs war. In der Gestaltung der vier Geschosse vereinen sich Elemente der ausgehenden Gotik mit der beginnenden Renaissance. Die eigentliche Schauseite des Turmes ist die Südseite, auf deren unteren Geschossen eine Sonnenuhr, zwei lateinische Inschriften und ein habsburgischer Doppelader aufgemalt sind. Hinter den Spitzbogenfenstern des dritten Geschosses befinden sich sechs Glocken, die noch heute von einer mittlerweile mehr als siebzigjährigen Türmerin geläutet werden, die seit 30 Jahren eine bescheidene Wohnung im Turm hat. An der mächtigen Turmuhr mit dem lateinischen Zifferblatt ist das Längenverhältnis der beiden Zeiger ungewöhnlich: Weil der Stundenzeiger bereits den vollen Radius ausfüllte, mußte der erst später hinzugefügte Minutenzeiger eben deutlich kürzer gehalten werden.

Vorhergehende Seite: Eines der bekanntesten Ensembles der Stadt Steyr: die Michaelskirche und das Bürgerspital vom Wehrgraben aus gesehen

Museum Industrielle Arbeitswelt in Steyr: lichtdurchfluteter Eingangsbereich zwischen revitalisierten Fabriksgebäuden (li.)
Barocke Fassade auf dem Stadtplatz von Steyr: das Sternhaus (re. oben)
Steyrtalbahn: die älteste Schmalspurbahn Österreichs hat als Museumsbahn überlebt (re. unten)

Stift Kremsmünster, im Hintergrund die Sternwarte (li. oben)
Das astronomische Kabinett in der Sternwarte des Stiftes Kremsmünster (li. unten)
Das Kaiserzimmer, einer der 16 Räume St. Florians, die für kaiserlichen Besuch bereitstanden (re. oben)
St. Florian: Westfront mit Portal von Jakob Prandtauer (re. unten)

IHS
I.C.A.I.M.
M.D. XCIX

36

Fotos oben, von links nach rechts:
Schmiedeeisenkunst in der ehemaligen Stiftskirche von Spital am Pyhrn
Die Burg Altpernstein über dem Nebelmeer im Kremstal
Altes Tor mit Doppeladler am Prevenhueberhaus in Weyer
Klassisches Produkt der Stiftskäserei Schlierbach: der Schloßkäse
Großes Foto: Bauernhof im Alpenvorland bei Bad Hall

Folgende Seite:
Bartolomeo Altomontes Fresken in der ehemaligen Stiftskirche von Spital am Pyhrn, ein Höhepunkt barocker Kunst im Alpenraum

Oberhalb der Uhr und unter dem 18 Meter hohen Helmdach befindet sich die Galerie, die man nach der Bewältigung der mehr als 150 Stufen etwas atemlos erreicht. Oben angelangt, ist man zunächst von der weitläufigen Aussicht beeindruckt: Im Norden reicht sie bis zu den aus dem Donautal hochsteigenden Hügeln des Mühlviertels, im Westen dagegen fängt sich der Blick bald an den rauchenden Schloten des nahe gelegenen Linzer Industriegebietes, der Blick nach Süden wird erst in weiter Ferne durch die südlich von Steyr beginnende Kette der ersten Voralpengipfel begrenzt, gegen Osten, jenseits der Enns, verliert sich der Blick im flachen Land, durch das die scheinbar endlosen Linien der Eisenbahn und der Autobahn ziehen. Blickt man auf die sich unterhalb ausbreitende Stadt, lassen sich die Grenzen der mittelalterlichen Stadt an einigen noch erhaltenen Wehrtürmen und Stadtmauerresten (erbaut 1193/94) gut erkennen. Erahnen läßt sich auch die Lage der an den zentralen Einfahrtsstraßen gelegenen einstigen vier Stadttore, die auf einer

Enns: Blick vom Stadtturm auf den Hauptplatz

Schautafel im Erdgeschoß des Turmes dargestellt sind. Der Blick von oben vermittelt einen guten Eindruck von der Ausdehnung der Anlage und der Schönheit des Arkadenhofes des Schlosses Ennsegg, das für Besucher leider nicht zugänglich ist.

Der Standort des nicht weniger als 540 mal 400 Meter messenden einstigen römischen Legionslagers erschließt sich dagegen nicht so ohne weiteres. Im nördlich vorgelagerten, längst eingemeindeten Lorch gelegen, ist das Gelände heute zum Teil verbaut, beherbergt Hallenbad und Schule und wird im Norden von der Westbahn durchschnitten. Auch hier erweist sich eine im Erdgeschoß des Turmes angebrachte Schautafel als hilfreich. Die südwestliche Grenze des ehemaligen Lagers markiert die Basilika St. Laurenz, in ihrer heutigen Form einer der zahlreichen Nachfolgebauten früher Kultstätten. Die ehemalige Zivilstadt Lauriacum hat man sich südlich von der Basilika in Richtung des bewaldeten Eichberges vorzustellen.

Vor dem Abstieg vom Stadtturm sollte man noch einen genaueren Blick auf die Dachlandschaft der Häuser des Hauptplatzes werfen. Es zeigt sich dabei, wie tief diese in ihrer Substanz zumeist gotischen Häuser im Vergleich zu ihrer schmalen Schauseite am Platz gebaut wurden. Ein Grund dafür waren die damaligen Steuergesetze, die die Frontbreite als Kriterium der Berechnung heranzogen. Sichtbar wird hier auch, daß die überwiegend barocken Blendfassaden die wahre Höhe der Häuser weit überragen. Am Platz selbst bietet dann nur mehr die Einmündung der Dachrinnen einen sicheren Hinweis auf die eigentliche Höhe.

EIN STADTRUNDGANG

Dorthin zurückgekehrt, lohnt zunächst eine genauere Besichtigung der prachtvoll geschmückten und gegliederten Häuserfassaden. Für den Gang durch bzw. um die Stadt bietet es sich zunächst an, der mit ihren Bürgerhäusern (Musterbeispiel: *Nr. 8, Lebzelterhaus*) nahtlos an den Hauptplatz anschließenden *Wiener Straße* nach Süden zu folgen. Am Erker eines manchen Hauses läßt sich gut jenes «Spion» genannte kleine Fenster erkennen, das den Bewohnern einen Blick auf die Straße erlaubte, ohne selbst gesehen zu werden. Die *Häuser Nr. 9, 11* und *13* waren früher Teil der landesfürstlichen Burg, erbaut 1483 und bis 1848 Sitz der kaiserlichen Herrschaft und des kaiserlichen Landgerichts. Im Hof von Nr. 9 befindet sich ein schöner gotischer Arkadenhof. Besser als von der Wiener Straße aus erschließt sich dem Betrachter der burgartige Charakter der Anlage vom steil nach Osten abfallenden Ennsberg aus. Bevor man diesem historischen Einfahrtsweg in die Stadt folgt, ist ein kleiner Abstecher zur *Pfarrkirche St. Marien* angebracht. Bei der letzten Renovierung versuchte man, den gotischen Charakter der um 1300 von den Minoriten gegründeten Kirche wiederherzustellen und zugleich zeitgenössische künstlerische Akzente zu setzen. So wurde Markus Prachensky, einer der bedeutendsten Avantgardekünstler der fünfziger und sechziger Jahre, mit der Gestaltung der Glasfenster im Hochchor betraut. Als kunsthistorisch bemerkenswert gilt vor allem die als zweischiffiger Hallenraum an der Nordseite des Langhauses offen angebaute Wallseerkapelle mit ihrer reichhaltigen Gestaltung der Säulen und Fenster, der gotischen Madonna aus Sandstein und den großflächigen Wandmalereien.

Zum Ennsberg zurückgekehrt, folgt man der Linie und den Resten der einstigen Stadtmauer hoch über der Enns. Durch die Basteigasse gelangt man über die Schloßgasse zum *Schloß Ennsegg*. Das um 1750 erbaute, in Privatbesitz befindliche Gebäude mit einem weitläufigen Schloßpark bildet die nordöstliche Ecke der Altstadt. Eine weitere zentrale Einfahrtsstraße ist die heutige Mauthausner Straße. Im *Frauenturm* wurde um 1320 eine Kapelle als Teil eines Johanniterspitals eingebaut. Der nur im Rahmen der Stadtführung zugängliche quadratische Raum ist mit Fresken und einem Kreuzrippengewölbe reich geschmückt. Wieder am Hauptplatz, biegt man rechts in die *Linzer Straße* ein, die wiederum eine Reihe repräsentativer Bürgerhäuser aufweist. Der westliche Verlauf der ehemaligen Stadtmauer wird vor allem durch den heute bewohnten *Bäckerturm* (Bräuergasse 15) und den *Pfaffenturm* (Pfarrgasse 25) markiert. Durch die Bräuergasse, in der sich in Nr. 4a ein besonders schöner gotischer Arkadenhof befindet, gelangt man zurück zum Hauptplatz.

Im *Alten Rathaus (Nr. 19)*, einem der ältesten Gebäude der Stadt, das sich heute mit einer rosaroten Renaissancefassade präsentiert, befindet sich das *Museum Lauriacum*. Dessen Hauptattraktion ist die römerzeitliche Sammlung, die ausschließlich Fundstücke aus Lauriacum enthält und zu den international bedeutendsten Sammlungen dieser Art gehört. Die Geschichte der Ennser Ausgrabungen begann Mitte des 19. Jahrhunderts mit Zufalls- und Gelegenheitsgrabungen. Als Reaktion auf die Verfrachtung bedeutender Fundstücke in das Linzer Landesmuseum gründeten Ennser Bürger 1892 einen eigenen, sehr rührigen Museumsverein, der in der Folge sowohl Ausgrabungen organisierte als auch den Auf- und Ausbau des Museums betrieb. Das schützte die Ennser nicht davor, daß auch das Land Oberösterreich weitere Großgrabungen betrieb, deren Funde wiederum zum Teil nach Linz wanderten. Auch heute noch führt der Museumsverein bei allen größeren Bauvorhaben in Zusammenarbeit mit dem Bundesdenkmalamt Grabungen durch.

Einen ersten Eindruck von der Ausdehnung und Größe des Lagers und der Zivilstadt erhält der Besucher durch ein großflächiges Aquarell im Kassenraum. In den 13 Räumen der römischen Abteilung wird das militärische und zivile Leben im römischen Lauriacum anhand von Fundstücken, Modellen und Texttafeln vorgestellt. Im ersten Raum etwa befindet sich der Grabstein der Kaufmannsfamilie Barbier, auf dem zwei Hirten zu sehen sind, deren umgekehrte Stäbe den

Tod symbolisieren. Das Leben in der Zivilstadt veranschaulicht im vierten Raum ein nachgebildeter Hausaltar mit der Bronzestatuette eines Hausgottes. Zahlreiche Schmuckstücke, Tongefäße, Geräte für Handwerker und Bauern im fünften Raum belegen, daß Lauriacum sämtliche Produktionsstätten besaß, die damals von Bedeutung waren. Einer der bedeutendsten neueren Funde ist ein Deckenfresko aus der Mitte des 2. Jahrhunderts nach Christus, das das antike Märchen von Amor und Psyche darstellt. Es wurde in mühsamer jahrelanger Arbeit aus Tausenden Bruchteilen wiederhergestellt und wird heute im 13. Raum präsentiert. Nicht entgehen lassen sollte man sich schließlich einen Blick in den Arkadenhof mit seiner aus der Renaissance stammenden Fassade.

St.-Laurentius-Basilika in Enns/Lorch

Der historisch bedeutsamste Ort ist die *St.-Laurentius-Basilika* im nordlich vorgelagerten Ortsteil Lorch. Spuren einer Kultstätte ließen sich hier bis in die Keltenzeit zurückverfolgen. Bei Ausgrabungen um 1960 wurden Reste einer Reihe von Vorgängerbauten freigelegt, die im Chorteil der heutigen Kirche ebenso wie von der Unterkirche aus eingesehen werden können. Die heutige, im wesentlichen aus der Gotik stammende Pfeilerbasilika mit gerade geschlossenem Chor ruht demnach auf den Fundamenten eines römischen Tempels aus dem 2. Jahrhundert, einer um 370 erbauten frühchristlichen Basilika und eines karolingischen Neubaus von ca. 800. In der Unterkirche sind neben den Tempel- und Kirchenfundamenten auch Reste einer römischen Wasserleitung und Heizung sowie Münzen, Schmuckstücke, Tongefäße und Reliefs zu sehen.

Im Zuge der Renovierung der teilweise schon verfallenen Kirche fertigte der Künstler Peter Dimmel im Jahr 1970 zwei Bronzetüren an. Die Türe am Südportal ist dem Leben und Tod des von den Römern in der nahen Enns ertränkten Florian gewidmet (siehe dazu das Kapitel «St. Florian»). Auf der Bronzetür am Westportal sind Szenen aus dem Leben des hl. Severin dargestellt. Gegenüber der Chorseite der Kirche befindet sich ein 1507 erbauter Karner mit rundem Erdgeschoß und achteckigem Obergeschoß. Ein bemerkenswertes Detail ist die Ecce-Homo-Szene an der südlichen Außenwand des Obergeschosses, in der der gemarterte Jesus von Pontius Pilatus der aufgewiegelten Menge gezeigt wird. Ungewöhnlich dabei: Der römische Statthalter tritt als Wesir mit türkischem Kopfschmuck und Bart auf.

AUSKUNFT Touristeninformation, 4470 Enns, Tel. 07223/832 61, Fax 07223/6240. **STADTERLEBNISWEG** «Via historica», Ausgang: Museum Lauriacum, Stadtplatz; Rundweg durch die Altstadt und zur Basilika Lorch, wenige, kurze Steigungen, für Kinderwägen und Rollstühle geeignet, Gehzeit: 2 Std. **STADTFÜHRUNGEN** 1.5.–15.9. tgl. 9.15, 10.30 und 14.30 Uhr, Treffpunkt: Stadtturm; sonst jederzeit gegen Voranmeldung in der Touristeninformation. **ESSEN UND TRINKEN** Hotel-Restaurant Lauriacum, Wiener Straße 5–7, Tel. 07223/2315, 2332, kein Ruhetag, Prominentenlokal, auch leichte Küche. Gasthof-Hotel-Restaurant Zum Goldenen Schiff, Hauptplatz 23, Tel. 07223/844 01. Gasthaus Zum schwarzen Bären, Mauthausner Straße 12, Tel. 07223/2671. **ÜBERNACHTEN** Hotel-Restaurant Lauriacum, Wiener Straße 5–7, Tel. 07223/2315, 2332, Fax DW 29. Gasthof-Hotel-Restaurant Zum Goldenen Schiff, Hauptplatz 23, Tel. 07223/844 01, Fax DW 15. **CAMPING** Campingplatz am Pichlinger See (6 km entfernt). **MUSEEN** Stadtmuseum Lauriacum, Hauptplatz 19, Tel. 07223/853 62, Öffnungszeiten: 1. April bis 31. Oktober tgl.

außer Mo 10–12 und 14–16 Uhr, 1. November bis 31. März So und Feiertag 10–12 und 14–16 Uhr; 26.12. und 1.1. geschlossen. Basilika St. Laurenz, römische Ausgrabungen in der Unterkirche, nur mit Führung von 15. April bis 15. Oktober tgl. um 16 Uhr sowie nach Voranmeldung, Tel. 07223/840 10. **BAUERNMARKT** Fr nachmittag am Stadtplatz. **BADEN** Freibad: Erlebnisbad Enns mit 70-m-Rutsche. Hallenbad Lauriacum Enns, Kathreinstraße 19, Tel. 07223/2505, Mo–Sa 9–21, So 9–19 Uhr, Di geschlossen, Sauna und Solarium. **FISCHEN** Donau und Enns, Auskunft: Zoo Strobl, Tel. 07223/853 36, oder Sport Loibl, Tel. 07223/824 98. **MINIGOLF** Minigolfverein Enns, Tel. 07223/820 43. **REITEN** Reithalle, Kasernenstraße 5, Tel. 07223/828 94. **TENNIS** Tennishalle Union Enns, Lauriacumstraße 4a, Tel. 07223/823 12 (auch Squash). ASKÖ Enns, Sportplatzstraße 12, Tel. 07223/843 74. ETV 1874, Eichbergstraße, Tel. 07223/825 95.

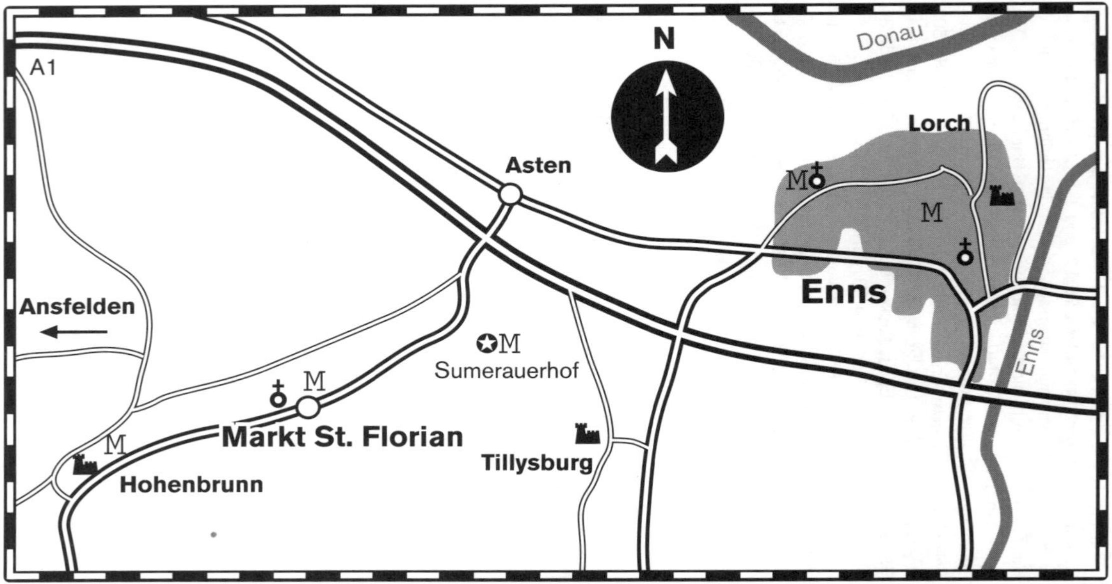
N
Donau
A1
Lorch
Asten
Enns
Ansfelden
Sumerauerhof
Markt St. Florian
Tillysburg
Hohenbrunn
Enns

St. Florian: Stift und Bauernhöfe im Vierkantstil

DAS STIFT: HARMONIE DREIER BAUMEISTER

Wiewohl St. Florian zusätzlich zum Stift einige bemerkenswerte Sehenswürdigkeiten aufzuweisen hat, dreht sich hier alles um das mächtige Geviert, das beeindruckend auf einem Hügel über der kleinen Marktgemeinde und über der mit Feldern, Guts- und Bauernhöfen, grünen Waldzungen und üppigen Obstbaumkulturen überzogenen Landschaft thront. In St. Florian gab es keinen Kaiser, Herzog oder Adeligen als Stifter, sondern eine frühchristliche Begräbnisstätte, um die das Stift nach und nach entstanden ist. Florianus, ein römischer Beamter in Lauriacum, wurde im Jahre 304 wegen seines Bekenntnisses zu Christus verfolgt, gemartert und mit einem Stein um den Hals in

St. Florian: Eingang zum Stiftshof durch das Portal von J. Prandtauer

die Enns gestoßen. Der Legende nach wurde die Leiche auf einem Ochsenkarren weggebracht und schließlich auf jenem Hügel begraben, auf dem heute das Stift steht. Vorerst ist an dieser Stelle eine Kapelle errichtet worden, allmählich entstand das Kloster, offenbar von den Bewohnern der Gegend gegründet.

888 wurde es erstmals urkundlich erwähnt. Seine erste große Schenkung bekam es 1002 von Kaiser Heinrich II., seine Blütezeit begann 1059 mit der Einsetzung der Ordensbrüder, der Augustiner-Chorherren, die eine romanische Klosteranlage errichteten. Als diese im 12. Jahrhundert durch einen Brand zerstört wurde, folgte ihr eine wesentlich größere gotische Anlage. 1493 wurde das Dorf zum Markt erhoben und durfte von nun an Wochen- und Jahrmärkte abhalten. Im 17. Jahrhundert wurde die Klosteranlage vorerst barockisiert und dann von den wohl größten Baumeistern der Barockzeit völlig neu erbaut. Carlo Antonio Carlone aus Mailand entwarf den Gesamtplan und baute von 1686 bis zu seinem Tod 1708 die Stiftskirche und den Stiftstrakt bis zum Portal. Der Tiroler Jakob Prandtauer führte den Bau fort, schuf den Westflügel samt Portal, die sogenannte Kaiserstiege – eines der schönsten offenen Stiegenhäuser Österreichs –, den Marmorsaal und das Sommerrefektorium. Der Bau des Ostflügels einschließlich der Bibliothek wurde nach Prandtauers Tod dem Steyrer Baumeister Gotthard Hayberger übertragen. Im Konzept der Bauherren lag es, die geistliche Macht mit dem alles überragenden Gebäude der Stiftskirche und dem angrenzenden Kloster einerseits und die weltliche, imperiale Macht um den großen Stiftshof mit Kaiserstiege, Prälaten- und Kaiserzimmer im Westflügel, Pavillon mit Marmorsaal im Südflügel, Bibliothek und Kunstsammlungen im Ostflügel andererseits jeweils baulich hervorzuheben. Der große Stiftshof – in seiner Mitte steht der Adlerbrunnen, eine Huldigung an das Haus Habsburg – mißt genau ein Joch; dies ist ein architektonischer Hinweis auf die wirtschaftliche Bedeutung des Stiftes. Das Grundschema der Anlage ist der Vierkanthof des Traunviertels. Obwohl drei

Baumeister daran gearbeitet haben, hebt der einheitliche Stil das Stift St. Florian über andere Stifte weit hinaus.

Die Größe der Anlage, die für einen dem Gebet verpflichteten Konvent übertrieben war, ist nur aus den weiteren Funktionen des Klosters als Grundbesitzer und als Wirtschaftszentrale zu verstehen. Bereits zur Zeit Kaiser Josephs II., 1780 bis 1790, mußte das Stift große Teile seines Besitzes abtreten, und durch die Aufhebung des Untertanenverhältnisses und des Zehents im Jahr 1848 verlor es die Hauptquelle seiner Einkünfte.

Während der nationalsozialistischen Herrschaft wurde das Stift enteignet und sollte zur Reichsrundfunkstation des Gaues Oberdonau, zu einem großen Musikzentrum nach dem Vorbild Bayreuths mit Bruckner-Orchester und -Chor sowie zu einem historischen Forschungsinstitut umgewidmet werden, was insofern ein Glück ist, als wegen dieser Pläne die Kunstschätze im Kloster belassen wurden. Nach dem Krieg zogen amerikanische Besatzungssoldaten ein; sie sollen in den Prunksälen Tennis gespielt haben. Erst 1949 bekamen die Chorherren ihr Stift wieder zurück. Heute gehören dem Orden noch etwa 50 geistliche Brüder an, von denen 15 ständig im Kloster leben. Das Stift betreut 33 Pfarreien, zur Seelsorge gehören auch Einkehrtage, Exerzitien, Priesterbildung, Vorträge und die Betreuung von Touristen. Jährlich kommen ca. 40.000 Besucher; sie bilden eine wichtige Einnahmequelle zur Erhaltung der riesigen Baumasse. Weitere Erträge kommen hauptsächlich aus dem biologischen Ackerbau, den das Stift mit ca. 50 Angestellten betreibt. Der Marmorsaal wird nicht nur für Konzerte oder Hochzeitstafeln verwendet, sondern auch an zahlungskräftige Modefirmen vermietet, die ihre Kollektionen in diesem edlen Ambiente vorführen wollen.

DIE STIFTSKIRCHE

Über dem Portal weist eine Inschrift auf das Patrozinium der Stiftskirche hin, die zwischen 1686 und 1708 barockisiert wurde: Maria, Florian und Augustinus. In der *Vorhalle* tragen vier schlanke Säulen die Orgelempore, ein Stein am Boden weist auf die Grabstätte Anton Bruckners in der darunterliegenden Gruft hin. Vorhalle und Langhaus trennt ein prachtvolles Abschlußgitter. Der *Kirchenraum* wirkt hell und lichtdurchflutet. Seine Wände sind in reinem Weiß gehalten und reichlich mit Stuck von Bartolomeo Carlone bedeckt. Die Deckengewölbe sind zur Gänze mit Fresken der Münchner Hofmaler Johann Anton Gumpp und Melchior Steidl ausgestaltet und erzählen in der Vorhalle von Christus am Ölberg, über der Orgel von der hl. Cäcilia, Patronin der Kirchenmusik, im Langhaus von Marter und Verklärung des hl. Florian und schließlich im Chor von der Verherrlichung und Krönung Mariens. Darunter steht schwer und prunkvoll der *Hochaltar* aus Salzburger Marmor von Giovanni Battista Colombo, der sich wunderbar in das Bildkonzept der barocken Kirche einfügt, obwohl er ursprünglich für die Barockisierung der gotischen Stiftskirche geplant war. Auf dem Altarbild von Giuseppe Ghezzi nimmt Christus seine Mutter in den Himmel auf. Die Wände im Langhaus öffnen sich beiderseits in vier Kapellen für die Seitenaltäre, besonders hervorzuheben ist hier die reichgeschmückte *Floriankapelle* und die *Augustinuskapelle* mit dem farben-

Stiftskirche St. Florian: Chor mit Barockengeln

prächtigen Altarbild des bedeutenden Barockmalers Johann Michael Rottmayr aus dem Jahre 1719. Hervorragend ist auch die *Kanzel* aus schwarzem Lilienfelder Marmor und mit einem Schalldeckel aus Lindenholz, gekrönt von der Figur des heiligen Augustinus, des dritten Kirchenpatrons. Ein weiteres Juwel ist das reichgeschnitzte *Chorgestühl*, welches mit den vielen kleinen singenden, musizierenden, spielenden Engeln festlich-heiter anmutet. Auf den beiden Chororgeln rechts und links stehen sich die Statuen von Maria und dem Verkündigungsengel gegenüber. Wahre Künstlerkolonien waren hier am Werk.

Nun wenden wir den Blick zurück und schauen auf die *große Orgel*, die 1770 bis 1774 vom Laibacher Priester und Orgelbaumeister Franz Xaver Krismann erbaut und oftmals restauriert wurde. Seit 1930 ist sie nach Anton Bruckner benannt, der Zeit seines Lebens auf ihr gespielt hat (siehe S. 121). Mit 7343 Pfeifen – das Stimmen kann sich über Tage ziehen – und 103 klingenden Registern gehört sie zu den klangschönsten Orgeln und genießt in Verbindung mit dem Namen Anton Bruckner Weltruf. Ihr Klang erfreut immer wieder bei Gottesdiensten und Orgelkonzerten. Das Bildprogramm an der *Orgelempore* weist mit posaunenden Engeln, Putti mit Pauken und Trompeten sowie von Frauengestalten getragenen Schrifttafeln auf das musikalische Lob Gottes hin: «Gut ist es, unserem Gott zu singen, schön ist es, ihn zu loben.» Da Frauen damals in der Kirche nicht singen durften, gab es wie in den meisten anderen Klöstern auch in St. Florian Sängerknaben – einer von ihnen war Anton Bruckner.

DER FLÜGELALTAR VON ALBRECHT ALTDORFER

Der größte Schatz der Kunstgalerie sind die Bilder von Albrecht Altdorfer (1480–1536), einem Meister der sogenannten Donauschule, die wegen der Farbenpracht und der darstellerischen Intensität ihrer Bilder berühmt wurde. Altdorfer erhielt 1518 den Auftrag, einen Flügelaltar in der seinerzeitigen gotischen Stiftskirche zu gestalten. Die vier äußeren Tafeln stellen das Martyrium des hl. Sebastian dar, die acht inneren Bilder sind eine höchst eindrucksvolle Bildgeschichte des Leidensweges Christi. Altdorfer verstand es meisterlich, die Passion Christi nicht nur als Abfolge dramatischer und schrecklicher Szenen darzustellen, sondern auch mit Aufbau und Farbgebung den Sinn des Geschehens – die Erlösung der Menschheit durch den Kreuzestod – auszudrücken. Besichtigt werden kann der Passionszyklus von Altdorfer im Rahmen einer Stiftsführung.

DER MARMORSAAL

Der Festsaal wurde von Jakob Prandtauer für Kaiser Karl VI. in den Jahren 1718 bis 1732 erbaut und stellt in überschwenglichem Maße Österreichs Triumph über die Türken dar. Außen hat dieses Juwel der barocken Baukunst die Form eines Türkenzeltes; innen ist es ein wahrer Tempel der Siegesfreude. Die Architekturmalerei an der Decke stammt von Ippolyto Sconzani aus Mailand, die Bilder sind von Martino und Bartolomeo Altomonte. Am Deckenfesko in der Mitte des Raumes ist Kaiser Karl VI. als Siegesgott zu sehen, er setzt seinen Fuß auf einen am Boden liegenden Türken; Österreich in rotem und Ungarn in gelbem Gewande huldigen ihm mit Siegespalmen. Die einander anschauenden Ölporträts von Prinz Eugen von Savoyen und Kaiser Karl VI. stammen ebenfalls von Altomonte. Der Boden aus echtem Marmor und die Wände aus dem leichteren Kunstmarmor, der aus Gründen der Statik verwendet wurde, sind in Rot-Weiß-Rot gehalten und geben diesem Prunksaal seinen Namen. Im Winter, bei flach stehender Sonne, ist er besonders schön ausgeleuchtet.

DIE BIBLIOTHEK

Die Bibliothek wurde von Gotthard Hayberger nach stark veränderten Plänen von Jakob Prandtauer in den Jahren 1745 bis

1751 erbaut. Das gemauerte Ziegelgewölbe im Hauptsaal ist reich geschmückt mit Architekturmalerei von Antonio Tassi und Fresken von Bartolomeo Altomonte. Dargestellt durch Gruppen allegorischer Figuren, vermählen sich die Tugend und die Wissenschaft vor der Religion. Vereint triumphieren sie über die Laster, wie Trunk- und Freßsucht, Neid und Mißgunst – fratzenhafte Wesen, die von Pallas Athene im blauen Gewand in die Finsternis hinabgestoßen werden, während der Himmel mit hellen Wolken von den Tugenden, wie Liebe, Glaube, Standhaftigkeit, Gerechtigkeit, bevölkert ist. Die im berühmten Altomonte-Blau gehaltenen Fresken sind original erhalten. Die Holz- und Schnitzarbeiten kommen aus den Werkstätten Jegg und Sattler, für die kostbaren Intarsien wurden einheimische Hölzer verwendet. Die freischwebende Galerie mit den zierlichen, durchbrochenen Verschnörkelungen aus 1750 zeigt bereits den Einfluß des Rokoko. Die Bibliothek umfaßt 800 Handschriften – die älteste mit der Legende des hl. Florian stammt aus dem 9. Jahrhundert –, über 800 Inkunabeln (das sind Drucke aus der Zeit vor 1500) und ca. 135.000 Bücher. Sie wird ständig erweitert und ergänzt, ihre Schwerpunkte liegen bei Theologie und Geschichte, den wichtigsten Wissensgebieten der Ordensbrüder. Die moderne Geschichtsschreibung Österreichs nahm von hier ihren Ausgang.

DIE KAISERZIMMER

Über die prachtvolle Kaiserstiege gelangt man zu den 16 Fürsten- oder Kaiserzimmern im zweiten Stock des Westtraktes, deren Namen – Prinz-Eugen-Zimmer oder Papst-Zimmer – darüber hinwegtäuschen, daß die Namengeber nie oder nur höchst selten hier zu Besuch waren. Die Räume sind dunkel (der Denkmalschutz schreibt geschlossene Fensterläden vor), sie zeugen von gutem Geschmack und barocker Wohnkultur. Die Fußböden aus Nuß- und Ahornholz verleihen den Zimmern eine imperiale Note, die Wände sind mit Samt, Seidendamast oder – wie im Gobelinzimmer – mit flämischer Tapisserie bespannt. An den Deckenfresken, den intarsierten Möbeln und den Kachelöfen haben berühmte Künstler der Barockzeit gearbeitet. Besonders hervorzuheben sind das skurrile Türkenbett von Leonhard Sattler im Prinz-Eugen-Zimmer und der prunkvolle Schreibschrank mit Intarsien aus Messing, Zinn und Ebenholz aus den Werkstätten Jegg und Sattler im Bischofszimmer; über diesem schwebt der Tod, jede Bewegung im Raum löst ein Schwingen der Sense in Richtung des Zifferblatts der Uhr aus, als Mahnung, daß all der Prunk keine Bedeutung mehr hat, wenn die Zeit abgelaufen ist.

Die zwei letzten Zimmer sind zum Gedenken an Anton Bruckner mit dessen schlichtem Mobiliar aus Wien eingerichtet. Der Prälat wohnte nie in der Klausur, sondern in der Prälatur, als Ausdruck seiner weltlichen und politischen Aufgaben. Der Prälatengang, der Gang zur Kirche, ist 175 Meter lang, optisch noch verlängert durch eine am Ende angebrachte perspektivische Malerei. Das schmiedeeiserne Gitter trennt den weltlichen vom klösterlichen Trakt. Wenn zum Gebet geläutet wird, ertönt die Prälatenuhr fünf Minuten früher, denn so lange braucht der Prälat für den Weg zu seinen Mitbrüdern.

Bruckner-Raum im Stift St. Florian

Augustiner-Chorherrenstift, Tel. 07224/8902 oder 8903, Fax DW 60, Öffnungszeiten (nur mit Führung): 1. April bis 31. Oktober tgl. 10, 11, 14, 15 und 16 Uhr, 1. November bis 31. März gegen Voranmeldung. Stiftskonzerte von Juli bis September.

DER STIFTSMEIEREIHOF

Der Westseite des Stiftes gegenüber liegt der ehemalige Stiftsmeiereihof. Er hat die Form eines doppelten Vierkanters und zeigt in seinen gewaltigen Dimensionen die Bedeutung der Landwirtschaft für das Stift. Im Erdgeschoß waren früher die Stallungen untergebracht, im 19 Meter hohen und mit zwei übereinanderliegenden Gaupenreihen ausgestatteten Dachgeschoß des Wirtschaftstrakts wurden die Futtervorräte und das Getreide gelagert. Nach einer gründlichen Instandsetzung dient das Gebäude nun als historisches *Feuerwehrzeughaus*, das im Endausbau wahrscheinlich das größte Feuerwehrmuseum der Welt sein wird. Der Bezug zu Ort und Stift ist evident: St. Florian ist der Schutzheilige der Feuerwehrleute.

Historisches Feuerwehrzeughaus im Stiftsmeiereihof, Öffnungszeiten: 1. Mai bis 31. Oktober, tgl. außer Mo 9–12 und 14–16 Uhr, Tel. 07224/4219.

ANTON BRUCKNER – MEISTER AN DER ORGEL

Nach ihm ist sie benannt, die große Orgel in der Stiftskirche von St. Florian, Bruckners Spiel ist jedoch unwiederbringlich verklungen. Von seiner Kindheit bis zu seinem Lebensabend zog sie ihn an, von begabten Anfängen bis zur Vollendung entwickelte er hier sein Orgelspiel. Zu Lebzeiten galt er als der genialste Organist Österreichs.

Anton Bruckner wurde als erstes von 13 Kindern 1824 in Ansfelden, einem kleinen Ort bei Linz, geboren. Sein Vater, Lehrer und Organist, starb im Jahre 1837, seine Mutter brachte den Sohn nach St. Florian, wo er als Sängerknabe ins Stift aufgenommen wurde. So kam er von der Enge des kleinen Schulhauses, in dem die Familie gewohnt hatte, in die Weiträumigkeit barocker Pracht. Das Orgelspiel war für ihn schon damals wegen der Wucht und des Klangs ein beglückendes Erlebnis. Kloster, Katholizismus und Kirchenmusik haben den Schüler für sein ganzes Leben geprägt.

Am Ende seiner Sängerknabenzeit fragte ihn der Prälat, was er denn werden wolle; Anton Bruckner entschied sich – wie schon sein Vater – für den Lehrerberuf. Nach der Ausbildung in Linz wurde er zunächst Schulgehilfe in Windhaag bei Freistadt, dann in Kronstorf in der Nähe von Steyr. Um zusätzlich Geld zu verdienen, spielte er bei Kirchweihfesten und Hochzeiten auf und lernte dabei den Reichtum der oberösterreichischen Volksmusik kennen. Zu dieser Zeit begann er auch zu komponieren und nahm in Enns beim bekannten Organisten Leopold von Zenetti Orgelunterricht. Mit 21 Jahren kehrte Bruckner als Volksschullehrer nach St. Florian zurück, wo er im Schulmeisterhaus, Markt Nr. 9, wohnte. Hier befindet sich heute eine Gedenktafel. In der Stiftskirche durfte er vorerst nur eine der beiden Nebenorgeln bedienen, bevor man ihn 1850 zum beamteten Stiftsorganisten bestellte.

Glücklich war Bruckner während seiner insgesamt zehn Florianer Jahre nicht: «Ich habe hier gar keinen Menschen, dem ich mein Herz öffnen dürfte, werde auch in mancher Beziehung verkannt, was mir oft heimlich sehr schwer fällt. Unser Stift behandelt Musik und folglich auch Musiker ganz gleichgültig», schrieb er einem Freund. Die Spannungen und Gegensätze, unter denen er litt, waren auch ein Grund für seine für oft stundenlangen Improvisationen auf der Orgel, wo er einander entgegenstehende Motive und Melodien kontrapunktisch miteinander verband und in ein harmonisches Ganzes auflöste.

Die Chance, in Linz Domorganist zu werden, ergriff er zunächst zögernd, blieb dann aber 13 Jahre, von 1855 bis 1868, und wurde endgültig Berufsmusiker. Einige Jahre lang fuhr er regelmäßig nach Wien, um Unterricht bei Simon Sechtner, dem damals berühmtesten Musiktheoretiker, zu nehmen. Danach schuf er die drei großen Messen, das siebenstimmige «Ave Maria», das «Te Deum» und den «Psalm 150». Mit diesen Werken wurde er zum gefeierten «Musikanten Gottes».

Auch im internationalen Musikgeschehen war Bruckner ein renommierter Organist, er spielte in Nancy, Paris und London. Mit welchem Einsatz er sich den Improvisationen hingab, das beschrieb ein Londoner Konzertbesucher folgendermaßen: «Bruckner war bei seinem Spiel so inspiriert und von seinen Empfindungen hingerissen, daß die Blasbalgtreter unfähig waren, das Werk mit dem nötigen Wind zu versehen.» Denn Bruckner griff, seiner Phantasie folgend, gern mit Kraft in die Tasten: Acht- bis zehnstimmige Akkorde und Doppelpedaleinsatz brachten vollen Klang und leerten die Blasebälge. Die

Balgtreter schwitzten nicht weniger als der Spieler. Bruckner war nach seinen Konzerten immer völlig durchnäßt und vergaß nie, frische Wäsche zum Wechseln mitzunehmen.

Nach seiner Übersiedlung nach Wien im Jahre 1868 stieg Bruckners Ansehen weiter. Er brachte es bis zum Hoforganisten des Kaisers und zum Lektor für Harmonielehre und Kontrapunkt an der Universität, wo ihm 1891 die Ehrendoktorwürde verliehen wurde. In Wien erkannte er seinen «Lebensberuf als Symphoniker», wie er selbst es ausdrückte. Persönlich entsprach er weder dem Künstlerbild des 19. Jahrhunderts, noch kümmerte er sich um angemessene Umgangsformen. Er hielt an seinen ländlichen Lebensgewohnheiten, volkstümlichen Aussprüchen, seinem überall als lächerlich geltenden Kleidungsstil und anderen Schrullen fest. In den stillen Sommermonaten kehrte der nun berühmte Professor Bruckner immer wieder nach St. Florian und zu «seiner» Orgel zurück. Nun wohnte er sogar im Stift, in einem der vornehmen Gästezimmer (Nr. 4) im Prälatengang. Die Geschichte seines reifsten Werks, der 7. Symphonie, ist eng mit diesen Aufenthalten verknüpft. Ein Freund aus dem Stift Kremsmunster, Frater Oddo Loidol, schilderte seinen Eindruck von Bruckners Sankt Florianer Orgelspiel folgendermaßen: «Wer jemals Gelegenheit hatte, dem so phänomenalen Spiel dieses Künstlers lauschen zu dürfen, wer dabei den Mann gesehen, von den ihm in fabelhafter Fülle und Mannigfaltigkeit zufließenden Inspirationen verklärt, wer ihn schauen konnte, wie er über alle Welt erhaben ganz seinen Verzückungen sich hingab, der weiß, was Bruckner ist.»

Anton Bruckner (Lithographie von R. Fenzl)

Anton Bruckner starb 1896 im Alter von 72 Jahren. Wie in seinem Testament gewünscht, wurde er in der Gruft unter der großen Orgel der Stiftskirche von St. Florian bestattet.

Bruckners Geburtshaus: altes Schulhaus in Ansfelden neben der Kirche, Öffnungszeiten: So 10–12 und 14–17, Mi 14–17 Uhr, Auskunft ABC Centrum, Tel. 07229/783 33; «Hörerlebnis Brucknerorgel» in der Stiftskirche St. Florian, Mitte Mai bis Mitte Oktober tgl. außer Sa 14.30 Uhr.

MARKT UND FLORIANERBAHN

Unmittelbar unterhalb des Stiftsgebäudes liegt der kleine historische Ortskern, nicht weit entfernt der alte Bahnhof. Denn nicht nur Feuerwehrfreaks, sondern auch Liebhaber von Museumsbahnen kommen in St. Florian auf ihre Rechnung. Die 1913 errichtete und 1973 eingestellte Florianerbahn, eigentlich eine Straßenbahn, die von Linz bis hierher verkehrte, wurde von freiwilligen Enthusiasten vor einigen Jahren wieder betriebsbereit gemacht und verkehrt nun zwischen Mai und September an Sonn- und Feiertagen auf der sechs Kilometer langen Strecke zwischen St. Florian und Pichling bei Linz.

AUSKUNFT Tourismusverband, 4490 St. Florian, Tel./Fax 07224/5690. **ESSEN UND TRINKEN** Gasthof Zur Kanne, Marktplatz 7, Tel. 07224/4288, Ruhetage: Mo, Di bis 17 Uhr, So und Feiertag ab 14 Uhr. Gasthaus zur Traube, Speiserberg 1, Tel. 07224/4223, Ruhetage: Do und Fr bis17 Uhr. Gasthof Stockinger, Ritzelhofstraße 65, Ansfelden (ca. 7 km von St. Florian in Richtung Linz), Tel. 07229/88 32 10, Fax 88 32 17-2, Ruhetag: Di. **ÜBERNACHTEN** Erzherzog Franz Ferdinand, Marktplatz 13, Tel. 07224/4254, Fax DW 9. **MUSEUMSBAHN** Auskünfte: Club Florianerbahn, Alter Bahnhof, Tel./Fax 0732/38 77 78. **BADEN** Freibad St. Florian, Tel. 07224/5690. **RADVERLEIH** Gasthof Erzherzog Franz Ferdinand, Tel. 07224/4254. **REITEN** Reitschule Pony Club, Saffratsmüller, Weilling 15, Tel. 07224/4155. **TENNIS** Union-Tennisanlage Sportpark, Tel. 07224/8904.

DER VORZEIGEVIERKANTER

In unmittelbarer Umgebung des Ortes St. Florian befindet sich eine Reihe weiterer lohnender Ziele. Etwa zwei Kilometer Richtung Enns liegt der *Sumerauerhof*, ein bis 1970 bewirtschafteter Bauernhof, der heute ein Freilichtmuseum ist. Es handelt sich um einen für die Gegend um St. Florian typischen Großvierkanter. Seit einem Umbau im Jahre 1855 weist der Hof die imposanten Maße von 64 Meter Länge und 50 Meter Breite auf. Allein der Innenhof umfaßt über 1000 Quadratmeter. Die nach Osten gerichtete einstöckige Hauptfront des Wohntraktes hat nicht weniger als 16 Fensterachsen. Der einstige Reichtum der

Besitzer zeigt sich unter anderem in einer bemerkenswerten Schmuckleiste mit Pferde- und Puttenköpfen zwischen Erdgeschoß und Obergeschoß. Die Existenz eines Bauernhofs an dieser Stelle läßt sich bis ins 13. Jahrhundert belegen, der Zusammenschluß der verschiedenen Wohn- und Wirtschaftsgebäude zu einem geschlossenen Vierkanter erfolgte im 17. Jahrhundert. Die Zahl der ständig beschäftigten Knechte und Mägde erreichte um 1910 mit ca. 20 ihren Höhepunkt, um diese Zeit hatte der Hof auch ein Dutzend Pferde. Selbst in den späten Sechzigern waren immer noch sechs bis acht Personen am Hof beschäftigt; wie die meisten Bauern im Florianer Land hatte die letzte Besitzerin auf reine Getreidewirtschaft umgestellt.

Das 1978 eröffnete Freilichtmuseum hat verschiedene Schwerpunkte: im Vierkanthof selbst einige Wirtschafts- und Wohnräume, den Innenhof und die Stallungen, den Kuhstall mit einer Möbelsammlung, den Mostkeller, im Areal um den Hof herum einige aus anderen Teilen Oberösterreichs stammende Speichergebäude. Unter den Wirtschaftsräumen bietet das Preßhaus einen guten Einblick in die einstige Bedeutung der Obstkelterung. Der Mostkeller mit seinem Tonnengewölbe

Der Sumerauerhof bei St. Florian, heute ein Freilichtmuseum

erstreckt sich über die gesamte Länge des Wohntraktes. Zwei lange Reihen von riesigen Fässern nahmen die Mostproduktion eines guten Obstjahres auf. Während zu ebener Erde und darunter die Wirtschaft dominiert, sind im Obergeschoß drei «schöne Zimmer» erhalten, die einen Eindruck von den durchaus bürgerlichen Wohnverhältnissen der reichen Bauern des Florianer Landes vermitteln. Der riesige, den gesamten Südflügel ausfüllende ehemalige Kuhstall beherbergt heute eine Sammlung von fast 200 figural bemalten Bauernmöbeln aus ganz Oberösterreich, vorwiegend Kästen, Betten und Truhen, geordnet nach den wichtigsten Werkstätten, die sich jeweils durch charakteristische Motive und Farben auszeichneten. Über den Innenhof erreicht man weitere Stallungen und Wirtschaftstrakte. An den Fenstern des Wohntrakts sind noch heute jene eisernen Fensterläden angebracht, die als Brandschutz für das hier gelagerte Getreide dienten: Waren die Aufhänger vom übergreifenden Feuer angebrannt, fielen die schweren Läden automatisch zu. Aus der Vielzahl der ausgestellten bäuerlichen Fahrzeuge sei jener große Stangenwagen hervorgehoben, der bis in die siebziger Jahre des vorigen Jahrhunderts, von sechs Pferden gezogen, in einer viermonatigen Tour Getreide nach Triest karrte und von dort Wein und Kolonialwaren zurückbrachte. Diverses «Roßzeug» findet sich in der ehemaligen «Buamakammer», dem Schlafraum des Roßbuben neben dem Stall. Die «Menscher» (= Mägde) waren dagegen gleich neben Küche und «Stubn» (Wohn- und Eßraum) untergebracht.

Freilichtmuseum Vierkant-Denkmalhof Sumerauerhof, St. Florian-Samesleiten, Tel. 07224/8031, geöffnet von 1. März bis 31. Oktober tgl. außer Mo 9–12 und 13–17 Uhr und n.V., Führung auf Wunsch (ca. 1,5 Std.).

LANDSCHLÖSSER

Unweit des Sumerauerhofes liegt inmitten einer bäuerlichen Landschaft *Schloß Tillysburg*, vor allem bei Golfspielern für seine wunderschön gelegene 18-Holes-Anlage bekannt. In seiner heutigen Form geht das Schloß auf einen Umbau von Johann M. Prunner im 18. Jahrhundert zurück. Obwohl in Privatbesitz, kann der Innenhof mit dem prachtvollen barocken Stiegenhaus besichtigt werden. Während Ausstellungen und Musikveranstaltungen sind auch die Innenräume zugänglich. Vom Ort aus läßt sich die Tillysburg über Güterwege in etwas mehr als einer Stunde auch zu Fuß erreichen, ein Spazierweg, der sich insbesondere zur Zeit der Baumblüte empfiehlt.

Golfclub Linz – Tillysburg, Tel. 07223/828 73.

Noch näher beim Ort, diesmal in Richtung Steyr, liegt das kleine Barockschloß *Hohenbrunn*. Erbaut wurde es 1722 bis 1732 nach Plänen Jakob Prandtauers, sein einziger nachgewiesener Profanbau. Der Grundriß ist gleichsam eine barocke Idealisierung des oberösterreichischen Vierkanters. Initiator des Baues war Propst J. B. Födermayr, der das Haus den Augustiner-Chorherren seines Stiftes als Erholungsort zugedacht hatte. In dieser Funktion wurde es aber nie verwendet, sondern über zweihundert Jahre auf unterschiedliche Weise genutzt und zunehmend vernachlässigt. Ein vor allem von Jagdbegeisterten getragener Verein betrieb ab Anfang der sechziger Jahre die Renovierung des teilweise schon verfallenden Schlosses. Einzelne Stuckdecken des Obergeschosses wurden nach Originalplänen wiederhergestellt, Wandmalereien freigelegt und restauriert. Heute beherbergt das Haus ein *Jagdmuseum* mit naturkundlichen und kunsthistorischen Sammlungen, seit einigen Jahren auch ein *Fischereimuseum*. In den naturkundlichen Schaukästen wird das für die Gegend typische Haar- und Federwild vorgestellt – hier kommen auch die Kinder auf ihre Rechnung. Auf einer Vielzahl von Gemälden, die sich über das ganze Schloß verteilen, sind historische Jagdformen dargestellt. Von kunsthistorischer Bedeutung ist vor allem die Jagdporzellansammlung.

OÖ Jagd- und Fischereimuseum Schloß Hohenbrunn, Tel. 07224/8933, geöffnet von 1. April bis 31. Oktober tgl. außer Mo 10–12 und 13–17 Uhr.

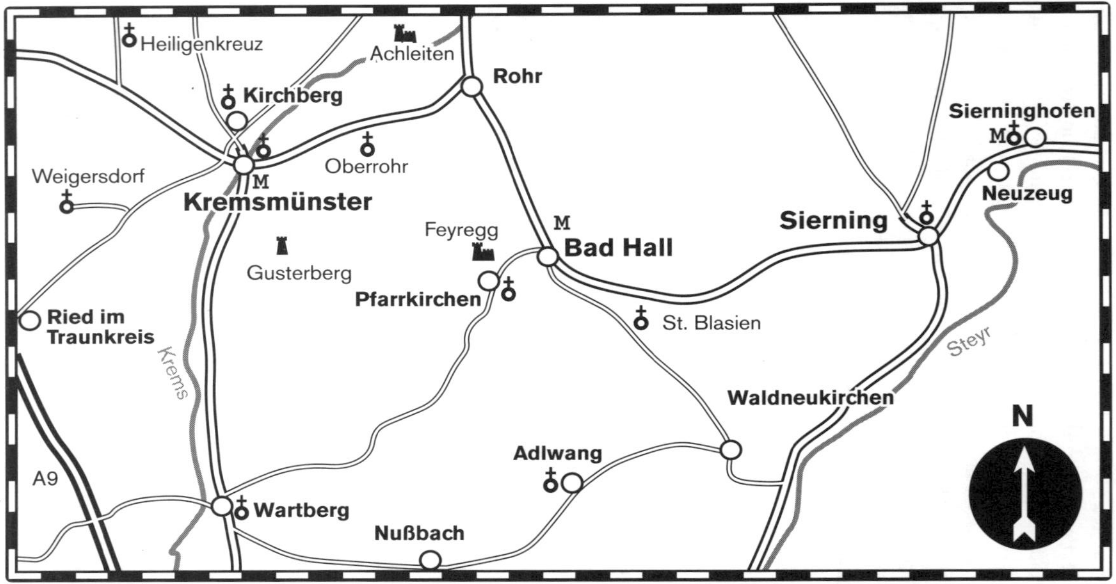
Heiligenkreuz
Achleiten
Rohr
Kirchberg
Sierninghofen
M
Weigersdorf
Oberrohr
M
Kremsmünster
Neuzeug
Sierning
M
Feyregg
Bad Hall
Gusterberg
Pfarrkirchen
St. Blasien
Ried im
Traunkreis
Krems
Steyr
Waldneukirchen
N
Adlwang
A9
Wartberg
Nußbach

Das Alpenvorland zwischen Steyr und Kremsmünster

SIERNING UND DIE WAHLMÜHLE

Am linken Steyrufer entlang geht der Stadtrand von Steyr fast nahtlos in die zur Gemeinde Sierning gehörenden Ortschaften Sierninghofen und Neuzeug über. Das heute abseits der Hauptstraße ins Steyrtal gelegene *Neuzeug* war bis in jüngste Zeit für seine Messerverarbeitung bekannt, wovon heute nur mehr das leerstehende Fabriksgebäude des Neuzeughammers am Steyrufer zeugt.

Wahlmühle

In der auf der Terrasse oberhalb errichteten modernen *Pfarrkirche* von *Sierninghofen* (1969–1971) hat die Künstlerin Lydia Roppolt den Innenraum, unter anderem mit einem großen Wandteppich und eindrucksvollem Kruzifix, gestaltet. In Sierninghofen lohnt es sich, der direkt an der Bundesstraße gelegenen *Wahlmühle* einen Besuch abzustatten. Über mehrere Jahrhunderte wurde in diesem stattlichen Vierkanter Bier gebraut. In Zusammenhang mit der Landesausstellung 1998 wurde das Gebäude restauriert und mit der Ausstellung «Heiß umfehdet, wild umstritten» der Öffentlichkeit zugänglich gemacht. Schwerpunkte der Schau, von der Teile auf Dauer erhalten bleiben, sind die geschichtliche Entwicklung in diesem Teil der Eisenwurzen und das komplexe Zusammenwirken von Bauern, Handwerkern und Bürgern. Sierning war ein Kristallisationspunkt der Bauernaufstände des 16. und 17. Jahrhunderts; der Bauernführer Stephan Fadinger soll bei der Wahlmühle seine Truppen für den Marsch auf Steyr gesammelt haben. Im Kulturbeisl der Wahlmühle kann man nicht nur die lokale Küche kennenlernen, sondern auch mehr über das Bierbrauen erfahren.
Kulturzentrum Wahlmühle, Sierninghofen, 4522 Sierning, Tel. 07259/3711.

Entlang des Sierningbaches, mit ehemals zwölf Mühlen ein wichtiges Zentrum des Landhandwerks, bietet sich die Möglichkeit, auf einem thematisch aufbereiteten Wanderweg in das Ortszentrum von Sierning zu gelangen. *Sierning*, die größte Gemeinde des Bezirks Steyr-Land, ist eine der ältesten Siedlungen Oberösterreichs. Bereits im Jahr 777 in der Gründungsurkunde von Kremsmünster erwähnt, umfaßte der Pfarrbezirk Sierning bald darauf den gesamten Steyrer Raum sowie große Teile des Enns- und Steyrtals. Sierning ist also gleichsam die Urpfarre des südöstlichen Oberösterreich. Die mächtige dreischiffige *gotische Hallenkirche* (1487) wurde im 17. Jahrhundert teilweise barockisiert; um die Wende zum 20. Jahrhundert erhielt die Kirche einen bemerkenswerten neugotischen Hochaltar mit zahlreichen Figuren und reichhaltiger ornamentaler Schnitzerei sowie die handgeschnitzten Kreuzwegstationen. Neben der Kirche befindet sich das um 1600 errichtete und seitdem baulich stark veränderte zweigeschossige und zweiflügelige Schloß.

THEMATISCHER WANDERWEG «Das Wandern ist des Müllers Lust», von Sierning (Gasthof Forsthof) über die Wahlmühle nach Neuzeug, eben und für Kinderwägen und Rollstühle geeignet, Gehzeit eine Richtung: ca. 1 Std. **AUSKUNFT** Touristeninformation, 4522 Sierning, Tel. 07259/2255-24, Fax DW 72. **ESSEN, TRINKEN UND ÜBERNACHTEN** Gasthof Forsthof, Neustraße 29, Tel. 07259/2319, Fax DW 66, Ruhetag: So und Feiertag ab 15 Uhr, alter Vierkanthof, Schwimmbad, Tennishalle. **CAMPING** Campingplatz Neuzeug-Wehrgraben, Fam. Leitner, Tel. 07259/4685. **BADEN** Freibad, Franz-Streer-Weg 1, Tel. 07259/2212. **FISCHEN** am Steyrfluß, Christian Schubert, Tel. 07259/4037. **MINIGOLF** ATSV Minigolfclub, bei Gasthof Forsthof, Fam. Hinterndorfer, Tel. 07259/2305. **RADVERLEIH** Intersport Scheinecker, Tel. 07259/2215. **TENNIS** Gasthof Forsthof, Tel. 07259/2319 (auch Squash).

BAD HALL UND SEINE TASSILOQUELLE

Ebenfalls zum Gründungsbesitz des Stiftes Kremsmünster gehörte eine Salzquelle am Sulzbach. Etwa ab dem 12. Jahrhundert hatte sich der Name Hall – nach dem keltischen «hal»

(Salz) – als Bezeichnung für die dort entstandene Siedlung durchgesetzt. Wegen des zu geringen Ertrages wurde der Salzabbau schon im 14. Jahrhundert eingestellt. Im Hochmittelalter stieg Hall zum Markt auf und entwickelte sich in der Folge zu einem Handwerks- und Zunftzentrum. Die salzhaltige Quelle hatte zwar an wirtschaftlicher Bedeutung verloren, aber schon damals wurde ihrem Wasser heilende Wirkung zugeschrieben. Mit dem Nachweis des hohen Jodgehalts im Jahr 1827 war der Grundstein für den Aufstieg des Marktes Hall zum weltbekannten Kurort Bad Hall gelegt. Unter Berufung auf sein Salzmonopol beendete der absolutistische Staat kurzerhand die mehr als tausend Jahre alten Besitzrechte des Klosters Kremsmünster, um sie mit «allerhöchster Entschließung» im Jahr 1852 den Oberösterreichischen Ständen zu übergeben. Somit war die nach Herzog Tassilo III., dem Stifter Kremsmünsters, benannte Quelle ein zweites Mal zur Ursache einer weiteren Ortsentwicklung geworden. Ab 1878 durfte Hall den Titel «Bad» führen.

Der Tassiloquellbrunnen

Schon 1879 weilten mehr als 2000 Kurgäste im Ort, mit dem Anschluß an die Kremstalbahn erhöhte sich die Gästezahl bis zum Ersten Weltkrieg auf etwa 7000 pro Saison.

Der Wandel zum Kurort und Landesbad führte in der Zeit zwischen 1855 und 1914 zur Anlage eines Kurbezirkes, dessen Bauten den Ort bis heute architektonisch prägen. Am besten besichtigt man sie bei einem Spaziergang durch den ausgedehnten *Kurpark* mit seinen bis zu 150 Jahre alten Bäumen und den sorgsam gestalteten Blumenbeeten. Vom Hauptplatz aus erreicht man die *Kurpromenade* mit dem noch heute zentralen Gebäude des ersten, 1855 eröffneten Badehauses, heute Kurverwaltung und Gesundheitszentrum, in wenigen Minuten. Gleichzeitig mit dem Badehaus wurde ein drei Hektar großer Park angelegt, der Anfang des nach und nach vergrößerten und heute etwa zehnmal so großen Parks. Hier steht seit 1862 eines der Wahrzeichen Bad Halls, das wassergießende Brunnenweibchen. Der auffällige *Musikpavillon* mit streng geometrischer Schale wurde 1910/12 vom Wagner-Schüler Mauriz Balzarek an die Stelle eines hölzernen Rundbaus gestellt. Mit einer Reihe weiterer Bauten wurde Balzarek zur wichtigsten Architektenpersönlichkeit von Bad Hall. 1873, bereits einige Zeit vor Balzareks Wirken, wurde neben dem Badehaus die diesem stilistisch verwandte *Trinkhalle* errichtet. Die heutige Gestalt dieses Gebäudes, das als Gästezentrum dient, geht auf eine gefühlvolle Erweiterung durch Clemens Holzmeister von 1928/29 zurück. Im *Marienhof* nebenan, errichtet 1882, residierte einst der österreichische Hochadel. Nach Plänen von Theophil Hansen wurde 1866 die gegenüberliegende *Villa Rabl* errichtet. Zu den Patienten des Landesbadearztes Dr. Rabl zählten unter anderen Franz Grillparzer und Ludwig Anzengruber. Vorbei an weiteren Villen, erreicht man auf der Parkstraße die als bedeutendster Jugendstilbau Oberösterreichs eingestufte, von Balzarek 1913/14 erbaute *Landesvilla* mit Giebelfassaden und Steildach. Das räumliche Konzept folgt dem des englischen Landhauses. Die Einrichtung ist noch zur Gänze im Original erhalten. Die Gäste der gemeinsam mit dem gegenüberliegenden Kurhotel betriebenen Pension haben das Vergnügen, sie nicht nur besichtigen, sondern auch benutzen zu dürfen.

Brunnenfigur im Kurpark von Bad Hall

Vorbei am *Kurhotel Herzog Tassilo* mit seinem interessanten runden Erweiterungsbau, empfiehlt es sich, den schräg in den Park führenden breiten Weg zu einem der schönsten Aussichtspunkte von Bad Hall zu wählen. Auf angenehmen Gehwegen gelangt man schließlich zurück zum *alten Badehaus*. Zur Linken der Hauptfront schließt das 1975 eröffnete, architektonisch stark abfallende neue *Kurmittelhaus* an. Das in unmittelbarer Nähe errichtete *Hallenbad* ist mit seinem Freischwimmbecken und weiteren Annehmlichkeiten zu einem Hauptanziehungspunkt für Tagesbesucher geworden. Ein zweiter ist das jüngst eröffnete Handwerker- und Heimatmuseum, das in dem von Balzarek gestalteten und nunmehr renovierten *Neuen Badehaus* (1908) in der Eduard-Bach-Straße einen wundervollen Rahmen erhalten hat. Architekturliebhaber seien noch auf zwei weitere Balzarek-Bauten hingewiesen: die Villa Porsche (1907) in der Linzer Straße 2 und die Friedhofskapelle (1911), ebenfalls in der Linzer Straße.

AUSKUNFT Kurverwaltung, 4540 Bad Hall, Tel. 07258/2031-0, Fax DW 25. **ESSEN UND TRINKEN** Gasthof Hofwirt Schröck, Hehenberg 1, Tel. 07258/2274, Ruhetage: Mo, Di, Fische aus eigenem Teich, schö-

Die Landesvilla von Mauriz Balzarek

ner Gastgarten unter Kastanienbäumen. Hotel-Restaurant Mitter, Hauptplatz 1, Tel. 07258/2363, Ruhetage: Mo, Di. Café-Restaurant Pürstinger, Ing.-Pesendorfer-Straße 6, Tel. 07258/2248, Ruhetag: Fr, vielfältige und leichte Küche. Kurhotel Herzog Tassilo, Parkstraße 4, Tel. 07258/2611, Speisesaal und Gartenterrasse mitten im Kurpark. **ÜBERNACHTEN** Kurhotel Herzog Tassilo, Parkstraße 4, Tel. 07258/2611, Fax DW 5, mitten im Kurpark, Hallenbad, hoher Komfort, dazu gehören: Landesvilla (Jugendstilhaus von Balzarek) und Villa Rabl. Schloß Feyregg, Tel. 07258/2591, kein Restaurant. Parkhotel Zur Klause, Am Sulzbach 10, Tel. 07258/4900, Fax DW 180, direkt am Kurpark bei der Tassiloquelle, Hallenbad. Hotel Elise, Römerstraße 7, Tel. 07258/3111, Fax DW 270, Garten mit Schwimmbiotop, nur Vollpension. **BAUERNMARKT** am Hauptplatz jeden Do 9–11 Uhr, beim Hotel Elise jeden Fr 14–17 Uhr. **VERANSTALTUNGEN** Kurkonzerte, 1. Mai bis 30. September, Sa und So 15.30 Uhr im Musikpavillon, Kurpark, bei Schlechtwetter im Gästezentrum. Operettenfestspiele, Ende Juni bis Anfang August, Auskunft bei der Kurverwaltung. **BADEN** Freibad: Parkbad bei der Tassiloquelle, Tel. 07258/2234. Hallenbad: Tassilo Therme, Tel. 07258/3084-275, tgl. 9–21 Uhr, Sauna, Solarium, Freischwimmbecken, Kleinkinderbereich. **FISCHEN** Sulzbach bzw. Teiche des Gasthofs Hofwirt, Tel. 07258/2272. **GOLF** Golfclub Herzog Tassilo, Franz-Joseph-Straße 4, Tel. 07258/2232, Clubhaus am Blankenbergweg, Tel. 07258/5480. **MINIGOLF** Kurpark (beim Tennisplatz), Tel. 07258/2188, schöne Lage, interessante Bahnen. **REITEN** Reitschule Islandpferdeclub Ortmühle, Tel. 07258/5474, auch heilpädagogisches Reiten. **TENNIS** Tennisfreianlagen im Kurpark, Tel. 07258/2188. Freizeitzentrum Centercourt, Tel. 07258/5881, Hallenplätze, Squashboxen. **WANDERN** Geführte Wanderungen der Kurverwaltung Bad Hall, Tel. 07258/2031, jeden Mo ab 13 und Mi ab 13.30 Uhr.

Das *Handwerker- und Heimatmuseum* weist drei Schwerpunkte auf: Das Heimatmuseum im Souterrain widmet sich der Ortsgeschichte. Allgemeines Interesse kann dort insbesondere der Raum zur Bädergeschichte beanspruchen, wo unter anderem eine Badekabine aus der Frühzeit des Kurbetriebes nachgebaut wurde. Ein mit imposanten Obstpressen, einer Obstmühle, Krügen und Fässern bestückter Mostkeller verweist auf das im Alpenvorland so wichtige Getränk. Das Tor zur großen Welt öffnet der Theaterraum mit einer Büste von Gustav Mahler, der einst das Kurorchester dirigierte. Was er dafür erhielt, läßt sich aus dem noch erhaltenen Gagenzettel ablesen. Das Handwerkermuseum, das in den einstigen Badekabinen im Hochgeschoß eingerichtet ist, knüpft an die Tradition Halls als Handwerkszentrum an. Noch im 18. Jahrhundert beherbergte jedes zweite Haus einen Handwerksberufe.

Insgesamt 21 Sparten werden mit ihren Werkzeugen, Arbeitsmaterialien und Produkten, aber auch mit Geschichten, Mythen und Sprüchen dargestellt. Einige davon existieren längst nicht mehr, andere gingen zu industrieller Fertigung über, wieder andere bestehen noch heute in modernisierter Form. Die wichtigsten Handwerksbetriebe in Hall waren einst die auf die Landwirtschaft der Umgebung ausgerichteten, wie z.B. Schmied, Wagner und Sattler, später gewannen jene Berufe an Bedeutung, die mit dem Kurbetrieb zusammenhingen, wie Friseur und Fotograf. Zur Haller Müllnerzunft gehörten früher nicht weniger als 91 Mühlen, was auf ihre wichtige Versorgungsfunktion für die gesamte Region Eisenwurzen hinweist. Im Dachgeschoß des Neuen Badehauses hat eine ansehnliche Türensammlung ihren Platz gefunden. Etwa hundert Türen aus der näheren Umgebung, überwiegend von Bauernhöfen, aber auch von Bürgerhäusern und Villen, werden hier mit Erläuterungen zur Symbolik der Farben und Gestaltung vorgestellt.

OÖ Handwerkermuseum, Eduard-Bach-Straße 4, Tel. 07258/4888, Öffnungszeiten während der Landesausstellung 1998: tgl. 9–18 Uhr, danach 1.5.–26.10. Do–So 14.30–17, 27.10.–30.4. So 14.30–16.30 Uhr sowie n.V.

Wo – so fragt sich der erstmalige Besucher – ist denn nun eigentlich die Urquelle Bad Halls, die *Tassiloquelle?* Sie liegt im Tal des Sulzbaches, und zwar genaugenommen auf dem Gebiet der Nachbargemeinde Pfarrkirchen. Zahlreiche Wege führen vom Kurpark hinunter in das bewaldete und weitgehend unverbaute Tal, durch das der Bach sein gewundenes Bett gegraben hat.

Unmittelbar jenseits der Brücke steht der im neoklassizistischen Stil errichtete Quelltempel, der 1855 gemeinsam mit dem Badehaus eröffnet und kurz darauf durch eine Trink- und Wandelhalle erweitert wurde. Diese wurde allerdings durch ihre Entfernung vom Ort bald zu unpraktisch und durch die neue Trinkhalle im Park ersetzt. Neben der Tassiloquelle wurde 1862 ein *Freibad* mit Kaltwasserbecken eröffnet, das abwechselnd für Damen und Herren zugänglich war. Heute zählt es mit seinem solargeheizten Wasser und den ausgedehnten Wiesenflächen zu den schönsten Anlagen der Region. Die ständige Jodwasserknappheit an der Tassiloquelle zwang die Bad Haller schon bald zur intensiven Suche nach neuen Quellen. Durch Bohrungen – zuletzt in Tiefen von über 2000 Metern – wurden weitere jodwasserführende Erdschichten entdeckt. Heute werden aus insgesamt zehn Jod-Sole-Quellen jährlich etwa 20.000 Kubikmeter gefördert. Der Kurbetrieb konzentriert sich auf wenige Krankheiten, wobei Augenleiden an oberster Stelle stehen. Darüber hinaus versucht Bad Hall einen behutsamen Imagewandel vom traditionellen Kurort zum Gesundheitsort vorzunehmen, der nicht nur Krankheiten behandelt, sondern seinen Gästen durch kulturelle, sportliche und kulinarische Angebote in erster Linie eines vermitteln will: Wohlbehagen.

PRACHTVOLLES ROKOKO IM EINSTIGEN DORF HALL

Von der Tassiloquelle aus erreicht man in wenigen Minuten auf Fußwegen den Ortskern von *Pfarrkirchen.* Die gelb gestrichene Kirche mit dem charakteristischen Zwiebelturm ist von mehreren Stellen des Haller Kurparks aus gut zu sehen. Hier, im «Dorf Hall», lag einst das religiöse Zentrum der Ortschaft Hall. Da die Pfarrkirche aber für das gesamte Gebiet am Sulzbach zuständig war, nannte man diesen Ortsteil bald kurzweg Pfarrkirchen. Die heutige *Kirche zum Hl. Georg* verdankt ihre Entstehung einem Glück im Unglück: 1744 stürzte die erweiterte gotische Kirche kurz vor ihrer Vollendung ein. Der Abt von Kremsmünster wollte sie nicht wieder aufbauen lassen, sondern dem Markt Hall eine repräsentative Kirche bescheren. Angeblich hintertrieb der Pfarrkirchner Wirt auf geschickte Weise diesen Plan, sodaß schließlich 1747 in Pfarrkirchen eine neue Kirche errichtet wurde, die zu den schönsten Rokokobauwerken des Landes zählt, während Bad Hall erst um 1880 eine neugotische Kirche erhielt. Betritt man den hellen Innenraum, wird der Blick von den Fresken des Wolfgang Andreas Heindl gefangengenommen. Der Vorgabe des Auftraggebers entsprechend, kreisen die Bilder um das Thema des Blutes Christi und diesbezüglicher Vorbilder aus dem Alten Testament – von Heindl mit geballten Menschengruppen handwerklich meisterhaft und zugleich impulsiv in Szene gesetzt (so etwa das Ostermahl der Israeliten in Ägypten im Hauptschiff vor dem Presbyterium). Die wertvollsten Stücke der Ausstattung sind der Hochaltar mit dem Bild des gegen den Drachen kämpfenden Georg und die aus einer umgedrehten und einer aufgestellten Glocke zusammengesetzte, von Engeln getragene Kanzel. Die Charakteristika des Rokoko lassen sich besonders gut an den beiden Seitenaltären studieren: Alles ist in Bewegung und von großer Lebendigkeit. Auf dem Bild des Marienaltars von Heindl trägt die über der alten Kirche schwebende Himmelskönigin keine Krone, sondern den bairischen Kurfürstenhut – ein Anklang an die etwa fünfhundertjährige Geschichte der bai-

Marienaltar der Kirche zum Hl. Georg

rischen Herrschaft über diese Region. Die rund um den Altar angebrachten Medaillons zeigen die Rosenkranzgeheimnisse. Die expressiven Kreuzwegbilder stammen ebenfalls von Heindl, die großen Wandgemälde vom Grazer Hofmaler Carl Remp.

MIT DEM RAD DURCHS BAUERN- UND WALLFAHRTSLAND

Zum Kennenlernen der bäuerlich geprägten Landschaft des Alpenvorlands empfiehlt sich eine nicht sehr anstrengende, aber aussichtsreiche Fahrradwanderung. Dem Radfahren ist die ständige Verbesserung des immer dichter gezogenen Güterwegenetzes ja eher zuträglich, während die Fortbewegung zu Fuß gerade dadurch unattraktiver geworden ist. Für die Radtour sollte man unbedingt einen Tag mit klarer Sicht wählen. Je nach Jahreszeit hat sie ihre eigenen Reize. Diese sportliche Aktivität läßt sich leicht mit der Besichtigung von einigen Sehenswürdigkeiten verbinden. Kulturell ist das Gebiet vor allem durch den Wallfahrtsort Maria Adlwang geprägt – die unzähligen Marterln und Kapellen zeugen davon. Die hier vorgeschlagene Route führt in einem weiten Bogen von Bad Hall auf ein Hochplateau über dem Kremstal und zurück. Ein prächtiger Aussichtspunkt folgt dem nächsten, wobei sich das Panorama durch die Richtungswechsel ständig verändert, bis es sich schließlich beim «Baum mitten in der Welt» auf dem Gusterberg oberhalb von Kremsmünster zu einem grandiosen Rundblick zusammenfügt. Die typischen Vierkanthöfe stehen meist einzeln, nur manchmal gruppieren sich zwei oder drei zu einem Weiler. Viele wurden in den letzten Jahren umgebaut, manche leider nicht zu ihrem Vorteil. Insbesondere die – aufgrund der langgestreckten Fassaden – heikle Neugestaltung der Fenster ist selten geglückt; auch mußten die so charakteristischen Obst- und Nußbaumanlagen vor den Hauptfronten häufig pompösen Zufahrten mit sterilen Blumenanlagen weichen.

Vom Bad Haller Hauptplatz führt der Weg durch die Steyrer Straße in Richtung Waldneukirchen. Auf einem eigenen Fahrweg wird nach kurzer Fahrt *St. Blasien* erreicht. Das spätgotische Filialkirchlein mit seiner hochwertigen barocken Ausstattung lohnt einen kurzen Besuch. Vom hl. Blasius erbitten Gläubige traditionell Gesundheit für sich und ihre Tiere. Bereits kurz vor der Kirche zweigt die Route Nr. 3 auf einen Güterweg in Richtung Adlwang ab. Alsbald eröffnet sich ein weiter Blick auf die gesamte Voralpenkette, auf das langgezogene Sengsengebirge und die markante Formation von Krems- und Falkenmauer. Durch Felder erreicht man nach insgesamt sechs Kilometern Fahrt die Hauptstraße, der man nach rechts ein kurzes Stück bis *Adlwang* folgt. In vorchristlicher Zeit eine Quellenkultstätte, ist der Ort mindestens seit dem 14. Jahrhundert ein bedeutender Marienwallfahrtsort, eine Tradition, die nur während der Reformationszeit und der Regentschaft Josephs II. unterbrochen wurde. Besonders turbulent geht es noch heute an den drei «goldenen Samstagnächten» zu (den Wochenenden nach Michaeli am 29. September). An der Stelle der einstigen Marienkapelle und späteren romanischen Kirche steht heute ein gotischer Bau mit barocken Elementen. Besonders schön ist das in warmen Farbtönen bemalte Netzrippengewölbe des Chors. Das Zentrum der Wallfahrten bildet das Gnadenbild der «Schmerzhaften Muttergottes» auf dem linken Seitenaltar, ein Steinguß aus dem 15. Jahrhundert. Während der Bauernkriege war es verschollen; später wurde es unter einem Ameisenhaufen wiedergefunden, im Volksmund heißt es daher auch «Maria im Ameishaufen». Bemerkenswert ist weiters die Holzfigur «Ecce Homo», die einst in der Bürgerspitalkirche in Steyr stand und als Stiftung der Messererfamilie Hack hierherkam. Eine Rarität stellt der Kreuzwegaufsatz auf dem barocken Beichtstuhl dar.

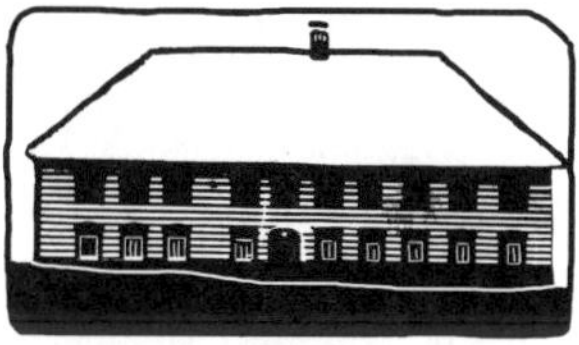

Vierkanthof im Alpenvorland

Von der Ortsmitte folgt man nun auf Güterwegen der Route Nr. 6 in Richtung Wartberg. In der kleinen Ortschaft *Mandorf* ist bereits ein Großteil der Höhendifferenz geschafft! Immer öfter tritt nun die Kremsmauer ins Blickfeld, während die Voralpenkette allmählich von ihren hügeligen Vorläufern verdeckt wird. Nach etwa 12 Kilometern erreicht man die von Nußbach kommende Hauptstraße. Erstmals wird nun im Westen die charakteristische Silhouette des Traunsteins sichtbar. An dieser Stelle kann man sich für einen Abstecher nach Wartberg entscheiden (R4, hin und zurück 6 km) oder unmittelbar in nördlicher Richtung weiterradeln (Nr. 6).

Wegen seines milden Klimas ist *Wartberg an der Krems* seit jeher ein Zentrum der Mosterzeugung. Im Heimathaus läßt sich mehr über diese Tradition erfahren. Im Ortszentrum befindet sich eine sehenswerte vorwiegend spätgotische Pfarrkirche, die stufenförmig vom Chor über das Langhaus zum haubengekrönten Turm ansteigt. Die barocke Einrichtung ist im Knorpelwerkstil gehalten; acht spätgotische doppelseitige Tafelbilder im Chor zeigen auf der «Sonntagsseite» die Lebens- und Leidensgeschichte des Kirchenpatrons Kilian. Südlich der Kirche steht eine doppelgeschossige Beinhauskapelle von 1527.

Von Wartberg geht es auf der gleichen Strecke wieder zurück auf den Höhenrücken. Nach der Überquerung der Verbindungsstraße Pfarrkirchen–Wartberg setzt sich der Weg in Richtung Kremsmünster fort. Abwechslungsreich und weitgehend eben geht es nun zwischen Feldern, Bauernhäusern und schattigen Waldstücken dahin bis zur einsam in der Landschaft stehenden Volksschule Krühub und weiter zum *Baum mitten in der Welt.* Bemerkenswert ist weniger der Baum – eine noch relativ junge Linde – als die weite, rundum freie Aussicht. Obwohl mit 488 Meter Seehöhe maximal nur etwa 100 Meter höher als die Umgebung gelegen, läßt sich von hier aus an klaren Tagen fast das gesamte Land zwischen Traun, Donau und Enns überblicken. Oft sieht man sogar weit bis ins Mühlviertel und ins niederösterreichische Alpenvorland. Die sich von Osten bis

Westen aneinanderreihenden Bergketten laden förmlich zu einer Geografiestunde auf der Plattform der von der Gruppe Drei Dee gestalteten *Aussichtswarte* ein. Die einmalige Lage dieses Hochplateaus wurde bereits von 1822 bis 1843 von der k. u. k. Katastralvermessung benutzt.

Ein besonders eindrucksvoller Ausschnitt des Panoramas mit den Bergkulissen von Kremsmauer und Prielgruppe läßt sich auch von einem der schönsten Gastgärten des Landes aus genießen. Wie eh und je stehen die Tische in der Wiese, die Felder grenzen unmittelbar an. Möge nur ja niemand auf die Idee kommen, diesen Gastgarten zu verpflastern oder einzufassen! An warmen Sommertagen fällt es schwer, diesen Ort vor dem Sonnenuntergang zu verlassen.

Für den Rückweg geht es zurück zur Krühub und auf dem Weg Nr. 4 bei ständigem leichtem Gefälle bis zur Ortschaft *Feyregg*. Die bereits im 12. Jahrhundert urkundlich erwähnte Burg wurde im 18. Jahrhundert von Johann Michael Prunner zu einem prächtigen Barockschloß umgestaltet und diente den Äbten von Spital am Pyhrn als Sommersitz. Das als Hotel geführte Schloß ist lediglich für Gäste zugänglich. Vorbei am Schloß,

Blick vom Alpenvorland auf Sengsen- und Totes Gebirge

geht es links hinunter ins Sulzbachtal und über die Schwimmbadstraße und den Kurpark zurück ins Ortszentrum von Bad Hall.

RADRUNDWANDERUNG von Bad Hall zum «Baum mitten in der Welt» (Gusterberg): aussichtsreiche Route auf asphaltierten und wenig befahrenen Nebenstraßen und Güterwegen durch leicht hügeliges Gelände; Kennzeichnung nach dem Bad Haller Radwegnetz; Distanzen: St. Blasien 3 km, Adlwang 7 km, Einmündung Bezirksstraße 12 km, Kreuzung Landesstraße 14 km, «Baum mitten in der Welt» 20 km, Krühub 22 km, Feyregg 26 km, Gesamtlänge: 27 km; mehrere Erweiterungsmöglichkeiten, Anschlüsse an den Alpenvorlandweg R3, den Steyrtalweg R2 und den Kremstalweg R4. Orientierung: Wander- und Radfahrkarte Bad Hall, erhältlich über die Kurverwaltung, Tel. 07258/2031-0. **AUSKUNFT** Gemeindeamt, 4551 Adlwang, Tel. 07258/3913, Fax 07258/4916. Über die Wallfahrtstradition informiert eine kleine Ausstellung im Gasthof Herzogtum Adlwang, Tel. 07258/7500-0. **ESSEN UND TRINKEN** Zahlreiche Einkehrmöglichkeiten auf der ganzen Strecke; besonders zu empfehlen: Gasthaus «Baum mitten in der Welt», Gustermairberg 86, Tel. 07583/304, Ruhetag: Do. **MUSEUM** Wartberger Heimathaus: Öffnungszeiten im Gemeindeamt 4552 Wartberg erfragen, Tel. 07587/7055-0, Fax DW 32.

KREMSMÜNSTER: STERNWARTE UND TASSILOKELCH

Auf einer Terrasse nördlich über dem Kremstal liegt das Benediktinerstift Kremsmünster. Seine imposante, langgezogene Südfront wird von den barocken Zwiebeltürmen der Stiftskirche überragt. Freistehend schließt die bekannte Sternwarte an, das weltliche Gegenstück zu den Kirchtürmen, denen sie an Höhe ebenbürtig ist. Einen exotischen Gegenpol zum streng gegliederten Ensemble und zugleich dessen östlichen Abschluß auf der Schauseite bildet die bereits lange vor der Sternwarte errichtete «Moschee», ein in der Barockzeit gebautes Gartenhäuschen. Auf der gegenüberliegenden südlichen Seite des Kremstals steht *Schloß Kremsegg* auf dem erhöhten Platz einer ehemaligen Festung. In seiner heutigen Form geht es auf einen Neubau ab 1707 zurück, mit dem der damalige Besitzer Carlo

Antonio Carlone betraute. Seit 1996 im Besitz des Vereins Musica Kremsmünster, wird der Vierflügelbau mit dem schönen Arkadenhof heute für Seminare, Symposien und Konzerte genutzt. Der vorgelagerte ehemalige Getreidekasten beherbergt seit kurzem eine einzigartige Sammlung von über 1000 bedeutenden historischen Blasinstrumenten – von einem Solotenorhorn, das für Zar Alexander III. gebaut wurde, über Elfenbeintrompeten bis zu Jazztrompeten von Louis Armstrong und Dizzy Gillespie. Der Großteil des Museumsbestands geht auf die Streitwieser Foundation, eine Sammlung eines Exilösterreichers, zurück.

Kremsmünster: die Sternwarte

Im geräumigen Museumsgebäude finden auch Sonderausstellungen ihren Platz; eine 1997/98 laufende Ausstellung ist Franz Schubert gewidmet, der des öfteren in Kremsmünster weilte. Auf einem westlich gelegenen Hügel steht die *Kalvarienbergkirche* von 1736/37, eine kreuzförmige Anlage, zu der eine doppelläufige Treppe führt. Sie ist unter anderem mit Fresken von Wolfgang A. Heindl und Ölbildern von Bartolomeo Altomonte geschmückt. Auf dem Hang daneben ein unkonventioneller moderner Bau – das *Exerzitienheim Subiaco*, von Hans Steineder 1928 bis 1932 in Analogie zum Stift mit der gleichen Kontrapunktik von horizontaler und vertikaler Bewegung erbaut. Eingesäumt von all diesen mit prominenten Bauwerken bestückten Hügeln und Hängen, erstreckt sich der Ort Kremsmünster entlang des Kremsflusses. Der alte Ortskern liegt unmittelbar unter dem alles beherrschenden Gebäudekomplex des Klosters und ist mit diesem über die *Lange Stiege* verbunden. Der steile Aufgang zum Stift beginnt unmittelbar beim alten Rathaus aus dem 16. Jahrhundert und passiert einige sehenswerte Bürgerhäuser.

AUSKUNFT Touristeninformation, 4550 Kremsmünster, Tel. 07583/7212, Fax 07583/7049. **ORTSFÜHRUNGEN** durch den historischen Markt (ab 5 Personen), Tel. 07583/7212. **ESSEN UND TRINKEN** Gasthaus Schwarzer Adler, Hauptstraße 28, Tel. 07583/8589, Ruhetag: Do. Gasthof Moser, Marktplatz 9, Neuhofen an der Krems (16 km in Richtung Linz), Tel. 07227/4229, 1 Haube, 60 verschiedene Hausschnäpse, Ruhetag: So ab 15 bis Di 17 Uhr. **ÜBERNACHTEN** Hotel Schlair, Franz-Hönig-Straße 16, Tel. 07583/5258, Fax DW 52, dazugehörig: Gästehaus Schlair «Zur Alten Mühle», direkt unterhalb der Klostermauern. **CAMPING** Hotel-Pension Stadlhuber, Linzer Straße 44, Tel. 07583/7498. **MUSEUM** Musikinstrumentenmuseum im Schloß Kremsegg, Kremsegger Straße 59, Tel. 07583/5247, Öffnungszeiten: 1. März bis 31. Oktober tgl. 10–12 und 13–17 Uhr, im November Sa, So und Feiertag nur 13–17 Uhr, von 1. Dezember bis 28. Februar geschlossen, jedoch Besuche n.V. möglich. Führung nach Voranmeldung. **VERANSTALTUNGEN** Stiftskonzerte Mai bis September im Kaisersaal des Stifts. Bordunmusikfestival am 1. Wochenende im August. **BAUERNMARKT** jeden Fr 14–18 Uhr am Marktplatz. **BADEN** Freibad, Tel. 07583/5383. **FISCHEN** Angelsport Felck, Tel. 07583/6103. **GOLF** Public Gold Kremstal, Schachen 20, 4531 Kematen, Tel. 07228/292 (ca. 12 km Richtung Linz). **RADVERLEIH** Hotel Schlair, Tel. 07583/5258. **REITEN** Reiterhof Franz Galtbrunner, Dirnberg 7, Tel. 07583/7595. **TENNIS** Tennis-Center Stadlhuber «Klein Wimbledon», Linzer Straße 44, Tel. 07583/7498, einziger öffentlicher Rasenplatz Österreichs. Australisches Tenniscamp Mike Ross, Hauptstraße 19, Tel. 07583/2580. Tennishalle Schloß Kremsegg, Tel. 07583/5395.

STIFT KREMSMÜNSTER: EIN JAGDUNFALL AN DER KREMS

Das Kloster Kremsmünster wurde von Herzog Tassilo III. von Baiern im Jahr 777 gegründet. Der Legende nach kam Tassilos geliebter Sohn Gunther an einer Stelle oberhalb des Klosters bei einem Jagdunfall ums Leben. Einen riesigen Eber verfolgend, hatte er sich von seinen Jagdgefährten entfernt und war immer tiefer in die Wälder vorgedrungen. Plötzlich stand er dem Tier gegenüber, das ihn sofort angriff. Mit aller Kraft führte Gunther seinen Jagdspieß, doch dieser brach entzwei, und der verwundete, vor Schmerz rasende Eber fügte dem Jäger mit seinen Hauern tiefe Wunden zu. Vom Gebell des Hundes herbeigerufen, fanden die Gefährten den Herzogssohn verblutet neben dem verendeten Tier. Als ihn die Nachricht vom Tod seines Sohnes im nahen Lorch erreichte, eilte der Herzog sofort zur Unglücksstelle und verweilte dort bis tief in die Nacht. Plötzlich trat aus der Tiefe des Waldes ein Hirsch hervor, dessen Geweih in einem seltsamen Licht erstrahlte. Der Herzog nahm dies als Zeichen, ließ seinen Sohn hier begraben und ein Münster erbauen, das er reich mit Gütern ausstattete: «Ich gab, soviel ich konnte.»

Der Tassilokelch

Tassilo selbst blieb gleichfalls glücklos. Da er sich der Autorität seines Vetters Karl, des Großen, nicht bedingungslos unterwerfen wollte, wurde er schließlich zu lebenslanger Klosterhaft verurteilt. Am 11. Dezember 794 starb er im Kloster Lorsch und mit ihm das Herzoghaus der Agilolfinger. Der 11. Dezember wird in Kremsmünster als Tag des Stifters traditionell hochgehalten. Bis ins 18. Jahrhundert hatte an diesem Tag jeder Besucher des Klosters das Recht, sich mit Ochsenfleisch und Brot satt zu essen – eine sozialpolitische Maßnahme, ähnlich wie an Martini und Nikolaus, die den Armen helfen sollte, die kalte Jahreszeit besser zu überstehen. Deswegen führt das Kloster neben Hund und Eber auch einen Ochsen im Wappen. Das vierte Wappenfeld enthält das Symbol des jeweils regierenden Abtes.

Die heutige Klosteranlage entstand im wesentlichen zwischen 1600 und 1750. Sie besteht aus sechs Vierkanthöfen in der typischen Bauweise der Bauernhöfe der Umgebung. Man betritt die Anlage durch das nordseitig gelegene *Eichentor* von

Jakob Prandtauer mit der einladenden Aufschrift «Porta patens esto nulli claudatur honesto»: Das Tor soll jedem offenstehn, der ehrbar will durch selbes gehn. – Im äußeren, ebenfalls von Prandtauer gestalteten *Stiftshof* befindet sich westlich der Flügel des ehemaligen Schmiedhofes, wo nun Stiftsschank, Stiftskellerei und Theatersaal untergebracht sind, östlich der Flügel des Meierhofes, der auch heute noch der Landwirtschaft dient. Hinter einer unscheinbaren Tür verbirgt sich eine der großen Kostbarkeiten des Klosters, der *Fischkalter*. Er verdankt seine Entstehung einer Regel des hl. Benedikt, die den Mönchen den Fleischgenuß untersagte. So wichen sie eben auf Fisch aus, der in den umliegenden Bächen, Flüssen und Seen reichlich vorhanden war. Die einzigartige Anlage wurde 1691 von Carlo Antonio Carlone errichtet und später von Prandtauer einfühlsam erweitert und umgestaltet. In ihrer mediterran klaren, an die Renaissance erinnernden Bauweise wirkt sie wie ein nach Österreich verpflanztes Stück Italien. Fünf Wasserbecken werden von Arkadengängen umzogen, die wasserseitig von 78 toskanischen Säulen aus Kremsmünsterer Konglomerat getragen werden. Die Steinbrüstungen sind mit kunstvollen schmiedeei-

Der einzigartige Fischkalter im Stift Kremsmünster

sernen Gittern ausgestattet. Die wasserspeienden lebensgroßen Brunnenfiguren stellen (von West nach Ost) Samson, David, Neptun, Triton, Petrus und Tobias dar. In der Anlage werden auch heute noch Fische, meist Forellen, gezüchtet – und so wird das Nützliche mit dem Schönen verbunden.

Der *Wassergraben*, der den Hof im Süden begrenzt, diente ursprünglich zur Verteidigung des inneren Klosters. Entlang dieses Grabens nach links führt der Weg durch einen Arkadengang am 1891 erbauten Gymnasium vorbei zum ersten Hochhaus Europas, der sogenannten *Sternwarte*, einem großen «Universalmuseum». Dieser «Mathematische Turm» mit einer Höhe von 50 Metern wurde 1748 nach Plänen von Johann Blasius Frank begonnen, jedoch erst elf Jahre später fertiggestellt, nachdem zwischenzeitlich Teile der oberen Stockwerke eingestürzt waren. Der Turm weist mit seiner strengen Fassadengliederung auf eine klare innere Ordnung hin. Nach der Inschrift über dem Eingang («Zum Ruhme des Allerhöchsten») soll die Beschäftigung mit der Natur zu Gott führen, und nach dieser aufsteigenden Ordnung wurde auch das Museum eingerichtet.

In den unteren Stockwerken sind naturgeschichtliche Sammlungen untergebracht. Auf das geologische, paläontologische, mineralogische und physikalische Kabinett folgen erst im vierten Stock das zoologische Kabinett und die botanische Sammlung. Den Wissenschaften vom Menschen ist der fünfte Stock vorbehalten. Über dem anthropologischen befindet sich schließlich das astronomische Kabinett mit dem Observatorium, um dessentwillen dieser stattliche Turm eigentlich errichtet wurde. Bereits ein Jahr nach der Fertigstellung waren hier die notwendigen Instrumente zur Beobachtung des Weltalls aufgestellt. Diese wissenschaftliche Tradition wurde später durch Wetterbeobachtungen, Erdbebenmessungen und anderes mehr fortgesetzt. Ein kleiner Raum über der Sternwarte ist einer kleinen Kapelle vorbehalten. Von der Plattform aus genießt man einen wunderbaren Rundblick.

Zurückgekehrt in den äußeren Stiftshof, führt eine Brücke zum Barockportal des wesentlich älteren *Brückenturmes*. Über dem Torbogen stehen drei Statuen: in der Mitte der Gründer des Klosters, Tassilo, links Karl der Große, der es bestätigt, und rechts Heinrich II., der Heilige, der es nach den Ungarneinfällen um die Jahrtausendwende wiederhergestellt hatte. Unterhalb der drei Figuren ist das Stiftswappen angebracht. Durch das Brückentor gelangt man in den weiträumigen *Prälatenhof*, der bewußt als «barocker Festsaal unter freiem Himmel» gestaltet wurde. Streng gegliederte Fassaden in Weiß und hellem Gelb umfangen den rechteckigen gepflasterten Hof mit dem Konviktstrakt im Norden und Osten, der Abtei im Süden und dem ehemaligen Gasttrakt im Westen.

Den prägenden Akzent setzt jedoch die zweitürmige Kirchenfassade im Südosteck. Die dreischiffige *Stiftskirche* geht auf einen spätromanischen Bau zurück, dem Giovanni Battista Colomba und Giovanni Battista Barberini zwischen 1680 und 1682 mit viel Einfühlungsvermögen nach dem Vorbild des Passauer Doms ein barockes Gewand überstreiften. Schon 70 Jahre zuvor waren die beiden Westtürme mit barocken Zwiebeln versehen worden, nur wenige Jahre vorher hatte Carlo Antonio Carlone die Marienkapelle errichtet. Der Gesamteindruck wird von je sechs mächtigen Pilastern, die das Hauptschiff von den Seitenschiffen trennen, und den reich dekorierten Gewölben geprägt. Je höher das Auge schweift, umso reicher werden die stuckierten Blatt- und Fruchtkränze. Insgesamt 99 Fresken mit Szenen aus dem Leben Jesu, geschaffen von den Brüdern Grabenberger, zieren die Joche der drei Schiffe. Um die kahlen Pfeiler zu Festzeiten zu verschönern, werden sie mit flämischen Bildteppichen verkleidet. Einen besonderen Blickfang bildet das riesige *Hochaltarbild* des Münchner Hofmalers Andreas Wolf, das Christus in der Verklärung zeigt. Für die Herstellung der Leinwand mußte ein eigener Webstuhl gebaut werden. Den breiten vergoldeten Kupferrahmen unter einem roten Baldachin aus Damast halten weiße

Marmorengel. Der prachtvolle, wahrscheinlich von Prandtauer entworfene *Tabernakel* ist als «goldenes Haus» angelegt. Auch die neun Seitenaltarbilder werden von Engelsstatuen eingerahmt – wahre Meisterwerke des Gmundner Bildhauers Michael Zürn. In der Gunther-Kapelle unter der schwungvollen *Orgelempore* läßt sich erahnen, wie die Kirche vor der Barockisierung ausgesehen hat: romanische Rundbogenfenster neben frühgotischem Gewölbe und spätgotischer Türfassung. Hier befindet sich ein 1304 geschaffenes *Hochgrab* (Kenotaph) mit einer Deckplatte aus Steinguß: Der tote Gunther ruht auf einem Kissen, ihm zur Seite der Eber, zu seinen Füßen der Jagdhund.

Wie viele andere berühmte Klöster verfügt auch Kremsmünster über einen Prunksaal, den 1694 von Carlo Antonio Carlone erbauten *Kaisersaal.* Er befindet sich an der Schnitt-

Die Stiftskirche von Kremsmünster: barockes Kleid über romanischem Kern

stelle zwischen Abtei und Gästetrakt, dort, wo sich geistliche und weltliche Macht begegneten. Durch zwölf zweigeschossige Fenster flutet Licht von drei Seiten in den Raum mit dem Deckenfresko des Münchners Melchior Steidl. Es zeigt Apollo auf seinem von zwei Schimmeln gezogenen Sonnenwagen, vor dem sich – geblendet von so viel Licht – die Gestalten der Nacht verhüllen. Zeitgenossen sahen darin den Sieg Österreichs über die Türken. In den vier Ecken thronen die Allegorien der Jahreszeiten – Flora, Ceres, Bacchus und Vulcanus. Der zarte Stuck von Diego Francesco Carlone ersetzte die ursprünglich vorhandenen farbigen Ledertapeten. Die Kaiserbilder von Rudolf von Habsburg bis zu Karl VI., von Martino Altomonte 1721 gemalt, gaben dem Saal seinen Namen. Heute bildet er den prächtigen Rahmen für Konzerte und klösterliche Feiern, Beerdigungen von Ordensbrüdern oder das legendäre Abschlußfest des Stiftsgymnasiums, wo die drei besten Schüler jeder Untergymnasialklasse mit Pauken und Trompeten «ausgeblasen» und vom Abt mit Anerkennungspreisen geehrt werden.

Zusätzlich zu den angeführten architektonischen Kostbarkeiten erwarten den Besucher im Stift noch die in mehreren Abteilungen angeordneten klösterlichen Sammlungen. Wer es sich einteilen kann, ist daher gut beraten, das Stift mehr als einmal aufzusuchen. Der historisch älteste Kern der Sammlungen ist die *Stiftsbibliothek.* Sie geht in ihrer heutigen Ausgestaltung auf das 17. Jahrhundert zurück. Der 65 Meter lange, lichtdurchflutete Raum wird durch vorspringende Wände in drei Säle und ein Zwischenabteil gegliedert, die je nach den Gestalten der Lünettenfresken von Melchior Steidl Saal der Griechen, der Lateiner und der Benediktiner genannt werden. Die Deckenfresken stellen biblische und historische Szenen dar, die sich auf das gesprochene und geschriebene Wort beziehen, z.B. den Turmbau zu Babel, die Übersetzung des Alten Testaments ins Griechische oder die Gesetzgebung auf dem Sinai. Die Bibliothek umfaßt etwa 1800 Handschriften,

630 Inkunabeln und an die 150.000 spätere Bände. Ein besonders wertvolles Stück ist eine um 1300 auf Pergament geschriebene und mit kunstvollen Initialen versehene vierteilige Bibel. Auf sie hatte während der NS-Zeit Hermann Göring sein gieriges Auge geworfen – eine noch vorhandene Karteikarte belegt, daß sie für seine private Kunstsammlung vorgesehen war. Ein weiteres historisch bedeutendes Schaustück ist die Gründungsurkunde der Ritterakademie von Maria Theresia, einer Vorläuferin der Linzer Universität, deren Zöglinge im Stiegenhaus der Sternwarte auf 240 Bildnissen zu sehen sind. Gerne gezeigt wird auch ein Brief von Adalbert Stifter an seinen Zeichenlehrer. Stifter war von 1818 bis 1826 Schüler des Stiftsgymnasiums, hier schmiedete er seine ersten Verse, hier schulte er sein Maltalent, hier nahm er die Landschaft der Voralpen in sich auf, die in manchen seiner Romane wiederkehrte.

Im *Paramentenraum* werden ausgewählte liturgische Geräte und Gewänder gezeigt, in der *Rüstkammer* – unerwartet für ein Kloster – Waffen, die zur Verteidigung, aber auch für Repräsentationszwecke bereitgehalten wurden. Ebenfalls ungewöhnlich ist die aus der äbtlichen Privatsammlung hervorgegangene *Gemäldesammlung*. Am Beginn des 17. Jahrhunderts hatte Kremsmünster gute Kontakte zum Kaiserhof, sodaß durch Legate, Geschenke und gezielte Ankäufe eine ansehnliche Bildergalerie zusammenkam und erhalten blieb, weil Kremsmünster die meisten Wechselfälle der Geschichte glimpflich überstand. Einst waren die Bilder Teil des Universalmuseums der Sternwarte, wurden aber aus Raumnot in die ehemalige Prälatur verlegt. Die gegenwärtige Ausstellung ist chronologisch nach Kunstepochen geordnet. Im gotischen Kabinett ist beispielsweise ein aus der Donauschule stammender farbenprächtiger Katharinenaltar zu sehen. Der Saal der Renaissance birgt als besonderes Juwel die «Vier Elemente» von Jan Bruegel. Im kleinen Raum des österreichischen Barock sind all jene Künstler vertreten, deren Arbeiten uns auch in anderen Stiften der Region immer wieder begegnen, wie etwa die Altomontes und Martin Johann Schmidt, der «Kremser Schmidt». Das Kabinett des 19. Jahrhunderts präsentiert unter anderem Biedermeieransichten von Kremsmünster und Umgebung von einem Klosterpater.

Mehr Kunststücke als Kunstwerke beinhaltet die *Kunst- und Wunderkammer*, wo sich Raritäten wie ein aus den Knochen eines Elefanten angefertigter Stuhl – ein spanisches Geschenk an Kaiser Maximilian II. – befinden. Den Höhepunkt der Sammlungen beherbergt der *Zimelienraum* mit der ehrwürdigen Trias Tassilokelch, Tassiloleuchter und «Codex Millenarius». Der *Tassilokelch*, das älteste und künstlerisch wertvollste Stück der Kremsmünsterer Kunstschätze und zugleich der älteste erhaltene und bedeutendste Abendmahlskelch des frühen Mittelalters im bairisch-österreichischen Raum, stammt aus der Gründungszeit um 777 und ist aus Kupfer getrieben, innen und außen vergoldet. Auf der Cuppa (Schale) thront der segnende Christus, umgeben ist er von den vier Evangelisten und ihren Symbolen. Daß dieses kostbare Kleinod der Hochzeitskelch des Paares Liutpirc und Tassilo, der langobardischen Königstochter und des bairischen Stammesherzogs, war, legt die Inschrift am Fuße nahe. Noch vor seiner Verbannung gelang es dem Paar, dieses kostbare Stück in die Obhut des Klosters zu bringen. Heute wird der Kelch als eucharistisches Gefäß am Stiftertag am 11. Dezember, am Gründonnerstag und als Urne bei der Abtwahl verwendet. Auch die beiden Leuchter werden bei diesen Anlässen eingesetzt. Das Szepter Tassilos wurde vermutlich zu Kandelabern umgearbeitet, um seinem Widersacher Karl dem Großen dieses Triumphzeichen nicht zu überlassen.

Der *Codex Millenarius* verdankt seine Bezeichnung einem römischen Kardinal, der 1777 beim Anblick der Handschrift ausgerufen haben soll: «Vere codex millenarius» – «Wahrhaftig ein tausendjähriger Codex». Das Buch, das um 800 geschrieben wurde, enthält auf feinem Pergament den Text der vier Evangelien in einer sehr seltenen Textform. Den Bucheinband ziert eine getriebene, ziselierte, teilvergoldete Silberplatte (um 1600) mit dem Bild des Weltheilands und der vier Evangelisten.

Ein viertes Juwel der Schatzsammlung ist ein *Scheibenkreuz* (Flabellum), eine Mischung aus Kreuz und Sonnenrad, auf dem jeweils einem biblischen Ereignis ein Vorbild aus dem Tierreich gegenübergestellt wird. Der Auferstehung Christi etwa entspricht der Löwe, der am dritten Tag seinen totgeborenen Jungen Leben einhaucht, Christi Himmelfahrt der Adler, der sich aus dem Wasser verjüngt zur Sonne erhebt. «So tu auch Du, Christenmensch: Verbrenne Deine Sünden in der Sonne Christi.»

Über all den kunstgeschichtlichen Höhepunkten sollte man nicht vergessen, daß Kremsmünster bis heute ein blühender Konvent mit ca. 70 Patres ist, der unter anderem 26 Pfarreien der Umgebung betreut. Der alte Wunsch der Brüder, begreifen und erfassen zu können, was sich ihnen an Wissenswertem darbot, gewonnene Erkenntnisse aber auch lehrend weiterzugeben, schlägt sich in der langen Schulgeschichte des Ordens nieder. So war die um 1300 gegründete Schreibschule der Benediktiner weithin angesehen, 1549 wurde das öffentliche Gymnasium eingerichtet, die bereits erwähnte Ritterakademie von 1744 hatte ihren Sitz im Stift. 1804 wurde das Konvikt errichtet, 1891 der Grundstein zum Gymnasialgebäude gelegt. In seinen Räumen werden derzeit ca. 300 Schüler und (neuerdings) Schülerinnen unterrichtet, ca. 100 von ihnen leben im angeschlossenen Internat. Die materielle Basis des Stiftes bilden bis heute die auf Tassilos Schenkung zurückgehenden Besitztümer: Wälder, landwirtschaftliche Flächen, Weingüter in der Wachau und Fischgewässer. Und es ist wohl kein Zufall, daß die Klostergemeinschaft mit Oddo Bergmair im Jahre 1982 aus ihrer Mitte einen Abt gewählt hat, der als ausgebildeter Forstfachmann auch kompetent für die Erhaltung der wirtschaftlichen Grundlagen ist.

Kunstsammlungen Stift Kremsmünster, Tel. 07583/275-216, Fax DW 288, nur mit Führung, von Ostern bis Allerheiligen 9, 10, 11, 14, 15 und 16 Uhr, Allerheiligen bis Ostern 11 und 14 Uhr, keine Führungen am 11., 24., 25., 31. Dezember und 1. Jänner. Naturwissenschaftliche Sammlung in der Sternwarte, 1. Mai bis 31. Oktober 10 und 14 Uhr. Fischkalter und Stiftskirche frei zugänglich.

FILIALKIRCHE KIRCHBERG: WUNDERBAR LEICHTES ROKOKO

Auf einem Berghang oberhalb des Stiftes Kremsmünster steht inmitten eines stimmungsvollen Friedhofs die Filialkirche Kirchberg. Ihre Gründung geht auf das 11. Jahrhundert zurück, 1753/54 wurde sie in ihrer heutigen Form gestaltet, bis ins späte 18. Jahrhundert war sie zugleich Pfarrkirche von Kremsmünster. Das Innere der Kirche besticht durch heitere Helligkeit, zarte Farben und reichliche, teilweise bemalte Stuckverzierungen. Die Fresken des Mittelschiffes – wahrscheinlich von Wolfgang A. Heindl – stellen die vier Evangelisten dar. Ungewöhnlich sind die vier weiblichen Figuren auf dem Hochaltargesims, die die vier damals bekannten Kontinente symbolisieren. In der Mitte des Hochaltars steht eine Statue des hl. Stephan, des Kirchenpatrons. Ein Schmuckstück der Kirche ist die 1682 erbaute Orgel, die 1855 aus der Stiftskirche Kremsmünster, für die sie zu klein geworden war, nach Kirchberg gebracht wurde. Weithin bekannt ist das Läuten der vier

Im Klosterkeller des Stifts Kremsmünster

Glocken, deren älteste im Jahr 1508 in Passau gegossen wurden und die harmonisch aufeinander abgestimmt sind. Wegen ihres kunsthistorischen Wertes entgingen sie in beiden Weltkriegen der Einschmelzung für die Waffenproduktion. Wer den Glocken lauschen und den Besuch einer der schönsten Rokokokirchen des Landes nachklingen lassen will, tut dies – an warmen Tagen – am besten auf der Terrasse des nahen Gasthauses mit schönem Blick auf die breite Seite der Sternwarte, auf das Gymnasium und die Türme der Stiftskirche, die dahinterliegende Kalvarienbergkirche und weiter in das Kremstal und auf die Silhouetten der nahen Gebirgszüge.

SEHENSWERTES IN DER UMGEBUNG KREMSMÜNSTERS

Abgesehen von Kirchberg befinden sich in der näheren Umgebung Kremsmünsters einige weitere Kirchenbauten von hohem Rang. Auf dem Weg von Rohr nach Kremsmünster passiert man die kleine spätgotische Filialkirche *Oberrohr*, die anläßlich des 700jährigen Bestehens des Klosters errichtet wurde. Einen Besuch in der von Carlone errichteten Filialkirche *Heiligenkreuz*, etwa zwei Kilometer nördlich des Stifts gelegen, verbindet man am besten mit einer Wanderung zu den *Schacherteichen*. Besonders empfohlen sei eine Besichtigung der Kirche von *Weigersdorf*, einer Landkirche von hoher künstlerischer Qualität. Mit dem Auto erreicht man sie auf einer Abzweigung der Verbindungsstraße von Kremsmünster nach Ried im Traunkreis, zu dessen Pfarre sie gehört.

Sie liegt aber auch unmittelbar an der Radroute Kremsmünster–Ried, die beim nördlichen Stiftstor ihren Ausgang nimmt und nach einem kurzen Stück bergauf aussichtsreich und relativ eben zwischen verstreuten Einzelgehöften dahinführt. Die weithin sichtbare Kirche wurde ebenfalls zum 700jährigen Bestehen des Stifts an der Krems im Stil der Spätgotik errichtet. In der Barockzeit erhielt sie ihre zweite Ausstattung. Danach blieb sie über 300 Jahre unverändert und unrestauriert. Das Äußere dieser erst vor einigen Jahren vollständig renovierten Kirche läßt nichts von der Pracht des Innenraumes erahnen, wo sich Raum und Ausstattung zu einer Einheit von seltener Harmonie finden. Der Raumeindruck wird hauptsächlich von den sich durchdringenden Schlingrippen des hohen Netzrippengewölbes und den Zierrippen der Emporenbrüstung erzeugt und durch die eigenwillige Bemalung der Pfeiler, Dienste und Rippen in Ocker und Weiß noch gesteigert. Zu den kostbarsten Teilen der Ausstattung zählen ein spätgotisches Holzkruzifix und eine gotische Steinfigur des Kirchenpatrons, des hl. Jakob. Aus dem Barock stammen der reich dekorierte Hochaltar, die Kanzel und die Seitenaltäre mit bemerkenswerten Figuren.

Zwischen Salz und Eisen: Der westliche Rand der Eisenwurzen

Am Übergang von der Region Pyhrn-Eisenwurzen zum Salzkammergut liegen zwei recht unterschiedliche Flußtäler: Am äußersten Rand befindet sich das ruhige, fast verträumt wirkende Almtal, das mit malerischen Seen und hohen, teilweise bizarr geformten Bergen, schönen Villen und aristokratischen Traditionen an das nahe Salzkammergut erinnert, ohne dessen touristische Bekanntheit zu teilen. Im Osten schließt sich das geschäftige, dicht besiedelte Kremstal an, über mehrere Jahrhunderte *das* Zentrum der österreichischen Sensenerzeugung und trotz deren Niedergangs auch heute wieder eine wirtschaftlich starke Region. Der Unterschied zwischen den beiden Tälern ist nicht neu und hat viel mit der Topografie zu tun. Besiedelungsspuren im Kremstal wurden bis weit in vorchristliche Zeiten zurück nachgewiesen, und schon lange bevor die Römer – vom Pyhrn kommend – die wichtigste Straße zur Nordgrenze ihres Imperiums durch dieses Tal anlegten, wurde diese Route begangen.

Das Almtal dagegen ist schwerer zugänglich, es wird von immer höher werdenden Bergen begrenzt, bis es schließlich an den mächtigen Felsmauern des Toten Gebirges endet. Erst die Modernisierungen des 20. Jahrhunderts haben aus den landschaftlichen auch tiefgreifende wirtschaftliche und gesellschaftliche Unterschiede gemacht: Das Almtal ist von Industrie und Autoverkehr relativ unberührt geblieben und wird es wohl auch bleiben, durch das Kremstal dagegen rollt ein wachsender Verkehrsstrom, den in absehbarer Zeit eine der umstrittensten Autobahnen aufnehmen wird, die in Österreich je gebaut wurden.

Daß das Almtal mit seiner Abgeschiedenheit und seinen landschaftlichen Reizen Touristen anzieht, ist nicht neu: Schon um die Wende zum 20. Jahrhundert kamen die ersten Sommerfrischler hierher. Ein Jahrhundert später sind es wiederum Gäste, die hauptsächlich den unspektakulären Vergnügungen, die Natur und Küche zu bieten haben, nachgehen wollen – wozu sie im Almtal alle Möglichkeiten vorfinden. Überlaufen ist das Almtal dennoch nicht. Für Sommertouristen, die gerne baden, Boot fahren oder surfen, ist ein landschaftlich zwar wunderschöner und unverbauter, aber kalter und unter Naturschutz stehender See wie der Almsee nur bedingt interessant. Um als Wintersportgebiet mit den bekannten Skiregionen mithalten zu können, fehlt dem Almtal die Schneesicherheit. Die Radfahrmöglichkeiten konzentrieren sich auf die Straßen und Wege entlang der Alm und ihre Zubringer und müssen überwiegend mit dem Autoverkehr geteilt werden. Für Mountainbiker ist das Almtal bisher kaum erschlossen. Attraktiv ist es allerdings für die Ausübung etwas ausgefallenerer Sportarten: Flußwanderer können die Alm vom Seeabfluß bis Pettenbach (26 km) befahren; geeignet ist vor allem die Zeit zwischen April und Juni, die Wehranlagen sollten vorher besichtigt werden. Für Eroberer der Lüfte steht in Scharnstein ein Segelflugplatz und ein Drachenfliegerstartplatz bereit. Sportliche Abwechslung bietet weiters eine gute Infrastruktur mit Hallen- und Freibädern, Minigolf- und Tennisplätzen. Für das leibliche Wohl sorgt eine Gastronomie von vergleichsweise hohem Standard, auf deren Speisezettel die Forelle und der Saibling ganz oben stehen.

Jenseits der landschaftlichen Sehenswürdigkeiten hat im Almtal vor allem der Ort Scharnstein einiges anzubieten, darunter ein Museum, das daran erinnert, daß hier der letzte und größte sensenerzeugende Betrieb der Eisenwurzen stand.

Auch unter den kulturellen Attraktionen des Kremstales steht ein ähnliches Museum ganz oben, das Sensenschmiedemuseum von Micheldorf. Da es vor allem die Kultur der als «schwarze Grafen» gerühmten Sensenherren des frühen 19. Jahrhunderts dokumentiert, ist es eine ideale Ergänzung zum Scharnsteiner Museum. Im Gegensatz zum Almtal, das über kein eigenes Kloster verfügte, sondern unter dem Einfluß der Stifte Lambach und Kremsmünster stand, bildet das Zisterzienserstift Schlierbach das traditionsreiche religiöse Zentrum des oberen Kremstals. Neuerdings kann eine Besichtigung des Stiftes – ein Meisterwerk der Architekten- und Künstlerfamilie Carlone – mit dem Besuch der klösterlichen Käserei verbunden werden. Auch wenn es die künftige Autobahn nahelegen sollte: Zum «Durchbrausen» ist das landschaftlich schöne Kremstal zu schade. Ausflügler können abseits der belebten Talfurche zahlreiche, zum Teil durchaus einsame Möglichkeiten zum Wandern finden – sei es auf der westlichen Seite im felsigen Gelände der Krems- und Falkenmauer, den diesen vorgelagerten waldigen Höhenzügen oder auf der östlichen Seite in den sanft gewellten, aussichtsreichen Hügeln, die den Übergang zum Steyrtal bilden. Wie gut sich die wenig befahrenen Straßen und Güterwege dieser Hügellandschaft für sportliche Radfahrer eignen, hat sich noch wenig herumgesprochen. Der Kremstalradweg im Tal dagegen ist mit vielen Straßenkreuzungen und Ortsdurchfahrten weniger attraktiv. Aufgrund seiner günstigen Thermik ist auch die Gegend um Micheldorf seit langem ein gesuchtes Revier für Segelflieger, Drachenflieger und Paragleiter. Gasthäuser mit hochwertiger Küche sind im Kremstal nicht besonders zahlreich, aber man findet welche – als Fremder jedenfalls mit Hilfe dieses Führers – und ist dann umso positiver überrascht ...

ANREISE Mit dem Auto: Westautobahn, vom Süden Pyhrnautobahn oder B 138. Mit der Bahn: Pyhrnbahn (Anbindung an West- und Südbahn) ins Kremstal, auf der Bahnlinie (Westbahn) Wels–Grünau ins Almtal. **AUSKUNFT** Kremstal: Tourismusverbändegemeinschaft Kremstal, 4553 Schlierbach 1, Tel. 07582/810 28, Fax 07582/608 33-176, oder Tourismusinformation Pyhrn-Eisenwurzen, Am Kirchenplatz 7–9, 4560 Kirchdorf, Tel. 07582/624 50, Fax 07582/649 07-20. Almtal: Tourismusverband, 4645 Grünau, Tel. 07616/8268, Fax 07616/8895, oder Tourismusinformation Salzkammergut, Postfach 130, 4820 Bad Ischl, Tel. 06132/269 09, Fax DW 14. **WANDERKARTE** Grünau/Almtal, Steyrtal, Sengsengebirge, freytag & berndt, 1:50.000.

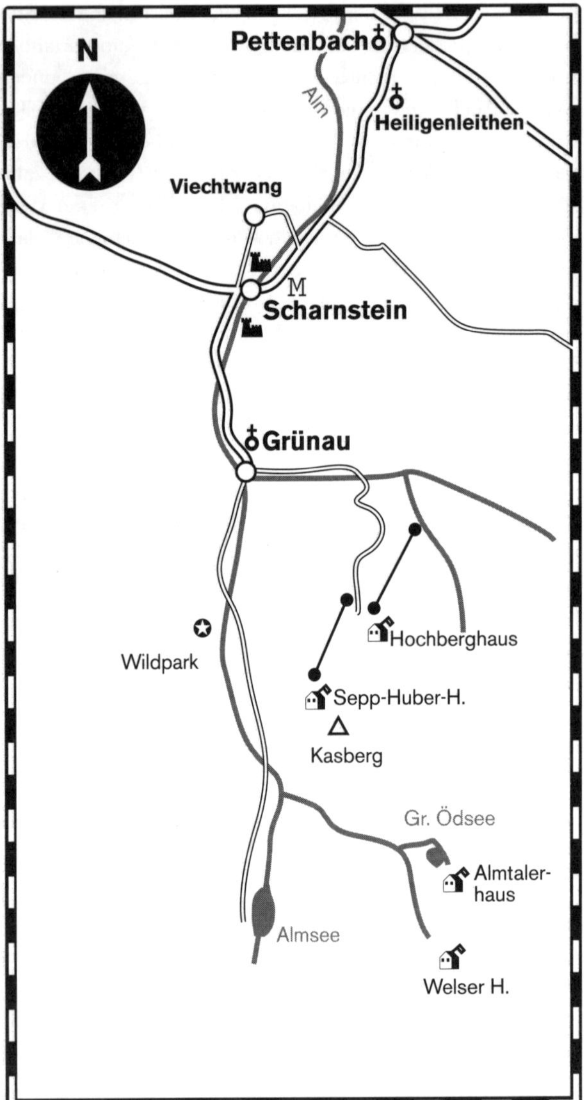
N
Pettenbach
Alm
Heiligenleithen
Viechtwang
M
Scharnstein
Grünau
Hochberghaus
Wildpark
Sepp-Huber-H.
Kasberg
Gr. Ödsee
Almtaler-
haus
Almsee
Welser H.

Das Almtal

DER ALMSEE: IDYLLE AM FUSS DES TOTEN GEBIRGES

Ein See und ein Fluß gleichen Namens geben dem Almtal seinen besonderen Charakter. Was also liegt näher, als die Reise durch das Almtal am Talende zu beginnen? Hat man den See mit dem Auto oder dem Fahrrad nach einer immer in der Nähe des Flusses und großteils im Wald verlaufenden Fahrt erreicht, eröffnet sich bald ein wundersamer Blick auf das schilfbewachsene Südufer, das einsame Seehaus, die dahinterliegenden Wiesen und Wälder und schließlich die schroffen, kahlen Felswände des Toten Gebirges, die das Tal wie eine Mauer begrenzen. Viele, teils berühmte Besucher sind dieses Anblicks wegen schon ins Schwärmen gekommen – und wenn sich auch die Attribute ändern, das Objekt dieser Schwärmerei ist seit Jahrhunderten nahezu unverändert. Selbst das Seehaus hat eine mehr als 400jährige Geschichte. Es gehört – wie das ganze Gebiet um den Almsee – dem Stift Kremsmünster, wurde 1652 gegründet und 1767 in seiner jetzigen Gestalt erbaut. Die hellgrüne, glasklare Alm, die als ansehnlicher Fluß aus dem See herausströmt, durchfließt von hier ohne größere natürliche und künstliche Hindernisse die Vorberge des Toten Gebirges, tritt nach Scharnstein in die Ebene hinaus und mündet bei Lam-

Der Almsee, umrahmt vom Toten Gebirge

bach in die Traun. Sie ist wohl der sauberste Fluß weit und breit. Das Vorkommen der Wasseramsel ist der sicherste Beweis dafür.

EINE WANDERUNG RUND UM DEN ALMSEE

Für Spaziergänger und Wanderer unmittelbar zugänglich ist lediglich das *Ostufer* des Almsees. Man erreicht es nach etwa zehn Minuten vom großen Parkplatz beim Seehaus. Ein gemütlicher Weg führt zwischen hohem Schilfgras hindurch zu einigen kleinen Brücken. Sie überspannen die Rinnsale und Tümpel des verzweigten und glasklaren Aagbaches, der neben den vielen unterirdischen Zuflüssen den See mit frischem Gebirgsquellwasser speist. Am Ufer laden zunächst einige breite Schotterbänke zum Verweilen ein. Abgehärtete Schwimmer werden der Verlockung des sauberen, aber selbst im Hochsommer nicht mehr als 16 Grad warmen Wassers nicht widerstehen können. Wer die zahlreichen Bänke und Tische für ein Picknick nützen will, muß damit rechnen, Entenfamilien und recht zudringliche Graugänse anzulocken.

Abgesehen davon lassen sich von hier aus in aller Ruhe die imposanten, bis zu 1500 Meter über das Niveau des Sees emporragenden Felswände des Toten Gebirges betrachten. Einige der Gipfel sind nach dem Sonnenstand benannt: Genau im Süden liegt der Zwölferkogel, im Osten sind ihm der Elfer-, Zehner- und Neunerkogel vorgelagert, im Westen folgt der Einserkogel. Die «Almtaler Sonnenuhr» wird von den Talschlüssen der Röll und den mächtigen Eckpfeilern des Großen Woising begrenzt. Die Röll ist ein beliebter Einstieg für Bergwanderungen im Toten Gebirge: Von der Pühringer Hütte (1637 m) aus sind Übergänge ins steirische Salzkammergut oder nach Hinterstoder möglich.

Für Besucher, die den Almsee um seiner selbst willen genießen, etwas ausschreiten wollen und mehr Abgeschiedenheit suchen, empfiehlt sich eine *Rundwanderung*, die das Westufer umgeht und am östlichen Ufer zum Seehaus zurückführt. Gleich hinter dem Restaurant Deutsches Haus führt ein markierter Anstieg zu einer auf der Anhöhe gelegenen Forststraße. Wenn die Markierung straßenaufwärts und nach links den Weg zum Offensee weist, hält man sich zunächst rechts, bei der ersten Forstwegkreuzung links und geht dann immer sanft abwärts durch den Wald, bis man den Weißeneggbach erreicht. Nach dessen Überquerung biegt man rechts in eine weitere Forststraße ein, die stets in Hörweite des rauschenden Baches dahinführt. Nach etwa einer Stunde Gehzeit erreicht man die Hauptstraße und das nördliche Seeufer. Über eine Wehrbrücke gelangt man auf den Uferweg. Hier empfiehlt sich als Abstecher eine Wanderung auf einem schmalen Steig am Almfluß entlang bis zum Gasthof Jagersimmerl (Gehzeit etwa eine halbe Stunde). Der schattige Weg am See entlang führt in einem steten Auf und Ab immer wieder nahe an das Wasser heran und gibt den Blick frei auf das schilfbewachsene Westufer sowie auf die Kulisse des Toten Gebirges. Vom Weg aus sieht man die «schwimmende Insel» – zusammengewachsenes Treibholz, auf dem sich Wollgras, Sonnentau, aber auch Fichten und Birken angesiedelt haben. Durch ein Unwetter abgetrieben, mußte dieses Wahrzeichen im Jahr 1997 in einer aufwendigen Aktion wieder in die Seemitte zurückgehievt werden. Eine Beschwerung mit Steinen soll dem namenlosen Eiland künftig mehr Standfestigkeit verleihen.

Almsee: Keine Scheu vor kaltem Wasser

ANREISE Dreimal tgl. Busverbindung von Grünau. **ESSEN UND TRINKEN** Gasthaus Deutsches Haus, Grünau 262, Tel. 07616/8332, Saisonbetrieb Mai bis Oktober, kein Ruhetag, direkt am See, schattiger Gastgarten, hervorragende Fischgerichte. Gasthaus Seehaus, Almsee 1, Tel. 07616/8366, Saisonbetrieb: Ostern bis Oktober und zur Weihnachtszeit, Ruhetag: So abend u. Mo, direkt am See, Veranda mit Seeblick, Innenhof, Fischspezialitäten. Gasthaus Jagersimmerl, Almseestraße 6 (5 km vom Seeparkplatz), Tel. 07616/8505, Fax DW 33, eigener Forellenteich. **ÜBERNACHTEN** Gasthaus Deutsches Haus, Grünau 262, Tel./Fax 07616/8332. Gasthof Jagersimmerl, Almseestraße 6 (5 km vom Seeparkplatz), Tel. 07616/8505, Fax DW 33. **FISCHEN** Fischkarten in der Fischerhütte am Ostufer des Sees.

VOM ALMTALERHAUS ZU ÖDSEEN UND RINGSATTEL

Nur wenige Kilometer almabwärts, in einem schmalen Seitental, wartet ein weiterer landschaftlicher Höhepunkt des Almtales. Vom bereits erwähnten Gasthaus Jagersimmerl aus führt eine schmale Straße zunächst eben, dann leicht ansteigend in die Hetzau bis zum Almtalerhaus (6 km). Besonders schön ist diese Strecke mit dem Fahrrad (Vorsicht Autoverkehr!), denn sie folgt dem Lauf und dem fortwährenden «Gemurmel» des breiten und mit vielen Schotterbänken gesäumten Straneggbaches. Erst im oberen Teil wird der Bach vom enger werdenden Tal eingezwängt, wo er bei höherem Wasserstand zu einem reißenden Gebirgsbach werden kann.

Vom *Almtalerhaus* führt ein schmaler und steiler werdender Steig hinauf zum «Ring». Für die Überwindung der knapp 200 Höhenmeter muß man mit etwa einer halben Stunde Gehzeit rechnen. Von einem Rastplatz aus – bezeichnenderweise *Herrentisch* genannt – eröffnet sich ein atemberaubender Blick in die Schermbergnordwand, die mit 1300 Meter Höhe eine der größten Wandbildungen der Alpen darstellt. Unten glitzern inmitten des Waldes die Wasserflächen des *Großen* und *Kleinen Ödsees*. Erreichen lassen diese sich auf dem Rückweg von einer Abzweigung kurz vor dem Almtalerhaus aus in einem etwa halbstündigen unbeschwerlichen Fußmarsch durch schattigen Mischwald. Vom Hauptweg nach links führt zunächst ein kurzer Abstecher zum kleineren der beiden Seen. Einladender ist der Große Ödsee, dessen Ufer in einem Abschnitt leicht zugänglich ist. Wer zuvor den Almsee getestet hat, wird dem Großen Ödsee ohne weiteres Badetemperatur zuerkennen. Empfindlichere können sich am sanft abfallenden Ufer mit einer Erfrischung bis zu den Knien begnügen.

Die Entstehung der Ödseen geht auf Moränenablagerungen in der letzten Eiszeit zurück, ihr rätselhafter Wasserhaushalt hängt damit zusammen. Nur der größere See hat oberirdische Zuläufe und keiner der beiden einen sichtbaren Abfluß. Der Wasserspiegel kann über die Jahreszeiten hinweg beträchtlich schwanken. Zugleich kann es nach langer Trockenheit tagelang regnen, ohne daß sich der Wasserstand ändert. Weil es den Seen an Nährstoffen am Seegrund mangelt, lebt hier lediglich eine eigenartige Hungerform des Saiblings mit großem Kopf und schmalem Körper. Es sind aber nicht diese Fische, die möglicherweise an den Zehen der Badenden knabbern, sondern die frechen kleinen Elritzen.

Wer nicht den gleichen Weg zurückgehen will, erreicht bald einen Forstweg und kehrt auf der Hetzaustraße zum Almtalerhaus zurück. Im schönen Gastgarten dieser Hütte, die auch ein beliebter Ausgangspunkt für Wanderungen zur Welser Hütte (1726 m) und von dort ins Tote Gebirge ist, läßt sich der Ausflug gemütlich beschließen.

Almtalerhaus, ÖAV-Hütte in der Hetzau 267, Tel. 0663/07 90 71, Saisonbetrieb 1. Mai bis 15. September, kein Ruhetag.

GRÜNAU: NATUR IN HÜLLE UND FÜLLE

Auf dem Weg nach Grünau, zwischen Straße und Almfluß, liegt der Cumberland-Wildpark, benannt nach seinem Gründer, Ernst August von Cumberland, dem Sohn König Georgs von Hannover (1845–1923). Zwei Wanderwege unterschiedlicher

Länge führen die Besucher durch das weitläufige Gelände an der Alm, vorbei an ungefähr 70 verschiedenen Tierarten, die es in dieser Gegend gibt oder einmal gegeben hat. Zwar gibt es hier weitaus mehr Platz als in herkömmlichen Tiergärten; das Credo der Betreiber, die Tiere wie in ihren natürlichen Lebensräumen zu halten, findet freilich auch hier seine Grenzen, am auffälligsten bei den Greifvögeln. Verbunden mit dem Tierpark ist die Konrad-Lorenz-Forschungsstelle. Der Verhaltensforscher und Nobelpreisträger selbst betrieb hier von 1973 bis in die achtziger Jahre seine Forschungen an Graugänsen.
Cumberland-Wildpark, Tel. 07616/8205, Besuchszeiten: April bis Oktober tgl. 9–18 Uhr, November bis März Sa und So 9 Uhr bis Einbruch der Dunkelheit, wochentags 11 Uhr bis Einbruch der Dunkelheit. Konrad-Lorenz-Forschungsstelle für Ethologie, Tel. 07616/8510, Besuch nach Voranmeldung möglich.

Unmittelbar gegenüber dem Wildparkgebiet wurde vor einigen Jahren eine völlig unnötige touristische Straße in die Westflanke des Kasbergs gesprengt; wegen der hohen Erhaltungskosten wird sie mittlerweile nicht mehr benutzt. Dort, wo die Alm aus der Talenge zwischen dem Kasbergmassiv auf der östlichen und

Durch die Forschungen von Konrad Lorenz berühmt geworden: die Graugänse

den etwa 1000 Meter hohen bewaldeten Bergkuppen auf der westlichen Seite tritt, öffnet sich ein breites Tal, in dessen Mitte die Ortschaft *Grünau* mit ihrer leicht erhöht gelegenen und weithin sichtbaren Pfarrkirche liegt. Vom Stift Lambach aus erschlossen und erstmals um 1160 als Gruona erwähnt, fiel die Herrschaft über den Ort in der Zeit der Gegenreformation an das mächtige Stift Kremsmünster, das noch heute der größte Grundbesitzer in der flächenmäßig größten Gemeinde Oberösterreichs ist. Die günstigen Jagd- und Fischereigründe, aber auch Holzgewinnung und Holzverarbeitung waren mit ein Grund, daß sich im 19. Jahrhundert viele Adelige in Grünau einkauften. Diese Wirtschaftszweige bildeten – zusammen mit der durch die Eisenbahn hinfällig gewordenen Flößerei auf der Alm – lange Zeit die Existenzgrundlage für die Ortsbewohner. An ihre Seite ist heute der Fremdenverkehr als wichtigster Wirtschaftszweig getreten.

Grünau hat – neben einer schon fast selbstverständlichen Infrastruktur wie geheiztem Freibad oder Tennisplätzen – in erster Linie Natur zu bieten. Vom Ort selbst führen zahlreiche Wanderwege in alle Himmelsrichtungen, mit einer großen

Das aktuelle Interesse der Verhaltensforscher von Grünau gilt den Kolkraben

Bandbreite an Schwierigkeitsgraden und konditionellen Anforderungen. Abgesehen vom Hausberg der Grünauer, dem Kasberg, sind die meisten Wege nur wenig begangen.

Wer einen Eindruck vom Ort und seiner Lage gewinnen will, tut dies am besten durch einen etwa eineinhalbstündigen Spaziergang auf dem *Flößerweg*. Von der Kirche geht man ein kurzes Stück in Richtung Almsee, wo man bald eine Fußgängerbrücke über die Alm erreicht. Von hier führt der Weg flußabwärts bis zur Höhe des Forellenhofes, von wo der *Sonnseitweg* wieder in den Ort zurückführt. Als Alternative oder Erweiterungsmöglichkeit bietet sich der bei der Grünaubachbrücke beginnende *Unterswändtweg* zur Enzenbachmühle und zurück an. Dafür sollte man etwa zwei Stunden einkalkulieren. Auf beiden Wegen gibt es genügend Einkehrmöglichkeiten. Die kunsthistorische Hauptsehenswürdigkeit des Ortes ist der frühbarocke *Hochaltar der Kirche*. Er wurde bereits vor deren Errichtung von der München-Weilheimer Schnitzschule angefertigt und war ursprünglich für die Stiftskirche von Kremsmünster bestimmt. Bemerkenswert ist auch der von Michael Zürn d. J. um 1690 errichtete linke Seitenaltar. An der südlichen Außenmauer der Kirche ist eine schöne gotische Christusfigur angebracht.

AUSKUNFT Tourismusverband, 4645 Grünau, Tel. 07616/8268, Fax 07616/8895. **ESSEN UND TRINKEN** Romantikhotel Almtalhof (1 Haube), Grünau, Tel. 07616/8204, Saisonbetrieb: Mai bis Oktober, Dezember bis Februar. Forellenhof Wieselmühle, Tel. 07616/8250, eigene Forellenteiche. **ÜBERNACHTEN** Romantikhotel Almtalhof, Tel. 07616/8204, Fax DW 66, hoher Komfort, Garten, Hallenbad. Alpenpension Birkenhof, Tel./Fax 07616/8241. Wald-Pension Göschlseben, Almegg 38, Tel. 7616/8280, Fax DW 48. Pension Grünauhof, Almegg 529, Tel. 07616/8256, Fax DW 5, ruhige Lage mitten im Grünen, Schwimmteich. **BADEN** Freibad Grünau, Tel. 07616/8080, Bademöglichkeit im Vorderrinnbach. **BERGSTEIGEN** mit Bergführer, Auskunft im Tourismusbüro oder bei Herbert Hackl, Tel. 07616/8606. **DRACHENFLIEGEN** Startplatz beim Hochberghaus, Tel. 07616/8477. **EISLAUFEN UND EISSTOCKSCHIESSEN** am Almsee. Schuh- und Geräteverleih: Kaufhaus Rumplmayr, Tel. 07616/8213. **FISCHEN** Fischkarten für den Almfluß im

Tourismusbüro. **KINDER** Kinderland Schindlbach, Tel. 07616/8274, Oldtimer-Eisenbahn, Elektroautos und -boote, Spielplatz und Märchenwald, geöffnet Mitte April bis Ende Juni sowie Mitte September bis Ende Oktober Sa, So und Feiertag, von Juli bis Mitte September tgl. jeweils 10–18 Uhr. **SKI ALPIN** im Kasberggebiet, Vierersessellift, Gondelumlaufbahn, 9 Schlepplifte, 3 Übungslifte. Auskunft: Kasberg-Lifte, Tel. 07616/8329, Fax 07616/8808. Schischule Grünau-Kasberg, Tel./Fax 07616/8109. **SKILANGLAUF** Jagersimmerl-Loipen, Skiverleih, Münzduschen, Langlaufschule, Auskunft: Gasthaus Jagersimmerl, Tel. 07616/8505. **TENNIS** ASKÖ Grünau, Tel. 07616/8376; Pension Kristall, Schindlbachstraße 343, Tel. 07616/8123. **WANDERN** Touristische Wanderkarte im Tourismusbüro erhältlich; geführte Wanderungen tgl. 9 Uhr vom Tourismusbüro aus. Wanderziele im Kasberggebiet: Auffahrt bis zum Hochberghaus, Tel. 07616/8477. **WILDWASSERPADDELN** auf der Alm, Auskunft: Naturfreunde, Tel. 07615/7473 (auch Bootsverleih).

SCHARNSTEIN: DREI AUSFLÜGE IN DIE VERGANGENHEIT

Dort, wo die Alm aus dem Gebirge heraustritt und sich zwischen sanft abfallenden Hügeln in die Ebene hinausschlängelt, liegt Scharnstein. Langgestreckt auf einer Terrasse oberhalb des Flusses, präsentiert es sich heute als rühriger Ort mit einer Reihe innovativer Betriebe. Der Fremdenverkehr spielt hier – anders als im nur wenige Kilometer entfernten Grünau oder gar im nahen Gmunden am Traunsee – nur eine bescheidene Rolle. Von der strategisch bedeutsamen Lage des Ortes an der Verbindungsstraße zwischen der Eisenwurzenregion und dem Salzkammergut zeugt nicht zuletzt die weithin sichtbare Ruine der einst mächtigen Burganlage von Scharnstein. Sie bildet zusammen mit dem auf einer Terrasse des nördlichen Almufers gelegenen Renaissanceschloß und dem ehemaligen Sensenwerk direkt am Fluß eine Trias aus sehr unterschiedlichen Sehenswürdigkeiten, die es lohnen, mindestens einen hal-

Ruine Scharnstein

ben Tag in Scharnstein einzuplanen. Angenehmerweise lassen sich die drei Ziele gut zu Fuß erreichen. Als Ausgangspunkt wählt man am besten das Sensenmuseum in Unterscharnstein in der Nähe des Bahnhofes.

AUSKUNFT Tourismusverband, 4644 Scharnstein, Tel. 07615/2255. **BADEN** Freibad Viechtwang, Tel. 07615/2508. **REITEN** Reitanlage Almtal, Tel. 07615/7219. **SEGELFLIEGEN** Flugplatz Scharnstein, Mayrhofstraße, Tel. 07615/7380. **TENNIS** Mühldorf, Tel. 07615/2180. **WILDWASSERPADDELN** Naturfreunde, Gerald Hager, Tel. 07615/2417.

GROSSER RUNDBLICK VON DER RUINE

Erste Adresse ist die alte *Burg Scharnstein* nicht nur aus Gründen der historischen Chronologie, sondern vor allem wegen des weitläufigen Ausblicks in das nordöstliche Almtal: Vom Sensenmuseum wandert man in Richtung Tießenbachtal. Kurz nachdem die letzten Häuser passiert sind, werden bereits Teile der einstigen Ringmauer sichtbar. Von hier zweigt rechts der eigentliche Zugang zur Burg ab. Der bewohnte Teil der etwa um 1120 erbauten Anlage lag auf der äußersten Spitze eines zum Tießenbachtal steil abfallenden Felsens. Sie ist gut gesichert, und auch Kinder können sich hier gefahrlos bewegen. Ausschließlich zur besseren Kontrolle der im Tal verlaufenden Wege und Straßen diente die einstige Oberburg, die mit der Unterburg durch einen gedeckten Gang verbunden war. Die Reste des Mitterturms und Teile der oberen Ringmauer lassen sich durch die Überwindung von etwa 200 weiteren Stufen erreichen. Für diesen kleinen Mehraufwand entschädigt ein noch umfassenderes Panorama. Die Unterburg wurde durch einen verheerenden Brand im Jahr 1534 fast zur Gänze vernichtet und nicht wieder aufgebaut. Eine Sage ortet die Ursache des Brandes in einem Erbstreit unter den Brüdern des Herrschergeschlechts, der mit Brandstiftung und Mord endete, aber näher bei der historischen Wahrheit dürfte eine andere Quelle liegen: Sie spricht von einer «böß Verwarlosung, daß ein

Rauchfankh nicht khert worden». Will man eine alternative Abstiegsroute wählen, so setzt man bei der Unterburg den Weg in der Aufstiegsrichtung fort. In sanftem Bogen geht es zur Nagelschmiedgasse hinunter und von dort, an alten Herrenhäusern vorbei, zurück zum Sensenmuseum.

RUNDWANDERUNG zur Ruine Scharnstein, Ausgang: Sensenmuseum Geyerhammer in Richtung Tießenbachtal (beschildert), leichte Wanderung über befestigte Steige und Stufen, ca. 200 Höhenmeter, Gehzeiten: Museum–Burgzustieg 15 Min., Aufstieg zur Burg 30 Min., Rückweg 30 Min., Gesamtgehzeit: 1 Std. 15 Min.

SCHLOSS SCHARNSTEIN: «RAUBERSGESCHICHTEN» UND FOLTERWERKZEUGE

Anstelle der alten Burg ließ der damalige Besitzer – Helmhart Jörger, Präsident der Niederösterreichischen Kammer – ab 1584 am anderen Flußufer das neue Schloß Scharnstein erbauen und im Renaissancestil einrichten. Vom Sensenmuseum aus läßt es sich über eine Fußgängerbrücke und einen kurzen Anstieg in wenigen Minuten erreichen. Seine ungeschützte Lage läßt erahnen, daß die Zeit der alten, felsbewehrten Burg auch ohne den vernichtenden Feuersturm bald zu Ende gewesen wäre. Von der neuen Zeit kündeten auch die ersten Hammerwerke, die Jörger bereits 1585 an der Alm errichten ließ – gegen den Widerstand der Kremstaler Sensenzunft, die darin eine bedrohliche Konkurrenz erblickte.

Die Herrschaft der Jörger über Scharnstein dauerte allerdings nur kurz: Als Sanktion für die Teilnahme an der Rebellion der evangelischen Stände im Jahr 1619 verloren sie später Besitz und Schloß, das in der Folge dem Stift Kremsmünster zufiel. Das Markenzeichen der Jörger-Sensen sollte noch lange Zeit erhalten bleiben, das Schloß dagegen büßte an Bedeutung ein. Im 19. Jahrhundert wurde die Inneneinrichtung zu einem Gutteil in andere Schlösser verfrachtet, die Erhaltung immer mehr vernachlässigt. Den zunehmenden Verfall stoppte erst

1967 der neue Besitzer, der Restaurator Harald Baron Seyrl. Auf seine Initiative hin wurde das Schloß von Grund auf renoviert. Für die Öffentlichkeit zugänglich sind jene Teile des Schlosses, die seit 1973 in nicht weniger als 21 Schauräumen das *Österreichische Kriminalmuseum* beherbergen.

Historisch knüpft dieser Standort an das einst im Schloß untergebrachte Landgericht an. Inhaltlich ist die Ausstellung vom kriminologischen Interesse des neuen Schloßherrn geprägt, der eine gute Zusammenarbeit mit Polizei und Wissenschaft pflegt. Die Sichtweise, unter der hier kriminelle Handlungen, deren Verfolgung und Bestrafung aufbereitet werden, ist allerdings eine recht spezifische. Im Vordergrund stehen die sensationellen, unbegreiflichen und extremen Facetten der Thematik. Immerhin ca. 40.000 Besucher pro Jahr lassen sich von spektakulären «Raubersgeschichten», Folter- und Hinrichtungswerkzeugen den Schauer über den Rücken jagen. Was bleibt, ist ein fataler Eindruck vom Wesen der Kriminalität, die als Quasinaturereignis, abgehoben von den gesellschaftlichen Verhältnissen, porträtiert wird. Der «rechtschaffene» Besucher verläßt das Museum erleichtert – mit dem guten Gefühl, daß es sich lohnt, auf der richtigen Seite zu stehen und in der richtigen Zeit zu leben.

Österreichisches Kriminalmuseum, Schloß Scharnstein, Schloßberg 12, Tel. 07615/2550 oder 2600, Öffnungszeiten: 1. Mai bis 15. Oktober, Di–So 9–12 und 13–17 Uhr. Reptilienzoo im Schloß Scharnstein, Tel. 07615/7765, geöffnet 1. Mai bis 31. Oktober, Sa, So und Feiertag 10–12 und 14–16 Uhr.

DIE SENSENSCHMIEDE IM GEYERHAMMER

Scharnstein war bis vor nicht allzu langer Zeit ein Zentrum der österreichischen Sensenindustrie und damit zugleich der nordwestlichste Ausläufer der Eisenstraße. Fast 400 Jahre hat die Sensenerzeugung in Scharnstein bestanden und ab den siebziger Jahren des 19. Jahrhunderts ganz entscheidend die wirtschaftlichen Geschicke des Ortes, aber auch das Alltagsleben und das Lebensgefühl seiner Bewohner bestimmt. Seit

1987 ist das pünktlich um sechs Uhr früh einsetzende dröhnende Hämmern, das über Jahrhunderte das Tal mit seinem Klang erfüllte und das Geschirr und die Gläser in den Arbeiterwohnungen zum Klirren brachte, endgültig verstummt. Angesiedelt war die Sensenproduktion mit ihrer gesamten Infrastruktur in Unterscharnstein, entlang der Alm, deren Strömung die mächtigen Wasserräder und Turbinen antrieb. Einen sozialhistorisch fundierten und überaus anschaulichen Einblick in die jüngere Orts- und Regionalgeschichte bieten das neue *Sensenmuseum* im sogenannten Geyerhammer und der *Sensenweg*.

Der *Geyerhammer* geht auf den seit 1600 bestehenden Sensenhammer ob der Almbrücke zurück. Benannt ist er nach Johann Geyer, einem glücklosen früheren Besitzer. Dieser verkaufte – nach einigen miserablen Geschäftsjahren – das Werk an seinen letzten Besitzer, Simon Redtenbacher und dessen Nachkommen. Das langgestreckte, niedrige Gebäude liegt eingezwängt zwischen der Straße auf der einen und dem aus der Alm abgeleiteten Werkskanal auf der anderen Seite. Es war Teil

Herrenhaus Geyerhammer: Residenz der Sensenfabrikanten

eines verzweigten Netzwerks des Redtenbacherschen Betriebs, der aus mehreren Werkstätten und Verwaltungsgebäuden, Arbeiterwohnhäusern und Herrenhäusern, Elektrizitätswerk, Köhlerei und Zimmerei, ja sogar aus einem eigenen Werkskonsum bestand. Redtenbacher machte in kurzer Zeit die Firma zur größten ihrer Art in der österreichisch-ungarischen Monarchie, leitete einen enormen Modernisierungsprozeß ein und war alsbald der große neue Sensenherr. Er konnte die Produktionskapazität in Scharnstein im ausgehenden 19. Jahrhundert von einigen hundert auf bis zu 4000 Sensen pro Tag steigern. Die Zahl der Arbeiter im Sensenwerk und im 1898 eröffneten Sichelwerk stieg zwischen 1890 und 1910 von rund 70 auf mehr als 700. Im Jahr 1901 kam endlich die Eisenbahn ins Almtal und stellte die Verbindung zur Westbahn her. Von dieser großen Zeit zeugen heute in unmittelbarer Umgebung des Geyerhammers das gegenüberliegende Geyerhaus, das einst als Herrenhaus und später als Arbeiterwohnhaus diente, das ehemalige Gasthaus Hofmühle, ein Zentrum des geselligen Lebens der Sensenschmiede, und der sogenannte Neubau, ein 1922 errichtetes zweistöckiges Wohngebäude. Weiter flußabwärts werden viele dieser Gebäude von den heutigen Redtenbacherwerken, die Präzisionsmetallteile für Brillen erzeugen, weiter genutzt.

Das wirtschaftliche Schicksal der qualitativ hochstehenden österreichischen Sensenerzeugung hing damals wie auch später vom Exporterfolg ab. Ab 1900 wurden für die verschiedenen Abnehmerländer auch die unterschiedlichsten Sensenformen produziert. Sense ist nicht Sense – insbesondere die Breite, aber auch das Verhältnis zwischen der harten Schneide und dem elastischen Rücken mußte auf unterschiedliche Grasarten, Topografien, Ernteformen, typische Haltungen beim Mähen oder schlicht kulturelle Traditionen abgestimmt werden. Neben der durch den Ersten Weltkrieg verursachten Absatzflaute schlug auch die Wirtschaftskrise um 1930 voll auf die Sensenindustrie und das Scharnsteiner Werk durch, dessen Produktionszahlen 1931/32 einen Tiefpunkt erreichten. Nach einer kurzen Stabilisierung brachte der sogenannte Anschluß an Nazideutschland erneut empfindliche Absatzeinbußen, bevor die Eroberung der landwirtschaftlich intensiv genutzten Gebiete in Osteuropa durch das Dritte Reich die Nachfrage noch einmal kurzfristig in die Höhe trieb.

Der raschen Erholung nach dem kriegsbedingten Einbruch folgte in der Zweiten Republik eine stetige Abwärtsentwicklung. Das Scharnsteiner Werk stellte 1970 die Sichelerzeugung ein und konnte auch die Sensenerzeugung nur mehr mit zunehmend schlechter werdenden Bilanzen aufrechterhalten. 1987 entschloß sich die Firmenleitung zum Verkauf der Markenrechte, den Geyerhammer erwarb die Gemeinde, und auf private Initiative entstand schließlich das Museum.

Seine Ausstellung spannt einen Bogen von den historischen Anfängen der Scharnsteiner Sensenerzeugung bis zu den letzten Arbeitstagen. Sie führt den Besucher in die einzelnen Arbeitsschritte der Sensenerzeugung und die soziale Rangordnung unter den Sensenarbeitern ein (siehe dazu auch die folgenden Seiten). Auf einer Schautafel werden die für die verschiedenen Absatzgebiete erzeugten Sensen mit ihren spezifischen Verzierungen und Aufklebern und den dazugehörigen Werbetexten präsentiert. Die eigentliche Attrak-

Geyerhammer: heute Sensenmuseum

tion des Museums ist der weitgehend unveränderte Werkraum, in dem wie eh und je die drei mächtigen Schwanzhämmer durch die Öffnung der Wasserschleusen in Gang gesetzt werden können.

THEMATISCHER WANDERWEG «Sensenweg», Rundweg durch das ehemalige Sensenviertel in Unterscharnstein, eben und auch für Kinderwägen und Rollstühle geeignet, Ausgangspunkt: Museum Geyerhammer, Gehzeit: 1 Std. **MUSEUM** Museum Geyerhammer, Grubbachstraße, Tel. 07615/2365 (Hr. Luckeneder) oder 07615/2255 (Gemeindeamt), Öffnungszeiten: Mai bis Oktober Sa, So, Feiertag 10–12 und 14–16 Uhr sowie nach Vereinbarung. **LITERATUR** Andreas Resch (Hg.): Mächtig dröhnt der Hämmer Klang. Sensenindustrie und regionale Entwicklung in Scharnstein, Linz 1991.

JOHANN KITZBERGER, HAMMERMEISTER

Johann Kitzberger hatte Glück im Unglück. Genau einen Monat bevor die letzten Sensen mit dem Markenzeichen der Firma Redtenbacher in Scharnstein erzeugt wurden, war er 60 Jahre alt geworden und hatte nach 46jähriger Betriebszugehörigkeit die Pensionsberechtigung erlangt. Nur bei wenigen der ca. 60 noch verbliebenen, überwiegend hochqualifizierten Beschäftigten des Sensenwerks fielen das Ende eines Arbeitslebens und das Ende eines Wirtschaftszweiges so genau zusammen. Ein Teil der Arbeiter wurde in andere Produktionsbereiche der Firma Redtenbacher übernommen, ein großer Teil der nicht in Frühpension geschickten Sensenschmiede fand wieder Arbeit, aber für einige bedeutete die Schließung Arbeitslosigkeit.

Kurz vor seiner Pensionierung war Johann Kitzberger infolge eines Auftragseinbruchs zum ersten Mal in seinem Leben für ein Monat stempeln gegangen. Die Frau am Arbeitsamt, erinnert er sich lachend, habe noch nie an jemanden in seinem Alter die Arbeitslose ausgezahlt. Er selbst habe das nicht als Ankündigung des bevorstehenden Endes betrachtet. Zwar habe man über all die Jahre gesehen, daß es mit den Sensen immer schwieriger werde, von einst 200 bis 300 Arbeitern sei man schon auf unter 100 gesunken. «Aber daß es ganz zu Ende sein könnte, daran haben wir eigentlich nicht geglaubt, wir beim Redtenbacher.»

1941 ist Johann Kitzberger als 14jähriger Hammerbub in den Betrieb gekommen, wo bereits sein Vater und dessen zwei Brüder als Sensenschmie-

de arbeiteten. Auch der Großvater war im Betrieb beschäftigt gewesen, allerdings noch nicht als Sensenschmied, sondern in der zum Werk gehörenden Köhlerei. Schon ein Jahr nach seinem Firmeneintritt wurde der junge Bursche wegen des kriegsbedingten Arbeitskräftemangels zum Zainen angelernt. Das Zainen ist einer der etwa 20 Arbeitsgänge beim Sensenschmieden, die arbeitsteilig ausgeführt werden und an denen sich in den letzten 100 Jahren trotz technologischer Neuerungen wenig geändert hatte. Sie waren verbunden mit einer eindeutigen Hierarchie unter den Sensenschmieden und mit entsprechenden Lohnunterschieden. Den für das Zainen verantwortlichen Hammerschmieden oblag der wichtige erste Schmiedevorgang, bei dem das glühende «Bröckl» in die richtige Länge gebracht werden mußte. In der innerbetrieblichen Stellung kamen sie gleich nach den Eßmeistern, die die Zaine in vier Arbeitsschritten zum Sensenblatt ausbreiteten. «Ich war bei den Besseren, und es hat schließlich zu einem bescheidenen Wohlstand gereicht», meint Johann Kitzberger und zeigt einen Kollektivvertrag aus dem Jahr 1962: Bei 45 Stunden Normalarbeitszeit erhielten die Hammerschmiede damals ca. elf Schilling Stundenlohn, um zwei Schilling weniger als die bestbezahlten Eßmeister, aber um vier Schilling mehr als die Arbeiter am unteren Ende der Lohntabelle. Darüber lagen noch die Gehälter der höheren Angestellten, im betriebseigenen Jargon «die Beamten» genannt. «Langsam

Der Hammermeister Johann Kitzberger an seinem einstigen Arbeitsplatz

hat sich halbwegs ein Lohn entwickelt», meint er, dafür waren die Arbeiter in den werkseigenen Wohnungen dann nicht mehr wohnungsfrei gestellt.

Die Arbeitsbedingungen – ja, die waren hart, aber man war daran gewöhnt; auch an den betäubenden Lärm, gegen den sich die Sensenschmiede lange Zeit nur Stoffetzchen in die Ohren stopften und von dem so mancher «hammerterisch» (schwerhörig) wurde. Die Hauptbelastung, meint Johann Kitzberger rückblickend, sei die große Hitze der Öfen und anfangs auch die Arbeitsdauer gewesen. Technisch hat sich an seiner Tätigkeit kaum etwas geändert, denn bereits 1938 waren in der Zainerei die wartungsaufwendigen Schwanzhämmer durch moderne Preßlufthämmer ersetzt worden. Die Jahre nach dem Krieg waren eine eher ruhige Zeit – kein Streik, keine dramatischen Einbrüche. Es gab auch keine politischen Kämpfe mehr wie noch vor dem Krieg. Auch die traditionelle Rivalität mit Grünau und die häufigen Raufereien unter den jungen Männern beider Orte, von denen sein Vater noch viel erzählt hatte, flaute ab. Die typischen Schimpfworte aber, mit denen sich Sensenschmiede und Holzknechte einst wechselseitig bedachten, die blieben lebendig.

Das Ende sei für den Ort schon ein schwerer Schlag gewesen. «Das untere Scharnstein, wo früher einmal das Leben war, das ist ausgestorben. Fünf Wirtn hat's da unten gegeben und fünf Gschäfter; am Abend, da gab's ein Leben, das ist alles vorbei.» – Dem Museumsprojekt stand er so wie viele andere ehemalige Sensenschmiede zunächst skeptisch gegenüber. «Es war viel Wut da: Zuerst hat niemand geholfen, daß es weiterging, und jetzt haben s' auf einmal ein Geld.» Mittlerweile sind die meisten dafür, und einige helfen auch mit bei Vorführungen oder bei der Wartung. «Es tut sich wieder was im unteren Scharnstein.»

Von Unterscharnstein aus kann man gemütlich flußaufwärts entlang der Alm nach Grünau (ca. 6 km) wandern. Besonders schön ist diese Wanderung während der Narzissenblüte Ende Mai, Anfang Juni. Auch der Radweg Scharnstein–Grünau – überwiegend auf der anderen Seite des Flusses verlaufend – ist landschaftlich sehr reizvoll. Vor einer Weiterreise lohnt ein kurzer Abstecher in die zu Scharnstein gehörige Ortschaft *Viechtwang*, wo sich einer der schönsten Dorfplätze des Landes befindet.

Die Vorderseite der *barocken Pfarrkirche* wird von vier mächtigen Höfen umfaßt, und das ganze Ensemble gewinnt seine Spannung nicht zuletzt aus deren leichter Schrägstellung zur Längsachse der Kirche. In der barocken Kirche sind insbesondere die Decken- und Wandmalerei von Wolfgang Andreas Heindl aus dem Jahr 1725 bedeutsam. Im ältesten Haus des Platzes aus dem frühen 18. Jahrhundert ist das Gasthaus Silmbroth mit angeschlossener Fleischhauerei untergebracht, wo geschmackvoll zubereitete bodenständige Gerichte in einer alten Wirtsstube oder auf einer Terrasse mit Blick auf Schloß und Ruine serviert werden.

Gasthaus Silmbroth, Viechtwang 23 (2 km von Scharnstein), Tel. 07615/2254, Ruhetag: Mi ganztags, Sa, So und Feiertag ab 14 Uhr.

Im Gebiet nordwestlich von Scharnstein finden Radfahrer zahlreiche gut beschilderte Routen auf wenig befahrenen Nebenstraßen und Güterwegen in der Nähe des Almflusses vor. An der Verbindungsstraße vom Almtal ins Kremstal liegt *Pettenbach.* Die spätgotische Hallenkirche von 1484 mit Schlingrippengewölbe birgt eine kostbare sitzende Marienfigur mit Kind, die wahrscheinlich um 1620 von Hans Spindler gearbeitet wurde. Ein bemerkenswertes Beispiel einer ländlichen Wallfahrtskirche ist die beim Weiler *Heiligenleithen* in Richtung Scharnstein gelegene *Kirche St. Leonhard.* Sie ist das Ziel des alljährlich am ersten Sonntag im November stattfindenden Leonhardiritts. Von Pettenbach aus pilgern Reitergruppen in alter bäuerlicher Tracht zur Wallfahrtskirche.

AUSKUNFT Gemeindeamt, 4643 Pettenbach, Tel. 07586/8155-15. **ESSEN UND TRINKEN** Gasthaus Rankleiten (an der B 120 zwischen Scharnstein und Pettenbach), Tel. 07586/8819, Ruhetage: Mo und Di, «Erste Erdäpfelpension Österreichs», zahlreiche Erdäpfelgerichte, fangfrischer Fisch. **ÜBERNACHTEN** Landschloß Eneglgut, 4643 Pettenbach, Tel. 07586/8627-0, Fax 07586/8627-33, komfortable Appartements, 2 Schwimmbäder. **CAMPING** Almtal-Camp, Fa. Herndler, Pettenbach 49, Tel. 07586/627, mit Schwimmbecken, Minimarkt und Restaurant, Sommer- und Winterbetrieb. **BAUERNMARKT** Pettenbach, jeden 1. Sa im Monat 8.30–11 Uhr.

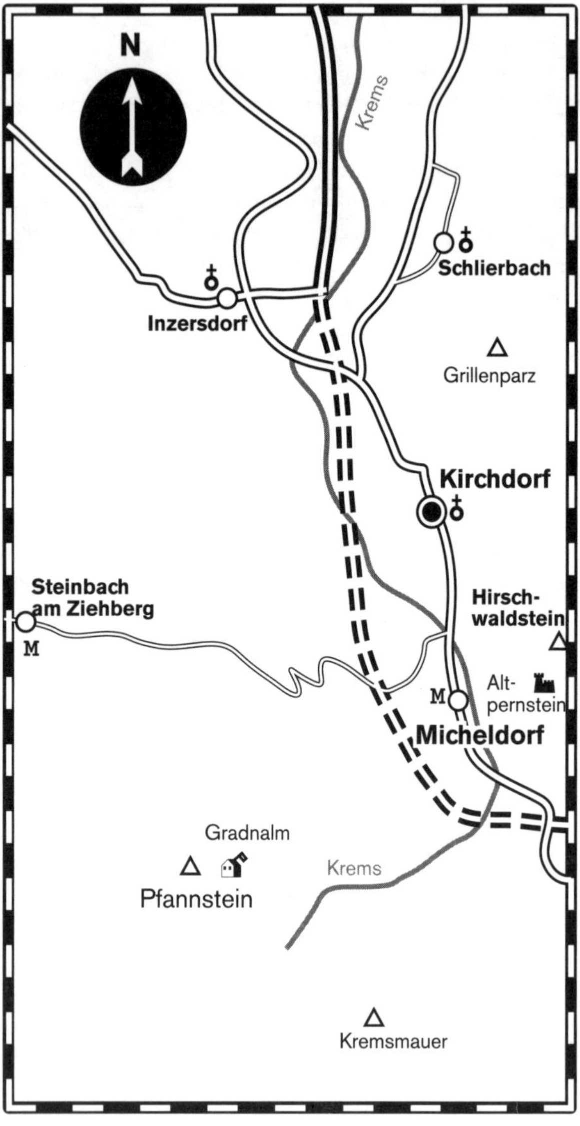
N
Krems
Schlierbach
Inzersdorf
Grillenparz
Kirchdorf
Steinbach
am Ziehberg
M
Hirsch-
waldstein
Alt-
pernstein
M
Micheldorf
Gradnalm
Krems
Pfannstein
Kremsmauer

Das Kremstal zwischen Schlierbach und Micheldorf

SCHLIERBACH UND SEIN WUNDERBARER «STINGADA KAS»

Auf einer kleinen Anhöhe über dem Kremstal liegt – etwas abseits der Hauptverkehrswege – der kleine Ort Schlierbach. Seit Jahrhunderten dreht sich hier alles um das Kloster. Fährt man in südlicher Richtung in das Kremstal, wird der Blick unwillkürlich von der langgestreckten Fassade des Stiftsgebäudes angezogen, das mit seinen dreißig Fensterachsen, drei Geschossen und seinen zwei Türmen wie ein Schloß wirkt. An klaren Tagen und besonders im Abendlicht hebt sich der in blendendem Weiß gehaltene Gebäudekomplex besonders deutlich vom Grün der hinter dem Stift aufsteigenden Wiesen und Wälder ab. Unter den drei großen noch aktiven Klöstern der Region spielte Schlierbach immer eine bescheidene Rolle. In der Zeit der Reformation entging es nur knapp einer Einverleibung durch das mächtige Stift Kremsmünster. Heute lassen sich hier

Das Stift Schlierbach vom Kremstal aus gesehen

nicht nur einige kunsthistorische Schätze von hohem Rang besichtigen. In Österreichs einziger Klosterkäserei und einer Glasmalereiwerkstätte werden dem Besucher aktuelle Zeugnisse der für den Zisterzienserorden so charakteristischen Wertschätzung der manuellen Arbeit vor Augen geführt.

Die erste urkundliche Erwähnung des Gutes Schlierbach datiert aus einer Schenkungsurkunde aus dem Jahr 927. Der letzte weltliche Besitzer war Eberhard V. von Wallsee, der einen Teil des Besitzes 1355 dem Zisterzienserorden übergab und Nonnen aus seiner schwäbischen Heimat hierherholte. Die Wallseer waren mit den Habsburgern nach Österreich gekommen, wo sie große politische Bedeutung erlangten. Im 12. Jahrhundert hatte der Zisterzienserorden unter Bernhard von Clairvaux als Reformzweig des Benediktinerordens einen großen Aufschwung genommen. Unter den einst 700 Abteien befanden sich auch einige Frauenklöster. Einfachheit, Innerlichkeit und emsige Arbeit bestimmten das Leben des Ordens. Die in ein Kloster umgewandelte Burg Schlierbach bestand aus einem kleinen viereckigen Gebäude mit Turm und angeschlossener Kirche. Zur Stiftung gehörte eine relativ kleine Eigenwirtschaft und ein bescheidener Besitz an Wald und Äckern, Schlierbach war also ein eher armes Kloster. Unter dem Einfluß des im Land ob der Enns stark verbreiteten Protestantismus lichtete sich der ohnedies kleine Konvent so sehr, daß das Kloster 1556 leerstand.

Die katholischen Habsburger verhinderten, daß es in die Hände des protestantischen Adels überging. Nach einer mehr als sechzigjährigen ordensfremden Verwaltung ordnete Kaiser Ferdinand II. die Rückgabe an die Zisterzienser an. Der neue Abt und seine zwei Mitbrüder hatten den Auftrag, die an den Protestantismus verlorenen Seelen zurückzugewinnen. Sie übernahmen deshalb als Priester die umliegenden Pfarreien – eine Tradition, die bis heute besteht. Ein allgemeiner wirtschaftlicher Aufschwung nach dem Dreißigjährigen Krieg und eine glückliche Hand bei der Auswahl der Äbte ermöglichte ab 1672 einen völligen Neubau des Klosters und der Kirche.

Innerhalb von etwa vierzig Jahren wurde der Bau in seiner heute noch bestehenden Form mit zwei viereckigen Höfen, der Kirche, dem dritten, nach Westen hin offenen Eingangshof und schließlich der an den Kirchturm angebauten Bibliothek errichtet. Die lateinische Inschrift über dem Renaissanceportal, das in den Kirchenhof führt, diente dem Kloster fortan als Leitspruch: «Fest wird dieses Haus stehen, auf diese drei Säulen gestützt: die Jungfrau, Bernhard und den allmächtigen Gott». Auch diese Fundamente waren fast zu schwach, um dem Kloster während der Regentschaft Josephs II., der nicht weniger als 800 Klöster schließen ließ, das Überleben zu sichern. Nach einem langen wirtschaftlichen und geistigen Abstieg gelang es erst dem rührigen Abt Alois Wiesinger in den Jahren 1917 bis 1955, dem Kloster jene soliden Existenzgrundlagen zu schaffen, über die es nunmehr verfügt: durch die Einrichtung einer Käserei, des Gartenanbaus und einer Glasmalereiwerkstätte. Mit der Gründung einer Landwirtschaftsschule und eines Gymnasiums erfüllt das Kloster seither auch eine wichtige Bildungsfunktion für die engere und weitere Region.

Deckenfresko im Stift Schlierbach

Mit Ausnahme der Kirche sind die wichtigsten Sehenswürdigkeiten des Stiftes nur im Rahmen von Führungen zugänglich, die auch die Besichtigung der Schaukäserei und der Glasmalereiwerkstätten einschließen. Schlierbach gilt als typisches Werk der oberitalienischen Künstlerfamilie Carlone. Kloster und Kirche gehen auf die Planung von Pietro Francesco Carlone zurück, dessen Sohn Carlo Antonio übernahm nach dem Tod des Vaters die weitere Ausführung. Weitere Mitglieder der Carlone-Familie sorgten für die üppigen Stuckdekorationen und einen Teil der Freskenmalerei. Die schlichte äußere Gestaltung der *Kirche* steht in scharfem Kontrast zur pompösen barocken Pracht im Inneren. Es gibt kein Fleckchen Wand oder Gewölbe, das nicht mit Ornamenten oder Figuren bedeckt ist. Der Eindruck wird durch die Verkleidung der Pilaster mit Goldrankenwerk noch verstärkt. Die volle Wirkung erzielt die Kirche bei Orgelspiel und Kerzenlicht, das von Hunderten kleinen Spiegeln reflektiert wird, die den Raum optisch erweitern. Die inhaltliche Ausgestaltung der Kirche – Bilder und Fresken, Statuen und Inschriften – dient ausschließlich der Verherrlichung Mariens.

Das weltliche Gegenstück zur Kirche bildet der nach dem hl. Bernhard benannte *Bernardisaal.* Mit seiner üppigen Stuckierung, den kräftigen Fresken mit allegorischen Darstellungen der Künste und den großformatigen Bildern ist er ein typischer barocker Festsaal, dem Kaiser als Förderer der Künste gewidmet. Heute finden hier unter anderem mündliche Maturaprüfungen statt.

Die an den Kirchturm angebaute *Bibliothek* mit kreuzförmigem Grundriß ist mit Wandmalereien, Stuckdekorationen und einer Galerie auf korinthischen Holzsäulen reich ausgestattet, Architektur und Bücher gehen eine wunderbare Einheit ein. In den Regalen und Rokokoschränken befinden sich ca. 12.000 Bände aus den traditionellen Fachbereichen der Theologie, Philosophie, Medizin und «Juristerei». Die ungünstige Lage am Osthang gefährdete die Bibliothek bis zu einer gründlichen Sanierung in den siebziger Jahren immer wieder.

Ein hochrangiges Kunstwerk stellt schließlich noch die im freskengeschmückten Kreuzgang des Konventtraktes aufgestellte *Schlierbacher Madonna* dar. Kunsthistoriker nehmen heute an, daß sie im zweiten Viertel des 14. Jahrhunderts angefertigt wurde. In Form, Kleidung und Haartracht ist sie eine klassische gotische Mariendarstellung.

Stift Schlierbach, Tel. 07582/608 33, Stiftsführungen einschließlich Führung durch die Käserei und Besuch in der Glasmalerei von Ostern bis Jahresende tgl. 10 und 14 Uhr, Sonn- und Feiertage 10.30 und 14 Uhr, von Jahresbeginn bis Ostern nur nach Voranmeldung. Stiftskonzerte von Frühling bis Herbst, Programm im Stift oder bei der Tourismusinformation.

DIE HEILIGE QUALITÄT DES SCHLIERBACHER KLOSTERKÄSES

Von den Etiketten der im Stift Schlierbach erzeugten Käsesorten verkündet ein zugleich schlau und demütig blickender Mönch: «Qualität ist uns heilig». Die Einrichtung einer Schaukäserei ist Teil einer klugen Marketingstrategie, hier lassen sich die Schlierbacher Käsemeister von immerhin 20.000 Besuchern pro Jahr in die Töpfe und Wannen blicken.

Von einem über der Käserei angelegten Schaugang aus blickt man in eine laboratoriumsartige Welt: Frauen und Männer in weißen Arbeitsmänteln, mit Plastikhauben und -handschuhen hantieren an großen Chrom-Nickel-Stahl-Wannen, schneiden dickliche Milch in Würfel, lassen sie über Förderbänder gleiten, füllen Käsebruch in unterschiedliche Formen ab, stapeln diese auf Rollwägen, schlichten die fester gewordenen Käsestücke in Gitter ein und transportieren sie zum Salzbad. Auf diese Weise verarbeiten etwa 25 Arbeitskräfte, geleitet von vier Molkereimeistern, täglich 25.000 bis 30.000 Liter Rohmilch aus dem Steyr- und Garstner Tal zu einer Jahresproduktion von fast 700 Tonnen Käse. Durch das Zusetzen von Rotkulturbakterien und sorgfältige Lagerung entstehen dann die charakteristischen Schlierbacher Käsesorten. Diese Arbeitsschritte, die eigentlichen Geheimnisse des Klosterkäses, bleiben den Besuchern verborgen. Die fertigen Produkte in Form von sechs verschiedenen Weichkäsen können aber sehr wohl am Ende der Führung im klostereigenen Käsegeschäft verkostet werden.

Das klassische Schlierbacher Produkt ist der Schloßkäse. Worauf es dabei ankommt, hatte ein Klosterbruder, Leonhard Kitzler, während seines Noviziats in der süddeutschen Benediktinerabtei St. Ottilien herausgefunden. Kitzler erhielt 1924 vom vielseitig interessierten Abt Alois Wiesinger die Genehmigung, die Herstellung nach den mitgebrachten Rezepturen zu versuchen. Die Kellergewölbe des Stiftes erwiesen sich als idealer Ort für die Reifung dieser Käsesorte. Am Jakobitag des gleichen Jahres wurde der erste original Schlierbacher vom Abt und vom Konvent verkostet – offenbar zu deren Zufriedenheit, denn seit damals wird im Stift Schlierbach mit stetig steigender Kapazität produziert. Die kleinen, runden, würzigen, genau 62,5 Gramm schweren Laibchen wurden in der Gegend bald als «stingada Kas» bekannt, an dem sich seit jeher die Geschmäcker schieden. In den Vitrinen der lokalen Lebensmittelhändler hat sich der in der traditionellen roten Verpackung angebotene Käse freilich seit langem einen festen Platz erobert.

Die Produktpalette der Stiftskäserei

Spätestens seit dem EU-Beitritt weht auf dem österreichischen Milch- und Käsemarkt ein rauherer Wind. Um hier zu bestehen, hat die Schlierbacher Käserei eine offensive Strategie eingeschlagen. Die Produktpalette wurde erweitert, die Schaukäserei eingerichtet, die Produktion gesteigert und schließlich eine eigene Vertriebsorganisation aufgebaut. Der klassische Schloßkäse wird mittlerweile in zwei Varianten mit unterschiedlichem Fettgehalt hergestellt. Von den neueren Marken sind insbesondere der cremig-feinwürzige St. Severin und der St. Petrus, eine feine Kombination aus Rotkultur und Edelschimmel, bekannt geworden. Im Mittelpunkt der Marketingstrategie steht heute der Produktionsort, das Kloster. Schließlich ist die Schlierbacher Käserei die einzige Klosterkäserei dieser Größenordnung in

Europa. Bei der Führung wird übrigens gerne darauf verwiesen, daß der Gründer der Käserei, Leonhard Kitzler, 91 Jahre alt wurde.

Schaukäserei Stift Schlierbach, Tel. 07582/608 33-127, Fax DW 176, Öffnungszeiten: Mo–Sa 9–12, 13–16.30 Uhr, So und Feiertag 10.30–12, 14–16.30 Uhr. Führungen von Ostern bis Jahresende Mo–Sa 10 und 14 Uhr, So und Feiertag 10.30 und 14 Uhr.

Unmittelbar hinter dem Stiftsgebäude beginnt die sanfte Hügellandschaft der bäuerlichen Gemeinde *Oberschlierbach*, einer insbesondere von sportlichen Radfahrern geschätzten Gegend. Am äußeren Stiftstor weist ein Schild in Richtung Grillenparz und Altpernstein. Auf diesem Weg läßt es sich nach dem klösterlichen Kultur- und Käsegenuß angenehm und mit schöner Aussicht bis zu einer kleinen Kapelle spazieren. Wem nach mehr zumute ist, für den oder die empfiehlt sich der *Grillenparz* als Ziel einer Wanderung, die zu jeder Jahreszeit ihre Reize hat. Über die kleine Ortschaft Haslach führt der gut beschilderte Weg Nr. 15 stetig leicht bergauf zum mugelförmigen Gipfel, auf dem eine von Wind und Wetter zersauste Lärche steht. Von hier aus läßt sich an klaren Tagen das halbe Kremstal überschauen. Für die Strecke vom Stift zum Grillenparz, die knapp 400 Meter Höhendifferenz aufweist, sollte man etwa eineinhalb Stunden rechnen. Beim Abstieg bietet sich in Haslach ein kleiner Umweg (Nr. 42) zu einer typischen Mostschenke (Zeisl, Ruhetag: Fr) an.

AUSKUNFT Touristeninformation, 4553 Schlierbach, Tel. 07582/810 28, Fax 07582/608 33-176. **ESSEN UND TRINKEN** Gasthaus Zum Dorf, Schlierbach 187, Tel. 07582/813 05, Ruhetag: Mo, Gastgarten in der Wiese unter Obstbäumen, einfache Gerichte, preisgünstig. **ÜBERNACHTEN** SPES-Seminarhotel, Schlierbach 19, Tel. 07582/814 25, Fax DW 54, ruhige Lage am Waldrand. **BAUERNMARKT** Sa 8–11.30 Uhr. **REITEN** Union-Reitverein Blumau, Lauterbach 70, Hr. Hofer, Tel. 07582/4935. **TENNIS** Union Schlierbach, Hr. Höfer, Tel. 07582/812 04.

Auf dem Weg von Schlierbach nach Kirchdorf lohnt ein kurzer Abstecher nach *Inzersdorf* auf der anderen Talseite. Die Attraktion des Ortes ist eine lebensgroße aus Lindenholz geschnitzte gotische Marienfigur vom Typus der sogenannten schönen Madonna. Untergebracht ist sie in einer vom Linzer Architekten Karl Plötzl 1974/75 erbauten Kirche, die mit ihrer offenen Holzkonstruktion und der intimen Atmosphäre einen gelungenen Rahmen für die berühmte Madonnenfigur abgibt. In Inzersdorf endet zur Zeit der nördliche Teil der Pyhrnautobahn, deren Fortsetzung durch das Kremstal in Richtung Klaus – nach Jahren heftiger Auseinandersetzungen – nunmehr beschlossene Sache ist.

DIE PYHRNAUTOBAHN: EIN SYMBOL FÜR DIE PARADOXIE DES FORTSCHRITTS

Zeitlich fielen die beiden Ereignisse eher zufällig zusammen, aber ursächlich hatten sie unmittelbar miteinander zu tun: Als der oberösterreichische Baulandesrat Franz Hiesl im Juli 1997 den Spatenstich zum Abschnitt Klaus der Pyhrnautobahn vornahm, trafen Willi Heikenwälder aus Ottsdorf und Karl Herzog aus St. Pankraz mit ihren Familien letzte Vorbereitungen für ihre bevorstehende gemeinsame Auswanderung nach Kanada. Haus und Hof in der Heimat waren verpachtet oder an Verwandte übergeben, der Kauf eines 400 Hektar großen Anwesens für den Anbau von Getreide, Mais, Soja und Bohnen in Kanada perfekt. Heikenwälder und Herzog sind mit Leib und Seele Bauern und auf ihre Weise «neue Bauern». Als Direktvermarkter und Biobauern hatten sie ganz auf Alternativen zur herkömmlichen Landwirtschaft gesetzt: Der feinwürzige Camembert von Heikenwälder galt so manchem vornehmen Restaurant als Geheimtip, und ehemalige Konsumenten bekommen noch heute leuchtende Augen, wenn sie von Herzogs cremigem Schlagobers erzählen.

Die beiden Landwirte hatten sich aber nicht nur ökonomisch und produktionstechnisch auf Neuland gewagt, sondern auch politisch: Jahrelang haben sie an vorderster Front gegen den Weiterbau der Pyhrnautobahn gekämpft: aus Ärger darüber, wie über die zarten Anfänge einer ökologisch orientierten bäuerlichen Produktionsweise im wahrsten Sinne «drübergefahren» werden sollte, aber auch aus Wut über die Art und Weise, wie vielen skeptischen Bauern mit Verlockungen und Drohungen die Zustimmung zur Grundabtretung abgerungen wurde. Seit einigen Jahren war klar, daß dieser

Kampf verloren war. Heikenwälder und Herzog zogen die radikalste aller möglichen Konsequenzen und setzten auf einen vollständigen Neubeginn in einem fernen Land.

Spatenstich und Exodus: In einer kaum zu übertreffenden Symbolik waren etwa zehn Jahre nach dem Beginn des Widerstands Sieger und Verlierer erkennbar.

Über etliche Jahre war der Weiterbau der A 9 tatsächlich ernstlich in Frage gestellt gewesen, geraume Zeit war es den Gegnern gelungen, die Sympathien und die Unterstützung einer überregionalen Öffentlichkeit und einiger Medien zu gewinnen. Hilfreich dabei waren nicht zuletzt die den Bau begleitenden Korruptionsskandale gewesen. Doch die bestimmenden politischen Kräfte auf Landesebene legten sich schließlich endgültig auf den Weiterbau fest. Auf lokaler Ebene wollte die Mehrheit der Bevölkerung in den vom Durchzugsverkehr geplagten Gemeinden endlich Entscheidungen und Lösungen sehen. Zugleich waren die Kräfte der Menschen, die sich in der «Plattform gegen die Pyhrnautobahn» zusammengeschlossen hatten, allmählich aufgebraucht. Und auch die Ablehnungsfront der Bauern begann mehr und mehr zu bröckeln.

Mit der Pyhrnautobahn war erstmals in Österreich ein Autobahnprojekt auf organisierten und politisch wirksamen Widerstand gestoßen. Das hatte

Pyhrnautobahn: Widerstand gegen den Bau (1987)

nur zum Teil mit dem Projekt an sich zu tun. Bei allen alpenquerenden Transitstrecken sind ökologisch besonders sensible Zonen betroffen, all diese Projekte sind technisch aufwendig und besonders teuer. Als Mitte der achtziger Jahre die zentralen Abschnitte der A 9 begonnen werden sollten, stellten umweltbewußte Kritiker die üblichen Pro-Argumente auf den Kopf. Große Verkehrsadern wirken aber auf die Dauer nicht entlastend, sondern ziehen neuen Verkehr an. Sie bringen letztlich mehr Lärm, Gestank und Bodenverseuchung in enge Täler als die älteren Straßenverbindungen. Sie binden gewaltige öffentliche Mittel, die dann nicht zuletzt beim Ausbau der Bahnverbindungen fehlen. Und sie nützen der regionalen Wirtschaft sowohl in der Errichtungsphase als auch danach relativ wenig. – All diese Argumente wurden im Kampf gegen die A 9 erstmals fundiert belegt in den politischen Diskurs eingebracht. Mit jedem Jahr und nicht zuletzt durch den steten Weiterbau wurde das «Lückenschluß»-Argument mächtiger. Gebaut wurde immer dort, wo der Widerstand gering und die Kilometer billig waren, außerdem lieferten Staus und Unfälle fortwährend Argumente für die Notwendigkeit des Weiterbaus.

Für den ehemaligen Obmann der Plattform, den Kirchdorfer Gymnasialprofessor Wolfgang Mühllechner, war dennoch nicht alles umsonst. Für viele, die sich engagiert haben, sei es ein Lehrstück in politischer Bewußtseinsbildung gewesen, für die ökologische Bewegung ein enormer Zuwachs an Wissen und Argumentationskompetenz, meint der «Straßenkämpfer». Den meisten künftigen Straßenbenützern werden die harten Auseinandersetzungen und die tiefgreifenden ökologischen Veränderungen nicht mehr bewußt sein. Für jene, die das Vorher kannten und schätzten, wird die A 9 aber wohl immer ein Beweis für die Paradoxie des Fortschritts bleiben.

KIRCHDORF UND MICHELDORF: BLAUE SENSEN UND SCHWARZE GRAFEN

Die Bezirksstadt *Kirchdorf* ist in vielfältiger Weise der Mittelpunkt des Kremstales: geografisch, verkehrsmäßig, wirtschaftlich und politisch – als Schulstandort, als Standort eines Schwerpunktkrankenhauses und als Ort mit einer dichten Freizeitinfrastruktur. Aber auch für den kulturell interessierten Besucher hält die Stadt einiges bereit. Die *Pfarrkirche zum Hl. Gregor* mit ihrem auffallend schlanken, rosa-weiß gefärbten, mit einem Zwiebelhelm gekrönten Turm ist leicht zu finden. Die dreischiffige spätgotische Hallenkirche war 1877 durch einen Brand fast zur Gänze vernichtet worden. Erst 1962 entschlossen sich die Kirchdorfer Bürger, sie modern zu restaurieren. Der Gesamteindruck des Innenraums wird stark von den stimmungsvollen Glasfenstern aus der Schlierbacher Werkstätte bestimmt. Unter den alten Elementen sind ein kreuzrippengewölbtes Seitenschiff sowie ein mächtiges spätgotisches Kruzifix über dem Altar hervorzuheben. Unter den Häusern des *Hauptplatzes* sticht die *Nr. 3* hervor, ein Wohn- und Geschäftshaus, das von Mauriz Balzarek 1914 im Jugendstil entworfen wurde. Etwas außerhalb des Zentrums in südöstlicher Richtung liegt *Schloß Neupernstein*, ein ehemaliger Bauernhof, der um 1700 nach Plänen von Jakob Prandtauer umgebaut wurde. Heute befindet sich das Schloß im Besitz der Stadtgemeinde und beherbergt die Musikschule. Ein architektonisch interessantes Ensemble bildet auch die Anlage der *Brauerei* an der südlichen Ortsausfahrt. Unter Bierkennern hat sich das Mayr-Bier einen respektablen Ruf erworben.

AUSKUNFT Touristenbüro, 4560 Kirchdorf, Tel. 07582/624 50, Fax 07582/649 07-20. **ESSEN UND TRINKEN** Restaurant Wirt im Hochhaus, Ottsdorf 28, Tel. 07582/626 13, Ruhetag: So ab 14 Uhr und Mo, behagliche Räume, hervorragende Küche. **ÜBERNACHTEN** Gasthof Goldenes Lamm, Hauptplatz 24, Tel. 07582/620 81, Fax 07582/5197-2. **BADEN** Parkbad, Parkbadgasse 4, Tel. 07582/623 85. Hallenbad, Adalbert-Stifter-Straße 4, Tel. 07582/610 41, Di–Fr 17–21, Sa 14–21, So 14–19 Uhr, auch Solarium. **RADVERLEIH** Intersport Schodterer, Tel. 07582/621 55. Bahnhof, Tel. 07582/620 24. **REITEN** Union Reitverein Blumau, Lauterbach 70, Hr. Hofer, Tel. 07582/649 35. **TENNIS** Tenniscamp Kirchdorf. Tennishalle, Villhaberstraße 12, Anmeldungen bei Hrn. Schweighofer, Tel. 07582/636 08.

An das geschäftige Kirchdorf schließt fast übergangslos das beschaulichere *Micheldorf* an. Die Verbindung zwischen Kirchdorf und Micheldorf war in den letzten 200 Jahren eine besonders enge: Die Kirchdorf-Micheldorfer Innung war einst das Zentrum der österreichischen Sensenerzeugung, deren Produkte weltweite Bekanntheit besaßen. Die damalige Arbeitsteilung zwischen den beiden Orten scheint bis heute nachzuwirken: Während die handwerkliche Arbeit in den Micheldorfer Werkstätten stattfand, trugen die Kirchdorfer mit ihrem kaufmännischen Geschick das Ihre zum Wohlstand des oberen Kremstales bei.

Der historisch bedeutendere Boden ist aber zweifellos *Micheldorf:* Der Ort war bereits in der Kelten- und Römerzeit besiedelt. Die Römersiedlung Tutatio war ein wichtiger Standort auf dem Weg von Windischgarsten (Gabromagnus) nach Wels (Ovilava), Linz (Lentia) und Lorch (Lauriacum). Ab dem 15. Jahrhundert bestimmte dann mehr und mehr die Sensenerzeugung die Geschicke des Ortes am Oberlauf der Krems. Erst nach mehr als 300 Jahren, in den Krisenzeiten nach dem Ersten Weltkrieg, verlor dieser Wirtschaftszweig immer mehr an Bedeutung, bis schließlich 1966 die letzte und traditionsreichste Werkstatt, der Gradn, die Produktion einstellte und das große Tor zum Hammer scheinbar für immer geschlossen wurde. Aber nur zwölf Jahre später war dieses Gebäude wieder zugänglich – statt der Sensenarbeiter betreten es nun Museumsbesucher. Aus Anlaß der Landesausstellung 1998 wurde der Museumskomplex beträchtlich erweitert. All das zeugt nicht zuletzt vom Traditionsbewußtsein und der Innovationsfreude der letzten Besitzerfamilie und der Bewohner Micheldorfs. Vor einer ausführlicheren Erkundung der jüngeren Vergangenheit Micheldorfs soll die Reise zu zwei weiteren historisch bedeutsamen Orten in der unmittelbaren Umgebung führen – zum Georgenberg und zur Burg Altpernstein.

AUSKUNFT Tourismusverband, 4563 Micheldorf, Tel./Fax 07582/634 74. **ESSEN UND TRINKEN** Zum schwarzen Grafen, beim Sensenschmiedemuseum, Tel. 07582/611 60, Ruhetage: So ab 17 Uhr, Mo. **VERANSTALTUNGEN** Georgiritt, jedes zweite Jahr im April. **BADEN** Alpenbad Micheldorf, mit Naturteich, Tel. 07582/612 50 oder 625 09. **DRACHENFLIEGEN UND PARAGLEITEN** Startplatz oberhalb der Burg Altpernstein, Anmeldung im Reitergut Weißendorf, Atzelsdorf 3, Tel. 07582/626 09. Wetterservice: Tel. 07221/726 81. **KANUFAHREN** Winoga-Kanu-Tours, Tel. 07582/645 91, Kanufahrten mit kanadischen Holzkanus bzw. Sport-Kanadiern, Nächtigung im Zelt und in Schutzhütten. **SEGELFLUGSCHULE UND FLUGPLATZ** Tel. 07582/625 52, Segelflug- und Modellbauclub Kirchdorf/Micheldorf, Lehárstraße 5, 4563 Micheldorf, Tel. 07582/602 73, Segeln mit dem eigenen Flugzeug, im gecharterten Motorsegler oder als Passagier im Doppelsitzer (Flugbetrieb von April bis Oktober). Wetterservice: Tel. 07221/726 81. **REITEN** Reitergut Weißendorf, Atzelsdorf 3, Tel. 07582/626 09. **TENNIS** Sportzentrum Micheldorf, Tel. 07582/624 24. **WANDERN** Juli bis September geführte Wanderungen, Auskünfte: Tel./Fax 07582/634 74.

EIN SPAZIERGANG AUF DEN GEORGENBERG UND ZUM KREMSURSPRUNG

Der geschichtsträchtigste Ort des oberen Kremstales ist der *Georgenberg* – ein mit 595 Metern mäßig hoher und dennoch weithin sichtbarer kegelförmiger Berg, gekrönt von einer *Wallfahrtskirche*. Wie anhand von Ausgrabungen nachgewiesen werden konnte, hat dieser Hügel als Zufluchts- und Kultstätte seit Jahrtausenden die Menschen angezogen. Schon die Kelten hatten hier ein Heiligtum, und eine römische Tempelanlage bestand vom 1. Jahrhundert n. Chr. bis zum Zusammenbruch des Imperiums. Von einer frühchristlichen Kirche aus dem 5. Jahrhundert konnten ebenso Fundamente nachgewiesen werden wie Reste von späteren Kirchenbauten. Die heutige barockisierte Kalvarienbergkirche entstand Anfang des 17. Jahrhunderts. Geweiht ist sie dem hl. Georg, dem Schutzherrn der Ritter, Edelleute und Pferde. Die kultische Tradition des Ortes wurde in neuerer Zeit mit dem alle zwei Jahre im Frühjahr stattfindenden Georgiritt, einer farbenprächtigen Reiterprozession, wiederbelebt.

Wer mehr vom Genius loci erahnen möchte, sollte die Mühe einer kleinen Wanderung nicht scheuen. Von der Kirche in Micheldorf gelangt man über einen Kinderspielplatz zu einem breiteren Gehweg und folgt diesem zunächst nach links, dann nach rechts bergauf bis zu einem Sattel, von dem ein kurzer steiler Anstieg zur Kirche führt. Im Gasthaus daneben (Ruhetag: Di) stehen Holztische einladend in der Wiese. Die Sessel sind zumeist nach Westen ausgerichtet, wo die mehr als 1000 Meter über das Tal aufragende Krems- und Falkenmauer zum Greifen nah erscheinen. Für den Rückweg nach Micheldorf bietet sich als Alternative der Kreuzweg an, der zunächst kurz der Straße folgt, dann rechts durch den Wald ins Tal zurückführt. Dort angelangt, erreicht man mit wenigen Schritten wiederum den Spielplatz. Die reine Gehzeit für diese gemütliche Rundwanderung beträgt eine knappe Stunde. Eine Wanderung auf den Georgenberg läßt sich mit einem Ausflug zur Burg Altpernstein verbinden (siehe unten). Als weitere Möglichkeit bietet sich ein Spaziergang zum *Kremsursprung* am Fuß der Kremsmauer an. Dazu überquert man die Bundesstraße und Bahnlinie bei der Haltestelle Obermicheldorf, folgt kurz der Bahnlinie und dem Wiesenweg Nr. 443 entlang der Krems. Bald passiert man das ehemalige Sensenwerk Pfuster, wo sich ein Herrenhaus und diverse Nebengebäude und ein Garten zu einem eindrucksvollen Ensemble zusammenfügen. Unmittelbar danach steht unter zwei mächtigen Birken das schmiedeeiserne Pfuster-

Nach alter Tradition: Georgiritt in Micheldorf

kreuz, angefertigt im Jahr 1735. Der Weg führt weiter durch die Ortschaft *In der Krems* zu einer Forststraße und auf dieser bis zum Kremsursprung. Über eine kleine Holzbrücke und einen schmalen Steig erreicht man schließlich jene Stelle, wo einer der Quellbäche der Krems direkt aus dem Berg in einen kleinen Felskessel fließt, um sich kurz darauf mit weiteren Quellen zu einem schon recht ansehnlichen Bach zu vereinigen. Die Gehzeit von Micheldorf hierher beträgt etwa 45 Minuten.

Gasthaus Georgenberg, Tel. 07582/640 30, Ruhetag: Di.

NACH ALTPERNSTEIN UND AUF DEN HIRSCHWALDSTEIN

Die auf einer schroffen Felsklippe 300 Meter hoch über dem Kremstal gelegene und weithin sichtbare *Burg Pernstein* wurde vermutlich um das Jahr 1000 zum Schutz gegen die einfallenden Ungarn erbaut. Sie ist durch einen tiefen Graben vom Berghang getrennt und mit einer Ringmauer umgeben. Hier lebten ab dem 12. Jahrhundert einflußreiche Herrscher. Wie in Scharnstein/Almtal trifft man auch hier wieder auf den Namen der protestantischen Jörger, die die Burg im 16. Jahrhundert ausbauten. Nach deren Enteignung im Zuge der Gegenreformation ging die Burg 1630 in den Besitz des Stiftes Kremsmünster über. Der Name Altpernstein bürgerte sich ein, nachdem in Kirchdorf ein neues Schloß – Neupernstein – errichtet worden war. Der Hauptteil der Burg ist ein mächtiger viergeschossiger Trakt mit steilem, schindelgedecktem Satteldach. Eine dreibogige steinerne Brücke führt durch ein Renaissancetor in den schmalen Hof. Der Großteil der Burg wird heute für Ferienlager der Katholischen Jugend verwendet. Im Inneren gibt es daher wenig zu besichtigen, aber der Ausblick von einer Terrasse der Mauer hinunter ins Kremstal und hinüber zur Kremsmauer ist großartig. An schönen Tagen gleiten die unmittelbar oberhalb der Burg startenden Drachenflieger lautlos vorbei, deren bunte Schirme zusammen mit den eleganten weißen Körpern der von Micheldorf aus aufsteigenden Segelflugzeuge ein sich ständig veränderndes Muster in den Himmel über dem Kremstal zeichnen.

Nach Altpernstein führen zahlreiche Wanderwege, sowohl von Micheldorf als auch von Kirchdorf aus. Seit die Burg von beiden Orten aus auch mit dem Auto erreichbar ist, haben die traditionellen Wanderwege an Bedeutung verloren. Dafür benützen immer mehr sportliche Radfahrer die Auffahrtsstraßen zur Burg. Wer dem oft regen Treiben auf und um Altpernstein entkommen will, der nehme die Burg als Ausgangspunkt für eine einsamere Bergwanderung auf den *Hirschwaldstein*, die höchste Erhebung zwischen Krems- und Steyrtal. Der von Türkenbund und Fingerhut gesäumte Weg beginnt unmittelbar hinter der Burg und führt relativ gleichmäßig in etwa eineinhalb Stunden zum Gipfel. Immer dem Schild «Über Hirschwaldstein nach Leonstein» folgend, erreicht man bald den leider nicht zugänglichen *Hungerturm*. Bereits von hier aus bietet sich ein schöner Ausblick auf die Kremsmauer und die Prielgruppe im Toten Gebirge. Vorbei an bizarren Felsgebilden, gelangt man zu einem weiteren schönen Aussichtsplatz mit Blick auf die Bauernhöfe von Oberschlierbach und in die weite Ebene hinaus. Unterhalb des Gipfelstocks öffnet sich wieder der Blick ins Gebirge. Von hier aus sind es nur noch einige Felsstufen zum luftigen kleinen Gipfelplateau mit Kreuz und Rastbank.

Burg Altpernstein

WANDERUNG nach Altpernstein (800 m): Von Micheldorf/Sensenmuseum (480 m) auf dem Weg Nr. 21, Gehzeit: etwa 1 Std. 30 Min.; von Kirchdorf/Schloß Neupernstein (450 m) auf den Weg Nr. 19, Gehzeit: etwa 1 Std. 30 Min.; über den Georgenberg auf dem Wegen Nr. 23 und 15, Gehzeit: etwa 2 Stunden. Alle Wege teils auf Güterwegen, teils auf Wiesen- und Waldwegen mäßig ansteigend. Burgstüberl im Sommer bis 18 Uhr geöffnet, Tel. 07582/353 50, Mo Ruhetag. Erweiterungsmöglichkeit Hirschwaldstein (1095 m): stetig steigender Waldweg, Gehzeit: von Altpernstein aus beim Aufstieg ca. 1 Std., keine Einkehrmöglichkeit.

DAS SENSENSCHMIEDEMUSEUM IN DER GRADN

Die erste Sensenschmiede in Micheldorf entstand im 15. Jahrhundert. Bereits Ende des 16. Jahrhunderts reihten sich 17 Sensenhämmer auf wenigen Kilometern am Oberlauf der Krems aneinander. Später schlossen sich die Micheldorfer Gewerken mit etwa 40 weiteren Meistern aus den umliegenden Tälern der Alm, Steyr, Teichl und Enns zur Kirchdorf-Micheldorfer Innung zusammen. Jede Werkstätte hatte nun ihr eigenes Markenzeichen, das in die Sensen geschlagen wurde. Es war nicht nur ein Gütesiegel, sondern gleichsam ein Wappen der jeweiligen Meisterfamilie.

Was war der Hintergrund für den Aufstieg Micheldorfs zu einem der bedeutendsten Standorte der Sensenerzeugung in Österreich und für die Weltgeltung der dort hergestellten blauen Sensen? Eine notwendige Bedingung bildete zweifellos die Verfügbarkeit von Rohstoffen – des steirischen Eisenerzes, das mit Fuhrwerken über den Pyhrn herbeigeschafft wurde, und des als Energielieferant unentbehrlichen Holzes aus den umliegenden Laubwäldern. Dann die Nutzungsmöglichkeit der Wasserkraft an der noch kleinen und damit ungefährlichen Krems. Dazu kamen das technische Können und der Erfindungsreichtum der hier lebenden Menschen. Es war ein Micheldorfer Sensenschmied – Konrad Eisvogel –, der 1584 den wassergetriebenen Breithammer entwickelte und damit das Tor zur fabriksmäßigen Sensenerzeugung öffnete. Das mühevolle Ausschmieden des Sensenblattes, das sogenannte Breiten, konnte nun allein vom Eßmeister und obendrein gleichmäßiger durchgeführt werden als mit den bis dahin verwendeten Handhämmern. Die Absatzgebiete reichten schon bald weit über Europa hinaus.

Erst im 19. Jahrhundert lösten sich die zünftischen Strukturen allmählich auf, es kam zu einer Konzentration unter den Sensenwerken und einer stärkeren Mechanisierung der Fertigung, die auch die Micheldorfer Werke betraf. Im Gegensatz zu

Scharnstein im nahen Almtal gelang in Micheldorf der Übergang zur industriellen Produktionsweise nicht. Mit den Absatzschwierigkeiten in und nach dem Ersten Weltkrieg begann der unaufhaltsame Abstieg der Micheldorfer Sensenerzeugung.

Die Werkstatt am Gries wurde um 1550 gegründet und später nach einem ehemaligen Besitzer allgemein als Gradnwerkstatt bezeichnet. Schon seit 1656 führte sie als Markenzeichen einen Kelch mit Hostie. Ihre Blütezeit erreichte sie mit der Übernahme durch Caspar Zeitlinger im Jahr 1826. Er hatte Josefa Steinhuber geheiratet, deren Familie den Hammer bereits seit mehr als 100 Jahren besaß, und wurde zum Begründer einer der mächtigsten Sensenschmiededynastien des Landes. Am Höhepunkt seines wirtschaftlichen Schaffens hatte er fünf Sensenwerke, in denen pro Jahr 200.000 Stück der berühmten blauen Sense mit dem Kelch erzeugt wurden, und darüber hinaus einen beträchtlichen landwirtschaftlichen Besitz. Ein im Herrenhaus angebrachtes Gemälde von Franz X. Bobleter, dem «Sensenschmied-Hausmaler», aus 1838 zeigt Caspar und Josefa Zeitlinger mit ihren Kindern Theresia, Josefa und Juliana. Sie posieren selbstbewußt auf einer Bank im parkähnlichen Garten ihres Hauses, mit der Werkstätte und dem Georgenberg im Hintergrund. Das Standesbewußtsein wurde durch eine verfeinerte Bauerntracht unterstrichen. Der behäbige Charakter der Darstellung, einer biedermeierlichen Sonntagsidylle, wird durch die rauchenden Schornsteine der Werkstätte und die Haltung des Familienvaters, der wie auf dem Sprung wirkt, in eine leichte Spannung versetzt.

Wie keine andere repräsentierte die Familie Caspar Zeitlinger die Kultur der Gewerken oder «schwarzen Grafen». Sie war zum einen eine typisch frühkapitalistisch-bürgerliche Unternehmerkultur mit einer unverkennbaren Orientierung an der großen Welt und ihren modernen Entwicklungen. Ihren Ausdruck fand sie im Interesse für die neuesten Maschinen, für Technik und Naturwissenschaft, aber auch für künstlerische Handarbeit, in der Freude an kostbarem Hausrat, wertvollen

Waffen, eleganten Kleidern und schöngeistiger Literatur. Zum anderen aber flossen in diese Kultur die traditionellen bäuerlichen Elemente ein, die gleichsam salonfähig gemacht wurden. Zum Besitz der Sensenschmiede gehörte in der Regel auch ein größerer landwirtschaftlicher Betrieb, von dessen Erträgen die Familie und die Belegschaft versorgt wurden. Die bäuerlichen Wurzeln äußerten sich in einer betonten Naturverbundenheit und Freude an der Jagd, an Tieren, Gärten, Blumen und Bäumen. Die Gewerken waren – im Unterschied zu den Kaufmannsfamilien der großen Städte – typische Landbürger. Zahlreiche Gemälde im Gradnzimmer des Herrenhauses bringen diese Synthese von bürgerlicher und bäuerlicher Kultur zum Ausdruck.

Der Breithammer: eine Micheldorfer Erfindung

Ein Diorama im Sensenschmiedemuseum zeigt eine Rekonstruktion der gesamten Anlage, in deren Mittelpunkt das repräsentative Herrenhaus, der Hammer (Schmiede) und die Kram standen, zwischen denen der heute zugeschüttete Fluder, der Werkskanal, floß. Dazu kamen eine ganze Reihe von weiteren Wohngebäuden, Nebengebäuden, Hütten und Stadeln, Gärten und Brunnen, einschließlich des mit einem Zwiebeldach gekrönten Lusthauses, eines «Hirscheinfanggartels» und eines Zwingers für Jagdhunde. Auch wenn einige dieser Gebäude und Objekte längst abgerissen wurden, bilden die noch bestehenden eines der am besten erhaltenen Ensembles der Industriearchitektur des 18. und 19. Jahrhunderts. Die nunmehrigen Museumsgebäude sind im zentralen Bereich des damaligen Werkens, Wirtschaftens und Wohnens untergebracht. Der Hochblüte der Micheldorfer Sensenerzeugung Rechnung tragend, liegt der Schwerpunkt der Ausstellung im 18. und 19. Jahrhundert, also in der Zeit der zünftischen Organisation. Damit ergänzen sich das Micheldorfer und das Scharnsteiner Museum auf ideale Weise.

DIE HEUTIGEN MUSEUMSGEBÄUDE

Das *Herrenhaus* – ein Dreikanter mit kleinem Innenhof und großem Tor – ist in seinem Grundcharakter ein Bauernhof. Es wurde unter Caspar Zeitlinger baulich stark verändert. Bemerkenswerte frühere Elemente sind die klassizistische schmiedeeiserne Tür am Stiegenaufgang mit dem Meisterzeichen des Kelches, den Initialen des früheren Besitzers Karl Steinhuber und der Jahreszahl 1804. Noch etwas früher wurden die schmiedeeisernen Fensterkörbe des ersten Stockes angebracht. Die um 1700 angefertigte Sonnenuhr an der Südfront, dem Georgiberg zugewandt, zeigt den Talschaftspatron in barocker Manier im Kampf mit dem Drachen.

Im Inneren des Hauses wird vor allem der Lebensweg und der Lebensstil der Hammerherrenfamilie Zeitlinger vorgestellt. Darüber hinaus wird typischen Aspekten der Gewerkenkultur Raum gegeben. So unterstreicht etwa ein eigenes Trachtenzimmer die Bedeutung der standesgemäßen Kleidung: Im ehemaligen *Schmiedegebäude*, dem Gradnhammer, stehen naturgemäß die Fertigungstechnik und die dazu notwendigen Geräte im Vordergrund; dazu kommen sozialgeschichtliche Aspekte der Arbeitsorganisation. Die ausgestellten Geräte und Werkzeuge spiegeln im wesentlichen den Stand um 1900 wieder. Ein interessantes Gebäude ist die ehemalige *Kram*, wo die Sensen nochmals kontrolliert, zum Teil lackiert, ab ca. 1880 etikettiert und schließlich sortiert und verpackt wurden. Von diesem Herumkramen hat das Gebäude vermutlich seinen Namen erhalten. Hier werden heute verschiedene Sensentypen und Beispiele für Etiketten gezeigt, Originalstempel und -zeichen, Schreibzeug und Geschäftsbücher der Gradnwerkstatt ausgestellt und die Entwicklung der Absatzgebiete und Handelswege dargestellt.

Einen Schwerpunkt bildet das Zunftwesen, das am Beispiel wichtiger Rituale und Insignien der Kirchdorf-Micheldorfer Innung vorgestellt wird. Die Zunft bestimmte mit einem starren Regelwerk die Zahl der Werkstätten und der Meister, den Weg zur Aufnahme, die interne Organisation und sogar die tägliche Produktion, das Tagwerk. Schon bald bevorzugte die Handwerksordnung die Meistersöhne, und schließlich war es nur noch diesen möglich, Meister zu werden und eine eigene Werkstätte zu besitzen. Man begegnet so in den Stammbäumen der führenden Werkstätten immer wieder denselben Familiennamen. Typisch für die Zünfte waren die ritualisierten Zusammenkünfte am Jahrtag, wo der Zechmeister gewählt wurde, die Knechte die Werkstätte wechseln konnten, die Jungen «freigesprochen» und die Streitfälle geregelt wurden.

Zu diesen drei Gebäuden, die seit Beginn zum Bestand des Museums gehören, kamen im Zuge der Landesausstellung 1998 vier weitere: Im *Feyreggerhaus*, das einst Wohn- und Lagerzwecken diente, wird die Geschichte Micheldorfs bis zum ausgehenden Mittelalter gezeigt. Im *Schmiedhaus*, in dem einst die Familien von werksangehörigen Knechten und Buben wohnten, erfährt man mehr über die Arbeits- und Lebenswelt der Sensenarbeiter. Mit der Einführung des Wasserbreithammers und der damit verbundenen Vergrößerung der Werkstätten war es zu einer immer stärkeren Hierarchie unter den Sensenknechten gekommen. Lediglich der Eßmeister, der Hammerschmied und der Abrichter – die drei für die Qualität der Arbeit wichtigsten Personen – gehörten zu den kontinuierlich bei einem Meister beschäftigten sogenannten Standknechten. Demgegenüber verrichteten die Wochenknechte weniger qualifizierte Arbeiten, erhielten weniger Lohn und fanden nicht das ganze

Jahr hindurch Beschäftigung. Sie waren meist Kleinhäusler, die im Sommer für ihre Landwirtschaft sorgten. Die strengen Zunftvorschriften und die Bereitstellung von Kost und Quartier als Teil des Lohnes führten zu einer engen Bindung an den Meister, die später den Übergang vom Knecht zum Arbeiter und den Anschluß an die Fabriksarbeiterbewegung erschwerte.

Das *Bauernhaus* bildet den Eingang ins Museumsdorf. Dort sind Kassa, Museumsshop, Bauernladen und Restaurant untergebracht. Eine eigene Ausstellung zeigt die Versorgung der Sensenschmiede, die Verbindung von Sensenerzeugung und Landwirtschaft. In der *Gesundheitsschmiede* steht das Thema «Mensch und Gesundheit» in seinen historischen und aktuellen Bezügen im Vordergrund. Ein zweites Thema bildet die Entwicklung der Region nach dem Niedergang des Sensengewerbes.

MUSEUM Sensenschmiedemuseum Micheldorf, Gradnstraße 10, Tel. 07582/634 07, Öffnungszeiten nach der Landesausstellung voraussichtlich 1. Mai bis 31. Oktober tgl. 9–17 Uhr; November bis April für Gruppen gegen Voranmeldung geöffnet. **THEMATISCHER WANDERWEG** «Sengsschmiedroas», führt durch das gesamte Ensemble des Sensenschmiedemuseums und zum Georgenberg; weitgehend eben und auch für Kinderwägen und Rollstühle geeignet, Gehzeit: 1,5 Std.

DIE GRADNALM: BESUNGEN IN GEDICHTEN UND LIEDERN

Die Kulisse der steil aufragenden, zerfurchten Höhenzüge der Kremsmauer und der unmittelbar nordwestlich anschließenden Falkenmauer ist im Kremstal ein ständiger Begleiter. Für all jene, die gerne in die Berge wandern, stellt das überdimensioniert wirkende Felsgebilde eine ständige Verlockung dar: Welcher Tiefblick ins Kremstal und welcher Rundblick auf die umliegenden Gebirgszüge müßten von dort oben möglich sein! Allerdings ist diesem mehr als 1000 Meter über den Talgrund aufragenden Kamm anzusehen, daß seine Bezwingung Erfahrung, Geschick und einige Mühe erfordert. Tatsächlich wird die Falkenmauer wegen der schwierigen Zustiege, des brüchigen und rutschigen Gesteins und vieler gefährlicher Passagen auch von Kletterern nur selten aufgesucht. Auf die *Kremsmauer* dagegen führt neben einigen gefährlichen Anstiegen ein stellenweise versicherter Zustieg, der über das Törl – ein natürliches Felsloch genau am tiefsten Punkt des Sattels zwischen Krems- und Falkenmauer – und dann vom Süden her zum Gipfel führt. Aber auch dieser Weg ist geübten, trittsicheren und schwindelfreien Wanderern vorbehalten. So werden also die beiden unnahbaren Mauern über dem Kremstal insgesamt eher selten von Menschen aufgesucht – und manchen sind sie auch schon zum Verhängnis geworden. Dennoch müssen sich auch weniger erfahrene Wanderer nicht damit begnügen, die Krems- und Falkenmauer vom Tal oder von den gegenüberliegenden Hügeln aus zu betrachten. Die schönste Möglichkeit einer ungefährlichen, wenn auch teilweise anstrengenden Annäherung bietet eine Wanderung zur etwa 1300 Meter hoch gelegenen *Gradnalm*. Sie liegt am Ende jenes langgestreckten, bewaldeten Höhenrückens, der sich von Scharnstein bis ins Kirchdorfer Becken und vor die Falkenmauer hinzieht. Von der Alm aus können mit wenig zusätzlichem Aufwand einige Gipfel bestiegen werden, die neben dem Blick auf die Mauern ein weitläufiges Panorama erschließen.

Abgesehen von der landschaftlichen Schönheit bedeutet eine Wanderung auf die Gradnalm auch ein Wandeln auf historischen Pfaden. Wie der Name sagt, gehörte sie einst zum Besitz der Gradn, der bedeutendsten Micheldorfer Sensenwerkstatt. Als im 19. Jahrhundert die Berge «entdeckt» wurden, war die Gradnalm das umschwärmte und in Gedichten und Liedern gepriesene Ziel der Hammerherrenfamilie Zeitlinger. In einem der Zimmer des früheren Herrenhauses erinnert eine eigene Vitrine an diese Zeit. Hier findet sich neben einem mit geschnitzten Spielzeugkühen dargestellten Almabtrieb auch ein hölzerner Tragsessel, in dem einst kleine Kinder zu Ausflügen auf die Alm mitgenommen wurden. Trotz ihrer besonders schönen Lage und ihrer relativ leichten Erreichbarkeit ist die

Gradnalm nicht überlaufen. Das mag zum einen damit zusammenhängen, daß sie nur teilweise bewirtschaftet ist und es keine Übernachtungsmöglichkeiten mehr gibt. Zum anderen wurde durch einen rücksichtslosen Forststraßenbau der kürzeste Steig zur Alm weitgehend zerstört, und wer wandert schon gern – der prallen Sonne ausgesetzt – auf einer endlos erscheinenden steilen Gerade, insbesondere mit Kindern?

Die hier empfohlene Aufstiegsroute führt über Umwege zur Gradnalm. Sie ist steiler und länger als die Standardroute, dafür aber voller landschaftlicher Höhepunkte. Der Ausgangspunkt ist die kleine, zu Micheldorf gehörende Ortschaft *In der Krems*. Kurz nach den letzten Häusern weist ein Schild über eine Holzbrücke den Weg zu Kremsmauer und Törl. Entlang eines über zahlreiche Stufen plätschernden Wildbaches führt der Steig durch schattigen Mischwald gleichmäßig steil bergan. Auf der schon lange stillgelegten Panstaller Alm liegt versteckt eine Forsthütte, vor der einige Bänke und Tische zu einer längeren Rast einladen. Immerhin sind bis dahin bereits etwa 600 Höhenmeter zurückgelegt und zeitlich etwa die Hälfte des Weges zur Gradnalm geschafft. Direkt über der Almwiese erhebt sich die zum Greifen herangerückte Kremsmauer, an deren Fuß sich der Pfad – nun deutlich weniger steil – entlangschlängelt. Bald ist die Abzweigung des Klettersteiges zum Törl erreicht. Geradeaus und leicht bergab führt der Weg durch offenes Gelände direkt an die Felsabstürze der Falkenmauer heran. Hier und auch an ein bis zwei weiteren abschüssigen Stellen ist bei mitwandernden Kindern besondere Aufmerksamkeit erforderlich. Wieder im schütteren Wald, folgt der Weg – vorbei an blau leuchtenden Eisenhüten – leicht ansteigend zunächst dem Kamm. Von hier aus läßt sich mit einem kurzen Abstecher der *Rauhe Kaibling* besteigen, von dem aus sich die vielleicht schönste Aussicht auf Kremsmauer und Falkenmauer und das gut sichtbare Felsloch des Törls bietet. Der weitere Weg zur Gradnalm verläuft dann in der westlichen Bergflanke mit weiten Ausblicken ins Grünauer Becken und auf die umliegenden Bergzüge.

Schließlich – und allmählich schon ersehnt – werden die weiten Wiesenhänge der Alm, die weidenden Jungrinder und die Hütte sichtbar. Wer sich noch nicht satt gesehen hat, der nehme vor dem Abstieg zur Alm noch den kurzen Aufstieg zum *Pfannstein* auf sich, von wo sich eine faszinierende Rundsicht zum Sengsengebirge, zur Prielnordwand im Toten Gebirge, zum Kasberg und Traunstein sowie in die Tiefe – auf das Krems- und Steyrtal und in das kontinuierlich flacher werdende Alpenvorland – eröffnet.

Für die Rast bei der Hütte sollte man nicht zu wenig Zeit einrechnen. An schönen Tagen und bei guter Thermik bieten die zahlreichen Drachen- und Segelflieger, die den Felsabstürzen der Kremsmauer oft scheinbar bedrohlich nahe kommen, ein zusätzliches Schauspiel. Rundum zufriedengestellt, nimmt man das Ärgernis der immerhin die müden Glieder schonenden «Forstautobahn» hinunter zum *Ebensattel* leichter in Kauf. Vorbei an einem hübsch geschmückten Jagdhaus, folgt man dem Wegweiser Kremsursprung–Micheldorf nach rechts. Wechselnd zwischen Forststraße und dem ursprünglichen Steig,

Auf der Kremsmauer, im Hintergrund die Falkenmauer

kündigt das immer lauter werdende Rauschen der Krems den Talboden an. Von dort führt ein kurzer Abstecher nach rechts zum sehenswerten *Kremsursprung*.

WANDERUNG zur Gradnalm: Ausgangs- und Ankunftspunkt: In der Krems (ca. 540 m; zu Fuß vom Bahnhof Ober-Micheldorf auf schönem Weg in 30 Minuten erreichbar; mit Auto beschilderte Abzweigung südlich von Micheldorf zum Kremsursprung); Abzweigung Kremsmauer/ Törl (Nr. 446); durch Länge und Steilheit einige Kondition erfordernde, jedoch ungefährliche und bei entsprechender Aufmerksamkeit auch für Kinder geeignete Wanderung; Gehzeiten: zur Parnstaller Alm (1160 m) 1 Std. 45 Min., zur Gradnalm (1300 m) weitere 2 Std., Abstieg über Ebensattel (1010 m) 1 Std. 15 Min., gesamt etwa 5 Std.; Gipfelbesteigungen auf den Rauhen Kaibling (1381 m) und den Pfannstein (1423 m) mit geringfügigem Zusatzaufwand möglich; Gradnalmhütte während der Sommermonate einfach bewirtschaftet, keine Übernachtungsmöglichkeit.

STEINBACH AM ZIEHBERG: HEIMAT DER KALKBRENNER

Zwischen Kirchdorf und Micheldorf führt in westlicher Richtung eine wichtige und alte Straßenverbindung über den Ziehbergsattel vom Kremstal ins Almtal und weiter ins Salzkammergut. Der Name *Ziehberg* geht auf die slawische Siedlung am «Ziduinis»-Berg um 800 n. Chr. zurück. Hat man die wenigen steilen Kehren hinter sich gelassen, taucht man vom geschäftigen Kremstal in ein ruhiges, von bewaldeten Bergen umgebenes Hochtal ein, das das Gemeindegebiet von *Steinbach* bildet. Der Ort selbst ist klein und unscheinbar. Aber es gibt zumindest drei gute Gründe, hier etwas zu verweilen. Zum ersten läßt es sich in der Umgebung Steinbachs wunderbar auf wenig begangenen Wegen und Steigen wandern: gemütlich im Bereich des nördlich gelegenen, von Bergbauern besiedelten *Perneckerkogels* mit schönen Aussichtspunkten und einladenden Jausenstationen; forderndere Bergtouren führen in das Gebiet des südlich gelegenen *Mittagsteins* (1260 m), von dessen Felsgipfel aus sich nicht nur eine eindrucksvolle Fernsicht zur nahen Falkenmauer bietet, sondern auch Weitwandermöglichkeiten auf dem Bergkamm sowohl ins Alm- als auch ins Kremstal erschließen. Wanderungen in Steinbach empfehlen sich insbesondere im Herbst, wenn die Lärchenwälder ihre Farbenpracht entfalten und das Kremstal in dichtem Nebel versinkt.

Die zweite Attraktion Steinbachs ist ein seltenes Industriedenkmal: Als Teilprojekt der Landesausstellung 1998 wurde ein bereits halb verfallener *Kalkbrennofen* sorgfältig instand gesetzt und als Ausstellungs- und Veranstaltungsort dauerhaft zugänglich gemacht. Der 1926 erbaute Ofen ist ein imposantes Gebilde: 18 Meter ragt der flaschenförmige Kamin des Schachtofens empor; sein Durchmesser an der Basis beträgt etwa vier Meter. Dem aus Ziegeln gemauerten Kamin steht ein hölzerner Förderturm in gleicher Höhe zur Seite, von dem aus das Kalkgestein in den Kamin eingefüllt wurde. Den Kamin umschließt ein langgestrecktes Holzgebäude, in dem einst Geräte gelagert und Fahrzeuge abgestellt wurden und wo sich eine einfache Unterkunft für die Kalkarbeiter befand. Es wird jetzt als Veranstaltungsraum genutzt. Im Untergeschoß dieses Gebäudes, in einem Rundgang um den Ofen, wurde 1998 eine permanente Ausstellung eingerichtet. Sie beschreibt die Gesteinsarten, die Technik des Kalkbrennens, die verschiedenen Ofentypen, die Handelsbeziehungen, die vielfältigen Verwendungsmöglichkeiten des gebrannten Kalks und die harte Arbeit der Kalkbrenner. Ergänzt wird die Ausstellung durch einen thematischen Wanderweg vom Ofen zum Steinbruch.

Der Kalkofen von Steinbach

Der dritte, mit den beiden bereits genannten leicht kombinierbare Grund, in Steinbach Station zu machen, sind zwei Gasthäuser: das vortreffliche Weitenau am Ortsende Richtung Almtal und die dem Kalkofen gegenüberliegende Krapfenmühle. In beiden Häusern wird qualitativ hochwertige bodenständige Küche geboten.

THEMATISCHER WANDERWEG zwischen Kalkofen und Steinbruch, Gehzeit hin und retour: ca. 45 Min. Besichtigung des Kalkofens nach Beendigung der Landesausstellung nach Anmeldung an Wochenenden und Feiertagen. **AUSKUNFT** Gemeindeamt, 4562 Steinbach am Ziehberg, Tel. 07582/7255, Fax DW 25. **ESSEN UND TRINKEN** Gasthof Weitenau, Nr. 153, Tel. 07582/7202, Ruhetag: Mi. Gasthaus Krapfenmühle, Nr. 78, Tel. 07582/7203, Ruhetag: Mo.

WIE DER KALK GEMACHT WURDE

Wie ging das Kalkbrennen vor sich? Zunächst wurde das Kalkgestein im nahe gelegenen Steinbruch durch Bohren und Sprengen mit Dynamit gewonnen, dann mit Ochsenwägen und später mit einer nicht mehr erhaltenen Materialseilbahn zum Ofen transportiert. Im unteren Brennraum wurde ein Kalksteingewölbe aufgeschichtet. Dann mußte der Ofen drei Tage lang mit insgesamt 25 Laufmeter Weichholz vorgeheizt werden, bevor Koks in die Brennzone eingebracht und der Ofen durch das obere Fülloch abwechselnd mit Koks und Kalkstein befüllt wurde. Nach zwei weiteren Tagen konnte die erste Schicht ungelöschten Branntkalks gezogen werden. Die körperlich ohnedies sehr anstrengende Arbeit wurde durch die große Hitze und den ätzenden Staub zusätzlich erschwert. Die Kalkarbeiter von Steinbach waren im Nebenerwerb eingesetzte Land- und Forstarbeiter, gebrannt wurde von April bis zum Beginn der Heuernte und von deren Ende bis Oktober. Hauptabnehmer waren die Baumeister der näheren Umgebung und die Bauern des Bezirks. Der Transport war wegen der Brand- und Verätzungsgefahr nicht ungefährlich. Steinbruch und Brennofen in Steinbach wurden bereits Anfang der fünfziger Jahre mangels Rentabilität außer Betrieb gesetzt, obwohl der Ofentyp im gewerblichen Bereich nach wie vor zur Anwendung kommt.

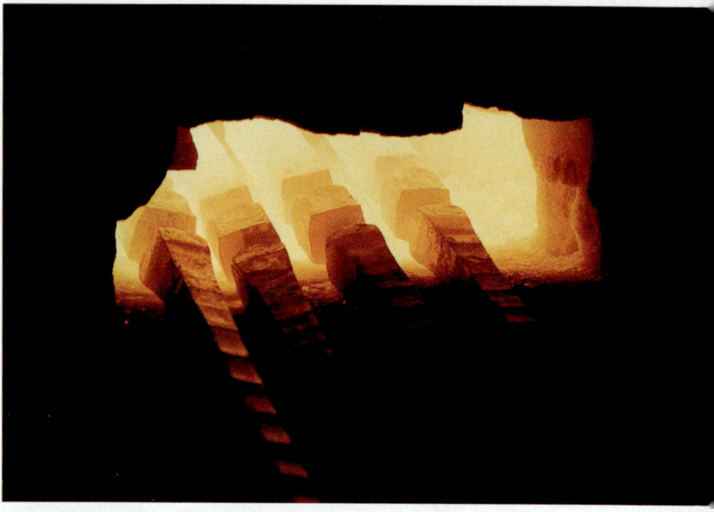

Vorhergehende Seite: Jugendstilkraftwerk Steyrdurchbruch von Mauriz Balzarek
Rotglühendes Eisen in der Sensenschmiede Sonnleithner in Laussa (li. oben)
Der Gradn-Hammer in Micheldorf, heute Teil des Sensenschmiedemuseums (li. unten)
Sensenwerk Sonnleithner in Laussa (re. oben)
An der Spitze des technischen Fortschritts: BMW-Motorenwerk in Steyr (re. unten)

Weithin zu sehen:
monumentale Windkraftanlage
auf dem Plattenberg oberhalb
von Laussa (li.)
Johann Schmidberger aus Molln
fertigt Rüstungen und Schwerter
für Theaterstücke und
Sammler (re. oben)
Wasserrad am Rameishammer
in Trattenbach: renoviert
und für Vorführungen
einsatzbereit (re. unten)

Blick auf die einstige Messererhochburg Steinbach an der Steyr (li.)
Detail des Herrenhauses Koller bei Molln (re. oben)
interstimmung am Pießlingbach beim Waldhammer des Sensenwerkes Roßleithen (re. unten)

Folgende Seite:
Die Trattenbacher Feitel mit ihren bunten Holzgriffen: früher Gebrauchsgegenstand, heute Souvenir

Landschaft am Fluß: Das Steyrtal

Insgesamt 68 Kilometer legt die Steyr von ihrem Ursprung in der Hochgebirgswelt des Toten Gebirges bis zu ihrer Mündung in die Enns mitten in der Stadt Steyr zurück, immerhin zwei Drittel dieses Weges ungehindert und unaufgestaut. In einem Land, in dem 90 Prozent des vorhandenen Wasserkräftepotentials erschlossen sind, ist das Steyrtal also eine der letzten über weite Strecken ursprünglichen Flußlandschaften. Das auffälligste am Steyrwasser ist seine Klarheit und seine Farbe, ein intensives, geradezu leuchtendes Smaragdgrün. Wer dieses Aussehen automatisch mit Reinheit verbindet, täuscht sich nicht: Die Güteklasse des Wassers liegt nahe am bestmöglichen Wert.

Die ersten 20 Kilometer hat die Steyr den Charakter eines Gebirgsflusses. Sie durchquert dabei das Stodertal, wo noch einmal von ihr die Rede sein wird. Erst ab dem Zusammenfluß mit der Teichl gibt sie dem Tal auch ihren Namen, erst hier beginnt das eigentliche Steyrtal. Der folgende Abschnitt, in dem sich der Fluß bis zu 40 Meter tief in das Konglomeratgestein eingegraben hat, zählt zu den urtümlichsten Landstrichen Oberösterreichs. Zwar ist der erste, besonders tiefe und malerische Teil der Steyrschluchten für immer unter dem Klauser Stausee verschwunden, doch zwischen Molln und Obergrünburg sind die beeindruckenden Schluchten bislang von großen Eingriffen verschont geblieben. Und auch unterhalb von Grünburg, ja bis vor die Tore der Stadt Steyr kann man auf zahlreichen Schotter- und Sandbänken – oft nur ein kleines Stück von der Straße entfernt – in eine eigene Welt aus Farben und Geräuschen eintauchen.

Am Fluß entlangzuwandern, ob zu Fuß oder mit dem Fahrrad, eventuell in Verbindung mit der Steyrtal-Museumsbahn, zählt daher sicher zu den schönsten Freizeitvergnügungen im Steyrtal. Der zum Teil auf der aufgelassenen Bahntrasse angelegte Radweg gilt vielen als der schönste der Region. Das unmittelbarste Erlebnis des Flusses freilich bleibt jenen vorbehalten, die sich auf dem wehrfreien Abschnitt zwischen Agonitz und Obergrünburg mit dem Kanu oder dem Schlauchboot auf die Reise begeben. Die Strecke gilt als einfach, Unerfahrene sollten sie dennoch nur mit entsprechender Ausrüstung und Begleitung befahren! Erfahrenen Wildwassersportlern vorbehalten ist dagegen eine Fahrt auf der Krummen Steyrling, einem wildromantischen Nebenfluß der Steyr. Gesäumt wird das Steyrtal von hohen und mittelhohen Bergen, die alle denkbaren Möglichkeiten zum Wandern und Bergsteigen eröffnen. Ein idealer Ausgangspunkt dafür ist Molln, von wo man fast in alle Himmelsrichtungen ausschreiten kann, unter anderem in das Nationalparkgebiet des Sengsengebirges. In der weitläufigen Berg- und Waldregion östlich des Steyrtals finden auch Mountainbiker zahlreiche Strecken aller Schwierigkeitsgrade vor.

Auch als Kulturlandschaft ist das Steyrtal vom Fluß geprägt. Über Jahrhunderte nutzten die Menschen an der Steyr das Wasser und seine Kraft zum Antrieb von Mühlen, Sägen und Schmiedehämmern. Der Großteil der eisenverarbeitenden Betriebe siedelte sich in den weniger hochwassergefährdeten Nebentälern an. Das Sensenschmiedeensemble in der Schmiedleithen bei Leonstein und das einstige Messererzentrum Steinbach vermitteln noch heute auf besonders eindrucksvolle Weise diese nicht allzu ferne Vergangenheit. Als Transportweg für Flöße diente die Steyr bis zum Bau der Steyrtalbahn im Jahre 1890, Holz wurde sogar noch einige Jahrzehnte länger getriftet. Die nur von einem Mann gesteuerten Flöße (im Volksmund «Ladenkarl» genannt) waren wegen der Wildheit und teilweisen Enge des Flußbetts nur etwa fünf Meter lang und vier Meter breit. Stromschnellen, Wehranlagen und Stege machten die Flößerei zu einem äußerst gefährlichen Unternehmen.

Das bedeutendste religiöse Kulturdenkmal des Steyrtals, eine spätgotische Madonnenfigur, ist in der kleinen Wallfahrtskirche von Frauenstein zu sehen. Ansehnliche Kunstschätze bergen auch zahlreiche weitere Kirchen.

Touristisch ist das Steyrtal fast unentdeckt – neben vielen Vorteilen hat das allerdings den Nachteil einer deutlich unterentwickelten Gastronomie. Den größten touristischen Anziehungspunkt bildet paradoxerweise die «Natur aus zweiter Hand», die am Klauser Stausee und am künstlich angelegten Elisabethsee bei Kniewas entstanden ist.

ANREISE Mit dem Auto: Westautobahn – Steyr – B122 und 140, vom Süden Pyhrnautobahn oder B 138. Mit der Bahn: Pyhrnbahn (Anbindung an West- und Südbahn) bis Klaus, von dort sowie von Steyr aus Bundesbus. **AUSKUNFT** Tourismusinformation Pyhrn-Eisenwurzen, Am Kirchenplatz 7–9, 4560 Kirchdorf, Tel. 07582/624 50, Fax 07582/649 07-20. **WANDERKARTE** Grünau/Almtal, Steyrtal, Sengsengebirge, freytag & berndt, 1:50.000. **LITERATUR** Willibald Girkinger, Wolfgang Heitzmann: Die Steyr, Linz 1990.

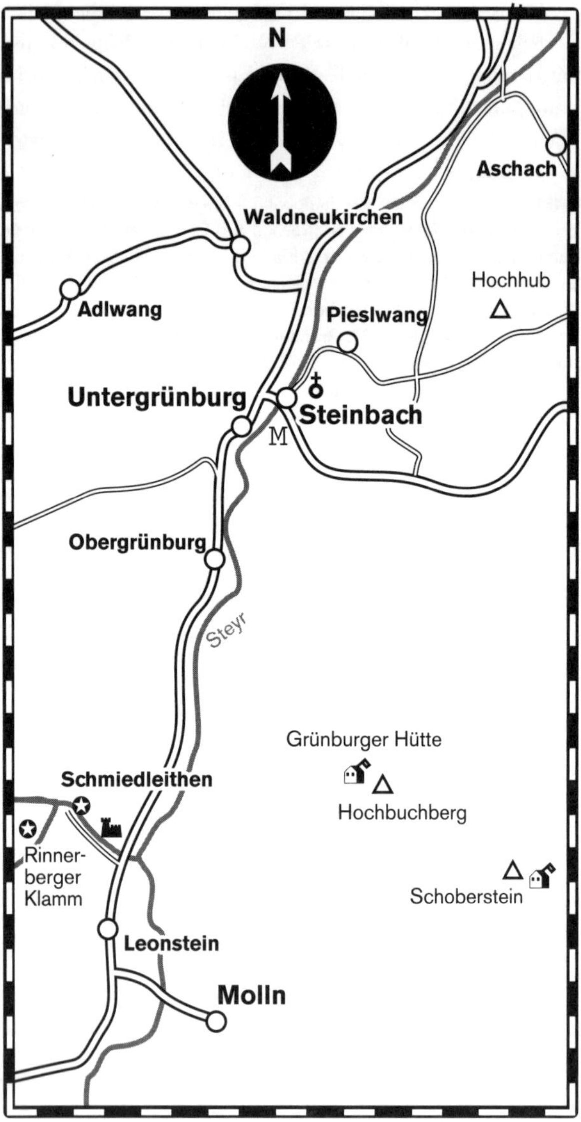
N
Waldneukirchen
Aschach
Adlwang
Hochhub
Pieslwang
Untergrünburg
Steinbach
M
Obergrünburg
Steyr
Grünburger Hütte
Schmiedleithen
Hochbuchberg
Rinner-
berger
Klamm
Schoberstein
Leonstein
Molln

Das Steyrtal von Aschach bis Leonstein

ASCHACH AN DER STEYR: WO DER MOST BESONDERS SCHMECKT

Südlich der Stadt Steyr erstreckt sich zwischen den Flüssen Steyr und Enns ein dünn besiedeltes, landschaftlich reizvolles Hügelland, von verstreuten Bauernhöfen, Feldern, Weideland und Obstbäumen geprägt und von Gräben und Bachläufen durchzogen. Die einzige größere Siedlung ist Aschach an der Steyr, das wegen seiner ruhigen Lage zu einem begehrten Siedlungsgebiet geworden ist. Von den Hügeln um Aschach eröffnen sich weite Ausblicke hinaus in das flache Alpenvorland bis zum Mühlviertel, zu den Gipfeln der Voralpen und zu den dahinter aufragenden Höhenzügen des Sengsen- und Toten Gebirges. Ein besonders schöner Aussichtspunkt ist die etwa 600 Meter hohe *Hochhub* südlich von Aschach. Am besten läßt sich diese Landschaft sicherlich mit dem Fahrrad erkunden. Gefallen am Radfahren wird hier allerdings nur finden, wer sich gerne anstrengt und die für die zahlreichen Steigungen notwendige Kondition mitbringt. In den letzten Jahren hat sich Aschach als «Mostgemeinde» einen Namen gemacht. Kaum eine andere Gemeinde in Oberösterreich hat eine so hohe Dichte an Bauern, die das traditionelle Getränk noch oder wieder erzeugen. Bei Mostverkostungen findet sich Aschacher Most regelmäßig in den Spitzenrängen. Einige davon kann man bei den beliebten Jausenstationen versuchen.

AUSKUNFT Touristeninformation, 4421 Aschach, Tel. 07259/3412, Fax DW 8.

MOSTSCHÄDEL, MOSTBIRN UND MOSTSCHOBER

Der Most war einst der Haustrunk der Oberösterreicher, die Bezeichnung «Mostschädel» stand für Selbstbewußtsein und Eigensinn der Bewohner ob der Enns. Im Jahr 1958, als noch Statistiken über die Mostobstkultur erhoben wurden, wuchsen 31 Prozent aller Mostbirnbäume und 48 Prozent aller Mostapfelbäume des gesamten Bundesgebietes in Oberösterreich. Besonders verbreitet waren und sind sie im Kremstal sowie im Hügelland zwischen Steyr und Enns. Most gibt es hier schon lange, die erste schriftliche Erwähnung stammt aus dem 17. Jahrhundert. Im «Haußhaltungs Büchl» des Philipp Jakob von Grüenthal, Besitzer des Schlosses Kremsegg, geschrieben um 1600, heißt es: «Holzäpfel und Birn gestoßen, gepreßt und in Fässer gegossen, stehen lassen, ist ein guter Trank für die Bauern.» In der zweiten Hälfte des 20. Jahrhunderts drohte das Ende der jahrhundertealten Mostkultur: Durch die Mechanisierung der landwirtschaftlichen Produktionsweise, den Ausbau der Güterwege und den steigenden Wohlstand verlor der Most stark an Bedeutung. Viele Mostobstbäume standen im Weg, wurden geschlägert und nicht mehr nachgepflanzt. Dadurch ist die Vielfalt der Obstsorten stark zurückgegangen, die typische Prägung des Landschaftsbildes des Alpenvorlands durch die verschiedenen Mostobstbäume – man denke nur an die Blütenpracht im Frühling – hat stark gelitten. Seit einigen Jahren erfreut sich der Most wieder steigender Beliebtheit, wovon nicht zuletzt Obstsortenschauen, Mostverkostungen und Mostwettbewerbe zeugen.

Herbert Brandtner gehört zu jenen Bauern in der Gemeinde Aschach, die die Herstellung von Most und den Mostausschank nicht nur als Zusatzeinkommen wiederentdeckt haben, sondern auch als wichtigen Bestandteil der traditionellen bäuerlichen Kultur. Er hat viel Wissen von seinen Vorfahren übernommen und durch Fortbildungen, Fachliteratur und durch eigenes Experimentieren erweitert. Interessierten Besuchern erzählt er gerne, was die Qualität eines guten Mostes ausmacht: reifes Obst, Reinlichkeit bei der Verarbeitung, besondere Pflege im Keller, saubere Fässer und konstante Kellertemperatur.

Etwa Anfang Oktober wird das Obst «awigstanglt» und «klaubt», dann gewaschen, im Preßhaus zerquetscht und gepreßt. Der Obstsaft (= Süßmost) wird mit dem Schlauch in den Keller hinuntergeleitet und in Eichenfässer gefüllt, wo die Vergärung bei einer Temperatur von möglichst 15 Grad stattfindet. Dieser Prozeß dauert je nach Obstsorte sechs bis acht Wochen. Wenn es um diese Jahreszeit zu schnell kalt wird, bleibt die Gärung stecken, dann muß zugeheizt und oft kontrolliert werden. Bei der Vergärung entsteht Gelege (wie beim Wein), das im Faß zurückbleibt, wenn der reine Most in Stahltanks abgezogen wird. Diese haben sich als gutes Material zum Weiterlagern bewährt. Erst später wird der Most in Flaschen abgefüllt.

Am besten ist sortenreiner Most, und da wiederum gilt der Birnmost als hochwertiger als der Öpfömost (= Apfelmost) oder der Mischling. Birnenmost ist milder und süffiger, verdirbt aber auch rascher, der Apfelmost hingegen herber und haltbarer. Besonders begehrt ist der Landlbirnmost. Die Brandtners haben ungefähr 20 verschiedene Birnensorten und ebenso viele Apfelsorten, insgesamt ca. 300 Mostobstbäume. Ihr Bauernhof liegt auf einem sanften Abhang mit schöner Aussicht ins nahe Ennstal und auf die Berggipfel der Voralpen. Im Freien gibt es 20 Sitzplätze neben einem mächtigen, 300 Jahre alten Mostbirnbaum, bei Schlechtwetter findet man in der Stube Platz. Zum «Spitzenmost» werden Speck und Schweinsbraten aus hauseigener Produktion, Topfen, Bauernkrapfen und auf Bestellung sogar manchmal Mostschober, ein Dessert mit Most (siehe Rezept), zum Mitnehmen verschiedene hausgemachte Schnäpse in einem selbstgebastelten Holztragerl angeboten. Bei den im Mai und Juni stattfindenden alljährlichen Mostverkostungen wird auch der Brandtnersche Most einer strengen Bewertung unterworfen. Eine Jury vergibt Punkte nach Alkohol- und Säuregehalt, Farbe, Reinheit, Geruch und Geschmack. «Den Siegermost möchte jeder haben», sagt Herbert Brandtner – und sein stolzes Lächeln verrät, daß der Juryspruch schon einige Male zu seinen Gunsten ausfiel.

Herbert Brandtner in seinem Mostkeller

Die Mostschenke der Familie Brandtner ist Mittwoch, Freitag und Samstag 14–22 Uhr geöffnet, größere Gruppen sollten sich anmelden. Auskünfte über weitere Mostschenken in Aschach können am Gemeindeamt, Tel. 07259/3412, erfragt werden. **LITERATUR** Heidelore Strallhofer-Hödl: «Landlbirn und Mostschädl», Essen und Trinken beim Mostbauern in Oberösterreich, Graz 1996. «Mostalgie», Loblied an die Most/baum/kultur. Eine Textauswahl oberösterreichischer Autoren, illustriert mit Linolschnitten von Karl Herndler, Gaspoldshofen 1995.

MOST MAHLZEIT! VORSPEISE, HAUPTSPEISE UND DESSERT, GEKOCHT MIT MOST

Mostsuppe: *1/2 l Most, 25 g Butter, 25 g Mehl, 1 Eidotter, 1/4 l Schlagobers, geröstete Weißbrotwürfel.*
Einbrenn aus Butter und Mehl bereiten, mit heißem Most langsam aufgießen, versprudeln und verkochen lassen. Schlagobers (geschlagen) mit Dotter vermengen und in die nicht mehr kochende Suppe einrühren.

Mostbraten: *1 kg Lungenbraten, Spickspeck, 1 Zwiebel, Wurzelwerk (Karotten, Petersilienwurzel, Sellerie), Lorbeerblätter, 1/2 l Most, 1/2 l Suppe, Salz, Pfeffer.*
Fleisch spicken, salzen, pfeffern und scharf anbraten. Fleisch in eine Kasserolle auf Zwiebel und geschnittenes Wurzelgemüse legen, mit Most und Suppe aufgießen, Lorbeerblätter dazu, im Rohr weich dünsten lassen. Öfter mit Saft übergießen (dieser muß dicklich einkochen). Bratensaft pürieren, mit Erdäpfelnudeln servieren.

Mostschober oder «Besoffener Kapuziner»: *4 Eier, 100 g Zucker, 70 g Brösel, 150 g geriebene Nüsse, 1 Rippe geriebene Schokolade, Zimt; Glühmost: 1/2 l Most, Zucker nach Belieben, Gewürznelken, Zimtrinde, Zitronenschale.*
Eiklar sehr steif schlagen. Dotter, Zucker und Zimt schaumig rühren, Nüsse und Schokolade unter die Dottermasse mischen, abwechselnd Brösel und Eischnee unterheben. In eine gefettete und bemehlte Kastenform füllen, bei 170 Grad ca. 1 Stunde backen. Herausstürzen, mit heißem Glühmost übergießen und mit Schlagobers sofort servieren.

DIE STEYRTALBAHN: «MITTELS EINES SCHIENENSTRANGES DEM WELTVERKEHR EINGEORDNET»

Zwischen Steyr und Grünburg fährt sie noch – oder besser gesagt: wieder –, die älteste Schmalspurbahn Österreichs (760 mm). Nicht ganz 100 Jahre waren seit ihrer Inbetriebnahme vergangen, als 1982 das scheinbar endgültige Aus für die Steyrtalbahn kam. Während die Bahnanlagen und Betriebseinrichtungen zwischen Grünburg und Klaus längst auf dem Schrotthaufen gelandet sind, erreichte eine energische Initiative von Eisenbahnliebhabern, daß die Steyrtalbahn nach dreijährigem Stillstand auf dem 17 Kilometer langen Reststück als Museumsbahn wieder in Betrieb genommen wurde. Mitglieder der Österreichischen Gesellschaft für Eisenbahngeschichte stellen seither Woche für Woche ihre Freizeit und ihr Können unentgeltlich für ihre liebste Nebenbeschäftigung zur Verfügung.

Und rund 20.000 Fahrgäste pro Jahr wissen dieses Angebot zu schätzen. Mehrmalige Fahrten an Wochenendtagen von beiden Zielorten aus, Fahrradtransport und zahlreiche Haltestel-

Endstation der Steyrtal-Museumsbahn: Bahnhof Grünburg

len eröffnen verschiedenste Gestaltungsmöglichkeiten für Besichtigungen, Radausflüge und Wanderungen. Haben die Fahrgäste erst einmal in einem der kleinen, zum Teil noch mit Holzbänken ausgestatteten Waggons Platz genommen, werden sie höchst sinnlich in die Pionierzeit des Eisenbahnzeitalters zurückversetzt: Dicke schwarze Rauchwolken verhüllen die Aussicht, wenn eine der unverwüstlichen Dampflokomotiven unter heftigem Geschnaufe anfährt, ein scharfer Geruch steigt in die Nase, Rußpartikel rieseln wie schwarzer Schnee nieder, und eindringliche Pfeifsignale bedrängen das Ohr. So ungefähr muß es auch gewesen sein, als 1889 das erste Teilstück dieser Bahnlinie eröffnet wurde und der Landtagsabgeordnete Dr. Hochhauser zuerst den Kaiser hochleben ließ und dann darin schwelgte, daß nunmehr auch das Steyrtal «mittels eines Schienenstranges dem Weltverkehr eingeordnet» sei.

Wirklich soweit war es erst 20 Jahre später, als mit der Eröffnung des letzten Teilstücks bis Klaus der Anschluß an die Pyhrnbahn und damit an die großen Verbindungen nach Süden vollzogen war. Schon 1891 war eine 15 Kilometer lange Nebenstrecke in Betrieb genommen worden, die bei Pergern abzweigte, den Steyrfluß überquerte und bis Bad Hall führte. Wegen Unrentabilität wurde der Betrieb auf dieser Teilstrecke bereits 1933 eingestellt.

Die etwa einstündige Fahrt ist nicht nur eine Reise in die Vergangenheit der Eisenbahn, sondern auch ein Schauerlebnis ersten Ranges. Läßt es das Wetter zu, genießt man es am besten auf der Plattform zwischen zwei Waggons. Die Trasse zwischen dem Lokalbahnhof in Steyr und dem Bahnhof Grünburg führt – jenseits der am anderen Steyrufer laufenden Bundesstraße – durch dünn besiedeltes Gebiet fast durchgehend am rechten Ufer der glasklaren Steyr entlang. Vorbei an den alten Fabriksgebäuden von Unterhimmel, wird zunächst die eine Terrasse höher gelegene Wallfahrtskirche von Christkindl passiert. Dann verschwindet die Trasse im Dickicht der Rosenegger Au und schlängelt sich an eindrucksvollen Konglomeratwänden entlang zum einstigen Knotenpunkt Pergern mit dem restaurierten Bahnhof.

Vorbei an den langgezogenen Werkshallen der ehemaligen Waffenfabrik in Letten, dem Stammhaus der Werndlschen Betriebe, führt die Strecke dann auf einer etwas breiteren Terrasse unterhalb von Aschach dahin, an der traditionsreichen Sommerhubermühle vorüber, mit Blick auf die hügeligen, von Obstbäumen gesäumten Wiesen, auf denen Schafe und Kühe weiden. Wieder ins dichte Ufergebüsch eingetaucht, wird die original erhaltene Bogenbrücke unterhalb von Waldneukirchen bei der Hörmühle überquert. Bald darauf kündigt der Blick auf die Humplmühle und die Wehranlagen bei Steinbach das bevorstehende Ende der Reise an.

Steyrtal-Museumsbahn: Betrieb zwischen Anfang Juni und Ende September jeden Samstag und Sonntag zwei- bis dreimal hin und retour von beiden Endbahnhöfen aus (genaue Fahrplanauskünfte: Fremdenverkehrsverband Steyr, Tel. 07252/532 29, an Betriebstagen Lokalbahnhof Steyr, Tel. 07252/465 69, und Bahnhof Grünburg, Tel. 07257/7102), Fahrradbeförderung gratis, Zu- und Aussteigemöglichkeiten für Wanderer bei acht Haltestellen zwischen Steyr und Grünburg.

DER STEYRTALRADWEG: RADELN MIT GENUSS AM FLUSS

Der Steyrtalradweg führt von Steyr in eine der schönsten intakten Flußlandschaften Oberösterreichs. Wer Radfahren und Kulturgenuß gerne miteinander verbindet, wird an vielen Orten fündig werden. Die Route stellt keine besonderen Anforderungen an die Kondition, und ein nicht zu unterschätzendes Plus ist die weitgehende Trennung vom Autoverkehr.

Der erste Abschnitt bis Steinbach/Grünburg verläuft auf wenig befahrenen Nebenstraßen und Güterwegen. Hier berührt der Weg einige Male die Trasse der Steyrtalbahn, was an Sommerwochenenden eine flexible Kombination von Rad- und Bahnfahrt ermöglicht. Von Grünburg bis Klaus verläuft der Radweg auf der ehemaligen Trasse der Steyrtalbahn.

Abschnitt Steyr–Grünburg (17 km) Ausgangspunkt ist der Wehrgraben in Steyr. Über Unterhimmel, Christkindl und die kleinen Bauernweiler Tinsting und Schwamming führt die Route bergab nach Letten und unterhalb von Aschach zur Sommerhubermühle. Die kurz danach erreichte Brücke über die Steyr bietet eine Anschlußmöglichkeit nach Sierning und Waldneukirchen. Im schon zum Gemeindegebiet von Steinbach gehörenden Ortsteil Pieslwang führt dann ein längerer Anstieg durch die waldigen Abhänge auf eine große, fast ebene Terrasse oberhalb des Steyrtales. Weite Felder, sanft ansteigende Wiesen und verstreute Bauernhöfe prägen hier das Bild, nach Süden wird der Blick auf die Gipfel des mugelförmigen Kruckenbrettls und des felsigen Gaisbergs frei. Auf der Fahrt hinunter zum Steyrfluß passiert man die Humplmühle und gelangt unterhalb des mächtigen Alten Pfarrhofs zur Brücke, die die Orte Steinbach und Grünburg verbindet.

Abschnitt Grünburg–Leonstein–Molln–Klaus (21 km) Ausgangspunkt ist der Bahnhof der Museumsbahn (Parkmöglichkeit), von wo die nächsten 6 Kilometer der Strecke direkt am Fluß entlang dahinführen. Nach etwa 2 Kilometern laden ausgedehnte Schotterbänke zum Verweilen am Fluß ein. Nach weiteren 2 Kilometern erreicht man die seit einiger Zeit weitgehend leerstehenden traditionsreichen Gebäude der Haunoldmühle. Seit etwa 1600 stand hier eine Säge- und Mahlmühle, ab 1840 ein Eisenwalzwerk und ab 1907 eine Pappefabrik. Etwa 6 Kilometer nach Grünburg führt die Trasse leicht ansteigend vom Fluß weg, der hier in einer tiefen Konglomeratschlucht fließt. Meist parallel zur Bundesstraße und diese dreimal querend, erreicht man Leonstein, immer den eindrucksvollen Rücken des Gaisbergs am anderen Flußufer im Blickfeld. Bei Schloß Leonstein mündet der Schmiedleithenbach in die Steyr; von hier führt ein thematischer Wanderweg zum ehemaligen Sensenschmiedeensemle.

Der Radweg führt eben und abseits der Bundesstraße vorbei an der Ortschaft Leonstein mit der auf einer kleinen Anhöhe stehenden Kirche, links zweigt die Straße nach Molln ab. Das

Steyrtal wird hier zu einem breiten Becken, und es eröffnet sich eine weite Aussicht, besonders auf die langgezogene Kette des Sengsengebirges. Von Leonstein bis Klaus verläuft der Weg weitgehend parallel zur Straße. Beim Steyrdurchbruch lohnt sich ein kurzer Abstecher zur Aussichtsterrasse unterhalb der Straßenbrücke. Der Radweg führt weiter über eine schöne alte Bogenbrücke, die hier eine tiefe Schlucht überspannt. Am anderen Flußufer taucht jetzt die Wallfahrtskirche von Frauenstein auf, und bald wird auch der Blick auf die steil aufragende Kremsmauer frei. Durch eine Unterführung wird die verkehrsreiche Kremstal-Bundesstraße umfahren, und bald darauf ist Klaus erreicht. Die Rückfahrt ist auch am rechten Steyrufer über Frauenstein und Molln möglich. Diese Strecke enthält etwas mehr Steigungen und auch einige Abschnitte auf Bezirksstraßen mit Autoverkehr.

Steyrtalradweg: Ausgangspunkt: Steyr, Wehrgraben, Wendepunkt: Klaus; angenehme, vielfach schattige Route mit geringen Steigungen, von Steyr bis Grünburg auf kleinen Nebenstraßen, von Grünburg bis Klaus auf der Trasse der ehemaligen Steyrtalbahn; Gesamtlänge: 38 km, zwischen Grünburg und Steyr Museumsbahnbetrieb mit kostenloser Fahrradmitnahme (siehe «Die Steyrtalbahn»), zahlreiche Einkehrmöglichkeiten entlang der ganzen Strecke.

DER SCHRIFTSTELLER ANDREAS RENOLDNER UND SEINE LEGENDE VOM HL. PIESLWANG

Kennen Sie den heiligen Pieslwang? – Vermutlich nicht, auch wenn Sie kirchengeschichtlich beschlagen sein sollten. Denn eigentlich wurde Pieslwang von der römisch-katholischen Kirche gar nie heiliggesprochen. Und ob er überhaupt je gelebt hat, darf mit Fug und Recht bezweifelt werden. Unzweifelhaft aber lebt er als literarische Figur. Sein Schöpfer heißt Andreas Renoldner. Mehrere (darunter auch amtliche) Schreiben, in denen aus der ortsüblichen Schreibweise seiner Wohnadresse «Steinbach/St., Pieslwang 7» die interessante Abwandlung «St. Pieslwang 7, Steinbach» geworden war, brachten ihn auf die Idee, diesem seltsamen Heiligen Leben einzuhauchen.

Pieslwang ist als Einsiedler dargestellt, der im 8. Jahrhundert in die Gegend des heutigen Steinbach wanderte und dort in einer Höhle an den Ab-

hängen zur Steyr seßhaft wurde – nicht weit von jenem Haus entfernt, in dem Renoldner seit 1991 mit Lebensgefährtin und zwei Töchtern sowie mit Katzen und Schafen lebt. Zwar liegt das Haus Renoldners weitab von den nächsten Siedlungen, auf einem schmalen Abhang zwischen Steyrfluß und bewaldeter Böschung. Dennoch ist es hier zeitweilig gar nicht einsam: Unmittelbar unterhalb des Hauses verläuft die Trasse der Steyrtalbahn, die sich an Wochenenden regen Zuspruchs erfreut. Renoldners Kinder erwidern auch nach Jahren noch immer unverdrossen das Winken der vorbeifahrenden Zuggäste, während er und seine Frau die Fenster schließen und die Wäsche von der Leine holen, wenn die rußende Dampflokomotive vorbeipfaucht. Auch auf der anderen Seite seines Hauses, auf einem schmalen Sträßchen, wird Renoldner mit einer touristischen Neuerscheinung konfrontiert: mit den Radfahrern, die hier auf dem Steyrtalweg in Richtung Grünburg ziehen. Und selbst auf dem dritten Verkehrsweg, dem Steyrfluß, nimmt der Verkehr zu. Wo einst Holz nach Steyr geflößt wurde und später sportliche Paddler unterwegs waren, gleiten neuerdings große Schlauchboote vorüber, deren Insassen durch die glückliche Überwindung der Wehranlagen unterhalb der Haunoldmühle in Hochstimmung versetzt werden.

Andreas Renoldner wurde 1957 in Linz geboren. Als der Entschluß in ihm reifte, das Schreiben zu seiner hauptsächlichen Tätigkeit zu machen, gab er das Medizinstudium auf. Auf Zusatzverdienste angewiesen, lernte er Koch und Kellner. Seit einigen Jahren arbeitet er nun als freier Schriftsteller und verfaßt neben Romanen vor allem besser bezahlte Hörspiele.

Aufs Land und konkret nach Pieslwang ist Renoldner eher aus praktischen als aus ideologischen Gründen gezogen. Das alte, stark renovierungsbedürftige Haus mit dem kleinen landwirtschaftlichen Grund entsprach den Vorstellungen, wurde gemietet und in viermonatiger Arbeit bewohnbar gemacht. Unmittelbare Nachbarn gibt es hier nicht, aber Renoldner stört das nicht weiter. In seiner Lebensweise ist er ein Städter geblieben – soweit es das Landleben eben erlaubt. Auch Schafe, die nicht als Ausdruck einer alternativen Lebensform, sondern als Rasenmäher gehalten werden, müssen schließlich manchmal geschoren und zu guter Letzt geschlachtet werden. Und so hat das Neuartige des Landlebens die Werke der letzten Jahre nachhaltiger beeinflußt, als es der Städter Renoldner ursprünglich beabsichtigte. In den «Heiligen Pieslwang» flossen vor allem seine Naturerlebnisse ein. Wälder, Höhlen, Felsen und Wege hat Renoldner in diesem Roman so penibel dargestellt, daß alteingesessene Steinbacher mühelos diese oder jene im Roman beschriebene Stelle identifizieren konnten.

In seinem Roman «Als käme ein Winter» greift Renoldner unmittelbar auf seine Erfahrungen als «städtischer Landbewohner» zurück. Das Leben am Land dient als handfeste Basis, auf der die Geschichte entwickelt wird und wodurch sie eine authentische Komponente gewinnt. Die Hauptfigur des Romans, der Aussteiger Franz Modagl, glaubt zu wissen, wie ein Leben gelingen kann: ein kleiner Hof, Schafe, Obstbäume, Gemüsegarten – und Ruhe und Zurückgezogenheit. Doch in diese Idylle dringt ungefragt die Realität ein: ungebetene Gäste, versteckte Liebespaare, rücksichtslose Wanderer und auch Radfahrer. «Immer wieder steigt jemand ab und will reden, Wasser trinken, Most kaufen, einer hat keine Luft im Reifen und braucht eine Pumpe, später ein Flickzeug, dazu dümmliche Fragen, ob er Schafkäse mache, wie lange man nach Utzing brauche oder nach Enzdorf.» Dazu kommen die unzähligen Mühen des Alltags, der Termindruck der Heuernte, die Abhängigkeit vom Wetter, die Gartenarbeit und die Versorgung der Tiere, das Schlachten und das absolute Unverständnis der Städter, die den Lauf der Welt bestimmen und doch von all diesen elementaren Dingen keine Ahnung haben, ja, sie für nebensächlich halten: «Die Mehrheit lebt in den Städten, und die Minderheit, die die Apokalypse hautnah spürt, wird nicht gehört.»

Andreas Renoldner, Literat

Renoldner ist ein Vielschreiber, möglicherweise ein Zuvielschreiber. Zumindest meint das sein erster Verleger. Der Schriftsteller hat einen einfachen Ausweg gefunden: Seine Werke erscheinen nunmehr in zwei Verlagen. Übrigens: Der nächste Roman wird mit Sicherheit nichts mit dem Landleben zu tun haben.

LESETIP Andreas Renoldner: Das Leben des Heiligen Pieslwang, Legenden, Weitra 1994. Als käme ein Winter, Graz 1997.

STEINBACH AN DER STEYR: HOCHBURG DER MESSERER

Die eigentliche Pforte ins Steyrtal bilden die «Zwillingsorte» Grünburg und Steinbach. Südlich der Linie Steinbach–Grünburg werden die waldreichen Hügel zwischen Steyr und Enns von den ersten Bergen der nördlichen Kalkalpen abgelöst. Während Grünburg in seinen engen Straßen den regen Verkehr der Steyrtal-Bundesstraße aufnehmen muß, ist das malerisch am Hang des anderen Steyrufers gelegene Steinbach von dieser Unbill verschont geblieben. Wie überhaupt die Grünburger seit jeher guten Grund haben, neidisch nach drüben zu blicken. Seit dem Spätmittelalter hatte Steinbach eine relativ zu seiner Größe und Einwohnerzahl ungewöhnliche wirtschaftliche Bedeutung erlangt. «Messerer-Steinbach» – wie der Ort auch genannt wurde – war einst der Standort eines blühenden Kleineisengewerbes. Manche sprachen gar vom «goldenen Steinbach», weil seine Bewohner ihren Reichtum angeblich durch das Tragen goldener Schuhbänder zur Schau stellten.

Das war vermutlich im späten 16. und beginnenden 17. Jahrhundert. In den Werkstätten an der Steyr wurden Tafelmesser, Tranchiermesser, Waidmesser und Stechmesser – Erzeugnisse des sogenannten «großen Klingenschmiedwerks» –, aber auch «kleines Klingenschmiedwerk» wie Taschenfeitel, Federmesser, Schnitzmesser, Brotmesser und Gabeln erzeugt. Die Produkte gingen nicht nur nach Deutschland, Ungarn, Rußland und in die Balkanländer, sondern über Venedig sogar in den Orient. Die intensiven Handelsbeziehungen mit Venedig fanden ihren Niederschlag in der Übernahme typisch italienischer Elemente wie des Sgraffitoputzes, mit dem Handesleute, Messerer, aber auch reiche Bauern ihre Häuser verzierten. Die Grundlagen der wirtschaftlichen Stärke und des Reichtums der Steinbacher Messerer wurden bereits zwei Jahrhunderte vorher gelegt. Schon 1422 wurde die Zunft der Messerer, Klingenschmiede und Schleifer in Steinbach urkundlich erwähnt. Das

Steinbacher Zunftsiegel von 1446 symbolisiert in Form von drei gekreuzten (= vereinten) Schwertern die drei Messererberufe: den Schmied, den Schleifer und den eigentlichen Messerer, der die Messer fertigstellte und die dazu passenden Messerscheiden anfertigte. Umfaßt werden die drei Schwerter von einer goldenen Krone als Ausdruck des landesfürstlichen Schutzes. Auf diesen waren die Steinbacher dringend angewiesen, war doch der Aufstieg ihres Gewerbes von langjährigen Handelsstreitigkeiten mit den Bürgern von Steyr begleitet, die erst von Maria Theresia endgültig zugunsten von Steinbach entschieden wurden.

Das Messerermuseum in Steinbach

Eine zweite bedeutende Steinbacher Zunft waren die Zimmerleute, von deren Meisterschaft noch heute einige schöne Holztramdecken in Steinbacher Bürger- und Bauernhäusern zeugen. Das traditionelle Messererhandwerk war mit dem Beginn der Industrialisierung dem Untergang geweiht. In Steinbach hielt die neue Zeit 1880 mit der Gründung einer Messerfabrik Einzug. Die später daraus hervorgegangenen Pils-Werndl-Werke stiegen nach dem Zweiten Weltkrieg mit knapp 200 Beschäftigten zur drittgroßten Besteckfabrik Österreichs auf. Mit ihrer Schließung im Jahr 1967 ging die große Tradition der Steinbacher Messerproduktion endgültig unter, die einst blühende Gemeinde schlitterte in eine tiefe Krise: Der Mangel an Arbeitsplätzen zwang manche Steinbacher zum Pendeln und veranlaßte andere zur Abwanderung. Die alten Fabriksgebäude an der Steyr standen leer und waren vom Verfall bedroht. Mit einem beispielhaften Dorferneuerungsprojekt haben sich die Steinbacher in den letzten Jahren jedoch wieder selbst aus dem Sumpf gezogen (siehe Seite 237).

Durch die wechselvolle Geschichte und die neue Blüte Steinbachs führt ein thematischer Wanderweg, der *Messererweg*. Er beginnt beim Bahnhof Grünburg (Museumsbahn, Parkplatz), quert auf einer Fußgängerbrücke den Fluß und führt am neuen Messerermuseum vorbei durch die Hochgasse hinauf zum Ortsplatz und zur Kirche. Von der Brücke aus überblickt man rechter Hand das gesamte Gelände, auf dem einst die Werkstätten der Steinbacher Messerer und später die Pils-Werndl-Werke standen. In der ehemaligen Werkstätte ist nun das Messerermuseum untergebracht. Der anschließende Trakt mußte abgerissen werden. Die renovierten Hallen daneben werden nun für Ausstellungen zur Ortsgeschichte und das Dorferneuerungsprojekt genützt. In einem neueren, oberhalb gelegenen Teil der ursprünglichen Anlage haben sich weitere Betriebe angesiedelt. Nach wie vor in Betrieb sind die beiden Elektrizitätswerke. Das Kraftwerk der ehemaligen Messererinnung war bei seiner Errichtung im Jahr 1903 das erste Kraftwerk im Steyrtal überhaupt.

Das *Messerermuseum* zeigt im Erdgeschoß die Arbeitsbedingungen der Messerschmiede in den alten Handwerkstätten und die industrielle Messererzeugung etwa um 1930. Der erste Stock kann derzeit noch nicht genutzt werden, geplant ist hier unter anderem, das gesellschaftliche Leben der Messerer in der Eisenwurzen zu präsentieren. Ausstellungsschwerpunkt im zweiten Stock ist die Geschichte der Messerschmiede, von den Zünften über die Manufakturen der Genossenschaften bis zu den Fabriken. Gezeigt werden unter anderem Zunftzeichen, Schilder, Urkunden, Fahnen, Messer und Bestecke. Am Beispiel der Familie Gsellhofer wird exemplarisch der Aufstieg eines Steinbacher Messerverlegers zum Großkaufmann gezeigt, der später sogar geadelt wurde. Die *Hochgasse* ist seit jeher der bedeutendste Weg von den Werkstätten am Fluß hinauf ins Ortszentrum. Die an einigen Häusern angebrachten Beschriftungen verweisen auf deren Geschichte.

Der dreieckige *Ortsplatz* wird von stuckverzierten Bürgerhäusern umschlossen. Das etwa 400 Jahre alte Haus mit dem Rundturm ist heute der *Pfarrhof*; es war einst eine Taverne, Messererherberge und Sitz des Verwalters der Herrschaft Steyr. Die Raiffeisenkasse ist in einem ehemaligen Messerverlegerhaus untergebracht, im ersten Stock befindet sich eine besonders prunkvolle Stuckdecke. Im Haus am Ort (= am Ende) ist das Gemeindeamt untergebracht, die Sparkasse benützt das frühere Bäckerhaus. Gasthaus und Kaufhaus erfüllen noch ihre einstigen Funktionen. Der in der Mitte des Platzes errichtete Dorfbrunnen, 1708 erstmals erwähnt, deutet auf den Marktcharakter des Ortes hin. Auf einem Felsen außerhalb des Platzes steht die dem Apostel Bartholomäus, dem Schutzpatron der Messerer, geweihte *Kirche*. Das dreijochige Langhaus und der zweijochige Chor sind von einem Netzrippengewölbe überspannt. Kunsthistorisch bedeutsam sind vor allem die spätgotischen unteren Fenster im Chorraum. Auf ihnen sind verschiedene Schutzheilige dargestellt, etwa der hl. Blasius als Patron der «Bader» (Ärzte), der hl. Wolfgang als Patron der Zimmerer, Maria im Strahlenkranz als Patronin der Messerermeister und der hl. Nikolaus als Patron der Schiffer und Verleger. Großflächige Bilder im Chorraum zeigen die hl. Barbara als Schutzpatronin der Messerergesellen und den hl. Bartholomäus. Bemerkenswert ist auch ein Dreifaltigkeitsbild in schönem Rokokorahmen.

Unmittelbar hinter der Kirche kann man auf einem kleinen Weg zur Flußterrasse und zum Messerermuseum zurückkehren. Ein Stück flußabwärts liegt oberhalb einer Geländekante weithin sichtbar der *Alte Pfarrhof* mit seinem auffälligen dreigeschossigen Mansardendach. Erbaut zwischen 1765 und 1769 im Auftrag des letzten Abtes des Klosters Garsten vom Steyrer Stadtbaumeister Johann Wolfgang Hueber, zählt dieses Gebäude seit seiner Renovierung 1990 bis 1992 zu den Prunkstücken spätbarocker Landarchitektur in Oberösterreich. Von besonderem kunsthistorischem Rang ist das Bischofszimmer im ersten Stock mit seiner unter vier Farbschichten freigelegten und restaurierten Wandmalerei und dem Rokokokachelofen. Während der ehemalige Bauzustand im ersten Stock weitgehend wiederhergestellt werden konnte, ging es im bereits früher umgebauten Erdgeschoß darum, eine neue Synthese von Alt und Neu zu finden. Zu den alten Elementen gehört hier zum Beispiel der teilweise neu verlegte Flußkieselbelag («Katzenkopfboden»). In einem der Zimmer wurde auch ein im Zuge des Umbaus entdeckter «Gliedlboden» aus Rinderknochen – ein Abfallprodukt der Messergrifferzeugung – beispielhaft wiederhergestellt. Ein bemerkenswertes Detail im ehemaligen Getreidespeicher des Dachbodens sind die mächtigen Kamine, von denen je zwei unter dem Dach elegant zusammengeführt wurden, um die Zahl der Schornsteine niedrig zu halten, war doch ihre Zahl einst maßgeblich für die Bemessung öffentlicher Abgaben.

Unterhalb des Alten Pfarrhofs am Fluß liegt die *Humplmühle*. Sie wurde bereits 1250 erstmals urkundlich erwähnt; zu ihr gehörten ein Sägewerk, fünf Häuser und viel Grund. Die erwähnte Messerverlegerfamilie Gsellhofer hatte hier ihren Wohnsitz. Die Mühle wurde um 1920 zu einer – mittlerweile stillgelegten – Papiermühle umgerüstet, heute befindet sich hier nur noch das Elektrizitätswerk. Das nebenan gelegene, schön renovierte Herrschaftshaus mit angeschlossenem Wirtschaftsgebäude ist nicht zugänglich.

Steinbach/Grünburg ist ein guter Ausgangspunkt für leichte Wanderungen auf die Gipfel der Voralpenkette. Ein beliebtes Ziel ist die *Grünburger Hütte* (Hinweisschild in Obergrünburg), die sich auch gut als Zwischenstation für Wanderungen auf den Hochbuchberg oder den Schoberstein eignet. Über die Grünburger Hütte führt auch eine kräfteraubende Mountainbikeverbindung nach Trattenbach im Ennstal.

THEMATISCHER WANDERWEG «Messererweg», Ausgang: Bahnhof Grünburg, steiler Aufstieg ins Ortszentrum (für Gehbehinderte werden Transporte organisiert); Gehzeit inkl. Besichtigungen: 2–3 Std. **AUSKUNFT** Tourismusverband, 4594 Steinbach, Tel. 07257/8411, Fax 07257/8455. **ESSEN UND TRINKEN** Gasthof Kirchenwirt, Ortsplatz, Tel. 07257/7970, Ruhetag: Mi. **MUSEUM** Messerermuseum, Öffnungszeiten nach der Landesausstellung 1998: voraussichtlich So und an ein bis zwei Werktagen sowie n.V.; genauere Auskünfte im Tourismusbüro; Besichtigungsmöglichkeit des Alten Pfarrhofs: wochentags 8–12 Uhr und n.V. **VERANSTALTUNGEN** «Steinbacher Adventkalender» vom ersten Adventsonntag bis 6.1. am Ortsplatz, dazu Adventmarkt und Krippenausstellung (Termine im Tourismusverband erfragen). **BAUERNMARKT** jeden 1. Sa im Monat 8–10 Uhr. Steinbacher Dörrobst: Alter Pfarrhof, Tel. 07257/8484. **BADEN** Freibad, Schulstraße 16, Tel. 07257/8526. **TENNIS** 3 Plätze, Auskunft: Hr. Dutzler, Tel. 07257/7142.

DER «STEINBACHER WEG»: AUS DER RESIGNATION ZU NEUEN ZIELEN

Die Renovierung des Alten Pfarrhofs war eines der ersten Projekte des «Steinbacher Weges», und vielen gilt es als das eindrucksvollste. Hier wurde nicht nur ein kulturhistorisch wertvoller Bau auf einfühlsame Weise gerettet und erneuert. Bei der Durchführung wurde darauf geachtet, Aufträge für die regionale Wirtschaft zu schaffen und Langzeitarbeitslose zu beschäftigen. Durch die Einmietung von Vereinen und Unternehmen in den ehrwürdigen Räumen entstanden neue Arbeitsplätze; durch Seminare, Vorträge und Ausstellungen ist der Alte Pfarrhof zu einem neuen Zentrum für Bildung und Kultur geworden; schließlich wurden im einstigen Wirtschaftsgebäude attraktive neue Wohnungen geschaffen und zugleich mit einer Hackschnitzelheizung und einer Obsttrocknungsanlage Zusatzeinkommen für Steinbacher Landwirte eröffnet. Entlang des Messererwegs finden sich weitere eindrucksvolle Beispiele für die Revitalisierung alter Kulturgüter. Man stößt aber auch auf moderne Betriebe, die sich hier wieder angesiedelt haben. Bekannt geworden ist Steinbach auch mit Veranstaltungen während der Advents- und Weihnachtszeit, zu denen man auch mit der Steyrtalbahn anreisen kann.

Für den Besucher weniger sichtbare Erfolge des Steinbacher Weges liegen im Bereich der lokalen Raumordnungs-, Umwelt- und Energiepolitik.

Über die Hintergründe des neuen Aufstiegs von Steinbach informiert eine eigene Ausstellung in der Nähe des Messerermuseums.

Begonnen hat alles im Jahr 1986. Karl Sieghartsleitner, der Kandidat der Volkspartei, wurde zum neuen Bürgermeister gewählt. Das Erbe, das er übernahm, war schwierig: Die bestimmenden politischen Kräfte des Ortes hatten bis dahin keine wirksamen Antworten auf die ökonomische und soziokulturelle Krise gefunden, die der Niedergang der traditionellen Messer- und Besteckindustrie nach sich gezogen hatte.

Karl Sieghartsleitner, Bürgermeister v. Steinbach

Das politische Klima war polarisiert, die beiden Amtsvorgänger Sieghartsleitners jeweils im Alter von 58 Jahren verstorben. «Schöne Grabreden und Kränze nach meinem Tod könnt ihr euch sparen, statt dessen wünsche ich mir eure Hilfe in jener Zeit, in der wir etwas gestalten können» – so etwa, erinnert sich der nach wie vor amtierende Bürgermeister, habe er in seiner ersten Rede an den Gemeinderat appelliert. Mit Erfolg: In enger Zusammenarbeit mit den Sozialdemokraten und mit einer Öffnung hin zu allen, die mitwirken wollten, entstand zunächst eine kritische Bestandsaufnahme und ein Stärken-und-Schwächen-Profil der Gemeinde. Erst auf der Grundlage eines ökosozial ausgerichteten Gemeindeleitbildes wurden in der Folge konkrete Projekte angegangen. Entscheidend für deren Erfolg war, meint der Bürgermeister rückblickend, eine breite Diskussion und Beteiligung der Bevölkerung bereits in der ersten Phase. Um gegen die bestehende Skepsis und resignative Mentalität anzukämpfen, wurden eingefahrene Politikmuster und Verwaltungsabläufe radikal verändert. Wer gute Ideen hatte, konnte nun sicher sein, daß sie nicht versandeten oder von anderen als die eigenen präsentiert wurden.

Bereits 1994 wurde das Steinbacher Modell mit dem Europäischen Dorferneuerungspreis gewürdigt. Das Interesse im Inland hinkte der ausländischen Beachtung etwas nach. Mittlerweile aber kommen pro Jahr etwa 200 Gruppen, vorwiegend Gemeinderäte, Landwirte oder Gewerbetreibende. Was sie sehen, so Karl Sieghartsleitner, ist kein unmittelbar übertragbares Modell, sondern ein möglicher Weg: «Das Steinbacher Modell ist im Grunde ein unspektakuläres Projekt, das nicht auf kurzfristige Erfolge abzielt, sondern mit Kreativität, Eigenverantwortung und Zusammenarbeit möglichst nachhaltige Schritte in die vermeintlich richtige Richtung zu gehen versucht.»

Ausruhen auf den Erfolgen kann man sich aber nicht. Für die Bewältigung weiterer anstehender Probleme, etwa im Verkehrsbereich, wird es künftig auf eine verstärkte Zusammenarbeit in der Region ankommen. Aber auch auf Gemeindeebene gilt: «Der Weg muß immer wieder neu vereinbart werden.» Bei den Gemeinderatswahlen 1997 ließen die Steinbacher keinen Zweifel daran, daß sie den eingeschlagenen Weg weiterhin in einem Arbeitsbündnis mit ihrem Bürgermeister gehen wollen. In der erstmals ausgetragenen Bürgermeister-Direktwahl erreichte Karl Sieghartsleitner 70 Prozent der Stimmen.

GRÜNBURG-LEONSTEIN UND DIE SCHMIEDLEITHEN

Die Gemeinde Grünburg erstreckt sich etwa 16 Kilometer am linken Steyrufer entlang. Die wichtigsten öffentlichen Einrichtungen befinden sich im Ortsteil Untergrünburg gegenüber von Steinbach. Die Pfarrkirche dagegen steht auf einem Hügel in Obergrünburg am Platz der einstigen Burg der Ritter von Grunenburg. Diese war 1390 gemeinsam mit der von Leonstein von Herzog Albrecht III. belagert und zerstört und der Besitz der Herrschaft Steyr einverleibt worden. Die Reste der Burg wurden zum Ausbau der bereits vorhandenen kleinen Kirche verwendet. Ebenfalls zur Gemeinde Grünburg zählt die weiter flußaufwärts gelegene Ortschaft *Leonstein.* Sie hieß einst Wienn, und entsprechend ist die leicht erhöht gelegene

Pfarrkirche dem hl. Stephan geweiht. Die Reste der zerstörten Burg wurden für die Errichtung eines heute noch existierenden Schlosses verwendet. Die später barockisierte vierflügelige Anlage mit Turm gehört seit 1922 samt zugehörigen Waldgebieten dem Land Oberösterreich. *Schloß Leonstein* liegt am Fuß eines zweigipfeligen bewaldeten Bergstockes, des Großen und Kleinen Landsbergs.

Der auffällige Felskamm des *Kleinen Landsbergs*, auch Tempelmauer genannt, ist ein wenig bekanntes Ausflugsziel, das aber von trittsicheren und schwindelfreien Wanderern wegen seiner schönen Aussicht gerne für Kurzausflüge angepeilt wird. Für den Aufstieg vom Güterweg in der Pernzell (rote Markierung, Nr. 5) bis zum Sattel zwischen den beiden Gipfeln benötigt man eine halbe Stunde, zu den beiden Gipfeln noch einmal eine knappe halbe Stunde. Der Große Landsberg mit seinen schönen Buchenwäldern ist leichter zu ersteigen, allerdings weniger aussichtsreich. Der südlich gelegene Schauderzinken, eine spitze Felsnadel, dient Kletterern als Übungsgelände. Um den Landsbergstock herum führt eine wenig be-

Schmiedleithen: Schmiedhaus, Hammer, Altes Herrenhaus und Stall (von li.)

fahrene Straße, die sich als Alternative oder Ergänzung zum Steyrtalradweg empfiehlt.

AUSKUNFT Touristeninformation, 4554 Grünburg, Tel. 07257/7255-15, Fax DW 16. **FISCHEN** Steyrfluß, Fangzeit: 1. Mai bis 14. September, Auskunft in der Touristeninformation. **RADVERLEIH** Fa. Schnöll, Tel. 07257/7030.

DAS SENSENSCHMIEDEENSEMBLE SCHMIEDLEITHEN: EIN INDUSTRIE-GESCHICHTLICHES JUWEL

Unmittelbar bei Schloß Leonstein mündet ein kleiner Seitenbach in die Steyr. Der etwa zwei Kilometer lange Graben, der sich vom Schloß bis zum Gasthaus Waldklause zieht, (ver-)birgt das wohl eindrucksvollste Sensenschmiedeensemble der gesamten Eisenwurzenregion, die Schmiedleithen. Schon Ende des 16. Jahrhunderts standen in diesem Tal neben fünf Mühlen auch drei Sensenhämmer. Im 18. Jahrhundert drängten sich gar 17 verschiedene Betriebe – Mühlen, Sägewerke und Sensenwerke – entlang des kurzen Wasserlaufs. Die spätere Schmiedleithen wurde als Sensenhammer «auf der Leithen» 1603 erstmals urkundlich erwähnt.

1870 erhielt Ludwig Zeitlinger, selbst aus einer Sensenherrenfamilie im Kremstal stammend, das Werk von einem Onkel. Sein Sohn Rudolf, geboren 1883, wurde zum letzten «authentischen» Sensenherrn in der Schmiedleithen. Aufgeschlossen für alles Moderne – er war einer der ersten Automobilisten im Steyrtal –, dachte er als Sensenherr jedoch durchaus traditionell: Täglich im Betrieb zu sein war ihm eine Selbstverständlichkeit. Noch mit 80 Jahren saß er selbst am Breithammer. Rudolf Zeitlinger starb 1983 im biblischen Alter von 100 Jahren. 16 Jahre zuvor war die Sensenerzeugung in der Schmiedleithen für immer eingestellt worden.

Daß in der Schmiedleithen bis weit ins 20. Jahrhundert hinein Sensen produziert wurden und keine Umstellung auf neue Produkte stattfand, hat ebenso wie die Abgeschiedenheit des kleinen Tals dazu beigetragen, daß der gesamte Komplex aus Produktionsstätten, landwirtschaftlichen Gebäuden und repräsentativen Wohnhäusern relativ unversehrt erhalten geblieben ist. Zum besonderen Reiz der Schmiedleithen trägt auch die umgebende Landschaft bei. Das kleine Tal, in das sich der Rinnerberger Bach tief eingeschnitten hat, wird flankiert von den Felsen des Schauderzinkens und des Rabensteins und liegt eingebettet zwischen den bewaldeten Hügeln des Landsbergs und des Sonnkogels. Hier wird auch das Zusammenspiel von Wasser und Wald, der beiden Energielieferanten der Sensenerzeugung, unmittelbar erlebbar.

Durch die Schmiedleithen führt seit kurzem ein *thematischer Wanderweg*, der die untergegangene Welt der Sensenerzeugung für die Besucher wiedererstehen läßt. Von Schloß Leonstein kommend, passiert man zunächst einige Gebäude, die in Zusammenhang mit der Versorgung der einst bis zu 100 Beschäftigten standen. Kost und Quartier waren lange Zeit fester Bestandteil des Lohnes. Bald wird der Blick des Besuchers vom oberhalb gelegenen, schloßartigen *Neuen Herrenhaus* angezogen. Ludwig Zeitlinger ließ es 1885 errichten. Ein Lusthaus, ein Palmenhaus und ein kleiner Park sowie der unterhalb gelegene sternförmige Garten mit dem Glashaus und seltenen Pflanzen demonstrierten den gehobenen Lebensstil und Geschmack der «schwarzen Grafen». Vorbei am Mühlhäusl und weiteren Stallungen, erreicht man das aus dem 16. Jahrhundert stammende *Alte Herrenhaus*, das von Rudolf und Maria Zeitlinger renoviert wurde. Auf Initiative von Maria Zeitlinger, einer Kunstliebhaberin, gestaltete Hans Pontilla die jugendstilförmigen Terracottareliefs über dem Portal und über den Fensterlünetten sowie die Brunnenfigur im gegenüberliegenden Garten. Im alten Herrenhaus lebte und arbeitete zwischen 1920 und 1924 auch der bekannte Maler Franz Xaver Weidinger, ein Freund der Familie.

Gegenüber, im Schmiedhaus, schliefen einst die ledigen Sensenschmiedknechte und «Buben». Ihr Quartier lag unmittelbar beim eigentlichen Zentrum des Ensembles, dem *Hammer*, einem 1868 erweiterten Gebäude. Aber schon um die Jahrhundertwende wurde die Produktion in den weiter oben im Tal gelegenen *Mühlhanslhammer* verlegt. Der Plan Maria Zeitlingers, den alten Hammer zu einem Konzertsaal umzubauen, fiel der Wirtschaftskrise im und nach dem Ersten Weltkrieg zum Opfer. Die fertigen Sensen wurden in der *Kram* etikettiert und verpackt. Etwas oberhalb der Kram steht der einstige *Kohlbarren*, in dem Holzkohlenvorräte für etwa den halben Jahresbedarf gelagert wurden. Den Abschluß des Ensembles bilden einige weitere Nebengebäude, unter anderem das Magazin: Es mußte 1917 gebaut werden, als wegen der Oktoberrevolution eine ganze Jahresproduktion liegenblieb. Auf einer Geländeterrasse oberhalb steht das ebenfalls zur Schmiedleithen gehörende Bauernhaus, die *Holzleiten*.

Schmiedleithen: in der ehemaligen Kram

Der Wanderweg führt im Tal weiter, vorbei am ehemaligen Sensenwerk *Furth*, bis zur Waldklause, dem Umkehrpunkt. Die Aufmerksamkeit der Besucher wird hier insbesondere auf die Bedeutung der Köhlerei für die Sensenerzeugung gerichtet. Auf der anderen Seite des Baches werden die Bedrohung des Tals durch Hochwasser und die Versuche, sich dagegen zu schützen, dargestellt. Am Weiterweg, nun oberhalb des Talgrundes, haben die Besucher noch Gelegenheit, sich über forst- und landwirtschaftliche Themen, z.B. die Kreislaufwirtschaft, zu informieren. Mit schönen Ausblicken nach Leonstein und ins Mollner Becken führt der Weg wieder zurück zum Schloß.

THEMATISCHER WANDERWEG «Auf den Spuren der Schwarzen Grafen», Anschluß an den Steyrtalradweg; Ausgangspunkt: Schloß Leonstein oder Gasthaus Waldklause (Parkplätze), Gehzeit hin und zurück einschließlich Besichtigung: 2–3 Std.; geringe Steigungen mit Ausnahme des Abstiegs vom Schloß ins Tal, geeignet mit Kinderwägen, Rollstühlen und Fahrrädern. Eine Ausstellung in der ehemaligen Kram ist nur während der Landesausstellung 1998 zugänglich. Mit vielen originalen Gegenständen und Dokumenten wird das Leben und Wirken der letzten «schwarzen Grafen» der Schmiedleithen dargestellt. Auskunft: Verein d'Hammerschmied, Tel. 0663/917 20 17. **ESSEN UND TRINKEN** Gasthaus Waldklause, Pernzell 1, Tel. 07584/3301, Ruhetage: Mo, Di.

RINNERBERGER KLAMM: TOSENDES WASSER UND KÜHLENDER WALD

Die Rinnerberger Klamm ist eine jener Naturkostbarkeiten, die man sich fast scheut, laut anzupreisen. Über lange Zeit war sie nur wenigen Eingeweihten bekannt. Nun, wo die Schmiedleithen entdeckt und zu besichtigen ist, wird auch die nahe Rinnerberger Klamm populärer werden, liegt es doch nahe, den eigenartigen Zauber einer untergegangenen Welt von Schmieden, Mühlen und Sägen mit der nicht weniger besonderen Atmosphäre einer wildromantischen Klamm zu verbinden.

Während der Heindlmühlbach, mit dem sich der Rinnerberger Bach kurz vor der Schmiedleithen vereinigt, ohne besondere Geländestufen dahinplätschert, zwängt sich der Rinnerberger Bach – nach einem ebenso unauffälligen Beginn – zunächst durch eine schmale Klamm, gleitet dann sanft durch eine Schlucht dahin, stürzt plötzlich senkrecht über eine fünfzehn Meter hohe Felsstufe und schießt weiter über zahllose Gefällestufen zum Talboden hinab. Der Grund für diesen abwechslungsreichen Verlauf liegt in den unterschiedlichen Gesteinsschichten, die der Bach durchschneidet. Flysch, Kalk und Dolomit treffen hier zusammen und prägen den Wasserlauf jeweils auf ihre Art.

Ausgangspunkt der Wanderung ist das *Gasthaus Waldklause* am Ende des Schmiedleithengrabens. Die Brücke über den Bach querend, folgt man dem Güterweg Heindlmühle ein kurzes Stück, bevor links ein Schild den Weg zur Burg Altpernstein weist. Schon bald ist das Rauschen des Wassers zu hören, kurz darauf zweigt der Weg von der kleinen Forststraße ab und überquert auf einem Holzsteg den wild daherstürzenden Bach. Der erste Abschnitt des eigentlichen Klammsteiges führt in der bewaldeten Flanke der Schlucht und meist hoch über dem Bachbett steil bergauf. An den feuchten Hängen und in den Gesteinsritzen der dunkleren Schluchtabschnitte finden sich viele unterschiedliche Moose und Farne, vor allem der unter Naturschutz stehende dunkelgrüne Hirschzungenfarn. Das Schauspiel des *Wasserfalles* läßt sich aus nächster Nähe beobachten, und bei Sommerhitze verlockt das tiefgrüne Wasser so manchen dazu, in das hier entstandene Becken hineinzuwaten. Auf einer Eisentreppe läßt sich die Steilstufe mühe- und gefahrlos umgehen.

Oben angekommen, befindet man sich in der ganz anderen Landschaft eines *Hochtals*, in dem der Pfad nun unmittelbar am ruhig dahinfließenden Wasser entlangführt. Wer sich hier Zeit nimmt und nicht allzu laut auftritt, wird mit etwas Glück einen Feuersalamander, eine Ringelnatter oder auch eine der seltenen Äskulapnattern zu sehen bekommen. Am Ende dieses Abschnitts weist ein Schild bergab zur Klamm. Mehrere große Tümpel und einige riesige Gesteinsbrocken unterhalb einer senkrechten Felswand laden hier zu einer längeren Rast und zum Spiel mit dem Wasser ein. Die etwa vierzig Meter lange Klamm – ein schmaler Spalt, den das Wasser in jahrtausendelanger «Arbeit» in den harten Kalkfelsen gegraben hat – ist nicht begehbar. Der weitere Weg führt nun zurück zur Abzweigung und in der Folge für längere Zeit weg vom Bach: Über einige steile Serpentinen und an einer kleinen Höhle vorbei, gelangt man zu einem Forstweg, dem man nach links folgt. Schon nach kurzer Zeit geht der Weg wieder in einen schmalen Steig über, führt an einer Felshöhle vorbei, dann etwas ausgesetzt am Steilhang entlang und erreicht schließlich einen wunderschön gelegenen *Talboden.*

Über saftige Weidewiesen gelangt man zu einem Güterweg. Dem Schild «Über Hambaum nach Leonstein» nach links folgend, führt die Route nun kurz bergauf und trifft dann auf eine im spitzen Winkel nach links abzweigende Forststraße. Bevor es hier zurück in die Schmiedleithen geht, lohnt es sich, auf einer der üppigen Wiesen des oberhalb gelegenen *Hambaumsattels* eine kurze Rast mit schöner Fernsicht auf die obersten Zacken des Sengsengebirges einzulegen. Der Rückweg an der westlichen Flanke des Sonnkogels entlang führt durch lichten Mischwald und ist völlig unbeschwerlich. An einigen Weggabelungen halte man sich stets an die bergab führende Forststraße. Im unteren Teil eröffnen sich schöne Ausblicke auf die Schlucht des Rinnerberger Baches und auf den über der Schmiedleithen aufsteigenden Großen Landsberg und den Klettergarten des Schauderzinkens.

WANDERUNG Rinnerberger Klamm, Ausgangs- und Ankunftspunkt: Gasthaus Waldklause (Schmiedleithen bei Leonstein, 408 m), sehr abwechslungsreiche Wanderung, Aufstieg durch die Schlucht des Rinnerberger Baches teilweise steil, später flach über Wiesen und auf einer Sandstraße, Abstieg stetig fallend über eine Fortstraße; Pfade im Klammbereich feucht und rutschig, daher gutes Schuhwerk notwendig; für Kinder gut geeignet, jedoch an einigen Stellen des Aufstiegs erhöhte Aufmerksamkeit geboten. Gehzeiten: Waldklause–Klamm (560 m) 45 Min., Klamm–Hambaum (Umkehrpunkt: ca. 680 m) 45 Min., Hambaum–Waldklause 1 Std., gesamt 2,5 Std. Alternative beim Rückweg: über den Hambaumsattel (710 m) und den Höhenweg auf der östlichen Seite des Sonnkogels zurück zur Schmiedleithen – etwa eine halbe Stunde länger, empfehlenswert besonders im Frühling (Schneerosenblüte). Keine Einkehrmöglichkeit auf der Strecke. Der Weg durch die Rinnerberger Klamm ist auch ein besonders schöner Zustieg zur Burg Altpernstein im Kremstal; Gehzeit: ca. 3,5 Std. in eine Richtung.

Noch eine Empfehlung: Vom erwähnten Hambaumsattel aus in südlicher Richtung lassen sich in etwa einer Stunde Gehzeit die steilen Hänge der *Planwiesen* erreichen. Von dort bietet sich nicht nur ein imposanter Rundblick hinunter in das Mollner Becken und seine gebirgigen Begrenzungen. Die Planwiesen wurden wegen ihrer vielfältigen Flora zum Naturschutzgebiet erklärt und zeigen sich besonders im Spätfrühling in ihrer ganzen Pracht.

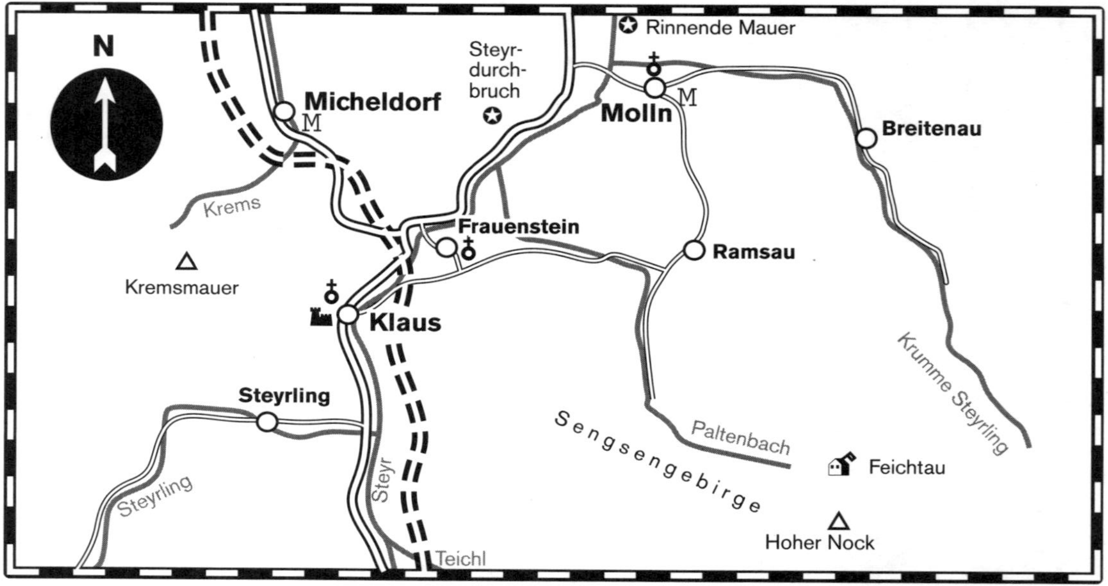

N
Micheldorf
M
Steyr-
durch-
bruch
Rinnende Mauer
Molln
M
Breitenau
Krems
Frauenstein
Ramsau
Kremsmauer
Klaus
Steyrling
Krumme Steyrling
Sengsengebirge
Paltenbach
Feichtau
Steyrling
Steyr
Hoher Nock
Teichl

Das Steyrtal zwischen Molln und Klaus

MOLLN UND SEINE BRUMMEISEN

Das Mollner Wappen ist wohl das einzige in Österreich, auf dem sie vorkommt. Die Rede ist von der Maultrommel – einem traditionellen Musikinstrument des Alpenraums, das in Molln seit etwa 350 Jahren erzeugt wird. Eine Maultrommel nach Mollner Art besteht aus einem kleinen, halbrund gebogenen eisernen Rahmen mit zwei parallel auslaufenden geraden Schenkeln und dazwischen einer gehärteten Stahlzunge. Leicht mitzunehmen, billig und für Talentierte ohne große Mühe erlernbar – das waren die Gründe für die einst weite Verbreitung dieses Instruments.

Wie die Maultrommelerzeugung ausgerechnet nach Molln kam, ist nicht restlos geklärt. Jedenfalls erhielten die Mollner Maultrommelmacher schon im Jahr 1690 ihre eigene Handwerksordnung mit Zunftzeichen, -lade und -fahne. In der Blütezeit Anfang des 18. Jahrhunderts gab es in Molln 29 Werkstätten – jede mit ihrem eigenen Markenzeichen –, die zusammen zweieinhalb Millionen (!) Stück pro Jahr erzeugten. Heute bestehen noch drei Werkstätten; sie produzieren jährlich noch etwa 350.000 Stück. Mit dem Aufkommen größerer und lauterer Instrumente wurde das «Brummeisen» im Alpenraum mehr und mehr aus der Volksmusik verdrängt. So verkam es vom ernsthaft gepflegten Musikinstrument zum Souvenirartikel. Selbst in Molln setzte sich kaum mehr jemand aktiv mit seinen musikalischen Möglichkeiten auseinander.

Daran hat sich in den letzten Jahren einiges geändert: Manfred Rußmann und seine Mollner Maultrommler – ein Ensemble aus Maultrommel, Gitarre und Tuba – spielen seit 1992 zusammen. Die Maultrommeln, die sie verwenden, sind alte, handgefertigte aus dem Bestand eines mittlerweile verstorbenen Mollner Meisters. Die ersten Tips holten sich die Mollner

Maultrommler bei Vorbildern in Bayern, Tirol und Salzburg, bevor sie sich autodidaktisch zu einer mittlerweile gefragten Band weiterentwickelten. Für die Wiederbelebung der Maultrommel-Spielkunst setzt sich seit kurzem ein eigener Verein – die Mollner Maultrommelfreunde – ein. Die Früchte dieser Initiativen lassen sich sehen: Seit 1997/98 hat die Landesmusikschule Molln als erste österreichische Musikschule das Maultrommelspiel auf dem Programm. 1998 veranstaltet Molln ein großes internationales Maultrommelfestival, zu dem die weltbesten Spieler ebenso erwartet werden wie Maultrommelhersteller und Musikwissenschaftler.

FRANZ WIMMER, MAULTROMMELERZEUGER

«Franz Wimmer – Maultrommelerzeugung» steht in großen Buchstaben auf dem kleinen Werkstattgebäude. Seit etwa 1770 erzeugen die Wimmers Maultrommeln. Franz Wimmers Eltern hatten keine eigene Werkstätte, sie lebten in zwei Räumen, fielen also gleichsam vom Bett in die Arbeit und von der Arbeit wieder ins Bett. Der heutige Arbeitsplatz wirkt wie eine Mischung aus Werkstätte und Museum: Auf dem alten Holzstock, auf dem seit

Der Produzent führt sein Instrument vor: Franz Wimmer

200 Jahren gearbeitet wird, demonstriert Franz Wimmer einige Schritte der händischen Herstellung einer Maultrommel. Daneben stehen die Maschinen, die er in den sechziger Jahren anfertigen ließ. Durch ihren Einsatz verringerten sich die bis dahin 36 Arbeitsgänge auf nunmehr sechs, die Herstellungsdauer pro Stück von einer Stunde auf zwei Minuten.

Jetzt, wo es wieder interessierte Musiker in Molln gibt, wächst auch die Nachfrage nach den qualitativ hochwertigeren handgefertigten Instrumenten. An den Wänden hängen verschiedene Schaukästen: Fotos der Eltern, die gemeinsam mit der ganzen Familie bei der Maultrommelerzeugung sitzen; eine Sammlung von historischen Modellen aus dem eigenen Betrieb; eine Landkarte mit den Ländern, in die Wimmers Maultrommeln exportiert werden; ein Modell der Zunftfahne und des Zunftzeichens; eine private Sammlung von Maultrommeln aus aller Welt, die meisten von ihnen auf Eisenbasis hergestellt, einige aus der Südsee stammende, aber auch hölzerne; dazu viele, viele Fotos von Besuchern aus aller Welt: Maultrommelspielern, Musiklehrern, Erzeugern und Händlern. Zu jedem Foto weiß der Hausherr eine Anekdote zu erzählen, über einen Besuch einer Gruppe aus Jakutien (Sibirien) gerät er ins Schwärmen. Dort sind die vielleicht weltbesten Spieler zu Hause, dort werden die vielleicht besten Maultrommeln gefertigt. «Und so liabe Leit ...» Franz Wimmer führte den Betrieb zunächst 15 Jahre haupt-

In der Maultrommelwerkstatt Wimmer

beruflich, dann – als die Auftragslage schlechter wurde – nebenberuflich. Nun ist er in Pension. Als achte aus der Familie und gleichzeitig als erste Frau führt nun die Tochter das Unternehmen.

Wie ihr Vater betreibt auch sie die Maultrommelerzeugung nebenberuflich und unter Mithilfe anderer Familienangehöriger. Zwischen 80.000 und 120.000 Stück pro Jahr, verteilt auf sieben verschiedene Modelle, werden produziert. Der agile Vater arbeitet nicht nur mit, wenn er gebraucht wird. Sein Alltag dreht sich um die Maultrommel, er genießt das neu erwachte Interesse, er führt begeistert seine Sammlungen vor, erklärt, zeigt einzelne Produktionsschritte. Zum Abschluß folgt eine kleine musikalische Vorführung. Wiewohl er sich selbst nur als mittelmäßigen Spieler einstuft, entlockt er dem kleinen Gerät erstaunliche Töne: Bei leicht geöffnetem Mund werden die Schenkel der Maultrommel locker an beide Zahnreihen angelegt, dann zupft er die Stahlzunge mit dem Zeigefinger an. Die Obertöne über einem gleichbleibenden Grundton erzeugt er durch Vergrößerung oder Verkleinerung der Mundhöhle, durch Bewegungen der Zunge und unterschiedliche Atemtechniken. Schließlich wechselt er noch zwischen zwei zusammengehängten Trommeln hin und her und zieht mit dem Spiel auf dem archaischen Instrument nicht zuletzt auch ganz junge Zuhörer völlig in seinen Bann.

Schaubetrieb Franz Wimmer, Im Sperrboden 1, 4591 Molln, wochentags tgl. 9–12, 14–17 Uhr, an Wochenenden n.V.; Voranmeldung empfehlenswert, Tel. 07584/2831; auch in den beiden anderen Mollner Werkstätten sind Besichtigungen möglich: Karl Schwarz, Waldeggstraße 1, Tel. 07584/2407; Gertraud Jofen, Austraße 79, Tel. 07584/2903. Zur Maultrommelmusik: Verein Mollner Maultrommelfreunde, Postfach 53, 4591 Molln, Tel. 07584/2255-18; dort auch erhältlich: CD «Brummeisen»; CD «Maultrommel Molln».

EISENMODE NACH MASS

Warum die Maultrommel gerade in Molln erzeugt wird, mag ungeklärt sein. *Daß* sie in einem Ort erzeugt wird, in dem es traditionell eine hochentwickelte Handwerks- und Kleinindustriekultur gibt, verwundert kaum. Ein Beispiel für diese lebendige Tradition ist der *Kunstschmied Johann Schmidberger.* Der Schweizer Schauspieler Bruno Ganz in «Ithaka», Startenor Placido

Domingo als Othello und der österreichische Mime und Regisseur Paulus Manker als Richard III. waren etwa auf der Bühne in Eisengewänder gehüllt, die ihnen Johann Schmidberger angemessen hat. Allein fünfmal – so erinnert sich seine Frau – mußten sie zur Anprobe für Bruno Ganz nach München in die Kammerspiele, schließlich sollte die Ausrüstung so originalgetreu wie möglich und doch auch zum mehrstündigen Tragen und Spielen geeignet sein.

Erlernt hat Johann Schmidberger sein Handwerk vom Vater, der gelernter Huf- und Wagenschmied in der fünften Generation war und sich durch Reparaturen landwirtschaftlicher Geräte sein Brot verdiente. Das wiederum interessierte den Sohn wenig. Mit dem Ruhestand des Vaters wurde die Schmiede geschlossen und das Gebäude verkauft. Der Sohn verdingte sich in modernen deutschen Industriebetrieben, bevor ihn sein handwerkliches Geschick und Interesse dazu brachte, die Familientradition auf neue Weise fortzusetzen. Seit er auf der Münchner Handwerksmesse eine Truhe mit einem kunstvoll geschmiedeten, gefinkelten Fallen- und Geheimschloßmechanismus ausgestellt hat, reißen die Aufträge nicht mehr ab: Herstellung von Schwertern, Hellebarden und Harnischen für Sammler, Museen und als Requisiten für Theaterstücke und Opern, Nachbau alter Gitter, Schlösser und Beschläge im Rahmen von Restaurierungen alter Gebäude, dann und wann auch neue Grabkreuze – das sind die Arbeiten, die Johann Schmidberger in seinem Familienbetrieb heute durchführt. Von einer kürzlich erbauten Galerie aus können Besucher dem Meister beim Schmieden zusehen, ohne zu stören. Im selben Gebäude befindet sich ein kleines Privatmuseum mit Exponaten aus eigenen Beständen, gekauften und restaurierten Stücken, Geschenken aus allen möglichen Winkeln und auch Leihgaben. Geordnet sind die Exponate nach den verschiedensten einstigen Schmiedesparten wie Zeugschmied, Huf- und Wagenschmied, Feilenhauer, Nagelschmied. Manche der längst außer Gebrauch stehenden Gegenstände geben den Besuchern unlösbare Rätsel auf, so etwa ein alter Aderlaß. Besichtigt werden kann auch die alte «Schmidten bei der Lacken». Die um 1600 erbaute Zeug-, Huf- und Wagenschmiede liegt schräg gegenüber der heutigen Werkstätte.

Schaubetrieb Johann Schmidberger, Schmiedstraße 16, 4591 Molln, Tel. 07584/3073. Besichtigung der Schmiede während der Arbeitszeiten, des Schmiedemuseums nach Vereinbarung.

DAS «MUSEUM IM DORF»

Wie Maultrommelerzeugung und Schmiedekunst zeigen, war Molln seit jeher ein bedeutendes Zentrum handwerklicher Kunst. Die Mollner haben die Landesausstellung 1998 zum Anlaß genommen, ein «Museum im Dorf» einzurichten, dessen Schwerpunkt die spezifische Handwerkstradition des Ortes ist. In den alten Gewölben des einstigen Amtsgebäudes der Grundherrschaft Steyr sind vier Ausstellungsschwerpunkte zu sehen: zunächst die Geschichte der Maultrommelherstellung, dann die Geschichte des Ortsteils Gstadt, wo einst eine ganze Reihe von eisenverarbeitenden Werkstätten stand, die mit einem Eisenbergwerk am Gaisberg verbunden waren. Das letzte Sensenwerk produzierte bis 1962. Ein drittes Thema ist das in Molln besonders traditionsreiche Schaufler– und Wagnerhandwerk, das sich hier bis in die fünfziger Jahre gehalten hat. Abgerundet wird das Programm schließlich durch eine Ausstellung über Hochwasser in der Region und die historischen und aktuellen Versuche, ihnen zu begegnen.

Wenn Sie sich im Ortszentrum befinden, sollten Sie auch einen Blick auf den barocken *Pfarrhof* mit der stuckverzierten Fassade und dem schönen Mansardendach werfen, der 1734 nach Plänen von Gotthard Hayberger, dem Erbauer des Steyrer Rathauses, errichtet wurde. Und in der nebenan gelegenen spätgotischen und barockisierten *Pfarrkirche* findet sich ein großes Altarbild (1829) von Leopold Kupelwieser, einem Freund Schuberts, das letzte Abendmahl darstellend.

AUSKUNFT Tourismusverband, 4591 Molln, Tel. 07584/2215-18, Fax 07584/3560-22. **MUSEUM** Museum im Dorf, beim Gasthaus Zrenner im Ortszentrum, Öffnungszeiten nach der Landesausstellung im Tourismusverband erfragen. **VERANSTALTUNGEN** Internationales Maultrommelfestival 22.–28.6.1998. Mollner Advent am Marktplatz. **BADEN** Wildbadeplätze an der Steyr und Krummen Steyrling. Hallenbad Schulzentrum Molln, Mi 17–21, Fr 18–21, Sa 13–17 Uhr. **FISCHEN** im Paltenbach und in der Krummen Steyrling, Fangzeit: 1. April bis 15. September, Auskünfte im Tourismusverband. **NATVENTURE** Wandern, Flußtrekking, Lama Trekking, Mountainbike; Schlafen im Zelt, Wochenend- und Wochenangebote für Kinder und Erwachsene, Auskunft: Horst Maas, Tel./Fax 0732/77 74 00, oder Tourismusverband Molln, Tel. 07584/2255-18, Fax DW 22. **PARAGLEITEN** Gasthaus Steiner-Kraml, Breitenau 20, Tel. 07584/3017. **RADVERLEIH** Fahrradcenter Klinser, Tel. 07584/2069. **REITEN** Reitverein Molln, Forsthaus Hausbach, Fr. Gassner, Tel. 07584/3004. **SKI ALPIN** 4 Schlepplifte. **SKILANGLAUF** Dachsteinloipe, 5 km, leicht. Raika-2-Loipe, 12 km schwer; Raika-3-Loipe, 3 km, leicht. Ausrüstung: Sport Eder, Sägewerkstraße 3, Tel. 07584/2448. **TENNIS** Tennisclub, Tel. 07584/2155.

NARZISSENWIESEN UND BACHLANDSCHAFTEN

Nun ist es aber an der Zeit, über das «andere Molln» zu schreiben. Neben der Maultrommel schmücken Narzissenblüten das Mollner Wappen. In der weiten Talmulde, zwischen dem Voralpenkamm im Norden und den bewaldeten Hohen im Süden, die dem langgezogenen Rücken des Sengsengebirges vorgelagert sind, existiert auch heute noch eine vielfältige Flora. Ob es ratsam ist, ausgerechnet zur Blütezeit der Narzissen (Ende Mai, Anfang Juni) hierher zu kommen, wenn der Ort an den Wochenenden vor Blumenfreunden überquillt, sei allerdings dahingestellt.

Außerhalb dieser Zeit ist Molln ein idealer Ausgangspunkt für Bergwanderungen, aber auch in das Reichraminger Hintergebirge. Die langgezogenen Täler der Nebenflüsse der Steyr eignen sich bestens für Radtouren. Und schließlich locken die Bäche und Flüsse selbst: Die Krumme Steyrling ist ein weitgehend unverbauter Wildbach, an dessen Ufern es sich wunderbar verweilen läßt; im Hochsommer kann er Temperaturen erreichen, die manche für ein kurzes Bad als ausreichend erachten. Die Ende der sechziger Jahre ausgearbeiteten Pläne der Ennskraftwerke AG, hier einen gigantischen Kraftwerkkomplex mit einer 140 (!) Meter hohen Staumauer, einem Stausee – so groß wie der Hallstätter See – und kilometerlangen Triebwasserstollen zu errichten, riefen einen breiten Bürgerwiderstand auf den Plan. Am 29. Jänner 1967 erschütterte ein Erdbeben der Stärke 6,5 auf der Richter-Skala wie zur Warnung das mittlere Steyrtal. Das Epizentrum lag direkt unter Molln. Zwei Jahre später sprachen sich 65 Prozent der Gemeindebewohner gegen das Kraftwerksprojekt aus – ein wesentlicher Schritt zu seiner Verhinderung. Von besonderer Schönheit ist der schluchtartige Mündungsbereich der Steyrling in die Steyr. Hier liegt auch der Zugang zu einer der schönsten Konglomeratschluchten des Steyrflusses.

Die Narzisse: blüht Ende Mai

EINE EIGENE WELT: IN DER STEYRSCHLUCHT ZUR RINNENDEN MAUER

Das Bedürfnis nach Stille und Abgeschiedenheit, nach seltenen Pflanzen und Tieren, nach einem Stück «unberührter Natur» also, läßt sich in unseren Breiten zumeist nur mehr befriedigen, wenn man weite Wege zu Fuß oder mit dem Rad oder die Mühe des Aufstiegs in höhere Regionen auf sich nimmt. Das Steyrtal bietet eine Möglichkeit, diese Wünsche in unmittelbarer Nähe größerer Siedlungen und Verkehrswege zu erfüllen – indem man die moderne Zivilisation verläßt und gleichsam eintaucht in ein «Tal im Tal». Zwischen der Einmündung der Teichl bei Kniewas und Grünburg hat die Eiszeit mächtige Schotterpakete zurückgelassen. Durch diese ursprünglich lockeren Ablagerungen, die im Lauf der Jahrtausende zu festem Gestein verkittet wurden, grub sich die Steyr nach und nach einen tiefen Canyon mit bis zu 40 Meter hohen Wänden aus hellem Konglomeratgestein. So ist eine urtümlich anmutende Schluchtlandschaft entstanden, wo sich im Zusammenspiel der geologischen und klimatischen Sonderbedingungen eine ökologische Nische mit besonderen Pflanzen und seltenen Tierarten entwickeln und lange Zeit erhalten konnte. Die Abschnitte unterhalb des Kraftwerks sind noch weitgehend unberührt, wenn auch nicht ungefährdet – doch dazu später.

Das Naturdenkmal der Rinnenden Mauer

Bei Molln bietet ein gut begehbarer Weg die Möglichkeit, dieses einzigartige Zusammentreffen von teils überhängenden Schluchtwänden, eines klaren und intensiv grünen Flusses und einer besonderen Tier- und Pflanzenwelt hautnah zu erleben. Am besten folgt man dabei dem als *Naturpfad Steyrschlucht* beschilderten Weg, der auf insgesamt zwölf Schautafeln über den Naturraum der Steyr und seine Bedrohung informiert. Er beginnt am Ortseingang von Molln und führt in einem Bogen zum Flußufer. Flußabwärts dahinwandernd, betritt man nun eine eigene Welt, begleitet vom Rauschen des Flusses und von Vogelgezwitscher, verzaubert von den unzähligen Grünfärbungen des Wassers, der Pflanzen und der Bäume.

Immer in der Schlucht und am Wasser entlanggehend, wird die Einmündung der Krummen Steyrling erreicht. Auf ausgedehnten Schotterbänken läßt es sich hier gemütlich verweilen, im Hochsommer auch baden und im Wasser spielen. Dieser wunderbare Fleck ist auch auf noch kürzerem Weg von Molln aus erreichbar. Hier lassen sich auch gut die immer wieder vorbeiziehenden Kanus und Schlauchboote beobachten, die zumeist einige Kilometer flußaufwärts bei Agonitz gestartet sind und bis zur Haunoldmühle dahingleiten. Den hier noch vorkommenden, aber überaus selten gewordenen Fischotter wird man allerdings kaum zu Gesicht bekommen.

Über eine Holzbrücke und dann weiter unter imposanten Konglomeratwänden führt der Weg zur Schluchtoberkante. In den Schluchtwänden gedeihen neben den typischen gelben Flechten auch Pflanzen aus dem Hochgebirge, wie etwa die behaarte Alpenrose, die Zwergalpenrose, das Petergstamm oder das Jagerbluat. Ihre Samen werden von den Quellflüssen der Steyr und ihren Zuflüssen mitgerissen und angeschwemmt, daher auch der Name Alpenschwemmlinge. Wer aufmerksam schaut, wird auch bemerken, daß sich die Baumarten der Schlucht und des Schluchtrandes deutlich unterscheiden. Während unten Bergahorn, Esche, Bergulme und verschiedene Weidenarten gedeihen, besteht der Trockenwald oben vor allem aus Waldkiefer (Rotföhre), Eiche, Rotbuche und Fichte.

Etwa 50 Meter nach einer ausgedienten Seilbahnhütte zweigt ein schmaler Steig wieder nach unten in die Schlucht ab. Hier wartet der krönende Abschluß des Pfades, das Naturschauspiel der *Rinnenden Mauer*: Unter einer der überhängenden Konglomeratwände, auf etwa 50 Meter Breite und aus fünf bis sieben Meter Höhe, tropft und fließt das Wasser aus unzähligen Öffnungen zu Boden und bildet einen Vorhang aus feinem Sprühregen. Dahinter überzieht ein prächtiger grüner Teppich aus Moosen, Farnen, Schaumkraut und Sumpfdotterblumen das ansonsten karge Gestein. Naturkundlich gesehen handelt es sich bei der Rinnenden Mauer um eine sogenannte Traufquelle: Das von undurchlässigen Schichten gestaute Grund- und Hangwasser sucht sich im porösen Konglomerat seinen Weg ins Freie.

Beim Rückweg entscheidet man sich entweder für die gleiche Route, oder man wählt einen ebenen Waldweg durch den sogenannten Aigner-Schacher bis zur Bezirksstraße, der man ein kurzes Stück bis Gstadt folgt. Diese Variante eröffnet die Möglichkeit, nach Überquerung der Steyrlingbrücke in die ähnlich aufregende Schlucht der Krummen Steyrling hinabzusteigen, am linken Ufer bis zur Einmündung in die Steyr zu gehen und – nach links abzweigend – erst das letzte Stück wieder auf dem ursprünglichen Weg zurückzulegen.

Wer einmal den Reiz der Steyrschlucht bei Molln verspürt hat, wird mit hoher Wahrscheinlichkeit wiederkommen. Ob die Rinnende Mauer dann noch rinnen wird, ist leider ungewiß. Die Wirtschaftsinteressen eines lokalen Schotterunternehmers, dessen hauptsächliches und weithin sichtbares Abbaugebiet bislang eine Bergflanke des Gaisbergs war, gefährden dieses Naturdenkmal, die beantragte Schottergrube im Aigner-Schacher würde der Rinnenden Mauer buchstäblich das Wasser abgraben. Das vom Alpenverein und zahlreichen lokalen Naturschutzinitiativen schon lange geforderte und von allen betroffenen Gemeinden unterstützte Naturschutzgebiet Steyrschlucht ist bisher Wunschdenken geblieben. Ein entsprechender Schutzantrag vergilbt seit mehr als zehn Jahren in den Schubladen der Landesregierung.

WANDERUNG «Naturpfad Steyrschlucht», Ausgangs- und Ankunftspunkt: Molln – Gasthaus Roidinger an der Stefaniebrücke (Bushaltestelle, Radweg). Einfache und erlebnisreiche Wanderung, an manchen Stellen der Schluchtoberkante ist erhöhte Vorsicht mit Kindern angebracht, im Frühjahr und nach starken Regenfällen Steinschlaggefahr, gut beschildert. Gehzeiten: Molln/Steyrbrücke bis Mündung Krumme Steyrling 45 Min., weiter bis zur Rinnenden Mauer 1 Std., Rückweg über Aigner-Schacher und Steyrlingschlucht bis zur Mündung 1 Std., zurück bis zum Ausgangspunkt 45 Min., Gesamtgehzeit: 3,5 Std. Keine Einkehrmöglichkeit auf der Strecke, Gasthöfe in Molln. **LITERATUR** Andreas und Franz Maier: Steyrschlucht – Rinnende Mauer, Innsbruck 1997 (erhältlich über ÖAV, Postfach 318, 6010 Innsbruck, oder über das Tourismusbüro Molln).

MIT DEM RAD UNTERWEGS: VON MOLLN NACH FRAUENSTEIN UND ZUM STEYRDURCHBRUCH

Vom Steyrtalradweg ist das auf dem rechten Steyrufer gelegene Molln leicht erreichbar. Und Molln ist der ideale Ausgangspunkt für Radtouren in die Täler an den Nebenflüssen der Steyr, aber auch für Mountainbiketouren mit unterschiedlichen Anforderungen. Eine Möglichkeit zum Radeln im Tal bietet sich entlang der *Krummen Steyrling*. Von Molln über die Streusiedlung Breitenau in die winzige Ortschaft *Bodinggraben* mit einem auffallend schönen Forsthaus folgt die zunehmend schmälere und verkehrsärmere Straße über fast 20 Kilometer dem Lauf des kühlen Baches. An seinen Ufern laden wunderbare Schotterbänke und Wiesen zum Rasten und Spielen ein. Wer dem Autoverkehr möglichst entkommen will, sollte die Tour erst in der Breitenau beginnen. Hier stand einst der Sensenhammer Blumau, eine Besitzerin stiftete die barocke Kapelle mit dem schönen schmiedeeisernen Gitter.

Die Krumme Steyrling war früher der wichtigste Transportweg für das im Bodinggraben geschlagene Holz. Da sie für die Holztrift mit Ausnahme der Zeit der Schneeschmelze zu wenig Wasser führte, wurde dieses an insgesamt fünf Klausen im Oberlauf gestaut. Sie sind heute noch gut erkennbar. Kurz vor der Mündung in die Steyr fingen mehrere Sperren das Holz auf.

Ausgangspunkt für eine zweite, landschaftlich besonders abwechslungsreiche Rundwanderung, die noch dazu einige Möglichkeiten für kulturelle Abstecher bietet, ist das Ortszentrum von Molln, ein Schild weist die Richtung in die Ramsau. Das Ortsende ist schnell erreicht, die sechs Kilometer lange Strecke in die Ramsau führt meist leicht bergauf. Bauernhöfe werden passiert, an den steilen Wiesenmatten links und rechts des breiten Tals weiden Kühe und Schafe, und hinter den bewaldeten Hügeln kommt manchmal ein Ausschnitt des Sengsengebirges zum Vorschein. Genau an der Wegkreuzung in die Hopfing – Ausgangspunkt für Bergtouren auf den Hohen Nock – liegt das für seine Forellenspezialitäten bekannte Gasthaus Dürnberger.

Gasthaus Dürnberger, Ramsau 95, Tel. 07584/3314, Ruhetage: Mo u. Di.

Die Route folgt nun rechts dem in ein breites, gerades Bachbett gezwungenen Paltenbach flußabwärts und passiert bald das ehemalige *Sensenwerk Koller*, von dem nur mehr ein schönes Herrenhaus steht. Schwere Hochwasser Ende des 19. Jahrhunderts hatten der Sensenfertigung hier ein Ende gesetzt. Die Form der Bauernhöfe wechselt nun allmählich von den Vierkantern zu den für die gebirgigen Regionen charakteristischen Haufenhöfen. Zunächst am engeren Talboden, dann leicht erhöht im breiter werdenden Tal führt der Weg zum uralten Gasthaus *Forsthub*. Das Gut besteht bereits seit dem 11. Jahrhundert und war im Mittelalter Pflegegericht mit Richtstätte. Die dahinterliegende Wiese heißt noch heute Beindl-Au. Der Doppeladler und die Aufschrift auf der Eingangstür aus dem Jahr 1805 verkünden, daß heimische Truppen kein Recht auf Einquartierung hatten. Unter den drei mächtigen Linden vor der Eingangsfront läßt sich die Eisstockbahn erkennen, auf der schon viele Bradlschießen (Bradl = Schweinebraten) stattgefunden haben. Alte Fotos in der holztrambedeckten Wirtshausstube berichten darüber. Frisch gestärkt, läßt sich die Bergkuppe nach dem Gasthaus leichter bewältigen. Als Lohn winkt zudem ein ungewohnter Blick auf die durch die Perspektive stark verkürzt wirkende, steil aufragende Krems- und Falkenmauer.

Bergab fahrend, nähert man sich in schnellem Lauf einem kleinen Hügel mit der weithin sichtbaren Wallfahrtskirche von Frauenstein. Wer sich vor deren Besichtigung noch erfrischen will, biegt kurz vor Frauenstein links auf die Bezirksstraße zum nahe gelegenen *Klauser Stausee* mit Bademöglichkeiten und Bootsverleih ab.

In den nächsten Jahren wird dieser bislang ruhige Abschnitt des Steyrufers durch den Autobahnbau beeinträchtigt sein, und ob es sich danach noch empfiehlt, hier zu radeln, ist zumindest fraglich. Noch vor der künftigen Autobahnquerung biegt eine kleine Straße nach Effertsbach ab. Eine Gedenktafel am nahen Forsthaus erinnert an die Schriftstellerin Marlen Haushofer, die hier ihre Kindheit verbrachte. Das Leben in diesem Haus und seiner nächsten Umgebung bildete den Stoff für viele ihrer Bücher. Die heutigen Bewohner des Forsthauses – eine achtköpfige Familie – lassen sich gerne in ein Gespräch über die berühmte Vorbewohnerin verwickeln.

MARLEN HAUSHOFER, EINE CHRONISTIN DER NACHKRIEGSZEIT

Marlen Haushofer wurde 1920 als Marie Helene Frauendorfer in Frauenstein geboren. Als Kind lebte sie in dem kleinen Forsthaus am Effertsbach mit ihrem Vater, dem Förster, ihrer Mutter, die sich ganz in die Pflichten einer guten Förstersgattin eingefügt hatte, und ihrem Bruder Rudolf, dem sie eine fürsorgliche Schwester, aber auch wilde Spielgefährtin war. In ihrem Kindheitsroman «Himmel, der nirgendwo endet» beschreibt sie – in der Figur der Meta –, wie es ihr mit dem kleinen Bruder ging. «In der Küche ist es wunderbar warm. Mama sitzt vor dem Herd und hält Nandi auf dem Schoß. Sie merkt gar nicht, daß Meta ins Zimmer gekommen ist. Sie sieht nur Nandi, der ihr sein lachendes kleines Gesicht entgegenhält. Meta holt sich ihren Schemel und setzt sich still in einen Winkel. Mamas Zopf hat sich unter Nandis runden Fingern gelöst und hängt wirr über ihre Schulter. Sie sieht weich, jung und glücklich aus. Und wie sie Nandi anschaut, wie ihre Augen leuchten, wenn er krähend vor Vergnügen nach ihrem Gesicht tappt. (...) Etwas tut sehr weh, so weh, daß sie fast nicht atmen kann. Es ist ganz innen, fast wie Bauchweh, aber viel schlimmer. Sie kann die Augen nicht abwenden. Es ist, als sehe sie Mama und Nandi zum erstenmal richtig.»

Das Forsthaus, die Familie, der Jagdhund, der Effertsbach und die nahe Umgebung sind Schauplatz dieses Romans, aber auch ihrer Kinderbücher «Brav sein ist schwer» und «Schlimm sein ist auch kein Vergnügen». Zwar erwecken diese Titel den Verdacht auf hausbackene Erziehungsrezepte, man sollte sich davon aber keinesfalls abschrecken lassen – sie sind auch für Erwachsene geschrieben und stimmungsmäßig bezaubernd.

Marlen Haushofer, um 1955 (Austellungskatalog 1990)

Das Gymnasium besuchte Marlen in Linz bei den Ursulinen. Die Internatszeit mit allen Leiden – sie war äußerst unglücklich und ständig krank – beschreibt sie im Roman «Eine Handvoll Leben», auch für das Kinderbuch «Tiere müssen draußen bleiben» bildet sie den Hintergrund. Es muß ihr damals innerlich sehr kalt gewesen sein. «Es schien Betty, als hätten die durchfrorenen Nächte ihrer Kindheit einen kleinen eisigen Kern in ihr zurückgelassen, den niemand auftauen konnte, weil das ein übermenschliches Maß von Wärme und Liebe gefordert hätte. Sehr deutlich glaubte sie wieder die Verzweiflung der Zehnjährigen zu spüren, die sich die Hölle niemals als feurigen Ort, sondern klirrend vor Eiseskälte vorgestellt hatte.»

Unmittelbar nach der Matura im März 1939 wurde Marlen Frauendorfer als «Arbeitsmaid» zum nationalsozialistischen Reichsarbeitsdienst verpflichtet. Ihr Einsatzort lag in Ostpreußen an der polnischen Grenze. Der schulischen Strenge gerade entkommen und eingebettet in ein intensives Gemeinschaftsleben, hatte sie trotz harter Arbeit erstmals das Gefühl, ein selbstbestimmtes Erwachsenenleben zu führen. Mit Kriegsbeginn wurde sie wieder nach Hause geschickt und begann anschließend in Wien Germanistik und Kunstgeschichte zu studieren – Studienrichtungen, die damals ideologisch unter starkem nationalsozialistischem Einfluß standen. Marlen

Haushofer hielt sich nie für einen politischen Menschen, sie lehnte aber jede Form von Freiheitsbeschränkung, Repression und Inhumanität ab. 1941 gebar sie einen Sohn, der aus einer kurzzeitigen Verbindung mit einem Studienkollegen stammte. Vier Monate später heiratete sie den Medizinstudenten Manfred Haushofer, wegen dessen Ausbildung sie einige Ortswechsel auf sich nahm. Ihr zweiter Sohn kam 1943 auf die Welt. Ab 1947 lebte die Familie in Steyr, der Mann als Zahnarzt, Marlen als Mutter, Hausfrau, gelegentliche Ordinationshilfe und Schriftstellerin. Sie litt darunter, «dauernd in mehreren Welten zu leben, die durch Abgründe getrennt sind». Ihre Ehe wurde nach zehn Jahren geschieden, bald danach aber neuerlich geschlossen. Ein ständig wiederkehrendes Thema in der Welt ihrer Romane ist dementsprechend das Spannungsfeld zwischen Autonomie und Anpassung, das Aufbegehren der Ehefrau gegen die Enge der Kleinfamilie, das aber an der Verinnerlichung des Pflichtgedankens scheitert. Marlen Haushofer ist eine Chronistin der Nachkriegszeit, gnadenlos beschreibt sie die bürgerliche Wohlanständigkeit, deren eisiger Hort die nach außen intakte Familie war.

Eine von ihr sehr geliebte Tigerkatze wurde das Vorbild für ihr Kinderbuch «Bartls Abenteuer», in dem mit großem Einfühlungsvermögen das Leben des Katers zwischen Kämpfen und Abenteuern und der Behaglichkeit in einer Kleinfamilie beschrieben wird, die unschwer als jene der Autorin zu erkennen ist.

Marlen Haushofer selbst stufte den Roman «Die Wand» als ihr wichtigstes Werk ein. Es wurde aus feministischer, ökologischer und apokalyptischer Sicht gedeutet und manchmal auch einseitig vereinnahmt. Der Inhalt: Eine Frau ist bei einem befreundeten Ehepaar in einem Jagdhaus zu Gast. Als das Paar von der Fahrt in den benachbarten Ort nicht zurückkommt, wird sie unruhig. Mit dem bei ihr gebliebenen Jagdhund begibt sie sich auf die Suche nach den beiden und stößt dabei auf eine unüberwindliche durchsichtige Wand, hinter der Totenstarre herrscht. Absolut auf sich gestellt, richtet sie sich zunehmend in dieser extremen Lage ein und kämpft um ihr körperliches und seelisches Überleben. Am Ende spitzt sich die Geschichte dramatisch zu ...

Marlen Haushofer erhielt zahlreiche Ausreichnungen und Preise, so auch den Österreichischen Staatspreis für Literatur im Jahr 1968. 1970 starb sie an Krebs. Seit den achtziger Jahren erfährt ihr Werk eine Renaissance. Knapp einen Monat vor ihrem Tod schrieb sie: «Mach Dir kei-

ne Sorgen. Du hast zuviel und zuwenig gesehen, wie alle Menschen vor Dir. Du hast zuviel geweint, vielleicht auch zuwenig, wie alle Menschen vor Dir. Vielleicht hast Du zuviel geliebt und gehaßt – aber nur wenige Jahre – zwanzig oder so. Was sind schon zwanzig Jahre? Dann war ein Teil von Dir tot, genau wie bei allen Menschen, die nicht mehr lieben und hassen können.»

FRAUENSTEINS BERÜHMTHEIT: DIE SCHUTZMANTELMADONNA

Zurückgekehrt nach Frauenstein, passiert man zunächst den schönen, unterhalb des Hügels gelegenen Pfarrhof und erreicht über eine steile Auffahrt die Wallfahrtskirche. Sie liegt weithin sichtbar auf einem Bergkegel an der Schnittstelle von Steyr- und Kremstal. Hier stand im Mittelalter eine Burg namens Steyrstain. Eine «Capell am Stain» findet sich in den Urkunden erstmals um 1300, die heutige Kirche mit dem einschiffigen Langhaus und dem spätgotischen Chor mit Netzrippengewölbe wurde 1488 fertiggestellt. Etwa seit dem Jahr 1515 beherbergt sie

Fronleichnamsprozession in Frauenstein

die berühmte aus Lindenholz geschnitzte Schutzmantelmadonna des Ulmer Meisters Gregor Erhart. Sie gilt als das bedeutendste gotische Schnitzbildwerk Österreichs. Auftraggeber des Werks war Kaiser Maximilian I., der damit seinen Dank für die Rettung aus einer Seenot zum Ausdruck brachte. Den Mittelpunkt der Komposition bildet eine fast zwei Meter hohe, sitzende, gekrönte Madonnenfigur, die majestätische Ruhe ausstrahlt. Auf ihrem Schoß ein fröhliches Jesuskind, das in seinen Händen einen Kranz mit Rosen trägt. Zwei Engel tragen den Mantel Mariens, unter dem zu beiden Seiten je drei Menschen betend Schutz suchen. Kaiser Maximilian kniet zur Rechten, an seiner Seite sein enger Vertrauter Ritter Florian Waldauf. Über die Identität der dritten männlichen Figur besteht keine Einigkeit: Manche vermuten, daß sich der Künstler hier selbst dargestellt hat. Zur Linken der Madonna sieht man drei Frauenfiguren: die Kaiserin Bianca Maria Sforza, die Frau von Ritter Waldauf und eine Bürgersfrau. – Nicht immer hatte die Schutzmantelmadonna ihren prominenten Platz am Altar inne: In der Barockzeit wurde sie in die Sakristei abgeschoben, wo sie bis 1967 verblieb.

Bevor man sich wieder in den Sattel schwingt, lohnt sich eine Einkehr im Gasthaus nebenan, von dessen Terrasse sich ein prächtiger Ausblick auf einen Teil des Sengsengebirges und auf die nahe Krems- und Falkenmauer eröffnet.

Gasthof Federlehner, Frauenstein 1, Tel. 07585/512, Ruhetage: Mo und Di.

Ein kleines Stück der Bezirksstraße bergab folgend, biegt der Radweg dann rechts auf einen von Autos kaum befahrenen Güterweg Richtung Molln ein, der immer oberhalb der Steyrschlucht dahinführt. Von der Steyr sieht man hier zumeist nicht mehr als ein Glitzern zwischen den Bäumen am Abhang. Bald zeigt ein Schild den Weg zum nahen Steyrdurchbruch an; zu dessen Besichtigung werden die Räder am besten hier zurückgelassen.

STEYRDURCHBRUCH: NATURSCHAUSPIEL UND JUGENDSTILKRAFTWERK

Zwischen Molln und Klaus zwängt sich die Steyr durch eine enge Schlucht von hoch aufragenden Dolomitgesteinswänden – den sogenannten Steyrdurchbruch. Erst nachdem die eiszeitlichen Gletscher die umliegenden Hügel abgetragen hatten, konnte sich die Steyr von oben den Weg durch das Gestein bahnen, zuvor floß sie durch das heutige Kremstal direkt zur Donau ab.

Den besten Blick in die enge Schlucht hat man von einer Aussichtsterrasse auf der linken Uferseite neben der Steyrtal-Bundesstraße. Den Fluß überquert man auf einer schönen Bogenbrücke mit eleganten Pylonen, die zum *Kraftwerk Steyrdurchbruch* gehört. Die Staumauer, die hier das enge Tal versperrt, ist

Turbinenraum im Kraftwerk Steyrdurchbruch

mit einer Höhe von knapp vierzehn Metern auf viel subtilere Art in die Landschaft eingefügt als die nur einige Kilometer oberhalb gelegene Talsperre von Klaus. An sie schmiegt sich ein wohlproportioniertes Gebäude mit Wehranlagen. Dieses ungewöhliche Ensemble, in dem Natur und Technik zu einer Einheit verschmelzen, wurde 1907/08 nach Plänen von Mauriz Balzarek, einem Schüler Otto Wagners, erbaut und gilt heute als industriehistorisches Denkmal von hohem künstlerischem Rang.

Die Errichter des Kraftwerks, die Besitzer des Zementwerks im nahen Kirchdorf an der Krems, waren kunstsinnige Pioniere des technischen Zeitalters. Erst 1977 ging das Kraftwerk von der Firma Hofmann & Comp in den Besitz der Oberösterreichischen Kraftwerke AG (OKA) über. Die gesamte Anlage sei – meint der bekannte Architekt und Publizist Friedrich Achleitner – «ein einziger Hymnus auf den Fortschritt und auf die Einheit von Kunst und Technik, wie er vor allem von den Otto-Wagner-Schülern erträumt wurde». Es lohnt sich also, einige Details näher zu betrachten: Die doppelt glasierten böhmischen Biberschwanzziegel des *Hauptgebäudes* glänzen wie neu und mußten seit 90 Jahren nicht gereinigt werden. Neben den architektonischen Feinheiten am Kraftwerksgebäude und an der Bogenbrücke ist an der Wehranlage selbst die wie eine riesige Rutsche aussehende *Triftgasse* bemerkenswert. Die zahlreichen Sägewerke entlang der Steyr waren auf die billige Transportmöglichkeit des Holzes auf dem Wasserweg angewiesen, ihre Besitzer hatten sich gegen das Kraftwerk gewehrt, weil sie Schwierigkeiten bei der Holztrift befürchteten. Auf der anderen Seite der Wehrmauer findet sich eine weitere Spezialität: Eine eigene *Fischleiter* sollte den Zug der Fische vom Unter- ins Oberwasser ermöglichen. Allerdings kamen die Fische mit dieser Aufstiegshilfe nie zurecht. Der untere Teil der ehemaligen Fischleiter wurde aus Erhaltungsgründen später ausbetoniert.

Das Innere des Kraftwerks ist nur nach Voranmeldung zu besichtigen. Der *Maschinenraum* ist mit Kacheln, Gittern und Schalttafeln original erhalten, die drei Francisturbinen stehen noch in Betrieb, und auch die alten Generatoren aus dem Jahr 1908 funktionieren noch bestens. Die Leistung des Kraftwerks wurde später durch eine unauffällig neben dem Kraftwerk eingebaute Kaplanturbine gesteigert und beträgt heute ein knappes Drittel der Leistung der Staustufe Klaus. Eindrucksvoll ist auch ein kleiner *Ausstellungsraum* mit original belassenen Schaukästen, in dem die bautechnische Leistung mit Fotos und Schriftstücken dokumentiert ist. Auf diesen Bildern ist im Hintergrund die damals ebenfalls gerade in Bau befindliche Bogenbrücke der Steyrtalbahn erkennbar.

Kraftwerk Steyrdurchbruch: Besichtigung von außen jederzeit möglich, Zugang vom Rad- und Wanderweg am rechten Steyrufer beschildert, Zugang auch vom Parkplatz Steyrdurchbruch am linken Steyrufer aus: zunächst über die Brücke, 50 m weiter zweigt eine kleine Straße nach unten ab (Fahrverbotsschild mit Aufschrift «Privatstraße»); Besichtigung innen: für Gruppen nach Voranmeldung im Kraftwerk, Tel. 07584/249 10, oder bei der OKA/Presseabteilung, Tel. 0732/659 30, für Einzelpersonen am Tag der offenen Tür (Termine erfragen).

Der Radweg führt weiter über eine kurze, steile Abfahrt hinunter zum *Paltenbach*, der den direkteren Weg aus der Ramsau zur Steyr genommen hat. Auch manche Radfahrer wählen die Abkürzung auf der teilweise stark abfallenden Schotterstraße von der Forsthub. Diese bietet sich jedoch eher für eine Wanderung von Molln aus an, in die auch der Weg zum Steyrdurchbruch eingebaut werden kann. Nach der Überquerung der Brücke und einem steilen Aufstieg nähert sich die Straße noch einmal den Konglomeratwänden der Steyr. Immer wieder säumen Marterln und kleine Kapellen den Weg, der schließlich auf einer breiter werdenden Wiesenterrasse zurück nach Molln führt.

RADWANDERUNG Molln–Ramsau–Frauenstein–Molln. Radwanderung auf asphaltierten Nebenstraßen mit überwiegend geringem Autoverkehr, leichte Steigungen; Gesamtlänge einschließlich Abstecher zum Klauser Stausee (Bezirksstraße!) 30 km, ohne Abstecher 22 km; Einkehrmöglichkeiten: Gasthaus Dürnberger (Ruhetage: Mo, Di), Gasthaus Forsthub (kein Ruhetag, nur Getränke), Gasthaus Federlehner (Ruhetage: Mo, Di), Kiosk und Gasthaus beim Klauser Stausee.

AUF DEN HOHEN NOCK – DAS DACH DES NATIONALPARKS KALKALPEN

Das *Sengsengebirge* bildet die Kernzone des Nationalparks Kalkalpen: 20 Kilometer lang erstreckt sich der recht einheitlich geformte Bergkamm zwischen der Steyr und der Krummen Steyrling mit Gipfelhöhen zwischen 1600 und knapp 2000 Metern. Mit seinen Graten, steilen Nordwänden und Karstlandschaften hat das Sengsengebirge den Charakter eines schroffen, hochalpinen Gebirges. Bis zu 1500 Metern steigt ein Mischwaldgürtel auf, der dann in ausgedehnte Latschendickichte übergeht. Seinen Namen hat das Gebirge von den Sensenhämmern, die einst in den nahen Tälern dröhnten: «Sengsn» heißen die Sensen im hiesigen Dialekt.

Das Gipfelkreuz am Hohen Nock

Für viele Pflanzen und Tiere stellt der 34 Quadratkilometer umfassende schwer zugängliche Gebirgsstock eines der letzten großen Rückzugsgebiete dar. Fast alle der in Oberösterreich geschützten Pflanzen sind hier zu finden. Und der schon fast ausgerottete Steinadler hat sich hier immer gehalten und in letzter Zeit erfreulicherweise auch wieder vermehrt. Menschen kommen nicht allzu oft in die unwegsamen Höhen. Im westlichen Teil gibt es nur wenige markierte Steige, im gesamten Gebiet nur eine einzige Hütte. Das östliche Sengsengebirge ist großteils weglos und völlig unberührt.

Die *Feichtaualm* gilt als die Krone der landschaftlichen Schönheit dieses Gebirgsstrichs. Sie ist um ihrer selbst willen eine Wanderung wert, von ihr führt aber auch ein nicht allzu schwerer Weg auf das Dach des Sengsengebirges, den Hohen Nock (1963 m). Am besten plant man für diesen Ausflug zwei Tage bei stabiler Wetterlage ein, um alle Schönheiten in Ruhe genießen zu können. Der Aufstieg erfolgt aus der Hopfing südlich von Molln. Nach Überquerung des Truppenübungsplatzes des

Bundesheeres führt der Steig immer im Wald zunächst entlang des Paltenbaches, dann unter den aufragenden Nordwänden des Gebirges stetig bergauf zur Alm. Die Almwiesen sind umschlossen von einem wetterzerzausten Fichtenwald, der von Buchen, Lärchen und Ahorn durchsetzt ist. Umgefallene Baumriesen, einige Moore und feuchte Wiesen rechtfertigen die Bezeichnung *Feichtauer Urwald.* Mitten auf der Alm mit freiem Blick auf die Nordwand des Hohen Nock steht die gemütliche Selbstversorgerhütte des Alpenvereins. Daneben wurde 1996 ein neues Almgebäude in traditioneller Bauweise errichtet, die Feichtaualm ist seither wieder bewirtschaftet.

Feichtauhütte, im Hintergrund der Hohe Nock

Ein Hauptanziehungspunkt sind hier die beiden kristallklaren Gebirgsseen unter der steilen Nockwand. Die Ufer des *Großen Feichtausees* sind vom Mehrblütigen Wollgras gesäumt, auch andere seltene alpine Pflanzen wie der Silberwurz oder der Weiße Alpenmohn wachsen hier. Durch ein Latschenfeld gelangt man zum tieferen *Kleinen Feichtausee.* Er liegt noch näher an der Felswand, an seinem Südufer liegen haushohe Felstrümmer und Geröllschutt.

Den Aufstieg zum Hohen Nock beginnt man von der Hütte aus am besten ausgeruht in der Früh, wenn die gesamte Wand von der Morgensonne erleuchtet ist. Zunächst geht es durch Hochwald zu einer kleinen Felskanzel, von der aus die beiden Seen schön zu sehen sind. Durch Latschengassen gelangt man ins schuttübersäte Nockkar, durchquert eine Scharte, in der sich oft bis in den Hochsommer Schneereste halten, und erreicht schließlich durch Latschen und über eine Bergwiese das kleine Gipfelplateau. Von hier aus kann man ungehindert in alle Richtungen blicken, bei guter Sicht bis zum Böhmerwald und zum Schneeberg, dem Hausberg der Wiener. Noch ein Tip für Bergsteiger: Vom Normalweg abzweigend, führt auch eine schöne Kletterroute mit Schwierigkeitsstufe I–II über den Nordostgrat zum Gipfel.

WANDERUNG über die Feichtaualm auf den Hohen Nock: Ausgangspunkt: Hopfing (10 km südlich von Molln), Ende der öffentlichen Straße (605 m), Durchquerung des Truppenübungsplatzes (an Wochentagen eventuell Wartezeit), einfacher, zeitweise steiler Aufstieg zur Feichtau (1360 m), von dort steil zum Gipfel, beim Gipfelaufstieg Trittsicherheit erforderlich, an einigen ausgesetzten Stellen Vorsicht mit Kindern! Die Feichtauhütte ist eine Selbstversorgerhütte mit Lager, Schlüssel bei der ÖAV-Sektion Steyr, Tel. 07252/451 71. Zur Jagdzeit vom 15.9. bis 10.10. ist die Hütte gesperrt. Im Sommer ist auch die Almhütte bewirtschaftet – einfache Verpflegung erhältlich. Gehzeiten: Truppenübungsplatz–Feichtauhütte 2,5 Std., Abstecher zu den Feichtauseen hin und zurück 1 Std., Feichtauhütte–Hoher Nock (1963 m) 2 Std., Abstieg 3,5 Std.; Gesamtgehzeit: 9 Std., empfehlenswert als zweitägige Tour. Sengsengebirgs-Höhenweg von Klaus über den Hohen Nock zur Feichtauhütte: nur für konditionsstarke, trittsichere und erfahrene Bergsteiger. Gehzeit: ca. 12 Std., 2300 Höhenmeter im Aufstieg und 1400 im Abstieg, keine Wasserstelle, eine Biwakstelle. **WANDERKARTE** Nationalparkwanderkarte Sengsengebirge, 1:35.000, mit Kurzlexikon zum Nationalparkgebiet, direkt oder telefonisch erhältlich in den Nationalpark-Informationsstellen: Großraming, Tel. 07254/8414, Windischgarsten, Tel. 07562/6137, oder Leonstein, Tel. 07584/3651, Fax 07584/3654.

KLAUS: NATUR UND TECHNIK PRALLEN AUFEINANDER

An der Schnittstelle zweier markanter Gebirgszüge, der Kremsmauer und des Sengsengebirges, liegt Klaus. Ihren Namen hat die Ortschaft aus der Römerzeit, als hier eine Raststation an der Militärstraße bestand, und er verweist auf die strategische Bedeutsamkeit dieser Stelle an der traditionellen Nord-Süd-Verbindung über den Pyhrn. «Claudere» bedeutet soviel wie zusperren, und tatsächlich nutzten die jeweils Herrschenden die Möglichkeit, die ihnen die Natur in die Hände gab, zu ihrer eigenen Sicherheit, aber auch als Einnahmequelle.

Erste Befestigungen wurden vermutlich ab dem 10. Jahrhundert errichtet, eine Burg ist erstmals um 1100 urkundlich erwähnt. Bis zur Mitte des 18. Jahrhunderts hatten Durchreisende eine Wegemaut zu entrichten. Die heute noch sichtbaren Zeugen der großen Vergangenheit sind das Schloß und die Bergkirche. Sie liegen etwas versteckt im Wald oberhalb der Ortschaft. Die Gründung von *Schloß Klaus* geht auf die Herrschaft der Edlen zu Storch zurück. Unterhalb der alten Burg ließen sie Ende des 16. Jahrhunderts den rechteckigen Gebäudekomplex mit dem achteckigen turmartigen Anbau im Renaissancestil errichten, kurz darauf die oberhalb gelegene Bergkirche mit Friedhof. Im Zuge der Rekatholisierung mußte die protestantische Familie Schloß und Herrschaft verkaufen und das Land verlassen, und aus dem protestantischen Gotteshaus wurde die *Pfarrkirche zum hl. Johannes dem Täufer.* Eine Darstellung der Taufe Christi, geschnitzt von Joachim Ertl um 1755, steht im Zentrum des prächtigen barocken Hochaltars mit seinen acht Säulen und einer von vier Engeln getragenen Riesenkrone. Von hohem künstlerischem Rang sind auch die Stuckverzierungen des Stichkappen-Tonnengewölbes und die Fresken, die lange Zeit übermalt waren und erst im Zuge der jüngsten Renovierung wieder freigelegt wurden. Der neue, katholische Besitzer der Herrschaft Klaus ließ im Tal einen Pfarrhof errichten, an den später eine Kapelle angebaut wurde. Hier befindet sich ein Altarbild der «schmerzhaften Muttergottes», das aus der Werkstätte des bekannten Barockmalers Paul Troger stammt. Nach der Auflösung des Stiftes Spital am Pyhrn, zu dem die Herrschaft Klaus damals gehörte, wurde das Schloß nicht mehr re-

Die Bergkirche von Klaus

gelmäßig benutzt; auch die Burgruine verfiel immer mehr. Erst in den sechziger Jahren des 20. Jahrhunderts kehrte wieder Leben in die alten Gemäuer ein: Das Schloß wurde restauriert und dient seither als evangelisches Jugend- und Bildungshaus. Auch Teile der verfallenen Burg wurden in den Gebäudekomplex integriert.

Die ebenfalls renovierte *Bergkirche* ist seit dieser Zeit stimmungsvoller Veranstaltungsort des «Musiksommers Klaus» mit interessanten Programmen. Zu guter Letzt wurde auch der *Pfarrhof* im Ort renoviert und die zu klein gewordene Pfarrhofkapelle durch einen Zubau erweitert. Die modernen Glasfenster stammen aus der Werkstätte des Stiftes Schlierbach.

Die wirtschaftliche Existenzgrundlage der Bewohner von Klaus bildet seit Jahrhunderten die Nutzung der natürlichen Ressourcen Holz und Wasser. Zentrum der Holzwirtschaft war und ist die zum Gemeindegebiet gehörende weitläufige Ortschaft *Steyrling*. Die Wälder um Steyrling waren für die Versorgung der Hammerwerke des Krems-, Steyr- und Ennstales mit Holzkohle von großer Bedeutung, Steyrling ein wichtiger Standort des Sensen- und Schmiedegewerbes. An der Steyr selbst befand sich nur das Sensenwerk «Im Graben», in dem über 250 Jahre Sensen hergestellt wurden, bevor es Ende des 19. Jahrhunderts stillgelegt wurde. In seinen Betriebsgebäuden wurde später ein Kleinkraftwerk untergebracht, das bis 1972 arbeitete.

Die moderne Form der Wassernutzung repräsentiert das 1973 bis 1975 errichtete *Kraftwerk Klaus*. Ursprünglich als Teil eines gigantischen Kraftwerksprojekts entworfen, läßt sich seine umstrittene Errichtung als Preis für die erfolgreiche Verhinderung des Monsterprojekts und die teilweise Rettung des Steyrtals verstehen. Immerhin versank unter dem sieben Kilometer langen See, den eine etwa 50 Meter hohe und bis zu neun Meter breite Mauer aufstaut, der schönste Teil der Steyrschluchten mit bis zu 40 Meter hohen Konglomeratwänden, zahlreichen Tümpeln und Kiesbänken und einem eigenen Mikrokosmos aus Pflanzen und Tieren. Der *Klauser Stausee* ist mittlerweile zu einem beliebten Naherholungsgebiet geworden. Nur wenige der Ausflügler, die heute das Freizeitparadies mit Bootsverleih, Kajakschule, Tennisplätzen, Klettermauer und Bungee-Jumping genießen, kannten das untergegangene «vorletzte Paradies».

Durch Klaus rollt viel und immer mehr Verkehr. Zunächst hielt die Moderne hier in Form von Bahnlinien Einzug. Die *Kremstalbahn*, fertiggestellt 1888, war der erste moderne Verkehrsweg in Richtung Pyhrn. Später wurde Klaus als Schnittpunkt von Pyhrn- und Steyrtalbahn zu einem wichtigen Bahnknotenpunkt. Es ist daher durchaus angemessen, daß ausgerechnet ein alter *Lokschuppen* anläßlich der Landesausstellung 1998 als Ausstellungslokal ausgewählt wurde. Von den technischen Pionierleistungen der zwischen 1901 und 1906 errichteten Pyhrnbahnstrecke zeugen noch heute zahlreiche Tunnels, Brücken und Stützmauern. Die 102 Meter lange Wölbbrücke über die Mündungsschlucht der Steyrling zählte seinerzeit zu den größten der Welt. Die mehr als eine Tonne schweren Granitquader wurden vom Mauthausner Steinbruch mühsam mit Pferdefuhrwerken angekarrt. Einer der ausschlaggebenden Gründe dafür, bei Steyrling einen großen Kalksteinbruch und mehrere Kalköfen zu errichten, war die günstige Transportmöglichkeit per Eisenbahn. Der gebrannte Kalk, der täglich zwei Eisenbahnzüge füllt, wird zur Stahlerzeugung in Linz benötigt. Einen weiteren einschneidenden technischen

Konzert in der Bergkirche Klaus

Eingriff in der Talenge von Klaus wird die Pyhrnautobahn bringen. Wieweit die in Bau befindliche Trasse, die überwiegend in Tunneln am Fuß des Sengsengebirges verlaufen wird, mit dem Anspruch eines Erholungsgebietes und Nationalparks vereinbar sein wird, bleibt abzuwarten.

Auf dem vom Freizeitzentrum ausgehenden *Fischersteig* läßt sich der Stausee in etwa sieben Stunden Gehzeit zu Fuß umrunden. Wer es kürzer haben will, kann vom Bahnhof Hinterstoder am südlichen Ende des Stausees mit dem Zug nach Klaus zurückkehren. In stetigem Auf und Ab zieht sich der Weg am Ufer und oberhalb dahin. An einigen exponierten Stellen ist Vorsicht geboten, besonders nach der Schneeschmelze und nach Regenfällen. Auf dem Fischersteig eröffnet sich dem Wanderer die noch erhaltene Schönheit des Tales ebenso eindrucksvoll wie die geballte Problematik der im Namen des Fortschritts und der Ökonomie vorgenommenen Eingriffe. Zwischen Klaus und Steyrling am westlichen Seeufer ist der Fischersteig als thematischer Wanderweg angelegt.

THEMATISCHER WANDERWEG «Natur und Technik am Klauser See», Wanderung entlang des Klauser Sees mit Schautafeln über technische Eingriffe aus verschiedenen Epochen, Ausgang: Bahnhof Klaus, Ankunft: Bahnhof Steyrling, Rückfahrt per Schiff, Bahn oder Bus möglich; mit Ausnahme von zwei Stiegen flach, Gehzeit: 1,5 Std. **AUSKUNFT** Tourismusverband, 4564 Klaus/Steyrling, Tel. 07585/577, Fax DW 4. **ESSEN UND TRINKEN** Gasthaus Schinagl, Klaus 62, Tel. 07585/261, Ruhetage: Di und Mi. **AUSSTELLUNGEN** Lokschuppen beim Bahnhof. Im Rahmen der Landesausstellung 1998 findet eine Ausstellung über die technische Nutzung der Wasserkraft statt, danach sind wechselnde Ausstellungen geplant. Programm und Öffnungszeiten in der Touristeninformation erfragen. **BESICHTIGUNGEN** Bergkirche Klaus: Besichtigung nur nach Anmeldung im Pfarramt und in Begleitung möglich, Pfarrhofkapelle offen zugänglich; Schloß Klaus ist für Besucher nicht zu besichtigen. Kraftwerk Klaus: Innenbesichtigung ganzjährig während der Dienstzeiten nach Voranmeldung möglich, Anmeldung: Ennskraftwerke AG, Pressestelle, Tel. 07252/811 22-414. **VERANSTALTUNGEN** Musiksommer Klaus, Konzerte in der Bergkirche von Ende Juni bis Anfang September, Auskunft und Karten im Gemeindeamt Klaus, Tel. 07585/255, Fax DW 90, sowie Tourismusinformation Pyhrn-Eisenwurzen, Kirchdorf, Tel. 07582/624 50, Fax 07582/649 07-20. **BADEN** Freibad Klaus. Waldbad Steyrling. Klauser Stausee. Elisabethsee (Kniewas). **BOOTSVERLEIH** Elektro-, Ruder- und Tretboote, Freizeitzentrum Klausersee, Tel. 07585/310. **CAMPING** Camping Obermayr am Elisabethsee, 4572 St. Pankraz, Kniewas 37, geöffnet: 15.5.–30.9., Tel./Fax 07565/215. **DRACHENFLIEGEN UND PARAGLEITEN** Take-Off, Drachen- und Gleitschirmschule Ternberg, Hr. Poscher, Tel. 07585/462. **FISCHEN** Klauser Stausee, Fangzeit: 1. Mai bis 15. September, Tageskarten im Bootshaus erhältlich, weitere Auskünfte im Tourismusverband. Erste österreichische Fischerschule Klauser See, Hr. Ing. Kornek, Tel. 07585/82 50 24. **KANU UND KAJAK** Kajak-Sportschule Klaus, Manfred Breiteneder, Tel. 07585/310, Fax DW 4, Kajak-Kurse für Anfänger und Fortgeschrittene von Mai bis September, Übungen am Klauser See und auf der Steyr, Tagestouren. **RADVERLEIH** Bahnhof, Tel. 07585/218. **RAFTING** Kajak-Sportschule Klaus, Tel. 07585/310, Fax DW 4. **TENNIS** Freizeitzentrum Klausersee, Tel. 07585/310. **SKILANGLAUF** Steyrling: Brunnentalloipe, 12 km, leicht. Fischbachloipe, 6 km, leicht. **SPORTKLETTERN UND BUNGEE-JUMPING** an der Staumauer, Flugschule Wings, Tel. 07562/7767. **WANDERN** Geführte Wanderungen im Nationalpark zwischen Juli und September, Anmeldungen: Tourismusverband Klaus.

AUF DEN SPUREN VON SISSY: MIT DEM RAD UND ZU FUSS IM TAL DER STEYRLING

Für eine Radwanderung ist das landschaftlich reizvolle Tal der Steyrling fast etwas zu kurz, aber für die Kombination mit einer anschließenden Wanderung zum Ringsattel und weiter zum Almtalerhaus und zu den Ödseen lohnt es sich durchaus, das Rad in Zug oder Auto mitzunehmen. Ausgangspunkt ist die Ortschaft Steyrling. Hier standen einst bedeutende Sensenhammer und andere Schmieden, von denen nichts mehr erhalten ist. Heute prägen Forstwirtschaft und Jagdinteressen das kleine Tal, das trotz seiner Nähe zu den Hauptverkehrsverbindungen eigentümlich entrückt wirkt. Neben Aufstiegen zur Kremsmauer und ins Kasbergmassiv führt hier ein leicht zu begehender *Übergang ins Almtal* hinüber, den vor etwas mehr als 100 Jahren auch Kaiserin Elisabeth benützte. Eine Aufschrift am *Gasthof*

Zur Kaiserin Elisabeth erinnert daran, daß Ihre Kaiserliche Hoheit am 1. Juli 1888 die fünfstündige Wanderung vom Almsee bis hierher bewältigte, bevor sie – «von einem einfachen Mittagsmahl gestärkt» – mit dem Pferdewagen das schöne Steyrling verließ.

Auf den Spuren von Sissy geht es – am besten mit dem Rad – also zunächst auf ebener und kurviger Straße am gewundenen Fluß entlang. Nach etwa vier Kilometern öffnet sich das Tal. Über den Wiesen und Wäldern wird plötzlich der Blick auf die steilen Nordwände des *Großen Priel* und des *Schermberges* frei. In der kleinen Ortschaft *Brunnental* – einem beliebten Ausgangspunkt für Wanderungen zur Steyrer Hütte und zum Kasberg – stößt man auf herrschaftliche Forsthäuser, die zur Fürstlich Schaumburg-Lippischen Forstverwaltung gehören. Die Forststraße verläuft nun durchwegs im schattigen Wald, gegen Ende verengt sich das Tal schluchtartig. Einst wurde das Wasser im Steyrlingtal an insgesamt sieben Triftklausen angestaut, Reste der Anlagen sind noch heute zu sehen. Nach etwa acht Kilometern wird das Befahren der weiterführenden Forststraße untersagt. Hier sollte man die Räder zurücklassen. Ein Schild weist den Weg in Richtung Ringsattel und Almtalerhaus. Schon nach wenigen Minuten ist das Forsthaus Bernerau erreicht. Zunächst immer in der Nähe des im Sommer oft fast wasserlosen Flußbettes entlangführend, zweigt der gut markierte Weg dann nach rechts ab. Auf diesem Abschnitt eröffnen sich schöne Einblicke in den Prielgrat. Ab dem Ende der Forststraße windet sich ein Steig bergauf bis zum Sattel des Rings. Auf den steilen, grasdurchsetzten Felsen am Weg blühen im Frühling unzählige Schneerosen, im Sommer wächst hier das goldgelbe Petergstamm. Unmittelbar unterhalb liegt der *Herrentisch*, ein Aussichtsplatz mit faszinierendem Blick auf die mächtige Schermbergnordwand; weiter unten glitzern die beiden *Ödseen* im dichtbewaldeten Talgrund, die im Sommer durchaus Badetemperaturen erreichen.

Als Alternative zu einem Bad bietet sich auf dem Rückweg eine Rast am Hungerauer Bach an. Vom Ausgangspunkt der Fußwanderung aus führt eine Forststraße in Richtung Heindlboden. Bis zum wenige hundert Meter entfernten Fahrverbotsschild finden sich mehrere gute Zugangsmöglichkeiten zum rauschenden Bach. Beim Spielen mit Steinen und Wasser wird man die anfangs schmerzliche Kühle bald nicht mehr spüren.

RADTOUR und **WANDERUNG** im Steyrlingtal: Ausgangs- und Ankunftspunkt: Ortschaft Steyrling (520 m), 3 km vom Bahnhof bzw. Bundesstraße entfernt; wenig anstrengende, 8 km lange Radtour, bis Brunnental auf asphaltierten, dann auf gut befestigten Forststraßen bis kurz vor Bernerau (622 m); Wanderung zum Ringsattel zunächst fast eben auf Forststraßen, dann steil bergan (897 m), Gehzeit: Bernerau–Ringsattel und zurück 2,5 Std., Abstecher zu den Ödseen und zum Almtalerhaus hin und zurück mindestens 1 Std. (siehe unter «Almtal»). **ESSEN UND TRINKEN** Gasthof Zur Kaiserin Elisabeth, 4571 Steyrling 104, Tel. 07585/8217.

Landschaft im Gebirge: Die Pyhrnregion

Vielbeschriebene und vielgepriesene Landschaften schließen die oberösterreichische Region Pyhrn-Eisenwurzen im Süden, zur Steiermark hin, ab: mächtige, bizarr geformte und hoch über das Talniveau aufragende Gebirgszüge, klare Flüsse mit Wasserfällen, klammartige, wasserdurchtoste Schluchten oder Karstquellen, aus denen große Wassermengen sprudeln. Diese Naturschönheiten, aber auch die Abenteuerlust locken seit etwa 100 Jahren mehr und mehr Touristen in dieses Gebiet: Sommerfrischler, Wanderer und Bergsteiger zunächst, mit der Anlage von Seilbahnen und Liften zunehmend auch Skiläufer. Das Garstner und das Stodertal gehören heute zu den am besten erschlossenen Touristengebieten Oberösterreichs. Das hat unter anderem den Vorteil, daß sich komfortable Unterkünfte und gute Küche hier leichter finden lassen als anderswo.

Wer Tal- und Berglandschaften gerne von oben überblickt, der findet zwei hervorragende Punkte, von denen aus das möglich ist: den Wurbauerkogel (858 m), den man direkt vom Ortszentrum Windischgarsten per Sessellift erreichen kann, und – etwas beschwerlicher zu ersteigen, dafür einsamer – den Stummerkogel (817 m) oberhalb von Roßleithen. Unterhalb breitet sich das weite, fast ebene Garstner Tal wie ein großes Becken aus: Ein paar runde Waldkogel stehen in scharfem Gegensatz zu den schroffen Formen der das Tal begrenzenden Gebirgsketten – des langgezogenen Sengsengebirges im Norden, des mächtigen Bosruck im Süden, der steilen Haller Mauern im Südosten und der Gipfel des Warscheneckmassivs im Südwesten. Sie sind bis weit in den Frühling hinein mit Schnee bedeckt. Lediglich nach Osten hin, wo die letzten bewaldeten Ausläufer des Reichraminger Hintergebirges zu sehen sind, ist der Gegensatz zwischen dem Tal und seiner Umrahmung gemildert.

Blickt man nach Westen, ragen die berühmtesten Gipfel des Stodertals – der Große Priel und die Spitzmauer – über die Hügel von Vorderstoder empor. Vom Tal dringt der diffuse Lärm der Pyhrnautobahn herauf, von Zeit zu Zeit ist das Rattern und Pfeifen der Eisenbahnzüge zu hören. Am Ende des Tales, aus der Ferne nicht erkennbar, liegt der Pyhrnpaß. Im fruchtbaren Tal vor dem Paß entstanden schon in früher Zeit erste Siedlungen, in denen Durchreisende Kost und Quartier fanden und wo Handel getrieben wurde. Später entwickelten sich an den Flüssen und Bächen wichtige Standorte der Eisenverarbeitung.

Apropos Flüsse: In einem Gebiet mit so vielen faszinierenden Bergen ist es verständlich, daß sie erst als zweites genannt werden, allerdings zu Unrecht, denn die Teichl etwa ist ein ganz besonderer Fluß. Sie entspringt in einem glasklaren Bergsee, durchfließt ein Hochmoor – mitten im Karstgebiet –, verschwindet dann wieder im Berg und taucht erst im Tal wieder auf. Nachdem sie das Garstner Becken durchquert hat, bahnt sie sich durch tiefe Konglomeratschluchten den Weg zur Mündung in die Steyr. Diese dagegen beginnt ihren Lauf eher gemächlich am Fuß des Toten Gebirges im Stodertal, bevor sie als typischer Gebirgsfluß über Wasserfälle und Stromschnellen zur Teichleinmündung gelangt.

Unzählige Möglichkeiten zum Wandern und Bergsteigen und eine Vielfalt von Skipisten und Langlaufloipen – das sind die Freizeitattraktionen, die der Großteil der Touristen im Garstner und Stodertal schätzt. Wer in heißen Sommern nach Abkühlung sucht, findet diese nicht nur in einigen Freibädern, sondern auch im Gleinker See, im Schafferteich und in den Flüssen und Bächen. Zu den Angeboten, die für manche Gäste besonders attraktiv sind, zählen die Mountainbikerouten – etwa die Oberwenger Panoramatour auf der östlichen Talseite des Garstner Beckens –, die Möglichkeiten zum Paragleiten und Drachenfliegen von mehreren Startpunkten um Windischgarsten herum und schließlich die Kanustrecken auf Steyr und Teichl.

Die vielfältigen Freizeitmöglichkeiten stellen die kulturellen Sehenswürdigkeiten der Region etwas in den Schatten. Dabei gibt es auch hier genug zu bestaunen. Als Antwort auf den Protestantismus, der hier auf einen besonders fruchtbaren Boden gefallen war, holte die katholische Kirche die berühmtesten Künstler der Zeit in das entlegene Gebirgstal, um den «Dom am Pyhrn», die Stiftskirche von Spital, neu zu gestalten. Den kunstvollen Schmiedearbeiten der berühmten Lindermayr-Schmiede begegnet man gleichsam auf Schritt und Tritt. Und Hinterstoder hat mit einem modernen Ausstellungsgebäude, dem Alpineum, nun ebenfalls ein kulturelles Zentrum.

ANREISE Mit dem Auto: Westautobahn–Pyhrnautobahn oder B 138. Mit der Bahn: Pyhrnbahn (Anbindung an West- und Südbahn), ins Stodertal Bundesbus. **AUSKUNFT** Tourismusinformation Pyhrn-Eisenwurzen, Am Kirchenplatz 7–9, 4560 Kirchdorf, Tel. 07582/624 50, Fax 07582/649 07-20. **WANDERKARTEN** Totes Gebirge, Windischgarsten, Tauplitz/Liezen, freytag & berndt, 1:50.000. Nationalparkwanderkarte Spital am Pyhrn/ Windischgarstner Tal, 1:35.000, mit Kurzlexikon zum Nationalparkgebiet, direkt oder telefonisch erhältlich in den Nationalpark-Informationsstellen: Großraming, Tel. 07254/8414, Windischgarsten, Tel. 07562/6137, oder Leonstein, Tel. 07584/3651, Fax 07584/3654.

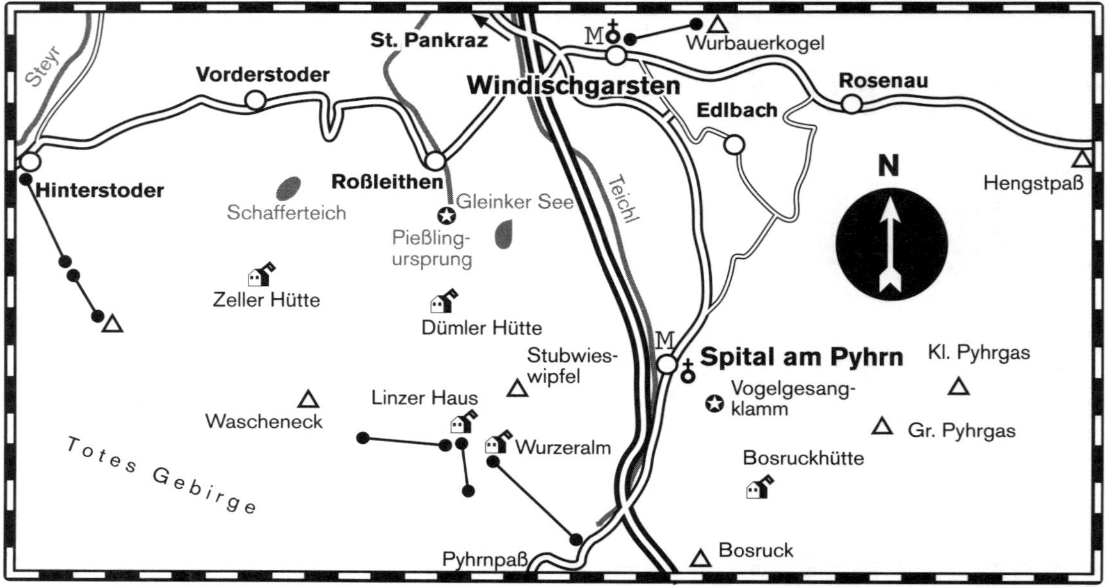

Steyr
St. Pankraz
Vorderstoder
Windischgarsten
Wurbauerkogel
Rosenau
Edlbach
N
Hinterstoder
Roßleithen
Hengstpaß
Schafferteich
Gleinker See
Teichl
Pießling-
ursprung
Zeller Hütte
Dümler Hütte
Spital am Pyhrn
Kl. Pyhrgas
Stubwies-
wipfel
Vogelgesang-
klamm
Linzer Haus
Wascheneck
Gr. Pyhrgas
Wurzeralm
Bosruckhütte
Totes Gebirge
Bosruck
Pyhrnpaß

Teichltal und Garstner Becken

ST. PANKRAZ – EINE EINKEHR WERT

Normalerweise fährt man an St. Pankraz vorbei, auf den Schienen der Pyhrnbahn, auf der Bundesstraße oder künftig auf der Pyhrnautobahn. Die Reisegeschwindigkeit ist hoch auf der schmalen, aber fast geraden Terrasse oberhalb der Teichlschlucht, die sich zwischen dem Sengsengebirge und den Vorbergen des Toten Gebirges in Richtung Garstner Tal hinzieht, sodaß die meisten Reisenden die gelbe Kirche mit dem schlanken Turm und den stattlichen Pfarrhof der 400-Seelen-Gemeinde kaum bemerken. Wer hier aussteigt, wird in aller Ruhe einige kunsthistorische Schätze entdecken und diese Erlebnisse anschließend in einem der gemütlichsten Landgasthäuser des südlichen Oberösterreich «verdauen» können.

Bei der Wahl des hl. Pankratius als Schutzpatron für Ort und Kirche haben vermutlich die Ritter von Klaus ihren Einfluß geltend gemacht, war doch die Verehrung des in der Zeit der Christenverfolgung im Alter von 14 Jahren enthaupteten römischen Jünglings damals in der Ritterschaft besonders verbreitet. Die *spätgotische Kirche* mit dem einfachen Zentralraum wurde 1462 eingeweiht, der elegante Turm 400 Jahre später hinzugefügt. An der barocken Innenausstattung haben einige der bedeutendsten Meister ihrer Zeit mitgewirkt. Das in warmen Braun- und Rottönen gehaltene Hochaltarbild stammt von Martino Altomonte, dem Vater des berühmten Bartolomeo, dem die beiden Seitenaltarbilder zugeschrieben werden. Der blutige Inhalt steht im Kontrast zu den angenehmen Farben des Hochaltarbildes. Dargestellt ist das Martyrium des Pankratius, darüber setzt der Erzengel Michael dem besiegten Luzifer den Fuß auf die Brust. Die Kreuzwegbilder stammen aus der Werkstatt des bekannten Barockmalers Wolfgang Andreas Heindl, dessen Bilder sich durch gewagte Kompositionen, teilweise groteske Formen und Detailreichtum auszeichnen. Zum Schutz der bedeutenden Werke war die Kirche in den letzten Jahren meistens versperrt. Nachdem es rührigen Ortsbewohnern gelungen ist, die längst fällige Renovierung des prächtigen, 1750 erbauten barocken Pfarrhofs im Rahmen der Landesausstellung 1998 zu erreichen, sollte der Zugang zur Kirche künftig leichter möglich sein.

Bemerkenswert am *Pfarrhof* sind insbesondere die schmiedeeisernen Fensterkörbe. In einer Nische oberhalb des Eingangstores hat sich der Erbauer, ein Propst des Stiftes Spital am Pyhrn, ein Denkmal setzen lassen. Eine Mauer mit Tor verbindet den Pfarrhof mit dem Kirchenchor und erzeugt so den Eindruck eines verbundenen Ensembles. Bemerkenswert ist auch das gegenüberliegende kleine ehemalige Mesnerhäuschen, für dessen Instandsetzung zur Zeit die finanziellen Mittel fehlen. Nur etwa einhundert Meter vom Pfarrhof entfernt liegt der kleine *Friedhof*, dessen Eingangstor aus der bekannten Lindermayr-Schmiede von Spital stammen dürfte. Die verspielten Ranken und Schlingen bilden in der Mitte ein großes A, das wahrscheinlich für das lateinische «ave» (Sei gegrüßt!) steht. Die scheinbare Symmetrie der beiden Torhälften ist eine optische Täuschung, die zu den typischen Stilmerkmalen des Rokoko zählt. Eindrucksvoll ist auch das riesige über die Kirchenmauer hinausragende schmiedeei-

Der Pfarrhof von St. Pankraz

serne Kreuz, das der Schmiedemeister Ferstl für sein Familiengrab anfertigte. Abschließend verlockt das Gasthaus Zum Niesl nahe der Kirche mit seinen in der Wiese und unter Birnbäumen stehenden Gartentischen zur Einkehr.

AUSKUNFT Gemeindeamt, 4572 St. Pankraz, Tel. 07565/245, Fax DW 4. **ESSEN UND TRINKEN** Gasthaus Zum Niesl, St. Pankraz 5, Tel. 07565/220, Ruhetage: Mo und Di. Gasthof Steyrbrücke (beim Elisabethsee), Tel. 07565/313. **AUSSTELLUNG** «Wilderer im Alpenraum», Teil der Landesausstellung 1998, Pfarrhof. **CAMPING** Camping Obermayr am Elisabethsee, Kniewas 37, geöffnet: 15.5.–30.9., Tel./Fax 07565/215.

Wer einmal in St. Pankraz war, wird vielleicht beim nächsten Mal mit Wanderschuhen oder Fahrrad wiederkommen. Unmittelbar im Ort führt eine kleine Straße hinunter in die *Teichlschlucht.* Die auf der Wurzeralm entspringende Teichl windet sich von Windischgarsten durch tiefe Konglomeratschluchten bis zu ihrer Mündung in die Steyr ganz in der Nähe von St. Pankraz. Demnächst wird das letzte Teilstück der Teichlschlucht der Trasse der Pyhrnautobahn zum Opfer fallen. Von St. Pankraz nach Süden allerdings wird man auch künftig auf fast menschenleeren Wegen dahinwandern können.

Nach der Teichlbrücke führt zunächst ein Güterweg durch die letzten Häuser der Ortschaft. Später verschmälert sich der Weg vorübergehend zu einem Steig in den steilen Dolomitflanken der Teichl, sodaß bei mitwandernden kleineren Kindern Vorsicht geboten ist. Nach etwa eineinhalb Stunden Gehzeit erreicht man das auf einer weitläufigen Wiese gelegene *Rohrauergut.* Bei diesem uralten Bauernhof gibt es nicht nur einen zauberhaften alten Obstgarten, sondern auch eine Mühle und ei nen Getreidespeicher zu bewundern. Von hier aus führt ein Steig steiler bergauf über verlassene Bauernhöfe in Richtung *Hoher Nock*, eine Bergtour mit ungefähr fünf Stunden Aufstiegszeit. Wer im Tal noch weiterwandern will, erreicht über Unterlainberg das *Stummergut.* Dort mündet der glasklare Rettenbach in die Teichl, und trotz der Nähe zu Straße und Autobahn scheint hier die Zeit stillzustehen. Bis zur nahen Bahnhaltestelle Pießling/Vorderstoder, von wo aus man mit der Bahn nach St. Pankraz zurückkehren kann, sind es insgesamt etwa drei gemütliche Stunden Wanderzeit.

St. Pankraz ist auch Start- oder Endpunkt des *Teichltalradweges*, der mit einer Länge von insgesamt 22 Kilometern über den Umweg des Pießlingtales und den Ort Roßleithen nach Spital am Pyhrn führt. Durch das Pießlingtal verläuft dieser Weg allerdings auf einer Bezirksstraße und überwindet eine Höhendifferenz von etwa 150 Metern. Empfehlenswert ist auch eine Radwanderung in das idyllische Tal des bereits erwähnten Hinteren Rettenbaches, die man am besten von Windischgarsten aus durch das Veichltal unternimmt. Mit einer Gesamtlänge von etwa 15 Kilometern ist sie allerdings etwas kurz, sodaß sich eine Kombination mit einem der Wanderwege am Fuß des Sengsengebirges empfiehlt. Für Flußwanderer sind die tiefen Schluchten der Teichl zwischen Windischgarsten und der Steyrmündung ganzjährig mit dem Boot befahrbar. Bei einem Schwierigkeitsgrad von II bis III sind eigene Erfahrungen oder die Begleitung durch erfahrene Wassersportler unbedingt ratsam.

WINDISCHGARSTEN: REICHER MARKT UND HANDELSPLATZ

Windischgarsten bildet nicht nur geografisch das Zentrum des Garstner Beckens, sondern seit Jahrhunderten auch wirtschaftlich, es ist gleichsam das weltliche Pendant zum «geistlichen» Spital am Pyhrn. Während dort neben dem mächtigen Dom und dem ehemaligen Stift der Ort fast untergeht, bringt der Ortskern von Windischgarsten mit seinen schmucken Bürgerhäusern den Reichtum eines traditionellen Markt- und Handelsplatzes sichtbar zum Ausdruck. Kurioserweise ist Windischgarsten flächenmäßig die weitaus kleinste Gemeinde im Tal: Etwa 2000 Einwohner auf nur fünf Quadratkilometern ergeben eine fast schon städtische Bevölkerungsdichte. Wirtschaftliche Beziehungen, öffentliche Einrichtungen und kulturelle Aktivitäten haben die Grenzen zu den umgebenden Gemeinden Edlbach, Rosenau, Roßleithen und Spital allerdings immer durchlässig gehalten.

Ehemaliges Herrenhaus, heute Heimatmuseum

Im *Heimathaus* von Windischgasten gibt es eine bedeutende Anzahl von Fundgegenständen aus der Römerzeit. Sie belegen, daß das einstige Gabromagus als erste Herbergsstation nach dem Pyhrnpaß ein wichtiger Stützpunkt auf der norischen Reichsstraße war. An die Zeit der slawischen Besiedelung durch die Wenden vom 6. bis zum 9. Jahrhundert erinnern zahlreiche Namen, nicht zuletzt stammt die Ortsbezeichnung «Garsten» aus dieser Zeit; später setzte man «Windisch» davor, um eine Verwechslung mit Garsten bei Steyr zu vermeiden.

Seit etwa 1400 besitzt Windischgarsten die Privilegien eines Marktes, nachdem in dieser Zeit der Handel von Norden nach Süden an Bedeutung gewann und durch den Aufschwung der Eisenverarbeitung ab dem 16. Jahrhundert noch verstärkt wurde. In dieser Zeit erlangte auch der Verkehrsweg über den Hengstpaß hinüber ins Ennstal besondere Bedeutung. Auf dem sogenannten Proviantweg – seit kurzem als thematischer Wanderweg wieder begehbar – erfolgte ein Teil der Versorgung der steirischen Eisenwurzen mit Lebensmitteln. Die Struktur des heutigen Ortskerns geht auf diese Zeit zurück, wie die Chroniktafeln an vielen Häusern belegen. In einigen heute noch bestehenden Gasthäusern wie der Blauen Sense, der Goldenen Sonne und dem Schwarzen Rössl wurden damals die Löhne für die Sensenarbeiter ausbezahlt, die in den Werken des Pießlingtals und von Spital arbeiteten. In ihrer heutigen Form sind die meisten Häuser im Ortszentrum allerdings nur etwas mehr als 100 Jahre alt, nachdem ein Brand 1885 einen Großteil des Ortes vernichtet hatte.

Eine Ortsbesichtigung unternimmt man wegen des starken Autoverkehrs am besten in den Mittagsstunden oder am Wochenende. Bemerkenswert sind insbesondere die schmiedeeisernen Fensterkörbe, die kunstvollen Schilder, Ausleger genannt, die zahlreichen Marienstatuen und -bilder, die die Unbefleckte als Siegerin über die Schlange als das Böse und über den türkischen Halbmond zeigen, die Doppelfenster über den Hauseingängen und die kleinen Bettlerfenster neben den Eingangstoren. Als Baumaterial ist der sogenannte Spitaler Marmor hervorzuheben, besonders schön zu sehen am *Marktbrunnen.* Gelegenheiten, einen Blick ins

Ungewöhnlicher Wintersport im Garstner Tal: Ausfahrt mit Schlittenhunden

Innere und insbesondere auf die alten Holztramdecken zu werfen, bieten sich im Tourismusbüro und im Schwarzen Rössl. Ein schönes Barockportal aus Sandstein findet sich am Haus schräg gegenüber vom Tourismusbüro, das leider sonst bis zur Unkenntlichkeit modernisiert wurde. Auch dem blau gefärbten Haus am Marktplatz sieht man nicht ohne weiteres an, daß es einen prächtigen Arkadenhof mit toskanischen Säulen birgt, der von der Gemeinde neuerdings als Kulturzentrum verwendet wird.

Die mehrfach umgebaute barockisierte *Pfarrkirche* beherbergt neben zwei Seitenaltarbildern, die Martin Johann Schmidt, dem «Kremser Schmidt», zugeschrieben werden, ein aufwendig gestaltetes Grabkreuz, das der Spitaler Schmiedemeister Andreas Ferdinand Lindermayr für die alteingesessene Bürgerfamilie Schoiswohl um 1720 schuf. Daran anknüpfend, wurden kürzlich an der Kirchenmauer und der ehemaligen Friedhofsmauer entlang unterschiedliche schmiedeeiserne und gußeiserne Grabkreuze wiederaufgestellt und mit Texttafeln versehen (Psalmenweg). Die erwähnten Schoiswohls waren übrigens etwa 100 Jahre Besitzer der einzigen eisenverarbeitenden Werkstätte im Ortsgebiet, einer im 16. Jahrhundert errichteten Drahtmanufaktur, eines sogenannten Drahtzuges. Der später daraus hervorgegangene Sensenhammer bestand nur wenige Jahrzehnte. Das ehemalige *Herrenhaus*, das etwa fünf Gehminuten vom Zentrum in Richtung Rosenau liegt, wurde vor mehr als 100 Jahren von der Gemeinde aufgekauft, für verschiedene kommunale Zwecke verwendet und beherbergt nunmehr das *Heimatmuseum*. Neben römischen Funden bilden dort altes Handwerk, bäuerliche Volkskunst und Trachten weitere Schwerpunkte. Wo sich einst die Fluderanlage des Sensenwerkes befand, wurde später das Freibad gebaut, und die etwa 100 Jahre alten Bäume des nahe gelegenen Kurparks stehen auf dem Grund des ehemaligen Obstgartens. Im Kurpark befindet sich der geologische Lehrpfad mit 48 Steinblöcken, die geologische Epochen repräsentieren und alle aus dem Raum Windischgarsten stammen.

Wer Näheres über die Entstehung des Spitaler Marmors wissen will, wird es hier erfahren.

THEMATISCHER WANDERWEG «Millionenweg», Rundwanderweg durch 250 Millionen Jahre Erdgeschichte und auf dem ehemaligen Proviantweg, Ausgangspunkt: Bahnhof Windischgarsten, 26 Stationen, abwechslungsreiche Route mit wenigen Steigungen, festes Schuhwerk empfehlenswert, Gehzeit: 2–3 Std. **AUSKUNFT** Kurverwaltung, 4580 Windischgarsten, Tel. 07562/5266, Fax 07562/5710-1. Nationalpark Kalkalpen, Infostelle, Tel./Fax 07562/6137. **ORTSFÜHRUNGEN** durch den historischen Markt, über die Kurverwaltung. **ESSEN UND TRINKEN** Hotel-Restaurant Schwarzes Rössl, Windischgarsten 39, Tel. 07562/7011, im Ortszentrum, schöne alte Gaststube. Gasthof Blaue Sense, Hauptstraße 59, Tel. 07562/329, Ruhetag: Do. Hotel Bischofsberg, Edlbach 31, Tel. 07562/8855, kein Ruhetag, große Terrasse. **ÜBERNACHTEN** Hotel-Restaurant Schwarzes Rössl, Windischgarsten 39, Tel. 07562/7011, Fax DW 20. Sporthotel Baumschlager, Tel. 07562/7777, Fax DW 116, Freibad, Tennisplatz. Hotel Sperlhof, Tel. 07562/8430, Fax DW 28, schöner Ausblick, Hallen- und Freibad, Tennisplatz. Hotel Bischofsberg, Edlbach 31, Tel. 07562/8855, Fax 07562/8857-11, auf einer Anhöhe mit herrlichem Ausblick auf das Tal, Hallen- und Freibad, Tennisplatz. Appartementhaus Seebachhof, Schweizersberg 48, Tel. 07562/5262, Fax DW 51. **CAMPING** Gleinker See, Fam. Stark, Tel. 07562/7503. Hotel Sperlhof, Fam. Gösweiner, Tel. 07562/ 8430. **AUSSTELLUNGEN** Kulturzentrum Arkadenhof im Ortszentrum, Programm und Öffnungszeiten in der Kurverwaltung erfragen. **MUSEEN** Handwerks- und Heimatmuseum, Windischgarsten 7, Auskunft: Kurverwaltung, Tel. 07562/5266, Öffnungszeiten: 1. Mai bis 31. Oktober, Mi 15–17 und So 10–12 Uhr. Ramitschedermühle, Freitgraben, Edlbach; Besichtigung nach Vereinbarung möglich. **VERANSTALTUNGEN** Internationales Lederhosenfest und Marktfest im August. **GEOLOGISCHER LEHRPFAD** im Kurpark, jederzeit zugänglich. **BAUERNMARKT** jeden Fr 14–17 Uhr. **BADEN** Freibad Windischgarsten, Tel. 07562/5255-35. Gleinker See, Auskunft: Tel. 07562/7503. Hallenbad, Schulstraße, Tel. 07562/8700, Mo–Fr 15–20, Sa 14–20 Uhr, Sauna und Solarium. **BOOTFAHREN** Gleinker See, Fam. Stark, Tel. 07562/7503. **DRACHENFLIEGEN UND PARAGLEITEN** Flugschule Wings, Tel. 07562/7767. **EISLAUFEN** Natureislaufplatz bei Tennishalle Hengstpaßstraße, Tel. 07562/8433. Naturbahn am Gleinker See. **EISSTOCKSCHIESSEN** Union Bahnen/Waidach, Hr. Russner, Tel. 07562/5363. Naturbahnen am Gleinker See. **FISCHEN** in der Teichl und im Dambach, Fangzeit: 1. Mai bis 31. August, Auskunft: Forstverwaltung Stoder-Spital, Tel. 07562/317. Gleinker See, Fam. Stark, Tel.

07562/7503. **KLETTERN** Bergsteigerschule Siegfried Wasserbauer, Tel. 07562/8018. **RADVERLEIH** Bahnhof, Tel. 07562/5318-34. Mayr-Sperlhof, Tel. 07562/8430. Sportstadl Platzl, Tel. 07562/7531. Zentrasport Werschitz, Tel. 07562/5323. Mountainbike-Infos: Gebirgsradverein, Hr. Gollmayr, Tel. 07562/8050, oder Hr. Redtenbacher, Tel. 07562/7379. **RAFTING** Flugschule Wings, Tel. 07562/7767. Up & Down, Ing. Norbert Mayr, Tel. 0732/60 00 11. **REITEN** Reitverein Garstnertal (Seebachhof, Familie Perner), Pichl 103, Tel. 07562/7417. **RODELN** Rodelbahn Rosenau/Edlbach, ca. 1,6 km, beleuchtet, Start beim Gasthaus Zottensberg, Tel. 07566/309. Rodelwiese beim Gasthaus Moosgieler, Tel. 07562/8002. **SKI ALPIN** Schneeauskünfte: Tel. 07563/7000 (Spital am Pyhrn) und 07564/5500 (Hinterstoder). Ausrüstungsverleih: Sportstadl Platzl, Tel. 07562/7531, Zentrasport Werschitz, Tel. 07562/5323, Intersport Pachleitner, Tel. 07562/5232. Skischulen: Schischule Trapl, Tel. 07562/8512. Schischule Peter, Tel. 07562/6020. Sessellift auf den Wurbauerkogel. **SKILANGLAUF** Sonnwend-Loipe, 5 km, leicht. Veichltal-Loipe, 12 km, mittel. Gunst-Loipe, 5 km, leicht. Garstnereck-Loipen, 3 und 5 km, leicht. Edlbach-Loipen, 5 und 8 km, mittel. Rosenauer-Loipe, 10 km, mittel bis schwer. Ausrüstungsverleih: Sport Fuchs, Tel. 07562/531, Zentrasport Werschitz, Tel. 07562/5323. Loipentaxi mit Gästekarte, Verzeichnis in der Kurverwaltung. **SOMMERRODELN** Sommerrodelbahn am Wurbauerkogel, im Sommer tgl. 9–17 Uhr, eine der längsten Sommerrodelbahnen Europas, Auskunft: Tel. 07562/5248. **TAUCHEN** Gleinker See, Fam. Stark, Tel. 07562/7503. **TENNIS** Tennishalle Hengstpaßstraße, Tel. 07562/8433 (auch Squash). ASKÖ, Tel. 07562/208. **WANDERN** Bergsteigerschule Siegfried Wasserbauer, Tel. 07562/8018, auch Schneeschuhwandern, Skiwanderungen, Wanderführer über die Kurverwaltung erfragen, Tel. 07562/5266.

SPITAL AM PYHRN: MEISTERWERKE IM MÄCHTIGEN DOM

Prägend für den Ort war über Jahrhunderte seine Lage am Ende des Garstner Beckens und am Fuß des Pyhrnpasses. Von Ferne kommend, scheint der das Tal abschließende, fast 2000 Meter hohe Bosruck eine fast unbezwingbare Mauer zu bilden. Bei Spital aber öffnet sich die Eingangspforte zu einem Bergübergang, der relativ unspektakulär auf nicht einmal 1000 Meter Höhe die steinerne Mauer in den Süden, in die Steiermark und weiter nach Italien, überwindet.

DER PHYRN: SEIT JEHER TRANSITWEG

Durch seine Lage ist Spital seit dem Mittelalter zu einem Stützpunkt für Durchreisende geworden. Der Bamberger Bischof Otto II., zu dessen Bistum das Gastner Becken ab dem 11. Jahrhundert gehörte, ließ hier 1190 ein Hospiz zur Aufnahme von Pilgern, Kaufleuten und Kreuzfahrern errichten. Dieses Spital gab dem Ort schließlich auch seinen Namen. 1418 wurde es in ein Kollegiatstift weltlicher Chorherren umgewandelt. Nachdem der Protestantismus im Garstner Tal starken Widerhall gefunden hatte und das Stift vollkommen verweltlicht worden war, wurde es im Zuge der Rekatholisierung zwischen 1642 und 1713 neu errichtet. Unmittelbar danach begann der Neubau der Kirche, bis zu deren Vollendung fast 70 Jahre vergingen (1714–1781). Der «Dom am Pyhrn» mit seinen zwei Türmen und seiner zweigeschossigen, entgegen den liturgischen Regeln nach Osten ausgerichteten Fassade aus Naturstein bildet noch heute das weithin sichtbare Wahrzeichen von Spital.

Eine Hochblüte erlebte der Ort am Übergang vom 18. zum 19. Jahrhundert, als die Sensenschmiede im nahen Kremstal die Nachfrage nach steirischem Eisen verstärkten und auch in Spital selbst die Hämmer von vier Sensenwerken und mehreren Huf-, Hacken- und Waffenschmieden dröhnten. Mit dem Spatenstich zum Bosrucktunnel im Jahr 1901 begann die Zeit der modernen Verkehrsverbindungen. Nachdem der Tunnel nach mehreren von technischen Schwierigkeiten und Unglücken überschatteten Jahren fertiggestellt worden war, fuhr ein Teil der Reisenden und Gütertransporte an Spital vorbei und durch den Berg. Mit der Eisenbahn kamen zugleich neue Reisende nach Spital: Touristen, die im Sommer zum Wandern und im Winter zum Skifahren und Rodeln in die Berge strömten.

Mit dem nach dem Zweiten Weltkrieg stark anwachsenden Personen- und Gütertransport auf der Straße erlebte der Pyhrnpaß einen nochmaligen, letzten Bedeutungsgewinn, der zugleich den Ort Spital zum belasteten Transitort machte. Seit der Errichtung des Straßentunnels durch den Bosruck und dem Autobahnbau ist Spital wieder ruhiger geworden.

DIE STIFTSKIRCHE VON SPITAL

Zum Verweilen, Betrachten und Bewundern lädt in Spital seit mehr als 200 Jahren ein in seiner Stimmigkeit schwer zu überbietendes Bauwerk ein – die Stiftskirche. Wer würde in dieser schroffen Gegend eine so feinsinnige, leichte und elegante Kirche vermuten? Wer außer kunsthistorisch Gebildeten weiß schon, daß sich bei der Ausgestaltung dieser Kirche einige der ganz großen Meister der österreichischen Barockkunst gleichsam die Türe in die Hand gegeben haben?

Lindermayr-Gitter

Über einige Stufen und durch ein Säulentor betritt man eine niedrige Vorhalle, die durch ein kunstvoll geschmiedetes Gitter des Spitaler Hofschmieds Andreas F. Lindermayr vom Langhaus getrennt ist. Die besondere Atmosphäre der Kirche entsteht durch den Kontrast und das Zusammenklingen des von Antonio Carlone gestalteten Langhauses und des von Bartolomeo Altomonte ausgestatteten Altarraums. Carlone hat das

Langhaus in kühlen und ruhigen Farben bemalt und mit Stuck verziert. Der *Altarraum* dagegen ist durch und durch mit großflächigen Freskenbildern Altomontes geschmückt. Sie sind in den Farbtönen Blau und Rotbraun gehalten und stellen die triumphale Himmelfahrt Mariens dar. Im Zusammenspiel von gebauter und gemalter Architektur erzeugte Altomonte die Illusion eines weiten, tiefen Raumes, etwa in Form einer Kuppel über dem Hochaltar oder lichtspendender Fenster. Auch der zierliche *Altar* mit den Säulen aus Carraramarmor stammt von Altomonte.

Der «Dom am Pyhrn»

Mehrere Bauelemente, unter anderem der mit schwarzen, roten und weißen Marmorplatten gepflasterte Chor, weisen Johann Michael Prunner als Baumeister der Kirche aus. Hervorzuheben ist auch die *Rokokokanzel*, die auf dem Schalldeckel den Guten Hirten, umlagert von Engeln, darstellt. Auf der gegenüberliegenden Seite befindet sich die von Veit Königer geschaffene Figur des «Hl. Nepomuk in der Glorie». Die Bilder der vier vorderen *Seitenaltäre* schließlich stammen aus der besten Schaffenszeit von Martin Johann Schmidt aus Stein an der Donau, dem sogenannten «Kremser Schmidt». Die Oberbilder und die Hauptbilder sind thematisch miteinander verknüpft. Berühmt ist insbesondere das Kreuzigungsbild am rechten mittleren Seitenaltar, das mit seinen Lichteffekten an den Stil Rembrandts erinnert. Wer die Fülle der Kunstschätze dieser Kirche in Ruhe genießen will, sollte sich ausreichend Zeit nehmen. Eine gute Grundlage für die Besichtigung ist eine in der Vorhalle aufliegende kleine Broschüre. Über das Tourismusbüro können auch Führungen bestellt werden.

Die Geschichte des in so demonstrativ großartiger Manier neuerbauten Stiftes ging bald auf wenig spektakuläre Weise zu Ende. Das Kollegiatstift wurde 1807 aufgehoben und den Benediktinern zugesprochen. Des rauhen Klimas wegen zogen die aus dem Schwarzwald kommenden Brüder bereits zwei Jahre später weiter nach St. Paul in Kärnten. Die Bibliothek und wichtige Kunstschätze nahmen sie mit. 1841 brannte fast der gesamte Ort nieder, darunter ein Trakt des Stiftsgebäudes, die Türme der Kirche und deren Dachstuhl. Die vollständige Behebung der Schäden erfolgte erst im Zuge gründlicher Renovierungen in den sechziger und siebziger Jahren des 20. Jahrhunderts. Das ehemalige Stift gehört heute den Österreichischen Bundesforsten und ist nicht zu besichtigen. Es ist dort jedoch aus gutem Grund ein *Felsbildermuseum* untergebracht. Im Herbst 1957 entdeckte der Spitaler Wildmeister Franz Gressenbauer im dunklen Felssturzgebiet der Höll am Fuß des Warschenecks bemerkenswerte Felsritzungen. Darunter befanden sich Darstellungen von Pferden, Hirschen und Reitern sowie geometrische Figuren. Wissenschaftliche Untersuchungen bestätigten Parallelen zu den bekannten Felsbildern in Skandinavien und in den oberitalienischen Alpen. Im Museum werden die Funde von Spital zusammen mit anderen österreichischen Funden in Abgüssen und Fotografien dargestellt und anderen europäischen Felsbildern gegenübergestellt. Für die Landesausstellung 1998 wurde die Ausstellung durch eine Multimediaschau ergänzt, in der die geologische, wirtschaftliche und kulturelle Entstehungsgeschichte des Spitaler Raumes dargestellt wird.

Kunsthistorisch Interessierten oder auch solchen, die an Schlechtwettertagen eine Alternative zum Wandern oder Skifahren suchen, hat Spital noch einen zweiten bemerkenswerten Sakralbau zu bieten: die am Ortsausgang in Richtung Pyhrnpaß im 15. Jahrhundert errichtete *Friedhofskirche*. Sie besteht aus zwei völlig getrennten Kirchenräumen, der Unterkirche und der Oberkirche, die durch zwei in eigenen Treppentürmen geführte Wendeltreppen verbunden sind. Die Unterkirche ist direkt an einen großen Felsblock angebaut, der schon lange vor der Christianisierung des Gebietes als Kultstätte gedient hat. Geweiht ist die Kirche dem hl. Leonhard, der von der bäuerlichen Bevölkerung besonders als Viehpatron verehrt wurde, aber auch als Patron der Gefangenen gilt. Heute dient die Unterkirche zur Aufbahrung der Toten und zur Totenwacht, die Oberkirche für besondere Anlässe. Das charakteristische und seltene Hauptmerkmal beider Kirchen sind die Deckenfresken im gotischen Kreuzrippengewölbe mit in Schwarz und Gelb gehaltenen Blumen- und Blätterornamenten. Sie wurden erst bei der Renovierung der Kirche in den siebziger Jahren wiederentdeckt und unversehrt freigelegt. Für die Oberkirche schuf der «Kremser Schmidt» in jener Zeit, als er die Bilder für das Stift und die Stiftskirche malte, zwei Seitenaltarblätter. Eines davon wäre nach einem Diebstahl wohl für immer verschwunden gewesen, hätte nicht die Aufmerksamkeit eines Zöllners dazu geführt, daß es wieder an seinem angestammten Platz hängt. Seit diesem Vorfall ist die Kirche allerdings nur mehr in Begleitung zu besichtigen (entsprechende Hinweise an der Kirchentür). Ein Kleinod der Schmiedekunst ist weiters das Gitter der Tabernakeltüre, angefertigt von Andreas F. Lindermayr.

Der den Felsen umschließende Friedhof für die Bewohner Spitals bestand wahrscheinlich schon vor der Errichtung der Leonhardskirche. Einige Grabstätten für ehemalige Hammerherren und ihre Familien erinnern an die einstige Bedeutung der Eisenverarbeitung für Spital. Anknüpfend an die große Tradition des Spitaler Schmiedehandwerks, wurde die seit etwa 20 Jahren stillgelegte Lindermayr-Schmiede aus Anlaß der Landesausstellung 1998 renoviert und für Besucher zugänglich gemacht.

AUSKUNFT Tourismusverband, 4582 Spital a.P., Tel. 07563/7007, Fax DW 6. **ESSEN UND TRINKEN UND ÜBERNACHTEN** Hotel Freunde der Natur, 4582 Spital 7, Tel. 07563/681, Fax 710 14 00, kein Ruhetag. Landhotel Oberwengerhof, Oberweng 37, Tel. 07563/7176, Fax DW 7. **CAMPING** Gleinker See, Fam. Stark, 07562/7503. Sportcamping Pyhrn-Priel, Tel. 07562/7066. **GALERIE** an der Fabrik, Fa. Mark, Tel. 07563/8002. **MUSEEN** Österreichisches Felsbildermuseum im ehemaligen Stiftsgebäude, Tel. 07563/202 oder 318, Öffnungszeiten: Mitte Mai bis Ende September Di–Sa 9–11.30 Uhr und nach Vereinbarung. Lindermayr-Schmiede im revitalisierten Schmiedegebäude, im Ortszentrum, Öffnungszeiten nach der Landesausstellung 1998 im Tourismusverband erfragen. **VERANSTALTUNGEN** Stiftskirche, 15. August: Festgottesdienst mit Chor und Orchester (Maria Himmelfahrt). **BADEN** Gleinker See, Auskunft: Tel. 07562/7503. Panorama-Hallenbad, Tel. 07563/371, Di 13–20, Mi–Fr 13–21, So und Feiertag 10–20 Uhr; in den Weihnachts-, Semester- und Osterferien auch Mo geöffnet, Sauna und Solarium. **BOOTFAHREN** Gleinker See, Fam. Stark, Tel. 07562/7503. **DRACHENFLIEGEN UND PARAGLEITEN** Flugschule Wings, Tel. 07562/7767, Schnuppertage, Grundkurse Paragleiten und Drachenfliegen, Tandemflüge Paragleiten; auch Bungee-Jumping, Sportklettern, Rafting und Mountainbikes. **EISLAUFEN UND EISSTOCKSCHIESSEN** Eislaufplatz Jugendheim Lindenhof. Naturbahn am Fredisee und Gleinker See. **FISCHEN** Gleinker See, Fam. Stark, Tel. 07562/7503. **KLETTERN** Flugschule Wings, Tel. 07562/7767. Bergführer Helmut Steinmaßl, Tel. 07563/7191, Bergführer Rupert Stummer, Tel. 07563/674. **RADVERLEIH** Sportstadl Platzl, Tel. 07563/696. Hotel Freunde der Natur, Tel. 07563/681. Bahnhof, Tel. 07563/204. **RODELN** Rodelstraße von der Bosruckhütte zum Gasthaus Grünau (Tel. 07563/651), 5 km. **SKI ALPIN** Schneeauskünfte, Tel. 07563/7000. Skischule Maria Hengl, Tel. 07563/281. Skischule Stefan Hackl, Tel. 07563/7432. Ausrüstungsverleih: Spitaler Sportstadl, Tel. 07563/696, Skischule Maria Hengl, Tel. 07563/281. Skigebiet Wurzeralm, erreichbar mit der Standseilbahn, Tel. 07563/285, Fax DW 77, 2 Doppelsesselbahnen und 7 Schlepplifte für ca. 15 km Abfahrten leichter bis mittlerer Schwierigkeit. **SKILANGLAUF** Wur-Loipe, 4–11 km, leicht. Wurzeralm-Höhenloipe, 5 km, leicht. Winkler-Loipe, 6 km, leicht. Oberwenger-Winklertalloipe, 8 km, leicht bis mittel. Talloipen (mit Windischgarsten), 60 km, leicht bis mittel. Ausrüstungsverleih: Spitaler Sportstadl, Tel. 07563/696, Skischule Maria Hengl, Tel. 07563/281. Loipentaxi mit Gästekarte, Verzeichnis im Tourismusverband. **TENNIS** Öffentlicher Tennisplatz, Tel. 07563/371, oder Hr. Dietl, Tel. 07563/257. **WANDERN** Geführte Wanderungen – Blumenkunde, über den Tourismusverband. Geführte Touren und Höhlenwanderungen, Flugschule Wings, Tel. 07562/7767. Bergsteigen: Bergführer Rupert Stummer, Tel. 07563/674.

WILDE SCHÖNHEIT IN DER VOGELGESANG-KLAMM

Zu den wildesten und doch völlig ungefährlichen Naturschauspielen der gesamten Region zählt die Vogelgesang-Klamm. Direkt über einer engen Schlucht, in der der Fallbach über zahllose Stufen und Windungen tosend und gischtend ins Tal stürzt, führt ein gut gesicherter und bei entsprechender Vorsicht auch für Kinder geeigneter Weg nach oben. Eng schmiegen sich die Holzstege an die fast senkrechten Felswände, zahlreiche Brücken überspannen die Schlucht, und etwa 500 steile Stufen überwinden die mehr als 150 Höhenmeter bis zum Klammende. Von einigen Stellen läßt sich besonders gut beobachten, wie durch die Wucht der Wasserfälle tiefe Bottiche entstanden sind und sich durch das stete Drehen des Kehrwassers tiefe, glattgeschliffene Einbuchtungen ausgebildet haben.

Etwa 70 Jahre alt ist die kühne Steiganlage in ihrer heutigen Form. Benannt ist sie nach einem ehemaligen Gemeindearzt von Spital, Dr. Moritz Vogelgesang, damals auch Obmann des Verschönerungsvereins, auf dessen Initiative die Felsenschlucht im Jahr 1906 für Besucher teilweise begehbar gemacht wurde. Bereits zwei Jahre später jedoch zerstörte ein Hochwasser diesen ersten Steig. Erst etwa 20 Jahre danach wurde die Anlage in dauerhafterer Form wiedererrichtet. Ausbesserungen sind aber auch heute noch nach den langen Wintermonaten oder nach Unwettern notwendig. – Nach dem Klammende führt der Weg am ruhig fließenden Fallbach entlang durch einen Mischwald weiter bergwärts bis zu einem Wasserfall, der von einer Holzbrücke aus eingesehen werden kann. Von hier kann man entweder auf einer Forststraße weiter bergan wandern oder den Rückweg durch die Klamm antreten.

WANDERUNG durch die Vogelgesang-Klamm: Steig geöffnet von Mai bis Ende Oktober, Ausgangs- und Ankunftspunkt: Spital a.P., Bahnstation (640 m) oder Gasthaus Grünau; Wanderung zunächst auf Schotterstraße am Bach entlang, dann auf gut gesicherten Leitersteigen durch die Schlucht; Gehzeit: vom Bahnhof bis Gasthof Grünau 30 Min., Gasthaus Grünau bis Klammeingang 20 Min., durch die Klamm 30 Min., Erweiterungsmöglichkeiten: Drei-Hütten-Wanderung zurück nach Spital a.P., auf einer Forststraße zur Bosruckhütte (1048 m) 30 Min., auf Almfahrweg weiter zum Rohrauerhaus (1308 m) 1 Std., von dort in 45 Min. über Hofalmsattel (1420 m, gute Aussicht!) zur Hofalm

(1305 m) oder kürzer direkt von der Bosruckhütte zur Hofalm über die Hiaslalm (1 Std.); Abstieg durch den Wald nach Spital 1,5 Std.; Gesamtgehzeit für die Rundwanderung: gute 4 Std. Die Rohrauerhütte eignet sich bestens als Ausgangspunkt für die Besteigung des eindrucksvollen Großen Pyhrgas (2244 m) – steiler, gesicherter Steig, Trittsicherheit und stabiles Wetter erforderlich; Gehzeit: hin und zurück 4 Std.

DIE WURZERALM: PARADIESISCHE ALM- UND MOORLANDSCHAFT

Skifahrern ist die unterhalb des Warschenecks gelegene Wurzeralm seit längerem ein Begriff, denn seit 1978 bringt sie eine der schnellsten Standseilbahnen Europas in wenigen Minuten komfortabel auf die ca. 1400 Meter hoch gelegene Alm. Die Skiläufer beschränken sich in der Regel darauf, vom Frauenkar zur Alm oder von der Alm ins Tal abzufahren, und nehmen die Umgebung allenfalls als schöne Draufgabe zu ihren sportlichen Unternehmungen zur Kenntnis. Viel ruhiger geht es hier zu, wenn die Wintermonate vorbei sind und der Schnee sich

Bequemer Aufstieg: Mit der Standseilbahn auf die Wurzeralm

allmählich in das umliegende Hochgebirge zurückzieht. Dann erst entfaltet die Wurzeralm ihre vielseitige, mittlerweile auch naturgeschützte Pracht. Die Schönheit der Wurzeralm läßt sich bereits von der Bergstation aus erahnen, wo von man den Großteil der tiefgrünen Alm- und Moorlandschaft des etwa 50 Meter tiefer liegenden *Teichlbodens* überblickt. Die Hochfläche der Alm wird eingerahmt von den bis zu 1000 Meter aufragenden Felswänden des Warscheneckmassivs, auf dem auch während des Sommers Schneefelder glänzen, der Roten Wand, die dem eintönigen Grau des Kalksteins ein paar rostfarbene Tupfer entgegensetzt, und der senkrecht aufragenden Westwand des Stubwieswipfels. Unten, auf dem Almboden, sucht sich die hier entspringende Teichl gemächlich und in großen Schleifen ihren Weg. Die Bezeichnung des Flusses geht auf die einstigen slawischen Bewohner dieser Gegend zurück. Sie nannten den Fluß Tichy, was soviel wie die Ruhige bedeutet. Ruhig ist die Teichl aber nur auf der Wurzeralm, denn an deren Rand verschwindet sie plötzlich gurgelnd ins Berginnere und kommt erst einige hundert Meter tiefer wieder zum Vorschein. Noch nicht sichtbar ist von der Bergstation aus der *Brunnsteiner See*. Er liegt unmittelbar am Fuß der steilen Felswände des Ramesch und des Toten Mannes. Lawinenreste halten sich hier oft bis in den Spätsommer. Mit seinem reinen Wasser, den teilweise schlammigen und versumpften Ufern ist der See Lebensraum für zahlreiche vom Aussterben bedrohte Arten von Fröschen, Kröten und Molchen. Das gesamte Almgebiet läßt sich leicht und bequem im Rahmen einer etwa zweistündigen Rundwanderung erkunden. Sie ist gut ausgeschildert und kann je nach Lust und Laune in beiden Richtungen angegangen werden. Wer hie und da die vielfältige Almvegetation – wie etwa den hier üppig wachsenden Purpurenzian – genauer betrachtet, das Fernglas in Richtung der Berggipfel richtet, bei den Kühen und Pferden verweilt und am Ende im traditionsreichen *Linzerhaus* einkehrt, kann hier gut und gerne einen genußreichen langen Tag verbringen.

VON DER WURZERALM ÜBER DIE ROTE WAND ZUM GLEINKER SEE – EIN HOCHALPINES WANDERERLEBNIS

Wer höher hinaus will und die Gelegenheit für ein hochalpines Wandererlebnis nützen möchte, dem sei unter den vielen Möglichkeiten eine besonders abwechslungsreiche und dennoch in einem halben Tag zu bewältigende Tour empfohlen: die Bezwingung der Roten Wand und der Abstieg über die Dümler Hütte zum Gleinker See. Daß diese Tour in nur wenigen Kilometer Luftlinie, aber etwa 20 Straßenkilometer vom Ausgangsort entfernt endet, ist aufgrund des gut organisierten Wandertaxisystems von Windischgarsten und Spital kein Problem.

Wandererlebnis Wurzeralm, im Hintergrund der Stubwieswipfel

Die Bergwanderung beginnt direkt beim *Brunnsteiner See*, wo sich ein steiler und steiniger, aber gefahrloser Pfad in kleinen Serpentinen am Fuß des Toten Mannes hochschlängelt. Immer wieder mit Blick auf die kleiner werdende Alm und den See zieht der Weg dann in der Bergflanke hinüber zum Sattel zwischen Totem Mann und Roter Wand. Nach einer guten Stunde ist dieser Punkt erreicht, in einer weiteren Viertelstunde das Gipfelkreuz der *Roten Wand*. Ein Rundblick auf schier endlose Berglandschaften ist der Ausgleich für die Aufstiegsmühe: Vom

Sengsengebirge über das Reichraminger Hintergebirge, den nahen Pyhrgas und Bosruck, das Gesäuse, die Rottenmanner und Schladminger Tauern und das weite Hochplateau des Toten Gebirges reiht sich Gipfel an Gipfel. Nur in Richtung Westen verstellt der langgezogene Kamm des Toten Mannes und des Warschenecks die Sicht. Über eine hoch gelegene Almwiese und später durch einen lichten Wald mit hoher Alpenvegetation geht es in einer Stunde zur vierhundert Meter tiefer gelegenen *Dümler Hütte*. Die Rastbänke vor der Hütte sind nach Süden – in Richtung des eben zurückgelegten Weges und der steil aufragenden Felswände des Toten Mannes – ausgerichtet. Von der talwärts gelegenen Seite der Hütte aus ist der Blick freier: Unmittelbar unterhalb fügen sich die Wiesen und Wälder um Roßleithen und Vorderstoder zu einem Fleckerlteppich unterschiedlichster Grüntöne, darüber erstreckt sich der bewaldete Bergrücken des Tambergs hinüber zum Stodertal. Weiter nördlich begrenzt das Sengsengebirge in seiner ganzen Breite das Blickfeld.

Gut gestärkt, läßt sich der Abstieg zum *Gleinker See* in einer weiteren guten Stunde bewältigen. Über zahllose Felsstufen führt der Weg steil bergab. Riesige Felsbrocken, überzogen von Moos und umgeben von wuchernden Farnen, säumen den Weg. Am Ende der Wanderung wartet ein erfrischendes Bad im Gleinker See.

RUNDWANDERUNG auf der Wurzeralm, Ausgang und Ankunft: Bergstation der Wurzeralmseilbahn; Talstation (ca. 5 km) außerhalb von Spital in Richtung Pyhrnpaß (Tel. 07563/248), Seilbahn von ca. Pfingsten bis Anfang Oktober und in der Wintersaison täglich in Betrieb. Rundwanderweg auf der Wurzeralm: leichte, fast ebene Strecke (kinderwagengeeignet); Gehzeit: 2 Std., mehrere Einkehrmöglichkeiten, ÖAV-Berggasthaus Linzerhaus (Tel./Fax 07563/237), täglich geöffnet und ganztägig warme Küche. Bergwanderung vom Brunnsteiner See über die Rote Wand (1872 m) und die Dümler Hütte (1495 m) zum Gleinker See (806 m): teilweise stark steigender bzw. fallender Steig, zunächst im offenen Gelände, später im Wald, Gehzeit: 3,5 Std.; Dümler Hütte bewirtschaftet von Ostern bis Ende Oktober, mit Wandertaxi (Verzeichnis der Unternehmen im Tourismusbüro erhältlich, nur mit gültiger Gästekarte in Anspruch zu nehmen) zur Talstation der Wurzeralmseilbahn zurück.

Vorhergehende Seite:
Der Berg der Berge im Stodertal: die Spitzmauer, vom Prielschutzhaus aus gesehen

Fotos oben, von links nach rechts:
Die Kuhschelle wächst auf gut besonnten und kalkhaltigen Böden
Tosend stürzt die „junge" Steyr über den Strumbodingwasserfall bei Hinterstoder
Prähistorische Felszeichnungen unterhalb der Wurzeralm bei Spital am Pyhrn
Das Kirchlein von Vorderstoder vor der Kulisse des Toten Gebirges

Großes Foto:
Schroffe Gebirgskämme erheben sich über den sanften Almwiesen der Bärenalm bei Hinterstoder

Eine der größten Karstquellen der Nördlichen Kalkalpen: der Pießlingursprung bei Roßleithen (li.) Ein Paddler ringt mit dem Reichramingbach im Hintergebirge (re. oben) Baden und Bootfahren in überwältigend schöner Landschaft: Gleinker See oberhalb von Windischgarsten (re. unten)

Hütte bei Roßleithen (li. unten)
Holzschindeldach, typisches Element der alpinen Kulturlandschaft li. oben)
Anlaufalm (re. oben) und Gschwendtalm (re. unten) im Reichraminger Hintergebirge

Folgende Seite: Das Knabenkraut, eine von vielen Orchideenarten im Nationalpark Kalkalpen

ROSSLEITHEN: TAL DER QUELLEN, MÜHLEN UND HÄMMER

Roßleithen hat eine Autobahnabfahrt und eine eigene Haltestelle der Pyhrnbahn. Ein Ortszentrum oder einen Dorfplatz wird man allerdings in deren Nähe vergeblich suchen. Die weitläufige Gemeinde im südwestlichen Teil des Garstner Beckens erstreckt sich vom Rettenbachtal am Fuß des Sengsengebirges bis hinauf an den Fuß der Warscheneckgruppe. Etwa 100 verstreute Bauernhöfe gehören zur Gemeinde, und fast die Hälfte der erwerbstätigen Bevölkerung arbeitet noch in der Landwirtschaft. Benannt ist die Gemeinde nach jenem Ortsteil, der oben am westlichen Hang des Garstner Tals und am Ursprung des Pießlingbaches liegt. Die Pießling bildete – neben den landwirtschaftlichen Flächen – über lange Zeit die eigentliche wirtschaftliche Lebensader der Region. Drei Sensenwerke und zwei Hammerschmieden standen einst an ihrem kurzen Lauf bis zur Mündung in die Teichl hinunter. Die Sensenherren waren es auch, die eine eigene Haltestelle an der 1906 eröffneten Bahnlinie im Tal durchsetzten. Das Werk im Ortsteil Roßleithen erzeugt noch heute neben anderen Mähwerkzeugen 200.000 Sensen pro Jahr, die zum Großteil in den Export gehen. Besucher des Werkes können – auch über die Landesausstellung 1998 hinaus – die Fertigung in der sogenannten Breiterei beobachten. Hier, am Oberlauf der Pießling, ist aber weit mehr zu sehen als die moderne Produktion eines traditionsreichen bäuerlichen Werkzeugs. Die Werksanlagen in ihrer Gesamtheit bilden ein großartiges industriehistorisches Ensemble, dessen Besichtigung sich zudem leicht mit einer kurzen und wunderschönen naturkundlichen Wanderung zum Pießlingursprung verbinden läßt – einer Wanderung, die zu jeder Jahreszeit ihren eigenen Reiz hat.

Im Gasthaus Zum Sengsschmied am Eingang zum Taleinschnitt können sich die Besucher in einer *Multimediaschau* auf den Besuch einstimmen – oder ihn mit einer Stärkung im Gastgarten ausklingen lassen. Gezeigt wird hier die Entstehung der nördlichen Kalkalpen im allgemeinen und des Pießlingursprungs im besonderen, dabei wird auch auf die wirtschaftliche Bedeutung der Pießling als Energielieferant eingegangen. Vom Gasthaus kommend, betritt man in dem kleinen Tal eine Welt von gestern. Wer durch diese Ansammlung von neuen und alten, noch in Betrieb befindlichen und längst nicht mehr oder anders benutzen Gebäuden streift, spürt unvermeidlich etwas vom Hauch der alten Sensenschmiedezeit. Apropos Hauch: Die Wassertemperatur der Pießling liegt jahraus, jahrein zwischen 4 und 8 Grad und kühlt daher im Sommer die Luft im Tal spürbar ab. Im Winter vereist der Bach nicht, was für den Betrieb der Wasserräder sehr vorteilhaft war.

Am rechten Bachufer stößt man zuerst auf ein altes *Schmiedegebäude*, dahinter ist noch ein alter Schwanzhammer zu sehen, die Werkstatt wurde schon vor längerem abgerissen. Gegenüber liegt das leider nicht mehr im Original erhaltene *Herrenhaus* mit typischen schmiedeeisernen Fensterkörben. Der Hauptteil der *Fabriksgebäude*, darunter die zu besichtigende Breiterei, die Arbeiterwohnhäuser, die vielen landwirtschaftlichen Nebengebäude und auch eine alte Zeugschmiede mit schönem Herrenhaus (Nr. 7), liegt ein Stück weiter flußabwärts am linken Ufer.

Seit etwa 400 Jahren werden in Roßleithen Sensen geschmiedet. Franz de Paul Schröckenfux, nach dem die Aktiengesellschaft noch heute benannt ist, errichtete 1870 eine Gußstahlschmelze und war einer der ersten, die Sensen aus Gußstahl erzeugen ließen. Flußaufwärts, ein Stück abgesetzt von den anderen Gebäuden und eingebettet zwischen Bäumen, liegt das alte Werksgebäude des *Waldhammers*, in dem noch heute die Endfertigung der Sensen vorgenommen wird. Die romantische Stimmung wird vor allem durch die alte *Fluderanlage* erzeugt, von der das überschüssige Wasser wie ein aus dem Werksgebäude strömender Wasserfall ins Bachbett zurückfließt. Hier stößt man auch auf die alte Druckleitung, die vom Pießlingursprung herunterführt und seit 1909 Wasser auf die Turbinen des betriebseigenen Elektrizitätswerkes leitet. Am Weg zum Pießlingursprung liegt die 1882 erbaute und im Zuge der Landesausstellung wieder betriebsfähig gemachte *Stummermühle*. Sie ist eine der wenigen noch erhaltenen Bauernmühlen des gesamten Garstner Tals, von denen es um 1900 noch mehr als 100 gab. Allein oberhalb des Sensenwerkes Roßleithen waren seinerzeit vier Mühlen in Betrieb.

Einzigartig an der Stummermühle ist der gleichzeitige Betrieb von zwei Wasserrädern, einem traditionellen unterschlächtigen Schaufelrad und einem moderneren oberschlächtigen Kammrad. Damit wurden zwei Mahlgänge möglich. Die original nachgebaute Fluderanlage ist vom gleichen Typ wie die des Waldhammers. Ständig am Bach entlang – die Steine im Bachbett sind von Moosen überzogen, die sonst in Österreich nicht vorkommen – führt der Weg zum *Pießlingursprung*. Unter mehr als hundert Meter aufragenden Felswänden strömen aus der Tiefe des Berges etwa 300 Liter glasklares Wasser pro Sekunde, nach der Schneeschmelze bis zu zehnmal soviel, in ein ruhiges grünblaues Quellbecken. Von dort stürzen die Wassermassen unvermittelt und brausend los. Das Wasser dieser größten Karstquelle Oberösterreichs stammt aus Regen- und Schmelzwasser, das in den Spalten und Klüften des riesigen Warscheneckstocks versickert und sich in einem weitverzweigten Höhlensystem mit unterirdischen Quellen vereinigt. Taucher und Höhlenforscher haben sich bis in eine Tiefe von 55 Metern vorgewagt, dann mußten sie wegen des enormen Drucks aufgeben. Mit dem Wasser der Pießlingquelle, die Trinkwasserqualität hat, könnte selbst im Sommer der Bedarf von etwa 700.000 Menschen gedeckt werden.

AUSKUNFT Tourismusverband, 4580 Windischgarsten, Tel. 07562/5266, Fax 07562/5710-1. **ESSEN UND TRINKEN** Gasthof Zum Sengsschmied, Roßleithen 45, Tel. 07562/7521, Ruhetag: Mo. **ÜBERNACHTEN** Villa Schröckenfux, Roßleithen 53, Tel. 07562/7512, Fax DW 20, luxuriöse Ferienappartements, Schwimmbad, Garten. Enghagengut, Bauernhof mit Hotelkomfort, Tel. 07562/7525, Fax DW 25; Blick auf Warscheneck und Sengsengebirge, Freibad. **BESICHTIGUN-**

GEN Besichtigung der Breiterei im Sensenwerk und der Stummermühle auch nach der Landesausstellung 1998 nach Vereinbarung über den Tourismusverband möglich; Zugänglichkeit der Multimediaschau im Gasthaus Sengsschmied erfragen. **REITEN** Reithalle Roßleithen, Tel. 07562/7417. **RODELN** Naturrodelbahn. **TIERPARK** Wild- und Freizeitpark Enghagen, Streichelzoo, Unterwasseraquarium sowie verschiedene heimische und exotische Tierarten; Wildparkrestaurant, Tel. 07562/5291.

VERSTECKTES BADEPARADIES: DER GLEINKER SEE

Nicht weit vom Pießlingursprung liegt, zwischen Wiesen und Wäldern eingebettet und von den steilen Felswänden des Seespitz umrahmt, der Gleinker See. Benannt ist er nach dem Stift Gleink bei Steyr, in dessen Besitz das Gebiet einst war. Um den durchschnittlich etwa 25 Meter tiefen, im westlichen Teil gar auf 120 Meter Tiefe abfallenden See ranken sich viele Sagen und Legenden. So wurde das Steigen und Sinken des Wasserspiegels seit jeher als Orakel für die nahe Zukunft verstanden. Das unter Naturschutz stehende Gewässer ist nicht nur eine

Der Gleinker See, im Hintergrund das Sengsengebirge

Augenweide, sondern auch ein wundervoller Badesee, der trotz der 800 Meter Seehöhe die Temperatur der Salzkammergutseen erreicht. Auch an heißen Sommertagen findet sich auf den großen Wiesen- und Spielflächen entlang des Ostufers genug Platz. Wer es noch einsamer liebt, kann sich vom schön angelegten Uferweg aus in kleine, versteckte Buchten zurückziehen. Tret- und Ruderboote werden vermietet, auch Fischer können ihr Glück versuchen. Wer die Kühltasche zu Hause lassen will, kann sich im Seehaus, dem einzigen Gebäude am See, versorgen oder von der Terrasse des nahen Gasthauses das Panorama genießen. Bei guten Eisverhältnissen im Winter ist der Gleinker See ein besonders schöner Ort zum Schlittschuhlaufen und Eisstockschießen.

ESSEN UND TRINKEN Gasthaus Tommerl, Wirt am Gleinker See, Tel. 07562/7514, Ruhetag: Di. **BOOTFAHREN, CAMPING, EISLAUFEN, TAUCHEN** am Gleinker See, Fam. Stark, Tel. 07562/7503.

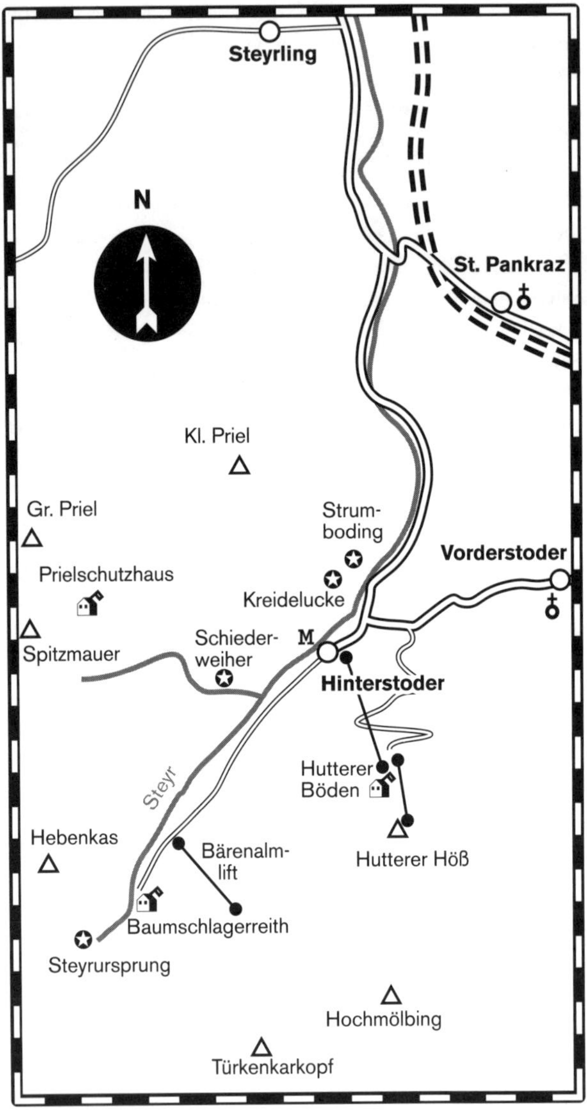
Steyrling
N
St. Pankraz
Kl. Priel
Gr. Priel
Strum-
boding
Vorderstoder
Prielschutzhaus
Kreidelucke
Schieder-
weiher
M
Spitzmauer
Hinterstoder
Hutterer
Böden
Steyr
Hebenkas
Bärenalm-
lift
Hutterer Höß
Baumschlagerreith
Steyrursprung
Hochmölbing
Türkenkarkopf

Das Stodertal

VORDERSTODER: RUHE UND VIELE STAMMGÄSTE

Viele Reisende, die entlang des Steyrflusses ins Stodertal fahren, kommen nie nach Vorderstoder, denn nur wenn man der Richtung der ursprünglichen Besiedlung des Tales vom Garstner Tal aus folgt, liegt Vorderstoder tatsächlich vor Hinterstoder. Von Roßleithen kommend, erblickt man als erstes das weiße Kirchlein mit dem etwas zu klein geratenen Turm, das sich gegen den Hintergrund der bekannten Bergkulisse von Priel und Spitzmauer abhebt. Mit 810 Meter Seehöhe ist Vorderstoder der am höchsten gelegene Ort des südlichen Oberösterreich. Um die Kirche stehen einige wenige Häuser, darunter gute Gasthäuser, während die meisten der etwa 700 Einwohner Vorderstoders in den verstreuten Bauernhöfen auf den umliegenden Hängen leben. Aus der zwischen dem 6. und 8. Jahrhundert erfolgten slawischen Besiedlung dieses Raumes stammt eine Reihe von Orts- und Bergbezeichnungen, unter anderem auch Stoder (studoru), was soviel wie steiniger Boden bedeutet.

Wie das ganze Garstner Tal wurde auch das Stodertal später vom Stift am Pyhrn beherrscht. Ende des 16. Jahrhunderts erhoben sich die Stoderer Bauern gegen den wirtschaftlichen und geistigen Druck des katholischen Adels und Klerus. Die nicht zu übersehende *Filzmoser-Kapelle* am östlichen Ortsende erinnert an die gewaltsame Niederschlagung dieses ersten Stoderer Bauernaufstands. Im Jahr 1596 drangen kaiserliche Truppen in das Stodertal vor, henkten die protestantischen Anführer an der neben der heutigen Kapelle stehenden Linde und zündeten deren Höfe an. Die *Linde* mit einem Umfang von mindestens sechs Metern soll etwa 600 Jahre alt sein. Vermutet wird, daß ihr Standort auf einen traditionellen Ort der Rechtsprechung verweist. Die Abschlußgitter der etwa um 1700 erbauten quadratischen Kapelle mit barockem Dach stammen aus der Spitaler Lindermayr-Werkstatt, die spätgotischen Figuren von Johannes und Maria, die unterhalb des Gekreuzigten stehen, stiftete der Besitzer eines der an der Pießling gelegenen Sensenwerke.

Nach der gewaltsamen Rekatholisierung beruhigte sich der Siedlungsraum vorübergehend. Aber wiederum waren Vorderstoderer Bauern führend beteiligt, als 1847 eine k. k. Kommission gewaltsam vertrieben wurde, die ausständige Schulden durch Pfändung des Viehs eintreiben wollte. Ein halbes Jahr später, 1848, wurden die Bauern im Zuge der Revolution aus ihrer «Untertänigkeit» endlich befreit, und die Vorderstoderer Bauern erreichten in der Folge – begünstigt durch das milde Klima – einen vergleichsweise hohen Lebensstandard. Das Klima, die relative Abgeschiedenheit und Ruhe, die beachtliche Gastronomie und nicht zuletzt die aussichtsreiche Lage auf dem Sattel zwischen Steyr- und Pießlingtal bescheren Vorderstoder in unserer Zeit einen hohen Anteil von Stammgästen. Wer sich nur kurz in Vorderstoder aufhalten kann, dem sei ein Besuch der Kirche, eine kleine Wanderung und eine Einkehr beim Steiner- oder Stockerwirt empfohlen.

Die *spätgotische Pfarrkirche* ist dem hl. Leopold geweiht. Der Schutzpatron wurde dem einstigen Marienkirchlein von oben, das heißt vom Dechant zu Spital, als demütige Geste gegenüber dem habsburgischen Herrscherhaus verordnet. Der Innenraum ist beherscht vom etwas zu groß wirkenden barocken Hochaltar mit einem Gemälde von Martin Johann Schmidt. Das Thema, die Himmelfahrt Mariens, setzt sich in der figuralen Altargestaltung fort. Auf dem rechten Seitenaltar steht – eher ungewöhnlich – eine Figurengruppe der Heiligen Drei Könige, auf dem linken eine bäuerlich wirkende spätgotische Muttergottes mit Kind. Wer bereits die eine oder andere Kirche des Garstner Tals besucht hat, erkennt beim Kommunionsgitter den typischen Spitaler Marmor.

Ein lohnendes Ziel für eine Kurzwanderung auf der «Sunnseitn» ist das etwa 1100 Meter hoch gelegene, aussichtsreiche

Spitzmäuerl. Autofahrer fahren dazu am besten auf dem von der Ortsmitte wegführenden Güterweg Ramseben bis zum *Riesergut,* das man aber auch zu Fuß in etwa vierzig Minuten auf einem Wiesen- und Waldweg bequem erreichen kann. Kurz vor dem Bauernhaus zweigt der schattige Weg Nr. 5 ab, von diesem bald darauf der beschilderte Steig zum Spitzmäuerl. Die stetig bergauf führende Wanderung ist vom Rieser aus in einer guten halben Stunde zu bewältigen. Vom gesicherten Aussichtspunkt des markanten Felsens tut sich neben einem Tiefblick auf Vorderstoder eine wunderbare Aussicht zum gegenüberliegenden Warscheneckmassiv auf. Unbedingt einen kleinen Abstecher wert ist auch der auf der anderen Talseite gelegene *Schafferteich.*

Vorderstoder gegen Totes Gebirge

Wer sich Zeit nimmt, erreicht den Teich auf dem vom Ortszentrum wegführenden Weg Nr. 4 über das Großgrubergut und die Moststation Binder in etwa einer halben Stunde. Wer es eiliger hat oder bequemer ist, wählt die zwei Kilometer lange Zufahrt über den Güterweg, der etwa 600 Meter östlich des Ortszentrums von der Hauptstraße abzweigt. Von einem Parkplatz erreicht man in wenigen Minuten den teilweise von Schilfgras gesäumten und mit Seerosen überzogenen Teich, um den ein schöner Rundwanderweg führt. Baden ist hier erlaubt, die fehlende Zufahrtsmöglichkeit, die schmale Uferzone und die relativ niedrige Wassertemperatur haben zur Folge, daß dies auch an schönen Sommertagen kaum mehr als eine Handvoll Menschen tut.

So bleiben die hier lebenden prächtigen Fische, Enten und Libellen weitgehend unter sich – und das ist auch gut so.

AUSKUNFT Tourismusverband, 4574 Vorderstoder, Tel. 07564/8255, Fax DW 20. **ESSEN UND TRINKEN UND ÜBERNACHTEN** Landhotel Stockerwirt, Vorderstoder 2, Tel. 07564/8214, Fax DW 5, Ruhetag: Di, Hallenbad. Steinerwirt, Vorderstoder 6, Tel. 07564/8313, Fax 07564/8314-55, gute Küche, schöner Gastgarten, nur abends geöffnet, Ruhetag: Mi, außerhalb der Hauptsaison auch Do, geheiztes Freibad. Landhotel und Familiengasthof Lindbichler, Vordertambergau 3, Tel. 07564/8383, Fax DW 83, herrliche Aussicht, Ruhetag: Mi. **BAUERNMARKT** von April bis Oktober jeden Sa 9–11 Uhr. **BADEN** im Schafferteich. **DRACHENFLIEGEN UND PARAGLEITEN** Flugschule Stodertal, Tel. 07564/5600. **EISSTOCKSCHIESSEN** Gasthof Stockerwirt, Tel. 07564/8214. Pension Saukogel, Tel. 07564/8322. **FISCHEN** im Schafferteich, Fangzeit: 1. Mai bis 30. September, Auskunft: Gasthof Steinerwirt, Tel. 07564/8313. **MINIGOLF** Minigolfwanderweg, Auskunft: Tel. 07564/8255. **TENNIS** Tennisclub Vorderstoder, Hr. Ramsebner, Tel. 07564/8214. Gasthaus Steinerwirt, Tel. 07564/8313. **RODELN** Naturrodelbahn. **SKI ALPIN** Schneeauskünfte, Tel. 07564/5500. Skischule Stodertal, Tel. 07564/5050. Ausrüstungsverleih: Skischule Stodertal, Tel. 07564/5050. 2 Schlepplifte für 4 km Abfahrten leichten Schwierigkeitsgrads, 17 km mittelschwere Skitouren. **SKILANGLAUF** Filzmoos-Loipe, 3,5 km, leicht. Hutterseite-Loipe, 10 km, schwer. Schafferteich-Loipe, 4 km, mittel.

HINTERSTODER: VON DEN «BRETTLAFFEN» ZUM WELTCUPRENNEN

Am Loigisbach entlang führt die Straße von Vorderstoder hinunter in das weit bekanntere Hinterstoder. Bis zum Ende des 19. Jahrhunderts war die damals Innerstoder genannte Ortschaft ein entlegenes Bergbauerndorf, dessen Bewohner von der Landwirtschaft und der Holzgewinnung lebten. Zunächst entdeckten Adelige und wohlhabende Bürger das Stodertal als Jagdrevier, bald kamen auch erste Sommerfrischler und Bergsteiger. Ein auch nach damaligen Maßstäben nennenswerter Tourismus begann aber erst mit der Eröffnung der Pyhrn-Eisenbahn ab 1905, wenngleich der Bahnhof noch immer 11 Kilometer entfernt lag. Die Touristen kamen trotz schlechter Verbindungen, weil es – wie der englische Landschaftsmaler und oftmalige Gast Edward Th. Compton (1849–1921) meinte – in den ganzen Alpen kaum ein Tal von so mannigfaltiger Schönheit der Formationen gab. Im Gegensatz zum breiten Garstner Tal, wo die Bergketten und Gipfel wie eine für den Betrachter errichtete Kulisse wirken, wähnt man sich hier unmittelbar im Gebirge. Es ist der große Höhenunterschied von etwa 2000 Metern zwischen dem Talboden und den höchsten der steil aufragenden und bizarren Felsgebilde des Toten Gebirges, der die Berge so imposant aussehen läßt.

Die wirtschaftliche Geschichte des Stodertales war lange Zeit eng an die Holzbringung geknüpft, denn die Salzsiedeanlagen des nahen Salzkammerguts ebenso wie die eisenverarbeitenden Werkstätten der Eisenwurzen benötigten den kostbaren Rohstoff Holz. Heute dagegen ist Hinterstoder primär eine Tourismusgemeinde. Nach der Eisenbahn war es der Ausbau der Straße, der die Zahl der Besucher anschwellen ließ. Nur vereinzelt kamen auch schon damals Skifahrer. Von ihnen hielten die Einheimischen damals herzlich wenig und verspotteten

Ein neuer architektonischer und kultureller Anziehungspunkt: das Alpineum

sie als «Brettlaffen». Mit mehr Respekt oder zumindest Geschäftssinn wurde ihnen etwa ein halbes Jahrhundert später begegnet, als der Bau eines Sessellifts auf die Hutterer Höß eine stetige Steigerung der Besucherzahlen auslöste. Zu einer weltweit bekannten Skistation wurde der Ort dann mit der Veranstaltung von mehreren Weltcuprennen seit 1986. Heute entfallen von insgesamt etwa 160.000 jährlichen Nächtigungen in Hinterstoder etwa 60 Prozent auf die Wintergäste.

Zwar ist Hinterstoder damit kein beschauliches Gebirgsdorf geblieben, aber die Umbauten und Neubauten haben sich in erträglichem Rahmen gehalten. Zudem wurden im Zuge jüngster Dorferneuerungsmaßnahmen einige diesbezügliche Schnitzer wieder ausgebügelt. Es scheint, als ob sich Hinterstoder der Gefahr einer allzu einseitigen Ausrichtung der gesamten Infrastruktur und Mentalität auf eine Gästegruppe, deren Interesse allein einer Sportart gilt, die maximal ein Drittel des Jahres ausgeübt werden kann, bewußt geworden ist. Zu den Konsequenzen dieser Erkenntnis zählt zweifellos die Errichtung des *Alpineums*. Die maßgeblichen Politiker und Geschäftsleute des Ortes erkannten die Chance, die sich durch die Landesausstellung 1998 bot, und forcierten die Errichtung eines modernen Ausstellungsgebäudes direkt im Ortszentrum, in unmittelbarer Umgebung des alten Gemeindeamtes (erbaut 1845 als k. k. Forsthaus) und des Pfarrhofes.

Die Konstruktion des Alpineums setzt sich betont von den üblichen Klischees der alpinen Architektur ab. Daß dazu im Ort selbst einige Abwehr und Skepsis zu überwinden war, ist nicht weiter überraschend. Die dominierenden Bauelemente des Alpineums sind Holz und Glas. Durch eine große geschwungene Glasfront, die sich nach Norden öffnet, bleibt die Kulisse der Berge stets gegenwärtig. Der ruhig wirkenden Außenfront sind im Inneren die fünf versetzten Ausstellungsebenen mit unterschiedlichen Durch- und Tiefblicken sowie wechselnden Raumhöhen entgegengesetzt.

Inhaltlich stehen im Alpineum die Entwicklung des Berg- und Skisports sowie die Geschichte der Erschließung des Toten

Gebirges im Mittelpunkt; eine Ausstellungsebene ist der Ortsgeschichte gewidmet, eine der parallel zum Bergtourismus einsetzenden Geschichte der Bergrettung. Als permanente Leihgabe verfügt das Alpineum über etwa 80 Bilder des englischen Malers E. T. Compton, der die Landschaft des Toten Gebirges porträtiert hat. Moderne Ausstellungstechniken wie ein Suchsimulator für Lawinenopfer oder ein Snowboardsimulator zielen nicht zuletzt auf jugendliche Besucher ab. Zum Erlebnis sollte sich im Alpineum aber auch die Bewußtseinsbildung gesellen – über das Verhältnis von Mensch und Natur, über die Einflüsse von Technik, Wissenschaft und Wirtschaftsinteressen auf die Entwicklung von Sportarten. Dazu bietet insbesondere die Gegenüberstellung von Skisport und Bergsteigen ein interessantes Spannungsfeld. Es gibt wohl kaum eine Sportart, die sich so rasch gewandelt hat wie der alpine Skisport, und kaum eine, die so tief auf die ökologische, soziale und wirtschaftliche Struktur ganzer Landstriche eingewirkt hat. Demgegenüber ist das Bergsteigen eine von der Technik nur am Rande berührte Auseinandersetzung zwischen Mensch und Natur geblieben. Eine Ausstellungsebene des Alpineums bleibt für wechselnde Sonderausstellungen reserviert. Eingeleitet werden sie mit der Schau «Auf dem Holzweg zur Eisenstraße» im Rahmen der Landesausstellung 1998.

Alpineum Hinterstoder, Tel. 07564/5263, Fax 07564/5544, Öffnungszeiten nach der Landesausstellung 1998 beim Tourismusbüro erfragen.

Die Möglichkeiten zur Freizeitgestaltung außerhalb der Wintersaison sind in Hinterstoder vielfältig. Das Besondere sind hier die zahllosen Routen für Wanderungen in der breiten Talsohle, auf die umliegenden Almen, aber auch für hochalpine Touren und Kletterpartien. Auf nicht weniger als elf Zweitausender führen markierte Steige, darunter Klettersteige auf die zwei bekanntesten Gipfel, den Großen Priel und die Spitzmauer.

Die Bergbahnen auf die Hutterer Höß und ins Gebiet der Bärenalm haben die südlich des Tals gelegenen Almen, Schutzhütten und Berggipfel auch für Bergwanderer mit durchschnittlicher Kondition und Kinder erreichbar gemacht. Von der Bergstation des Bärenalmlifts etwa läßt sich der etwas über 1800 Meter hohe Türkenkarkopf an der Grenze zur Steiermark bequem in einem eintägigen Ausflug erreichen. Die grandiose Aussicht auf das zum Greifen nahe Dreigestirn Großer Priel, Brotfall und Spitzmauer ist nur einer der Höhepunkte dieser Wanderung. Hochalpinen Charakter gewinnt sie, wenn man zur Hochmölbinghütte (1684 m) auf steirischem Gebiet ansteigt, wo man am besten übernachtet und von wo man am nächsten Tag über den Klein- und Mittel- zum Hochmölbing (2336 m) – dem Aussichtsberg schlechthin – aufsteigt. Von dort läßt sich die Bergstation der Hößbahnen (ca. 1800 m) in etwa zwei Stunden erreichen. Dabei erfordert ein versicherter Teilabschnitt auf einem Grat allerdings Schwindelfreiheit und Trittsicherheit, und vor allem braucht man gutes, stabiles Wetter.

Sollten Sie zum Bergwandern und Bergsteigen nach Hinterstoder kommen, stimmen Sie sich mit dem folgenden Text ein und suchen Sie mit kompetenter Beratung durch das Tourismusbüro die Ihren Bedürfnissen am besten entsprechenden Routen. Wer die landschaftliche Schönheit erst einmal vom Tal aus erkunden und genießen will, dem seien als Einstieg die weiter unten beschriebene Wanderung und Radtour ans Herz gelegt.

AUSKUNFT Tourismusbüro, 4573 Hinterstoder, Tel. 07564/5263, Fax 07564/5544. **ESSEN UND TRINKEN** Hotel Poppengut, Hinterstoder 46, Tel. 07564/5268, gepflegte Küche, Restaurant nur Juli bis September. Gasthof Gressenbauer, Mitterstoder 12, Tel. 07564/5359, Panoramablick, Ruhetag: außerhalb der Hauptsaison Mo. Schmalzerhof, Mitterstoder 32, Tel. 07564/5210, Ruhetag: Do. Dorfstub'n, Tel. 07564/5320, Ruhetag: außerhalb der Hauptsaison Di. **ÜBERNACHTEN** Gasthof Gressenbauer, Mitterstoder 12, Tel. 07564/5359, Fax DW 28. Hotel Poppengut, Hinterstoder 46, Tel. 07564/5268, Fax DW 11, Beauty- und Gesundheitsangebote. Hotel Dietlgut, Dietlgut 5, Tel. 07564/5248, Fax DW 39, schöne Architektur, Kinderbetreuung, Biobadeteich. **BADEN** Freibad Hinterstoder, Tel. 07564/5448. **DRACHENFLIEGEN UND PARAGLEITEN** Flugschule Stodertal, Tel. 07564/5600 und 0664/300 14 10, Schnuppertage, Kurse für Anfänger und Fortgeschrittene, Tandemkurse,

Bergsteigen und Fliegen. **EISLAUFEN UND EISSTOCKSCHIESSEN** Eislaufplatz: Sportbuffet Fam. Mühlberger, Tel. 07564/5574. **FISCHEN** in der Steyr, Fangzeit: 1. Mai bis 15. September, Auskunft: Tourismusbüro, Tel. 07564/5263. Pension Dietlgut, Tel. 07564/5248. Pension Hubertus, Tel. 07564/5502. **RADVERLEIH** Intersport Pachleitner, Tel. 07564/5205. Bahnhof, Tel. 07565/218. Zentrasport Huber, Tel. 07564/5271. **REITEN** Pferdehof Viva beim Landgasthof Dietlgut, Tel. 07564/5685. **RODELN** Beleuchtete, 1 km lange Naturrodelbahn, in Richtung Vorderstoder. **SKI ALPIN** Schneeauskünfte, Tel. 07564/5500. Skischule Stodertal, Tel. 07564/5050. Ausrüstungsverleih: Zentrasport Huber, Tel. 07564/5271. Skischule Stodertal, Tel. 07564/5050. Intersport Pachleitner, Tel. 07564/5205. Skigebiet Hutterer Höß, erreichbar mit der Kabinenbahn der Hinterstoderer Bergbahnen, Tel. 07564/5275-0, 4 Doppelsesselbahnen, 4 Sessellifte, 9 Schlepplifte für ca. 17 km Abfahrten aller Schwierigkeitsgrade. **SKILANGLAUF** Stodertal-Loipe vom Ortszentrum über Schiederweiher zum Dietlgut, 18 km, leicht bis mittelschwer. Anschlußloipe zum Talschluß beim Gasthaus Baumschlagerreith, zusätzlich ca. 10 km. Hutterböden-Loipe (Mittelstation), 3 km, leicht. Ausrüstungsverleih: Zentrasport Huber, Tel. 07564/5271. Intersport Pachleitner, Tel. 07564/5205. **TENNIS** Berghotel Hinterstoder – Hutterer Böden, Tel. 07564/5421 oder 5422. Tennishalle: Sportbuffet Fam. Mühlberger, Tel. 07564/5574. **WANDERN** Naturlehrweg Hinterstoder, 5 km lang, Auskunft im Tourismusbüro. Almwanderungen: Auskunft bei den Hinterstoderer Bergbahnen, Tel. 07564/5275-0. Geführte Höhlenwanderung in der Kreidelucke, Auskunft im Tourismusbüro. **LITERATUR** Heinz Schachner: Das Stodertal aus vergangenen Tagen, Hinterstoder 1993, erhältlich im Tourismusbüro.

DER GROSSE PRIEL: EIN MAGNET FÜR BERGSTEIGER

«Frei ist der Atem, und man denkt sich auch frei, da man hoch über die übrigen erhoben ist.» (Erzherzog Johann im Jahre 1810 über das Tote Gebirge)

Mehrere hundert Quadratkilometer umfaßt die Gesamtfläche des Toten Gebirges. Seine Kernzone erhebt sich durchgehend auf über 2000 Meter. Kahl und zerklüftet wie eine Mondlandschaft ist dieses größte Plateaugebirge der Nördlichen Kalkalpen, durch zahllose Spitzen, Türme, Zacken, Wände und Grate gegliedert, von Schlünden, sogenannten Dolinen, zerfurcht und von weitverzweigten Höhlen durchzogen. Jahrtausendelang gemieden, zieht es seit knapp zwei Jahrhunderten mehr und mehr Menschen an: Jäger, Forscher und vereinzelte Abenteurer zunächst, später eine laufend steigende Zahl von Bergsteigern und Bergwanderern. Insgesamt 24 Schutzhütten dienen ihnen als Ausgangs- und Zielpunkte, wenn sie den Reiz einer entrückten Landschaft erkunden, deren schaurig klingender Name nicht ahnen läßt, daß sie eine vielfältige Tier- und Pflanzenwelt birgt.

Unter den zahlreichen Gipfeln des Toten Gebirges nehmen der Große Priel und die Spitzmauer eine besondere Stellung ein. Der eine verdankt sie seiner Höhe: Mit 2515 Metern überragt der von den Einheimischen einstmals schlicht «Greßtenberg» (größter Berg) genannte Große Priel die vielen anderen Zweitausender um ein entscheidendes kleines Stück. Die Spitzmauer – in unmittelbarer Nähe und nicht einmal 100 Meter niedriger – gilt wegen ihrer markanten Form als das schönste Felsgebilde der Gegend. Den Ruhm der ersten «touristischen» Besteigung des Großen Priel holte sich am 29. August des Jahres 1817 Sigismund Graf von Engl, den vier einheimische Jäger begleiteten. Erstbesteigungen durch Einheimische gab es mit Sicherheit schon vorher. 1827 bezwang der bergerfahrene Erzherzog Johann den Priel. Schon 1870 wurde auf seinem Gipfel ein 8 Meter hohes und 40 Zentner schweres eisernes Kreuz aufgestellt – angefertigt in einer Linzer Schlosserei, «gesponsert» vom Kaiserhaus und vielen anderen Freunden des schönen Oberösterreich und «von den kräftigen Söhnen Vorder- und Hinterstoders freiwillig bis zur Bergspitze getragen», wie es in der Inschrift heißt.

Spitzmauer und Großer Priel (von li.)

Nur 15 Jahre später vermerkt die Chronik eine weitere entscheidende Etappe in der Erschließung des Prielgebietes: Im August 1885 wurde die erste Schutzhütte eröffnet, benannt nach dem Wiener Hofwappenmaler Karl Krahl, auf dessen Initiative bereits zehn Jahre vorher eine Höhle unterhalb des Gipfels als Zufluchtsstätte ausgebaut worden war. Dennoch stand die Besteigung des Priel, bedingt durch die schlechten Verkehrsverbindungen ins Stodertal, aber auch durch die Interessen der Jagdherren, bis zur Jahrhundertwende nur ausgewählten «Herrschaften» offen. Diese Barrieren brachen mit der Errichtung der Pyhrnbahn und dem erstmaligen Ausbau der Schutzhütte durch den Alpenverein. Bald danach verzeichnete das Prielhaus immerhin schon etwa 700 Übernachtungen pro Jahr. Heutzutage benützen jährlich etwa 3500 Gäste die Schutzhütte als Nachtlager, dazu kommen etwa gleich viele Tagesgäste. An schönen Sommerwochenenden ist es ratsam, sich rechtzeitig einen der etwa 200 Schlafplätze zu sichern. Die ehrfürchtigen Schilderungen der ersten Pioniere würden bei den meisten dieser Wanderer und Bergsportler wohl nur ein Schmunzeln hervorrufen: Von einem «schauerlichen Golgatha», dem «bloßgelegten, zerbröckelnden Riesenskelett eines abgelebten Erdstückes» sprach einst Friedrich Simony (1813–1896), der erste Inhaber einer Lehrkanzel für Erdkunde an der Wiener Universität.

Auf mehreren gut markierten und bei Schönwetter ungefährlichen Steigen läßt sich der Große Priel heute ohne größere Schwierigkeiten bezwingen. Der klassische Aufstieg führt von der Polsterlucke in Hinterstoder in sechs bis sieben Stunden über das Schutzhaus und die Brotfallscharte zum Gipfel. Mehr noch als seine Höhe zeichnet den Gipfel des Großen Priel die weitläufige Aussicht aus. Wer größere Herausforderungen sucht, den oder die locken die vor einigen Jahren neu angelegten Klettersteige. Der auf den Großen Priel ist nach Bert Rinesch benannt, einem erfahrenen Bergführer aus Spital, der bei einer scheinbar ungefährlichen Skitour im Warscheneckgebiet zu Tode kam.

ALLGEGENWÄRTIGE GEFAHREN IM TOTEN GEBIRGE

Die Risiken, die selbst erfahrene Bergführer in einem ihnen bekannten Gelände bei gutem Wetter in Kauf nehmen, sind für weniger Geübte im Toten Gebirge allgegenwärtig: Schneefelder, die plötzlich hart und glasig werden können, verborgene Dolinen, plötzlich einbrechender Nebel, Wetterstürze, die die Felsen glitschig oder gar eisig werden lassen. «Eigentlich erstaunlich, daß nicht viel mehr passiert», meint Karl Antensteiner, Geschäftsführer des Tourismusverbandes Hinterstoder, zuvor mehrere Jahre Hüttenwirt am Prielschutzhaus und ausgebildeter Berg- und Skiführer. Mit eine Ursache für Unfälle: Vielen der in die Berge strömenden Touristen fehlt es an Erfahrung und Einschätzungsvermögen der alpinen Gefahren und eigenen Möglichkeiten. Die immer bessere und leichtere Ausrüstung verleiht ein trügerisches Gefühl der Sicherheit. Mögen sie auch im Sportklettergarten die Technik erlernt haben, so ist doch die Umsetzung im alpinen Gelände eine ganz andere Sache. Besonders gefährdet sind «Einzelgänger», für die schon ein Knöchelbruch abseits einer begangenen Route zur tödlichen Gefahr werden kann.

IM FALLE DES FALLES: DIE RETTUNG KOMMT

Wenn doch etwas passiert, wird eine gut eingespielte Maschinerie in Gang gesetzt. Die effizienteste Rettung kommt aus der Luft. Im Idealfall werden ein Flugretter und ein Arzt aus einem Rettungshubschrauber abgeseilt, versorgen das Unfallopfer, packen es in einen Bergesack, tragen es, an der Seilwinde hängend, zu einem Zwischenlandeplatz, laden es in den Hubschrauber um und bringen es in das nächstgelegene Spital. Was eine Angelegenheit von einer Stunde sein kann, kann auch einen halben oder ganzen Tag dauern. So ist die Flugrettung bei Schönwetter – und entsprechend mehr Unfällen – fast immer überlastet. Die Unfälle werden dann nach ihrer Dringlichkeit gereiht. Ist die Rettung aus der Luft nicht möglich – etwa bei Schlechtwetter –, verlagert sich die Rettungsarbeit auf ein erprobtes Netzwerk, das aus den Hüttenwirten, etwa 20 geschulten Bergrettern und der alpinen Einsatzgruppe der Gendarmerie besteht. Noch ist die Bergrettung eine Männerdomäne, aber eine wachsende Zahl von alpinistisch erfahrenen Frauen drängt auch hier auf Gleichberechtigung. Auch die Unfallopfer setzen sich ja aus Frauen und Männern zusammen. Die technischen Möglichkeiten der Bergrettung verbessern sich ständig, wie auch ein von Karl Antensteiner initiierter Ausstellungsschwerpunkt im Alpineum zeigt. Hier soll allerdings keine trügerische Sicherheit vermittelt, sondern das Bewußtsein für die Vielfalt der alpinen Gefahren geschärft werden und dafür, daß auch und gerade am Berg Eigenverantwortung und Erfahrung die entscheidenden Voraussetzungen dafür sind, daß letztlich alles gut ausgeht.

KLETTERSTEIGE Großer Priel: Einstieg vom Prielaufstieg Nr. 260 oberhalb des Schutzhauses, Höhendifferenz: ca. 650 m, Steig durchgehend mit Drahtseil gesichert, Leitern und zahlreiche Trittbügel, steil, lang und schwierig, daher nicht für Klettersteiganfänger geeignet. Spitzmauer: Einstieg vom Weg Nr. 201 oberhalb des Schutzhauses, Höhendifferenz: ca. 200 m, durchgehend mit Stahlseil gesichert, teilweise Trittbügel, wechselnd steil, mittlerer Schwierigkeitsgrad. Weitere Informationen: Prielschutzhaus, Tel. 07564/5347, oder Tourismusbüro Hinterstoder.
LITERATUR Gerhart Prell: Totes Gebirge, Steyr 1989. Kleiner Wanderführer Totes Gebirge, Rabeder Rother Verlag (mit Wanderkarte).

Auf dem Gipfel der Spitzmauer

RADWANDERUNG: AM FUSS DES TOTEN GEBIRGES ZUM STEYRURSPRUNG

Die landschaftlich überaus reizvolle Strecke von Hinterstoder zum Steyrursprung ist für eine Wanderung relativ lang, vor allem, wenn Kinder dabei sind. Diese werden wahrscheinlich leichter mit der Aussicht einer gemütlichen und abwechslungsreichen Fahrradtour zu gewinnen sein. Wer die kurze Steigung am Anfang geschafft hat, hat auch schon das anstrengendste Stück des Weges hinter sich. Oberhalb des Schiederweihers, der als letzter Höhepunkt für die Rückfahrt reserviert bleibt, geht die Fahrt vorbei an Bauernhöfen und Almwiesen und immer wieder am Ufer der Krummen Steyr entlang. Die gewaltige Bergkulisse von Großem Priel und Spitzmauer rückt näher, und so trifft man in diesem ersten Abschnitt immer wieder rucksackbeladene Wanderer, die sich – je nach Tageszeit – entweder unternehmungslustig zum Prielschutzhaus aufmachen oder bereits leicht von Erschöpfung gezeichnet von einem der Gipfel ins Tal zurückkehren. Bald aber trennen sich die Routen der Bergsteiger und Radfahrer. Der Radweg dreht nach links, überquert die *Krumme Steyr*, führt weiter durch Tannenwald, geht in einen Karrenweg über und erreicht schließlich einen alten Stodertaler Hof, dessen Erhaltung die Kräfte der noch verbliebenen alten Bäuerin sichtlich überfordert.

Weiter verläuft der Weg zwischen dem Steyrfluß, der hier – nur wenige Kilometer nach dem Ursprung – schon eine beachtliche Breite aufweist, und den Hängen des Ostrawitz. Nach ca. sechs Kilometern erreicht man die *Dietlkapelle*. Ihre Errichtung geht auf das Gelübde einer früheren Besitzerin des angrenzenden Dietlguts zurück. Im November 1879 hatten sich zwei ihrer Kinder bei Schnee und Kälte auf den Weg zur Gamsjagd gemacht. Unter dem Tritt des Buben gab der Schnee plötzlich nach, und er stürzte in die Tiefe. Seine Schwester kam ihm zu Hilfe, er aber konnte nicht mehr auf und lag hilflos im kalten Schnee. Die Schwester überließ ihm sämtliche warme

Sachen, die sie anhatte, und erreichte das Dietlgut nur mit dem «Pfoadl», einem dünnen Hemd, bekleidet. Während die Knechte nach ihrem einzigen Sohn suchten, tat die alte Dietlin in ihrer Not ein Gelübde: Sollte der Sohn gerettet werden, würde sie eine Kapelle errichten lassen. Die Geschichte ging gut aus, und drei Jahre später war die Kapelle fertig. In dem kleinen Gotteshaus trifft der Besucher unvermutet auf eine moderne Innenausstattung. Ein stilisiertes Kreuz auf der Stirnseite, in dem das Pfoadl erkennbar ist, erinnert an die dramatische Geschichte. Die Künstlerin Christine Bauer hat das Kreuz entworfen und mit Erde auf Leinwand gemalt. Sie schuf auch die Glasfenster in der Apsis, die den Altarraum in warmes Licht tauchen. Der Schöpfer des aus Eisen und Holz gefertigten Altartisches – das Material symbolisiert die traditionellen Erwerbsgrundlagen der Stodertaler Bevölkerung – war Alois Bauer. Seit ihrer Renovierung dient die Kapelle nicht nur für Gottesdienste, sondern auch als stimmungsvoller Raum für Musik- und Literaturveranstaltungen bei Kerzenlicht.

Wohin soll's gehen?

Das *Dietlgut* selbst liegt jenseits des Ostrawitzbaches auf einer Lichtung. Neben dem alten Gehöft mit dem Landgasthaus steht das 1926 errichtete, architektonisch bemerkenswerte Gästehaus. Mit dem Steildach nahmen die Erbauer, Siegfried Theiss und Hans Jaksch, auf die umliegenden Berge Bezug. Architekturinteressierten sei ein Blick ins Innere empfohlen, insbesondere auf die Halle und den Stiegenaufgang. Das Gästehaus, das später durch ein zweites Gebäude erweitert wurde, wird heute sehr erfolgreich als Familienhotel geführt. Der beschilderte Radweg ist hier zu Ende, die Tour kann aber ohne Bedenken auf dem Wanderweg in Richtung Baumschlagerreith fortgesetzt werden. Weitgehend eben und fast immer im Wald und an der Steyr entlang geht es in Richtung Talschluß, mit schönen Ausblicken auf die Zacken des Almkogels. Vom *Gasthaus Baumschlagerreith*, in dessen Garten es sich gemütlich verweilen läßt, weist die Tafel «Steyr-Ursprung–Salzsteigjoch» taleinwärts. Auf dem bald abzweigenden Salzsteig, der weiter zur steirischen Tauplitzalm führt, schmuggelten die einst protestantischen Stoderer Bauern das unentbehrliche Salz von Aussee über das Gebirge herüber, als die katholischen Herrscher ihnen durch eine Salzsperre die Rückkehr zum «wahren» Glauben nahebringen wollten.

Der *Steyrursprung* ist in einer Viertelstunde erreicht. Das Quellwasser der Steyr sprudelt hier – am Fuß des Hebenkas – in mehreren Verzweigungen aus dem Boden. Die kleinen Bächlein regen den Spieltrieb an, sodaß sich dort meist einige Kinder, aber auch Erwachsene zu schaffen machen. Auf dem Rückweg wartet noch der Abstecher zum *Schiederweiher*, einem aus dem Wasser der Krummen Steyr gespeisten Fischteich. Der idyllisch gelegene Teich mit der sich spiegelnden Kulisse von Priel und Spitzmauer bildet *das* klassische Postkartenmotiv von Hinterstoder. Auch wenn sich dieser Blick live nicht einstellen sollte – die Gipfel des Großen Priel sind oft wolkenverhangen und die Oberfläche des Weihers selten spiegelglatt –: Das eigene Erleben schlägt die Wirklichkeit aus zweiter Hand allemal.

RADWANDERUNG von Hinterstoder zum Steyrursprung, Ausgangs- und Ankunftspunkt: Parkplatz beim Johannishof, ca. 1 km nach dem Ortszentrum in Richtung Talschluß, Schild Radweg Dietlgut; nichtasphaltierte Güter- und Karrenwege mit geringen Steigungen, Gesamthöhenunterschied ca. 100 m, bis zum Dietlgut als Radweg ausgeschildert, danach als Wanderweg bis zum Steyrursprung; Gesamtlänge: 20 km. **ESSEN UND TRINKEN** Landgasthaus Dietlgut, Tel. 07564/5120, Ruhetag: Mo. Gasthof Baumschlagerreith, Hinterstoder 81, Tel. 0663/727-15.

Von Hinterstoder über die Mautstraße zur Hutterer Höß bis zum Schafferteich und weiter nach Vorderstoder führt eine bei Mountainbikern sehr beliebte *hochalpine* Tour. Wer auf die anstrengende, 800 Meter überwindende Auffahrt verzichten will, benützt einfach die Gondelbahn bis zur Mittelstation und begnügt sich mit der nicht weniger abenteuerlichen – und wegen des Schotterbelags nicht ungefährlichen – Abfahrt.

AUF DEM FLÖTZERSTEIG ZUR KREIDELUCKE UND ZUM STRUMBODINGWASSERFALL

Der insgesamt zwanzig Kilometer lange, durchgehend vom Steyrursprung bis zur Teichleinmündung führende Flötzersteig eröffnet vielfältige Möglichkeiten für unanstrengende Wanderungen entlang einer urtümlichen Gebirgsflußlandschaft. Der bequem angelegte heutige Steig ist natürlich nur in seiner Bezeichnung ident mit jenem einstigen Flötzersteig, von dem aus die Flößer die geschlägerten Holzstämme mit langen Stangen und Haken bis zu einem großen Auffangrechen am Ende des Tals zu befördern hatten. Bis zu 60.000 Raummeter Holz pro Jahr wurden hier früher geschwemmt, in erster Linie für den Energiebedarf der Hammerwerke. Anhand einiger originalgetreuer Nachbauten von Geräten und von Schautafeln können die Besucher einen unmittelbaren Eindruck von den einstigen Mühen und Gefahren des Holztransports zu Land und zu Wasser gewinnen. Zeitweilig standen die Flößer bis zum Bauch im eiskalten Wasser, manchmal sprangen sie auf die schwankenden Bloche, und an unwegsamen Steilufern wurden sie an Seilen zu den Stämmen hinuntergelassen, um sie wieder in Fluß zu bringen. Bei der Steyrbrücke angekommen, wurden die Stämme gesammelt, bevor sie weitergetriftet wurden.

Der Flötzersteig enthält zwei besonders aufregende Höhepunkte: die Höhle der Kreidelucke und den Strumbodingwasserfall. Sie liegen kurz hintereinander beim östlichen Ortsanfang von Hinterstoder und können beliebig in eine längere

Wanderung auf dem Flötzersteig eingebaut werden. Die beiden Naturdenkmäler sind durch eine Sage miteinander verbunden: Weil die Stodertaler immer fromme Leute waren und der Teufel sie nicht verführen konnte, faßte er den (selbstverständlich teuflischen) Plan, die Talbewohner zu ersäufen: In einer Vollmondnacht versuchte er riesige Felsbrocken vom Kleinen Priel abzureißen und in die Steyr zu werfen, um den Fluß zu stauen. Die riesige Anstrengung ließ seinen schwarzen Schweiß in Bächen fließen. Doch als der Hahn krähte, hatte er nicht mehr geschafft, als ein paar einzelne Felsblöcke in das Flußbett zu werfen. Voll Wut stampfte er auf und fuhr mitten durch den Berg in die Hölle zurück. Noch heute liegen die Felsblöcke im Strumbodingwasserfall, und die Kreidehöhle ist das bei seinem Abgang zurückgelassene Loch im Berg. Der schwarze Schweiß fließt noch immer in Form des Schwarzenbaches, dessen dunkles Wasser allerdings nur nach längeren Regenfällen an mehreren Stellen direkt unterhalb der Höhle hervortritt und sich mit dem hellgrünen Wasser der Steyr vermischt.

Der Strumbodingwasserfall

Die *Kreidelucke* ist eine weit in den Berg hineinführende geräumige Höhle. Da nach der Schneeschmelze große Bereiche unter Wasser stehen, gibt es im Inneren kaum Lebewesen. Nur Brunnenkrebse, Tausendfüßler, Schnecken, einige andere kleine Tiere und im Eingangsbereich verschiedene Arten von Fledermäusen trotzen diesen Bedingungen. Stets etwas bergan gehend, tastet man sich im Schein der Taschenlampen über zahlreiche Wassertümpel vorwärts. Bald ist jedes Tageslicht verschwunden, beim Ausknipsen der Taschenlampen ist die Hand nicht mehr vor dem Auge zu sehen. An einigen Stellen quellen dicke Schichten weißen Sinters aus den Felsspalten hervor und überziehen den Boden wie Kreide. Im Volksmund wird diese Substanz bezeichnenderweise «Nix» genannt. Wie weit man in die Höhle vordringen will und kann, hängt vom Wasserstand der kleinen Tümpel, von der Ausrüstung und natürlich auch vom Mut und Forscherinteresse ab. Beachten sollte man, daß die Temperatur jahraus, jahrein nur etwa neun Grad beträgt. Weiters ist es empfehlenswert, mehrere Taschenlampen mitzunehmen, da der Ausgang ohne Beleuchtung kaum zu finden ist.

Ans Tageslicht zurückgekehrt, erreicht man ein kleines Stück stromabwärts den *Wasserfall*, der von seiner Wassermenge her immerhin der zweitgrößte Oberösterreichs ist. Insbesondere nach der Schneeschmelze oder nach sommerlichen Regenperioden erreicht das Wasser eine gewaltige Strömung und stürzt in einen tief ausgehöhlten, geräumigen Bottich. Der Flötzersteig quert den Fluß oberhalb und unterhalb des Wasserfalls, eine kleine Aussichtsterrasse ermöglicht einen noch näheren Zugang zu jener Stelle, an der die stürzenden Wassermassen durch einen riesigen Felsbrocken geteilt werden. Unterhalb des Wasserfalls lassen sich häufig Kanufahrer beobachten, die hier in farbenprächtigen Booten und Anzügen ihre etwa acht Kilometer lange Fahrt bis zum Klauser Stausee beginnen. Abenteuerlustige, aber eher unerfahrene Kanufahrer sollten diese Strecke nicht alleine fahren, sondern sich von Lehrern der Wildwasserschule in Kniewas begleiten und anleiten lassen.

THEMATISCHER WANDERWEG «Flötzersteig» entlang des Steyrflusses, Ausgangspunkt: Steyrursprung oder Steyrbrücke, Gesamtlänge: 20 km, Gehzeit: 4–5 Std., zahlreiche Einstiegsmöglichkeiten für Teilabschnitte von 1 bis 2 Std., am besten von Hinterstoder aus, gut ausgebauter Weg mit geringen Steigungen, festes Schuhwerk empfehlenswert; Einkehrmöglichkeiten beim Steyrursprung, in Hinterstoder und bei der Steyrbrücke. Kürzester Zugang zu Kreidelucke und Wasserfall: Brücke bei der Kläranlage kurz vor dem östlichen Ortsanfang von Hinterstoder (Schild «Pension Prielkreuz»), von hier ca. 10 Minuten bis zur Kreidelucke und weitere 10 Minuten bis zum Wasserfall. Für die Kreidelucke eignen sich am besten Gummistiefel oder wasserdichte Bergschuhe, mehrere Taschenlampen mitnehmen! Eine geführte Begehung wird regelmäßig angeboten – Informationen im Tourismusbüro. **ESSEN UND TRINKEN** Hinterstoder: siehe dort. Gasthof Steyrbrücke, 4572 St. Pankraz, Kniewas 17, Tel. 07565/313, Fax DW 40, Ruhetag: Mo.

Entlang der alten Eisenstraße: Das Ennstal

Der alte Name Oberösterreichs – Land ob der Enns – hebt die historische Bedeutung dieses Flusses gebührend hervor. Bis hierher kamen einst die Awaren, Ungarn, Türken, hier verlief vor etwa 50 Jahren die Grenze zwischen den Besatzungszonen. Wenn die Enns bei Hieflau nach Norden dreht, bald darauf auf oberösterreichisches Gebiet tritt und noch etwa 90 Kilometer bis zu ihrer Mündung zurücklegt, hat sie bereits etwa zwei Drittel ihrer Fließstrecke von den Radstädter Tauern zur Donau hinter sich.

Das Ennstal ist das Kerngebiet des oberösterreichischen Teils der Eisenwurzen. Dieser Begriff verweist auf die Prägung der ganzen – in die benachbarten Bundesländer reichenden – Region durch den Erzabbau am nahen Erzberg. Der Transport des kostbaren Rohstoffes, seine Weiterverarbeitung und der Handel mit Eisengeräten waren vor allem auf die «Eisenstadt» Steyr hin ausgerichtet. Der Ennsfluß und das Ennstal bildeten den wichtigsten Verkehrsweg vom Erzberg nach Steyr: Zunächst Pferdefuhrwerke, dann Flöße, später vor allem Schiffe und schließlich Eisenbahn und Lastautos waren die Transportmittel durch das über weite Strecken enge Gebirgstal. Entlang der Eisenstraße, an den Zuflüssen zur Enns, entstanden Hammerwerke, Nagelschmieden und Messererwerkstätten. Die Hämmer sind längst verstummt, die meisten Werkstätten zugesperrt: Die alte Eisenstraße hat ausgedient, und das einst wichtigste Tal der gesamten Region ist zu einem wirtschaftlichen Problemgebiet geworden.

Die Moderne hat im Ennstal vor allem in Form von Wasserkraftwerken ihre Spuren hinterlassen: Zwischen der steirischen Grenze und der Mündung ist die Enns heute kein Fluß mehr, sondern eine Kette von insgesamt zehn Stauseen. Die Kraftwerke an der Enns, zum Teil schon während der NS-Zeit begonnen und überwiegend in der Wiederaufbauzeit errichtet, sind im Gegensatz zu den meisten Donaukraftwerken deutlich in der engen Tallandschaft zu sehen.

Die traditionelle wirtschaftliche Prägung des ganzen Tals hat dem Tourismus wenig Platz gelassen und eingeräumt. Nur der schmucke Markt Weyer war schon um die Wende zum 20. Jahrhundert eine bekannte Sommerfrische. Heute versucht er wieder dort anzuschließen, unter anderem mit kulturellen Attraktionen wie dem Ennsmuseum, das in einem traditionsreichen Speichergebäude am Fluß untergebracht ist.

Daß es im Ennstal über dieses Museum hinaus heute eine Vielzahl von Orten gibt, an denen Besucher die Eisenvergangenheit auf neue Weise erleben können, ist in erster Linie den Aktivitäten des Vereins Eisenstraße und der Landesausstellung 1998 zu verdanken. Zahlreiche Gebäude – Bergwerksunterkünfte, alte Tavernen und eine Vielzahl unterschiedlicher Werkstätten – wurden renoviert und als Ausstellungs-, Kultur- und Bildungsorte revitalisiert. Trattenbach, ein früheres Zentrum der Messererzeugung, hat als ganzer Ort wieder an seine handwerkliche Tradition angeknüpft.

So wie in der ganzen Pyhrn-Eisenwurzen besteht auch im Ennstal der touristische Reiz in der Verbindungsmöglichkeit von Kultur und Natur. Welche Naturschönheiten das Ennstal birgt, ist einer breiteren Öffentlichkeit erst seit der Verhinderung eines Großkraftwerks im Reichraminger Hintergebirge und der Errichtung des Nationalparks Kalkalpen bewußt geworden. Ein unermeßliches, weitgehend unberührtes Wald- und Berggebiet, durchzogen von klaren Bächen und wildromantischen Schluchten, gilt es zu entdecken. Wandern, Bergsteigen und Radfahren kann man nicht nur im Hintergebirge, sondern vortrefflich auch in den Voralpen. Von ihren Anhöhen aus eröffnen sich weitläufige Aussichten, zahlreiche, zum Teil ganzjährig bewirtschaftete Hütten bieten sich als Zielpunkte an. Wildwasserfans finden am Reichraming- und am Laussabach (unterhalb der Haller Mauern) landschaftlich schöne, aber zum Teil sehr schwierige Strecken vor.

Entlang der Enns kann man vom Ursprung bis zur Mündung (254 km) auch sehr gut radfahren. Im oberösterreichischen Teil verläuft der Ennsradweg überwiegend auf verkehrsarmen öffentlichen Straßen oder Zufahrtsstraßen und meist entlang der Eisenbahnlinie. Etwas unerwartet für einen Flußradweg sind einige kurze Steigungen. Besonders reizvoll ist das Ennstal aber für Mountainbiker: Nicht nur im Hintergebirge und auf die bekanntesten Voralpengipfel, sondern auch in der weitläufigen und dünn besiedelten Landschaft zwischen Enns und Kleinramingbach südöstlich von Steyr wurden zahlreiche Strecken unterschiedlicher Schwierigkeitsgrade für Radfahrer geöffnet. In Ternberg hat sich ein Stützpunkt für Drachenflieger und Paragleiter entwickelt. Einige schön gelegene Frei- und Hallenbäder ergänzen das Angebot. Mit wachsenden Gästezahlen ist damit zu rechnen, daß sich auch das Angebot an guten Gasthäusern und Unterkünften noch verbessern wird.

ANREISE Mit dem Auto: Westautobahn, dann über Steyr oder Waidhofen an der Ybbs zur B 115, vom Westen und Süden Pyhrnautobahn A 9 bis Windischgarsten, dann über den Hengstpaß, von Leoben auch über die B 115. Mit der Bahn: Eisenwurzenbahn (Anbindung an die Westbahn bei St. Valentin), Gesäusebahn (Anbindung an die Westbahn bei Amstetten, an die Pyhrnbahn bei Selzthal). **AUSKUNFT** Tourismusinformation Pyhrn-Eisenwurzen, Am Kirchenplatz 7–9, 4560 Kirchdorf, Tel. 07582/624 50, Fax 07582/649 07-20. **KARTEN** Steyr – Waidhofen/Y., Hochkar, freytag & berndt, 1:50.000. Enns-Radweg, Radtourenbuch von bikeline, 1:100.000.

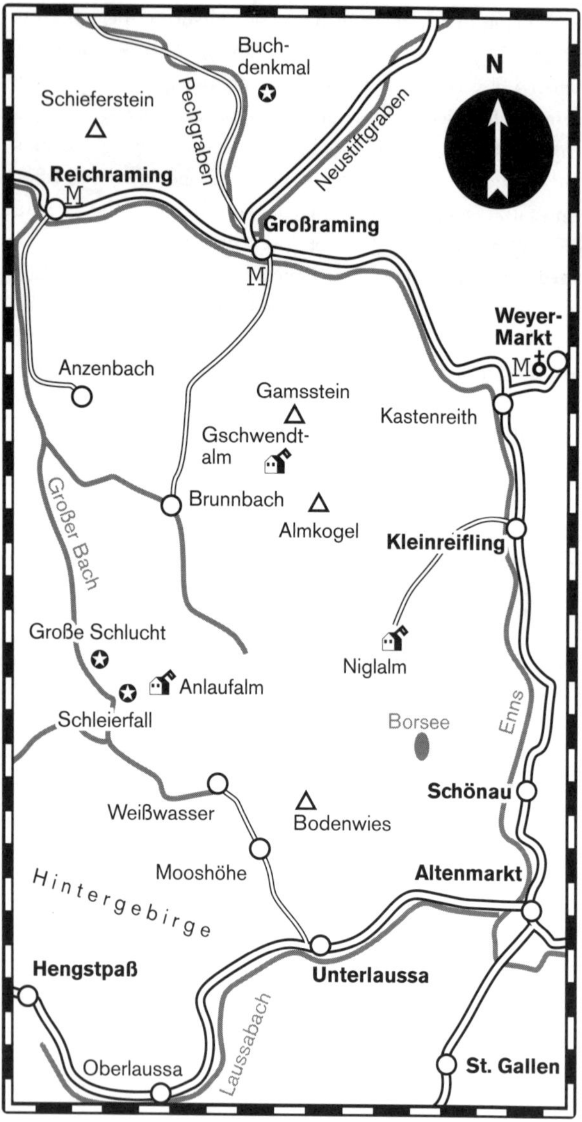

Buch-
denkmal
N
Schieferstein
Pechgraben
Neustiftgraben
Reichraming
Großraming
Weyer-
Markt
Anzenbach
Gamsstein
Kastenreith
Gschwendt-
alm
Brunnbach
Almkogel
Kleinreifling
Großer Bach
Große Schlucht
Niglalm
Anlaufalm
Schleierfall
Borsee
Enns
Schönau
Weißwasser
Bodenwies
Mooshöhe
Altenmarkt
Hintergebirge
Hengstpaß
Unterlaussa
Laussabach
Oberlaussa
St. Gallen

Vom Hengstpaß bis Reichraming

DAS HINTERGEBIRGE: NATIONALPARK STATT KRAFTWERK

Im südöstlichen Teil Oberösterreichs zwischen dem Tal der Krummen Steyrling, den Ausläufern des Garstner Tals, dem Laussabachtal und dem mittleren Ennstal erstreckt sich das größte geschlossene Mittelgebirgs- und Waldgebiet der nördlichen Kalkalpen. So gut wie unbewohnt, ohne Durchfahrtsstraße, dafür durchzogen von einem 180 Kilometer langen Bachsystem, bildet es einen noch immer fast unzerstörten Lebensraum für zahlreiche seltene Tiere und Pflanzen. Bis in die achtziger Jahre, als sich eine kleine Gruppe von Naturschützern einem gigantomanischen Kraftwerksprojekt widersetzte, war dieser Teil des Landes selbst vielen Oberösterreichern unbekannt. Welche Art von Landschaft ist dieses «Hintergebirge», das die einen als einen der letzten einigermaßen intakten Naturräume verteidigten, die anderen als unbrauchbare Wildnis dem Fortschritt opfern wollten? Otto Harant und Wolfgang Heitzmann charakterisieren es in ihrem Buch «Reichraminger Hintergebirge», einer Liebeserklärung an diese Region, als «Labyrinth von Waldmugeln, Gräben, Felswänden und Schluchten». Auffallenderweise fehlen in dieser Aufzählung die Gipfel – und tatsächlich ragen nur einige wenige Berge über 1500 Meter hinaus. Inselartig stehen sie über einem «grünen Meer» – wie es der Hintergebirgskenner und -schützer Gerald Rettenegger bezeichnet –, das in seinen Tiefen zerklüftet und von Schluchten durchzogen ist.

Einfach und auf den Punkt kommend wie die Bezeichnung des gesamten Gebietes sind auch die Namen vieler Berge, Täler, Bäche und Almen: Das größte Gewässer heißt Großer Bach, der höchste Gipfel Größtenberg, die eindrucksvollste

Schlucht ist schlicht die «Große». Auf charakteristische natürliche Besonderheiten verweisen unter anderem die Namen Weißenbach und Schwarzer Bach, auf speziellen Bewuchs die Namen Ahorntal, Föhrenbach oder Bodenwies, auf den Tierreichtum etwa der Gamsstein und der Luchsboden, auf die wirtschaftliche Nutzung der Almkogel, auf die Jagd der Hetzgraben. Von der vielfältigen Tierwelt können aufmerksame Wanderer mit etwas Glück zahlreiche Käfer und Salamander, unterschiedliche Schmetterlingsarten, Bachforellen, Eisvögel oder Wasseramseln, Ringel- oder Äskulapnattern, Spechte und ausnahmsweise vielleicht auch Wanderfalken oder Steinadler erspähen. Blumenliebhaber finden gleichsam ein Freilichtmuseum an geschützten und selten gewordenen Pflanzen wie Petergstamm, Alpenrose, Jagabluat, Orchideen und Enzian vor. Auf Schritt und Tritt trifft man auf Wasser, die Quellbäche des Großen Baches durchziehen das ganze Gebiet wie Adern, sie stürzen über steile Felsen oder durchfließen wildromantische Schluchten. Nach dem Verfall der für die Holzbringung angelegten Steige sind sie heute oft nur von erfahrenen Bergsteigern kletternd, watend und zum Teil schwimmend zu bezwingen.

Trotz seiner Unwegsamkeit versuchten die Bewohner der angrenzenden Gebiete schon immer, dem Hintergebirge auch das Lebensnotwendige abzutrotzen. Jedes Fleckchen der heute nur mehr zu einem kleinen Teil bewirtschafteten Almen mußte seinerzeit mühsam dem Wald entrissen werden. Wichtig war auch der Bergbau nördlich des Laussabachtals. Über Jahrhunderte wurden hier Eisenerz, Gagat (Glanzkohle), Rötel und Kohle abgebaut. Während des Zweiten Weltkrieges wurde der Erzabbau – vornehmlich mit Zwangsarbeitern – intensiviert und sogar eine eigene, 18 Kilometer lange Materialseilbahn von *Weißwasser* zur Bahnstation Weißenbach gebaut. Die letzte Phase war durch den Abbau von Bauxit geprägt, etwa 130 Arbeitskräfte waren damals dort beschäftigt. Mitten im Hintergebirge – in Weißwasser – wohnten ständig um die 20 Familien, es gab eine eigene Schule und einen eigenen Kaufmannsladen. Im

Jahr 1964 kam das plötzliche Ende, das unrentabel gewordene Bergwerk wurde geschlossen, die Häuser und die Materialseilbahn abgerissen.

Von ungebrochener Bedeutung ist dagegen die Holzwirtschaft. Die Spuren der früheren Holzbringung – eines ausgeklügelten Schwemmverfahrens auf den Bächen – sind heute fast nicht mehr zu sehen, außer anhand von Modellen und Bildern im Forstmuseum von Reichraming. Deutlicher sichtbar sind dagegen noch die Veränderungen, die im Gefolge des Baus einer eigenen Eisenbahnlinie, der Waldbahn, entstanden. Den ersten größeren und auch zerstörenden Eingriff brachte aber erst der Aufbau eines 380 Kilometer langen Forststraßennetzes in den letzten Jahrzehnten. Gänzlich neue Ideen zur wirtschaftlichen Ausbeutung des Hintergebirges kamen dann in den achtziger Jahren auf. Sie entstanden in den Planungszentren großer Konzerne wie der VOEST und der Ennskraftwerke. War es zuerst ein Testgelände für die Noricum-Kanonen, mit dem die krisengeschüttelten Gemeinden des mittleren Ennstales gelockt wurden, entzündete sich schließlich an den Plänen der Ennskraftwerke, am Großen Bach ein riesiges Speicherkraftwerk zu errichten, ein erbitterter Konflikt zwischen einer zunächst kleinen Gruppe von Naturschützern und den Kraftwerksplanern. Den Naturschützern gelang es, nach und nach nicht nur Teile der anfangs überwiegend hinter den Kraftwerksplänen stehenden Bevölkerung der betroffenen Gemeinden zu

Die Große Klause im Hintergebirge

gewinnen, sondern auch eine breitere Öffentlichkeit gegen den Kraftwerksbau zu mobilisieren, sodaß die Politik letztlich einlenken mußte. Die Zerstörung eines der letzten Naturreservate des Landes ist damit hoffentlich auf Dauer verhindert. Mit der Einbeziehung der westlichen Teile des Hintergebirges in den Nationalpark Kalkalpen hat eine behutsame touristische Erschließung begonnen. Einige Dutzend Wanderwege wurden ausgeschildert, einige Forststraßen zum Radfahren geöffnet. So kommen mehr und mehr Wanderer, Bergsteiger und Radler, die die Naturbelassenheit und Abgeschiedenheit des Gebietes zu schätzen wissen. Noch – und wohl noch für lange Zeit – findet jeder von ihnen im Hintergebirge sein ungestörtes Platzl.

LITERATUR Otto Harant, Wolfgang Heitzmann: Reichraminger Hintergebirge, Steyr 1993 (mit Wandervorschlägen). Gerald Rettenegger, Helmut Daucher, Jörg Schörkhuber: Hintergebirge, Graz 1992. **KARTEN** Nationalparkwanderkarte Reichraminger Hintergebirge, 1:35.000, mit Kurzlexikon zum Nationalparkgebiet, direkt oder telefonisch erhältlich in den Nationalpark-Informationsstellen Großraming, Tel. 07254/ 8414, Windischgarsten, Tel. 07562/6137, Leonstein, Tel. 07584/3651, Fax 07584/3654.

AUF DEM RAD QUER DURCHS HINTERGEBIRGE

Im Hintergebirge gibt es eine Reihe von attraktiven Radrouten auf eigens ausgewiesenen Forststraßen; die meisten gehen von Reichraming aus. Wer es gemütlich und beschaulich haben will, wählt eher die Routen an den Bächen entlang; wer die sportliche Herausforderung sucht, findet diese auf einer der Mountainbikestrecken, deren Befahren jedoch nur zu bestimmten Zeiten erlaubt ist. Zweifellos die schönste Route ist die am Reichramingbach – zugleich Nationalparkgrenze – entlangführende, die man auch gut als Zufahrt für Wanderungen benutzen kann. Auf dieser Route kann man sogar das gesamte Hintergebirge zwischen Reichraming und Unterlaussa bzw. Weißenbach durchqueren und mit der Bahn zum Ausgangspunkt zurückkehren. In welche Richtung man die Tour anlegt, ist eher eine psychologische Entscheidung. Beginnt man sie in Weißenbach, hat das den Vorteil, daß die anstrengenderen Teile zu Beginn kommen und der Genuß danach ungetrübt bleibt.

Ausgangspunkt ist bei dieser Variante der Bahnhof von Weißenbach/St. Gallen. Von hier aus geht es ein kurzes Stück entlang der Enns, sodann mit wechselnden Steigungen auf der wenig befahrenen Straße entlang des Laussabaches bis nach *Unterlaussa.* Dort verläßt man die Straße und beginnt eine schweißtreibende, 3,5 km lange Auffahrt zur *Mooshöhe.* Wer hier das Rad schiebt, findet sicher Gesellschaft. Gestärkt von einer Einkehr auf der Paßhöhe, fährt man steil bergab auf einer Schotterstraße bis zum Ende der öffentlichen Straße in *Weißwasser.* Von der ehemaligen Bergwerksansiedlung ist heute kaum mehr etwas zu sehen. Bis hierher schnaufte auch die Waldbahn, und auf ihrer Trasse geht es nun stetig leicht bergab bis Reichraming. Insgesamt 19 Tunnels bahnten der Waldbahn den Weg durch unüberwindbare Felshindernisse. Für die Durchfahrt der längeren Tunnels ist eine funktionierende Lichtanlage oder zumindest Taschenlampe günstig. Ständiger Reisebegleiter ist das Geplätscher des größten Baches des Hinterge-

Unterwegs auf der Trasse der ehemaligen Waldbahn

birges, der zunächst Schwarzer Bach, dann Großer Bach und zuletzt *Reichramingbach* heißt. Dieser Wasserlauf, dessen Einzugsgebiet ungefähr 180 Quadratkilometer umfaßt, bildet einschließlich seiner Zuflüsse das längste ungestörte Bachsystem der gesamten Ostalpen. Eine besonders eindrucksvolle Stelle ist die Mündung des Hochschlachtbaches mit dem *Schleierwasserfall*. Für ein anderes Mal kann man sich diese Stelle als Ausgangspunkt für eine der schönsten Wanderungen im Hintergebirge vormerken. Nicht nur in der Großen Schlucht, in die ein wiederhergestellter Triftsteig führt, sondern an vielen Stellen davor und danach findet man Kiesbänke und Tümpel, die sich zur Rast, zum Hineinwaten oder Schwimmen eignen.

Nach etwa vier Kilometern erreicht man die Reste der verfallenen *Großen Klause*. Bereits im Jahr 1604 wurde an dieser nur drei Meter breiten Stelle eine große Holzsperre errichtet, um die notwendigen Wassermengen für das Schwemmen der Holzstämme zu speichern. Hier hätte nach den Kraftwerksplänen eine 80 Meter hohe Staumauer entstehen sollen. Vom Südeingang des dort befindlichen Tunnels führt ein kurzer Steig zur noch erhaltenen *Klaushütte*, von der aus sich ein guter Einblick in die Schlucht eröffnet. Bald wird das Tal breiter, und das letzte Teilstück rollt man auf der öffentlichen und asphaltierten Straße dahin. Kurz vor Reichraming, im Ortsteil *Schallau*, sind im Bach noch einzelne Holzpiloten jenes großen Rechens zu sehen, der die herangeschwemmten Stämme aufzufangen hatte. Und im Ortszentrum selbst ist ein Schaustück jener *Waldbahn* ausgestellt, die über 30 Jahre lang den Holztransport aus dem Hintergebirge bewältigte.

RADWANDERUNG quer durchs Hintergebirge, überwiegend wenig anstrengende, auch für geübte Kinder empfehlenswerte Tour, Gesamtlänge: 42 km, davon ca. 22 km Schotterstraßen. Ausgangs- und Ankunftspunkt: Bahnhof Weißenbach/St. Gallen (413 m), Radverleih mit Möglichkeit der Rückgabe am Zielbahnhof – Anmeldung empfohlen! Auf der Bundesstraße kurz flach, dann ansteigend bis Unterlaussa (539 m, 9,5 km), von dort steil bergauf zur Mooshöhe (846 m, 3,5 km), bergab auf Schotterstraße bis Weißwasser (596 m, 3 km), von dort auf der ehemaligen Bahntrasse stetig leicht fallend bis zum Bahnhof Reichraming (359 m, 26 km). Rückfahrt mit der Bahn ca. 1 Std. Befahren der bezeichneten, nichtöffentlichen Straßen gestattet: 1.5.–31.10. an Fr 12–19 Uhr, Sa, So und Feiertagen 7–19 Uhr, 1.7.–31.8. tgl. 9–17 Uhr.

DURCH ENGE TÄLER VOM HENGSTPASS NACH WEYER

Über den knapp 1000 Meter hohen Hengstpaß führt eine uralte Wegverbindung vom Garstner Tal ins Ennstal. Heute ist diese landschaftlich abwechslungsreiche und aufregende Strecke nur wenig befahren. Gesäumt wird sie im Norden von den endlosen Wäldern des Hintergebirges, das hier mit der wild zerfurchten Kampermauer seinen alpinsten Teil hat. Im Süden ragen die wesentlich höheren, bleichen Felsen der Haller Mauern auf. Auf der Paßhöhe findet man bewirtschaftete Almen mit schönen Ausblicken vor. Im engen Tal des Laussabaches, der die Landesgrenze zur Steiermark bildet, durchfährt man nur zwei kleine Ortschaften: die winzige Streusiedlung Oberlaussa und weiter talabwärts Unterlaussa. Beide Siedlungen gehören zur weitläufigen Gemeinde *Weyer-Land*, die sich bis zu den Toren des Marktes Weyer erstreckt. Aufgrund der räumlichen Nähe, aber auch der Wirtschaftsverbindungen orientierten sich die Bewohner des Laussabachtals traditionell eher in Richtung der steirischen Orte Altenmarkt und St. Gallen, zu deren Pfarre sie auch zählten.

Unterlaussa, dessen Ortskern – das «Dörfl» – aus einigen wenigen Häusern besteht, war früher wesentlich belebter. Entlang des Laussabaches reihten sich mehrere Hammerwerke und Schmieden aneinander. Dazu kamen Mühlen, Sägewerke und eine Reihe von Handwerksbetrieben. An diese Zeiten erinnern heute nur mehr zwei Herrenhäuser, insbesondere das prächtige *Kesselau* oberhalb der Mündung des Laussabaches in die Enns. Die Bergwerksvergangenheit von Unterlaussa wird im restaurierten Knappenhaus im Ortszentrum mit einer Ausstellung lebendig gehalten.

Knappenhaus Unterlaussa, Auskunft: Kulturinitiative Glück auf, Tel. 03661/270.

Bei Altenmarkt mündet der Laussabach mit einem eindrucksvollen Wasserfall in die Enns. Die Straße verläuft nun kurz auf steirischem Gebiet. In südlicher Richtung schließt die steirische Eisenwurzen an, in der sieben Gemeinden kürzlich den *Naturpark Eisenwurzen* gegründet haben. Die nächstgelegene kulturelle Attraktion ist das *Forstmuseum* in Großreifling.

Naturpark Eisenwurzen, Auskunft, Tel. 03632/7714. Forstmuseum Silvanum, Großreifling, 1.5.–31.10. tgl. außer Mo 10–12 und 13–17 Uhr, Tel. 03633/2201.

Nach Norden hin läßt das Ennstal bis Weyer meist gerade für die Straße und die Bahnlinie ausreichend Platz. Die einzige größere Siedlung ist *Kleinreifling* am linken Ennsufer – früher ein wichtiger Umschlagplatz für den Holztransport und die Schifffahrt auf der Enns, aber auch ein bedeutender Ort der Eisenverarbeitung. Allein im *Hammergraben* lagen sieben Werke, in denen noch Ende des 19. Jahrhunderts 100 Arbeiter beschäftigt waren. Zwei Herrenhäuser sind noch erhalten; die traditionelle Taverne am Moos am rechten Ennsufer kurz nach Kleinreifling wurde kürzlich restauriert.

THEMATISCHER WANDERWEG «Auf den Spuren von Handel und Transport», Beschreibung siehe Ennsmuseum Weyer-Kastenreith. **AUSKUNFT** Touristinfo Weyer-Land, Tel. 07447/517-16, Fax DW 8. **EISLAUFEN UND EISSTOCKSCHIESSEN** Eislaufplatz Kleinreifling. **RODELN** Naturrodelbahnen in Unterlaussa und Kleinreifling. **SKI ALPIN** Skigebiet Viethaleralm, Tel. 07449/314, 2 Schlepplifte, leichte Abfahrten. **SKILANGLAUF** Höhenloipe Bodenwies, 12 km, mittelschwer. **TENNIS** Tennisclub Unterlaussa, Hr. Zick, Tel. 03531/215. Tennisclub Kleinreifling, Hr. Kerschbaumsteiner, Tel. 07447/473.

«LUSTIGES ALMLEBEN? DAS GIBT'S NUR IM FILM»

Einst gab es in der weiten, stillen Waldregion des Hintergebirges eine rege Almwirtschaft. Bis zur Mitte des 20. Jahrhunderts war sie ein wichtiger Teil der bäuerlichen Versorgung. Die Arbeit auf der Alm war überwiegend Frauensache, auf großen Almen waren immer zwei Personen damit beschäftigt: die Halterin (Viehhirtin) für das Jungvieh, die Schwoagerin (= Senne-

rin) für die Milchkühe. Angela Ahrer, geboren 1927, kam mit 15 Jahren erstmals als Sennerin auf die Kogleralm zwischen Unterlaussa und Kleinreifling. In den ersten zwei Sommern begleitete sie ein behinderter Onkel als Halter. Ab dann machte sie alle Arbeiten allein. Was zu tun war, wußte sie, schließlich war schon die Mutter Sennerin gewesen und hatte die kleine Angela immer mit dabei gehabt. Insgesamt zehn Sommer, bis zu ihrer Heirat, arbeitete Angela Ahrer auf der Alm. Es waren Sommer voll Verantwortung, mit ein bißchen Geselligkeit zwischendurch. Frau Ahrer erinnert sich noch sehr genau: «Lustiges Almleben? Das gibt's nur im Film.»

Angela Ahrer: zehn Sommer auf der Alm

Um vier Uhr früh hieß es aufstehen. Am Vorabend wurde immer geschaut, in welche Richtung die Kühe lostrabten, so konnten sie am frühen Morgen ohne langes Suchen im waldigen und hügeligen Gelände gefunden und zur Almhütte getrieben werden. Im «Pfárá», dem Stall, bekamen sie alle eine «Maulgab», eine Mischung aus Kleie und Salz, dann wurden sie gemolken. Das Vieh mußte schnell wieder hinaus zum Grasen, denn wenn es heiß wurde, kam es in den kühlen Stall zurück. Erst dann – zwei bis drei Stunden nach dem Aufstehen – nahm sich die Sennerin Zeit für ihr Frühstück: frische, kuhwarme Milch und ein Stück Brot dazu. So gestärkt, wandte sie sich der Milchverarbeitung zu: «Awidrahn» mit dem Milchseparator, Butter rühren, Topfen machen. «Diese Arbeit war sehr schwer», erinnert sich Frau Ahrer, «aber ich war noch jung und stark, das hab' ich gar nicht gespürt.»

Das Butterbracken, wo die Butter klatschend zwischen den Händen zu Striezeln geformt wurde, muß lustvoll und sinnlich gewesen sein, besonders am Anfang des Sommers, wenn die Butter noch schön gelb und zäh war. Im August dagegen, da war's oft schwierig: Die Butter wurde weiß und schwammig, da hat's schon manchmal «gehunzt». Die fertigen Butterstriezel bekamen mit der Gabel noch ein hübsches Muster, und jeden Donnerstag wurden sie von der Sennerin stolz hinunter zum Hof getragen. Damit konnten die Bauern ihr schmales Einkommen auffetten oder Rindsschmalz für den Winter herstellen. Wenn alle Neuigkeiten ausgetauscht waren, zog die Schwoagerin mit Nachschub an Brot, Fleisch und sonstigen Lebensmitteln wieder auf ihre Alm. Außer der Milchverarbeitung mußte die Sennerin noch die Schweine füttern, den Stall putzen, das Milchgeschirr – und das waren unzählige Schüsseln und Kannen – peinlichst sauber waschen und am Milchbankerl vor der Hütte in der Sonne trocknen lassen. Wenn sie keine Halterin zur Seite hatte, mußte sie auch täglich beim Jungvieh nachschauen, ob es vollzählig war und auch keines verletzt oder krank. Es gab gefürchtete Krankheiten wie das «rote Wasser», an denen das Vieh krepierte, wenn man sie zu spät bemerkte. Ja, und am Abend wieder melken ... Nicht zu vergessen bei all der harten Arbeit war die eigene Versorgung. Frau Ahrer schaute auf sich ebenso gut wie auf ihre Alm. Sie kochte gern und jede Mahlzeit frisch, am liebsten Grenadiermarsch, Schmarrn, sonntags Geselchtes mit Semmelknödel und vor allem Apfelstrudel, ausgezogen und mit echtem Rahm!

Richtig einsam auf der Alm war es nur gegen das Wochenende zu, wenn die Holzknechte zu ihren Familien heimkehrten. Unter der Woche hörte man ständig ihr Hacken und Rufen und das Niederkrachen der Bäume. Diese akustische Präsenz gab den Sennerinnen Sicherheit. Am Sonntag kamen dann ganze Gruppen von jungen Leuten mit Fotzhobel (Mundharmonika), Klampf'n (Gitarre) und Brummeisen (Maultrommel) auf die Alm. Schwoagn hat man das genannt: Es wurde musiziert, gesungen, gejuchazt, getanzt, gelacht und geschäkert. Außerdem kehrten Wanderer ein zur Rast und tranken Buttermilch im Halbeglas. Auch Sommerfrischler gab es damals schon, sie durften oben am Boden auf Strohsäcken nächtigen, um ihre Versorgung mußten sie sich jedoch selber kümmern.

Mit dem allgemeinen Wirtschaftsaufschwung nach dem Zweiten Weltkrieg nahm die ökonomische Bedeutung der Almen stetig ab. Seit der Einführung der Versicherungspflicht konnten sich die meisten Bauern keine Dienstboten mehr leisten. So ging die Viehhaltung auf den Almen immer weiter zurück. Viele Almen verwaldeten, die Hütten zerfielen nach und nach. Erst durch gezielte Fördermaßnahmen und durch bessere Forststraßen und Güterwege erlebte die Almwirtschaft einen neuen Aufschwung, jedoch in stark veränderter Form. Almauftrieb und Almabtrieb erfolgen nun per Traktor, das spart Zeit und Arbeitskräfte. Überwiegend weidet nur mehr Jungvieh auf den Almen, also weibliche Rinder bis zur ersten Abkalbung sowie Stiere und Ochsen unter zwei Jahren. Das Vieh kann neben der Hauptarbeit am Hof von unten aus betreut werden, durch sogenannte Nachschaubehirtung – dabei wird täglich vom Bauernhof auf die Alm gependelt und Nachschau gehalten. Die Jungtiere werden durch die «Sommerfrische» widerstandsfähiger, langlebiger, fruchtbarer, das gleicht den zusätzlichen Arbeitsaufwand aus. Eine weitere maßgebliche Veränderung der Almen haben die Touristen bewirkt. Ihre Versorgung ist ein wichtiger und geldbringender Bestandteil geworden. Milchkühe werden auf der Alm hauptsächlich gehalten, um die Gaumen der Wanderer mit wohlschmeckender Almbutter, frischem Topfen oder Topfenstrudel und einem Glas Milch zu erfreuen. Drei Almen – Gschwendt-, Anlauf- und Ebenforstalm – sind im Hintergebirge zur Einkehr bewirtschaftet, die Schüttbauernalm ist Pension und Gasthaus und sogar mit dem Auto erreichbar. – Angela Ahrer lebt heute als Rentnerin auf dem Bauernhof ihres Sohnes bei Kleinreifling.

THEMATISCHER WANDERWEG «Schwoagerinnen-Weg» am Fuß der Bodenwies, Zugang über Schönau-Borsee oder Kleinreifling-Niglalm.

AUF DEN SPUREN DER HOLZTRIFT: WANDERUNG ZUM BORSEE

Eine Wanderung zum Borsee hat im kleinen all das zu bieten, was das Hintergebirge im großen auszeichnet: rauschendes Wasser, tiefe Schluchten, hochaufragende Felstürme mit eigenartigen Formen, kleine Wasserfälle und als Draufgabe einen noch intakten Klaussee. Viele gute Gründe also für diese unaufwendige Wanderung, die überdies eine gute «Freilicht»-Ergänzung zu den Ausstellungen über die Holztrift und die Köhlerei im Ennsmuseum von Weyer darstellt.

Ständiger Begleiter am Weg zum Borsee ist der *Schleifenbach*, dessen Rauschen schon bald tief unten in einer bewaldeten

Schlucht zu hören ist. Da die Straße zunächst eben verläuft, kommt sie mit dem Bach bei einer Brücke einmal fast auf gleiche Höhe. Dann aber steigt sie allmählich steiler an, und der gischtige, über zahlreiche Felsstufen schießende Bach wird immer mehr zu einem silbrig glänzenden Band tief unterhalb der manchmal fast senkrecht abfallenden Felswände. Die Triftsteige, die hier entlangführten, sind längst spurlos verschwunden. Beim *Borsee* handelt sich um einen bereits im 16. Jahrhundert für die Holztrift angelegten Stausee. Wurden die Tore der Klause geöffnet, riß der Schwall des gespeicherten Wassers das hier angesammelte Holz mit sich. Kurz oberhalb der Mündung des Schleifenbachs in die Enns fing ein großer Rechen die Stämme wieder auf. Sie wurden an Ort und Stelle verkohlt, die Holzkohle anschließend auf Flößen zu den Hammerwerken weitertransportiert.

Die Schleifenbachklause

Wann der Borsee als Triftsee ausgedient hatte, ist unbekannt; es dürfte vor mindestens 100 Jahren gewesen sein. Durch die jahrzehntelange Ungestörtheit siedelten sich viele Tierarten an, die niedrige Stillgewässer bevorzugen, und es bildeten sich ausgedehnte Schwimmblattbestände. Zwei Hochwasser Anfang der neunziger Jahre beschädigten die ohnedies schon halb verfallene Klause stark, aber durch provisorische Maßnahmen konnte ein komplettes Ausrinnen des Sees verhindert werden. In den Jahren 1995/96 wurde die Klause in der alten Bauweise der Steinkastenklause mit Lärchenholz wiedererrichtet und zum Naturdenkmal erklärt.

WANDERUNG zum Borsee, Ausgangs- und Ankunftspunkt: Schönau a.d. Enns (412 m), Bahnstation oder Ende der Zufahrtsstraße, einfache Wanderung auf stetig ansteigender Forststraße bis zum See (654 m); Vorsicht mit Kleinkindern, die Straße ist zu den fast senkrechten Abhängen hin nicht gesichert! Gehzeit: Hinweg 1,5 Std., Rückweg 1 Std., keine Einkehrmöglichkeit. Erweiterungsmöglichkeiten: zur Niglalm (823 m) 1 Std. (Gasthaus), zur Bodenwies (1540 m), Aufstieg ca. 2,5 Std., keine Einkehrmöglichkeit, schöne Aussicht ins Gesäuse und vielgerühmte Blumenpracht, vor allem im Juni.

WEYER: DAS «GÜLDENE MÄRKTL»

In einem plötzlich breiter werdenden Talkessel öffnet sich das Ennstal bei Weyer nach Osten. Hier teilt sich die Eisenstraße, auf der das Roheisen vom Erzberg zu den Verarbeitungsstätten und im Gegenzug landwirtschaftliche Produkte zur Eisenwurzen gebracht wurden: In nordwestlicher Richtung führt sie nach Steyr, in nordöstlicher nach Waidhofen/Ybbs. Zusätzlich zur Kleineisenverarbeitung in den Seitentälern der Umgebung entstand an dieser strategisch wichtigen Stelle *das* wirtschaftliche Zentrum des mittleren Ennstales.

Der Markt Weyer ist seit dem 14. Jahrhundert der Sitz mächtiger Gewerkenfamilien und reicher Kaufleute. Bis 1532, als die Türken bis Weyer vordrangen und es niederbrannten, war es sogar ein ebenbürtiger Konkurrent der Stadt Steyr. So mächtig wurde es nie mehr, doch seines bald wieder errungenen Wohlstandes wegen wurde Weyer das «güldene Märktl» genannt. Erst mit dem Fortschreiten der industriellen Produktionsweise und dem Bau der Eisenbahn durch das Enns- und

Der Innerberger Stadel – einst Eisen- und Proviantspeicher

Ybbstal in der zweiten Hälfte des 19. Jahrhunderts verlor Weyer seine Bedeutung als Produktions- und Handelsort weitgehend. Das Flair der schönen Bürgerhäuser, die von Industrieanlagen unberührte und reizvolle Landschaft sowie die leichte Erreichbarkeit machten den Ort um die Wende zum 20. Jahrhundert zum beliebten Ziel für Sommerfrischler. Gerne wird der schwärmerische Satz des Wiener Schriftstellers und Lebenskünstlers Peter Altenberg (1859–1919) zitiert: «Weyer an der Enns, was, was verdanke ich dir alles.» Heute versucht Weyer wieder an diese Tradition anzuknüpfen, es wirbt mit dem Prädikat Luftkurort, mit dem unmittelbar an den Ort anschließenden Naturschutzgebiet Kreuzberg, mit seinen vielfältigen Wandermöglichkeiten und seinen reichen kulturellen Schätzen.

Die historische Bedeutung Weyers zeigt sich am besten an den prunkvoll verzierten Bürgerhäusern mit den stilvollen Arkadenhöfen im langgezogenen Ortszentrum.

Ausgangspunkt eines Rundganges, den man wegen der leider beträchtlichen Verkehrsbelastung am besten in der Mittagszeit oder am Wochenende unternimmt, ist der *Marktplatz*. Er ist ein-

Innerberger Stadel: Innenansicht

gerahmt vom *Egererschlößl* mit seinen Spitzdächern und Erkern auf der einen Seite und der spätgotischen *Sebastianskapelle* mit dem leicht geneigten Turm auf der anderen Seite. Den *Marktbrunnen* ziert ein Biber, das auf die Gründungslegende zurückgehende Wappentier der Gemeinde. Das Wappen der Innerberger Hauptgewerkschaft über dem Renaissanceportal des *Prevenhueberhauses, Nr. 6,* bezeugt die Bedeutung Weyers als Verwaltungssitz der Eisenverarbeitung im Ennstal. Über die Geschichte und Besonderheit der einzelnen Häuser kann man sich anhand der Beschilderung oder im Rahmen einer Marktführung informieren. Über den Oberen Markt mit dem auffälligen Fachwerkbau des Hotels Post gelangt man zum Pfarrhof, und die steile Auffahrt führt hinauf zur spätgotischen *Pfarrkirche.* An deren Außenseite befinden sich einige schöne Grabsteine von Hammerherrenfamilien, als bedeutendstes Stück der Inneneinrichtung gilt eine Madonna mit Kind auf dem Marienaltar des linken Querschiffes (entstanden um 1630). Zurückgekehrt in den Markt, geht es weiter über den Unteren Markt zum mächtigen barocken Bau des *Innerberger Stadels* mit seinen vier Haupt- und zwei Dachgeschossen. In den renovierten Räumen dieses ehemaligen Eisen- und Proviantspeichers wird 1998 die Leitausstellung der Landesausstellung präsentiert. Der Innerberger Stadel befindet sich im Besitz des angrenzenden Kerzenunternehmens Hofer, das nicht nur das größte in Österreich, sondern in Weyer bereits seit Jahrhunderten ansässig ist. In unmittelbarer Nähe des Stadels steht das ebenfalls aus dem 17. Jahrhundert stammende und kürzlich instand gesetzte *Balgsetzerhaus.*

Marktbrunnen in Weyer

AUSKUNFT Kurverband, 3335 Weyer-Markt, Tel. 07447/255-22, Fax 07447/8767. **MARKTFÜHRUNG** auf Anfrage im Kurverband. **ESSEN UND TRINKEN** Hotel Post, Oberer Markt 2, Tel. 07447/7871, Ruhetag: Mo. Gasthaus Zur Krumau, Waidhofner Straße 56, Tel. 07447/270, Ruhetage: Mo und Di. **ÜBERNACHTEN** Hotel Post, Oberer Markt 2, Tel.

07447/7871, Fax 07447/384, ruhige Zimmer verlangen. **BAUERNMARKT** Marktplatz, jeden Samstag 7–12 Uhr. Balgsetzerhaus, bäuerliche Qualitätsprodukte. **BADEN** Freibad Weyer, Auskunft im Kurverband. **BOOTFAHREN** Floßfahrten auf der Enns, Floßmeisterei Dirninger, gegen Voranmeldung, Tel. 03632/7345. **EISLAUFEN UND EISSTOCKSCHIESSEN** Naturbahn am Binderweg, Auskunft im Kurverband. **FISCHEN** im Gaflenzbach und in der Enns, Auskunft: Kurverband oder Raika Weyer, Tel. 07447/323. **RADVERLEIH** Karl Sadleder, Tel. 07447/435. **REITEN** Reiterhof Krenn-Edtbauer, Mühlein 3, Tel. 07447/531. **TENNIS** Tennishalle Familie Hamertinger, Schulstraße 41, Tel. 07447/2660. **WANDERN** im Naturschutzgebiet Kreuzberg direkt vom Markt aus, Naturlehrpfad. **LITERATUR** Der Almanach. Die grünen Dächer Oberösterreichs; mit Übersichtskarte.

DAS ENNSMUSEUM IM «KASTEN»

Als das Eisen noch hauptsächlich auf Flößen und Schiffen befördert wurde, war der mächtige *Kasten an der Enns*, das heutige *Ennsmuseum*, der wichtigste Stützpunkt zwischen Hieflau und Steyr. Das im Ortsteil Kastenreith gelegene Gebäude war ursprünglich ein Getreidespeicher mit angeschlossener Taverne und Herberge. Es bestand nachweislich schon im 14. Jahrhundert, in seiner heutigen Gestalt wurde es nach einem Brand im 17. Jahrhundert errichtet. Die doppelflügelige Eingangstür mit dem Doppeladler sowie das Fresko auf der Außenwand zur Flußseite datieren aus 1699. Das Bild zeigt einen Schiffszug vor dem Kasten, darüber der hl. Nikolaus, Schutzpatron der Flößer und Schiffsleute. Heute gehört das Gebäude den neuen Herren des Flusses, den Ennskraftwerken, die es im Zuge des Kraftwerksbaus erwarben, renovierten und für die Einrichtung des Ennsmuseums zur Verfügung stellten. Dokumentiert werden hier unter anderem die Wirtschafts- und Kulturgeschichte von Weyer und die Volkskultur des Ennsraumes. Der eindrucksvolle Mittelpunkt aber ist die Flößerei und Schiffahrt auf der Enns – anschaulich und lebendig präsentiert durch das Modell eines Ennsflößers und zahlreiche Dioramen.

FLOSS UND TREIDELZUG

Der althergebrachte Eisentransport auf Fuhrwerken wurde im Mittelalter von der Flößerei als schnellere und billigere Beförderungsmethode abgelöst. An den Ufern der Enns, vor allem beim großen Holzrechen von Großreifling, wurden die Flöße zusammengebaut. Im Schnitt waren sie etwa 30 Meter lang und 5 bis 7 Meter breit, konnten bis zu 60 Zentner Eisen befördern und wurden von zwei bis fünf Flößern gesteuert. Zum Teil wurden sie in Steyr wieder zerlegt, zum Teil setzten sie ihren Weg zur Donau fort und wurden dort weiter eingesetzt. Die Flößer brauchten Kraft, Mut, Geschick und eine gehörige Portion Glück. Unfälle waren häufig; es gab einige besonders gefürchtete Stellen, wovon der «Flößerfreithof» unterhalb von Kastenreith zeugt, wo immer wieder ertrunkene Flößer angeschwemmt wurden. Angeblich wurden als Flößer mit voller Absicht nur Nichtschwimmer eingesetzt, denn bei ihnen war man sicher, daß sie das Floß mit seiner wertvollen Fracht nicht in gefährlichen Augenblicken verließen. Mit steigender Nachfrage kam es zu Engpässen bei der Holzversorgung. Auf Anordnung von höchster Stelle wurde daher im ausgehenden 16. Jahrhundert ein 80 Kilometer langer Treidel- bzw. Treppelweg von Steyr bis Hieflau angelegt; nicht weniger als dreizehn Uferwechsel waren vonnöten. Nun konnte das Eisen auf Schiffen transportiert werden, die nicht nur sicherer und schneller waren, sondern auch wesentlich mehr Fracht aufnehmen konnten. Auf der Rückfahrt wurden sie in einem sogenannten Treidelzug von vier Pferden gezogen und waren meist mit Getreide beladen. Durch die Schiffahrt ging die Flößerei zurück, aber sie verschwand nicht zur Gänze. Erst der Bau der Eisenbahn bereitete beiden Transportmitteln ein Ende.

Nur wenige Gehminuten vom «Kasten» entfernt liegt die *Katzensteiner Mühle*, eine noch heute funktionsfähige Bauernmühle am Gaflenzbach aus dem Jahr 1820.

THEMATISCHER WANDERWEG «Auf den Spuren von Handel und Transport», landschaftlich reizvolle Wanderung durch die Hügellandschaft entlang der Enns, thematische Stationen zur Flößerei und Schiffahrt auf der Enns sowie zur Eisenbahn. Ausgangspunkt: Ennsmuseum Kastenreith, über Kleinreifling, die Taverne am Moos und den alten Kirchweg zurück zum Balgsetzerhaus und zum Ennsmuseum, Gehzeit: ca. 3 Std. **MUSEUM**

Ennsmuseum Kastenreith, Tel. 07447/300; Öffnungszeiten: 1.5.–31.10. tgl. außer Mo 10–12 und 14–17 Uhr sowie n.V., angeschlossene Taverne. Katzensteiner Mühle, zwischen 1.5. und 31.10. So und Feiertag 13–17 Uhr geöffnet, Vorführungen.

ALL ART – DER BILDHAUER ALOIS L. LINDENBAUER

Wenn Alois Lindenbauer vom Verhältnis zwischen seiner Arbeit und der Natur spricht, geht es ihm um ganz klare Dinge: um jene unspektakulären Vorgänge, die überall wirksam sind, aber meist unbeachtet bleiben, wie den Atem oder das Wachstum beim Menschen. Zu diesen Prozessen will er einen Zugang schaffen, sie nachvollziehbar machen. Der Künstler ist um eine stimmige Beziehung zwischen seinen Objekten, dem Umfeld und dem Betrachter bemüht: «Ich möchte nicht überfallen, schockieren, erdrücken, erschlagen, sondern Freiheit lassen, ob man mit meiner Kunst Kontakt haben will oder nicht.» Zugleich verabscheut er jede Form von «süßlichen» Naturverbundenheit: «Ich bin keiner, der dasitzt, die Augen verdreht und seufzt: Ha, jetzt ist alles wunderbar, weil die grüne Wiese um mich ist.»

«Sickerungen» betitelte Alois Lindenbauer eine Serie von Arbeiten aus den letzten Jahren. Sickern ist das für den flüchtigen Blick völlig unbemerk-

Alois Lindenbauer bei der Arbeit

bare, lautlose Eindringen einer flüssigen in eine feste Substanz über einen längeren Zeitraum hinweg. Da werden Hölzer eprouvettenartig innen ausgebohrt und mit farbigen Pflanzenölen gefüllt. Vielleicht zwei Tropfen am Tag sickern in das Holz. Oder Hölzer werden schlitzförmig geöffnet, Erdfarbe oder Moor darin eingelagert, über ein halbes Jahr wird immer wieder Wasser nachgefüllt, bei Objekten im Freien tut dies die Witterung. So eine Skulptur – oder besser: so ein künstlerisch geformtes Behältnis – ist nie fertig, sie verändert sich ständig, nach klaren Gesetzmäßigkeiten, aber ab einem gewissen Moment unkontrollierbar. Die Art, wie sich eine Landschaft bildet und verändert, ist ganz ähnlich.

Alois Lindenbauer wurde 1947 in Weyer geboren. Zu den «Lehrjahren» finden sich in seinem knapp gehaltenen offiziellen Lebenslauf nur zwei Vermerke: «Längere Aufenthalte in Höhlen» und «Bundesfachschule für Holz- und Steinbildhauerei, Hallstatt». Gemeinsame Projekte mit anderen Künstlern und die Beschäftigung mit den Steinbauten megalithischer Kulturen führten später zu Aufenthalten in Italien, Schweden und Japan. Diese Länder tauchen neben vielen österreichischen Orten auf der Liste der Ausstellungen, Projekte und Symposien der letzten Jahre immer wieder auf. Hauptwohnsitz und Hauptarbeitsort aber ist Weyer geblieben. Lindenbauers Atelier liegt oberhalb des Marktes, am Rande einer Siedlung. Die Hanglage

Sickerungen: Holz-Wasser-Salzkristalle (1997)

mag er gern, obwohl sie für manche Steinarbeiten schwierig ist. Besonders schätzt er die leichte Kessellage, die umschließt, ohne einzusperren. Die beiden Flüsse Enns und Ybbs kommen sich hier in ihrem ganzen Verlauf am nähesten, man kann nachvollziehen, wohin in der Eiszeit die Gletscher entwässert haben. Die Gliederung der Landschaft hat eine skulpturale Qualität, durch die Änderung des Standortes eröffnen sich jeweils ganz andere Perspektiven. «Nichts ist spektakulär in dieser Gegend, gerade das reizt mich und regt mich zu genauerem Schauen an.»

Für den Besucher von Weyer bieten sich einige Möglichkeiten, Lindenbauers Kunstwerken zu begegnen: Direkt vor der Höheren Bundeslehranstalt für wirtschaftliche Berufe in der Egererstraße liegt ein Kleid-Torso aus Konglomerat, sechseinhalb Tonnen schwer. Das Material gibt wie zufällig Einblick in die Geologie der Umgebung. Es ist ein sehr junges Gestein, das seine Entstehung dem Eis und dem Wasser verdankt, fast lebendig wirkt mit den Hunderten von Vertiefungen, Hohlräumen, großen und kleinen Geröllen in vielen Farbabstufungen. Die Oberfläche sieht aus wie netzartiges Gewebe, gemusterter Stoff, bunte Patchworkarbeit – doch herrscht hier keine Willkür, wie es scheinen mag, sondern vielmehr Gesetzmäßigkeit. Dieser Torso ist erst der Schnitt, damit das Kleid wirkt, muß es getragen werden – so wie in der Schule theoretisches Wissen erworben wird, das erst durch die persönliche Umsetzung lebendig wird. Am höchsten Punkt der Skulptur ist eine bronzene Flöte angebracht, Symbol für das Musische, ein konkreter Gegenstand, der dem Betrachter die Annäherung an den Stein erleichtern soll. Die Schüler sitzen gern auf dem Stein, vor allem im Frühjahr, wenn ihn die ersten kräftigeren Sonnenstrahlen erwärmen. Korrespondierend zum Stein fertigte der vielseitige Künstler für die Eingangshalle der Schule ein weiteres Objekt: einen Wandteppich aus weicher, warmer Schafwolle. Auch der Teppich enthält das Motiv des Wandels – vom Kokon zum Schmetterling. Und auch hier gibt es einen Bezug zur natürlichen Umwelt: Die Form erinnert an die Silhouette des Almkogels, des scheinbaren Talabschlusses.

Anläßlich der Landesausstellung 1998 «Land der Hämmer, Heimat Eisenwurzen» gestaltete er das Objekt «Metallschwünge», das direkt vor dem Innerberger Stadel aufgestellt wurde. Die Schwünge von Messern, Schiffen, Sägen, Sensen und Flammen sind Symbol der Bewegung, des Handwerks, dessen Geschichte zum Wesen dieser Region gehört.

Ebenfalls aus jüngster Zeit stammt der Brunnen für den Ortsplatz im nahen Kleinreifling, gemeißelt aus einem acht Tonnen schweren hellen Monolith. Die oberste, leicht gewölbte Fläche ist fein geschliffen, seitlich sind Treppen in den Stein gehauen, sie sollen einen suggestiven Zugang für den Betrachter schaffen. Das Spiel des Wassers lädt zum Verweilen ein. Der gesamte Brunnen ist kaum höher als einen Meter, und das Becken ist sehr flach, sodaß Kinder gefahrlos hineinsteigen können.

WANDERUNG AUF DEN HEILIGENSTEIN BEI GAFLENZ

Der letzte oberösterreichische Ort vor der Landesgrenze zu Niederösterreich ist das in einem Hochtal gelegene Gaflenz. Durch seine Lage und Geschichte ist Gaflenz eng mit Weyer verbunden. Auch seine Bewohner lebten einst von der Eisenverarbeitung, die vor allem in den Nebentälern des Gaflenzbaches angesiedelt war. Davon ist heute nichts mehr zu sehen.

Ein kulturgeschichtlich und landschaftlich lohnendes Ziel ist der Heiligenstein. Von alters her eine Kultstätte, ist der von Felsen gekrönte Hügel seit dem 15. Jahrhundert eine katholische Wallfahrtsstätte, die dem sonst in Österreich kaum verehrten Sebaldus gewidmet ist. Der Heiligenstein ist zwar auch mit dem Auto von Weyer aus erreichbar, die landschaftliche Schönheit und der besondere «Geist» des Ortes lassen sich aber besser bei einer von Gaflenz ausgehenden Wanderung erfahren. Zunächst auf einem Wiesenweg, später durch einen schattigen Mischwald führt der Weg schließlich an fünf *Kreuzwegkapellen* vorbei zu einem Plateau unterhalb der Kirche. Über einer barocken *Kreuzigungsgruppe* erhebt sich – wie eine Burg von einer Mauer umgeben – die 1413 erstmals erwähnte *Kirche*. Von der Kirchenmauer aus eröffnen sich schöne Blicke in die Berge oberhalb von Weyer und ins Gaflenztal. Im ehemaligen Mesnerhaus neben der Kirche ist eine nur am Wochenende und an Feiertagen ehrenamtlich betriebene Jausenstation eingerichtet. In einer *Kapelle* unterhalb der Kirche befindet sich hinter einem schmiedeeisernen Gitter eine liegende Steinfigur des Heiligen. Früher sollen heiratslustige junge Frauen hierhergekommen sein, um die Statue zu heben – gelang es ihnen, galt dies als sicheres Zeichen einer baldigen Vermählung. Der Heilige selbst soll der Legende nach ausgerechnet in der Hochzeitsnacht Ehefrau und Haus verlassen und sich zur Einsiedelei entschlossen haben.

Wer die Abwechslung liebt, kann als Rückweg auch den Weg über die Pfarreralm wählen und anschließend über Breitenau durch Weideland, vorbei an Bächen und Bauernhäusern, nach Weyer zurückfahren. Um etwas von der schönen Landschaft zu sehen, aber auch aus Rücksicht auf Radfahrer, sollte man hier langsam fahren.

WANDERUNG auf den Heiligenstein: Ausgangs- und Ankunftspunkt: Gaflenz (478 m), man folge einem Schild «Heiligenstein–Weyer über Kreuzweg» südlich der Bahnlinie (Nr. 82, markiert), einfache Wanderung, großteils im Wald, zum Heiligenstein (776 m), Gehzeit: 1,5 Std., Kirche und Jausenstation nur Sa, So und Feiertag geöffnet. **AUSKUNFT** Gemeindeamt, 3334 Gaflenz, Tel./Fax 07446/450. **VERANSTALTUNGEN** Selbaldusfest im August, Auskunft im Kurverband Weyer, Tel. 07447/255-22. **BADEN** Freibad, Tel. 07446/584. **RODELN** Naturrodelbahn. **SKI ALPIN** Skigebiet Forsteralm, 9 Schlepplifte für 16 km Abfahrten, leicht bis mittel. Skischule: Schi- und Rennschule Forsteralm, Manfred Großberger, 4443 Maria Neustift, Tel. 07250/213. **SKILANGLAUF** Neudorf, 12 km, leicht. Oberland-Loipe, 5 km. Forsteralm, 3 km, leicht. **TENNIS** SV Harreither, Tel. 07446/281.

GROSSRAMING: GRANITBLÖCKE, KUTSCHEN UND EINE MADONNA AM BERG

Nach Weyer verengt sich das Ennstal abermals. Die im nächsten Talkessel gelegene Ortschaft Großraming erstreckt sich zu beiden Seiten der Ennsbrücke, das eigentliche Ortszentrum mit Kirche, Nationalpark-Infostelle und dem schön in das Gelände eingefügten Freibad liegt auf einer Terrasse über dem Ennstal. Von den Hammerwerken in den Nebentälern ist heute nichts mehr zu sehen. Das ehemals größte und bereits stillgelegte Werk Ascha verschwand im Ennsstausee. Längst Geschichte ist auch der Abbau der sogenannten Alpenkohle im Pechgraben, wo im 19. Jahrhundert immerhin über 50 Jahre lang bis zu 160 Knappen in den Berg einfuhren. Zu den ehemaligen Stollen und Unterkünften führt ein kürzlich angelegter thematischer Wanderweg. Auf diesem trifft man auch auf eine geologische Besonderheit: Mitten im Kalkalpengebiet türmen sich riesige Granitblöcke auf. Der größte trägt eine Inschrift zu Ehren des bekannten deutschen Geologen Leopold von Buch (1774–1853).

Die Hintsteiner Madonna

Das bedeutendste ältere Bauwerk der Ortschaft selbst ist die ursprünglich gotische, später barockisierte *Pfarrkirche* mit einem Hochaltarbild von Carl von Reslfeldt, das die Pfingstszene darstellt. Die einst den gotischen Altar zierende, ländlich wirkende Madonna mit Kind wurde zunächst auf einen Seitenaltar abgeschoben und unter Joseph II. – wegen der innigen Verehrung durch das einfache Volk – aus der Kirche entfernt. Der *Bertelbauer* hoch oben im Ortsteil Hintstein gab ihr in seiner Kapelle «Asyl», wo sie noch heute zu besichtigen ist – daher der Name Hintsteiner Madonna. Leider trübt eine unmittelbar gegenüber der Kapelle errichtete behelfsmäßige Garage den Kunstgenuß. Doch die Statue lohnt – ebenso wie die schöne Aussicht gleich oberhalb des Bauernhofes – den kurzen Abstecher oder auch eine Wanderung (Zufahrt: Abzweigung Hintstein von Großraming Richtung Weyer gegenüber einem Sägewerk; Fußweg vom Kirchenplatz aus, Weg Nr. 2, Gehzeit: 1 Std.).

Am linken Ennsufer befindet sich das *Kutschen- und Schlittenmuseum.* Im Laufe von drei Jahrzehnten hat der Tischlermeister Franz Gruber fast hundert Kutschen, Schlitten und Wägen zusammengetragen, sorgfältig restauriert und schließlich auf seinem Betriebsgelände öffentlich zugänglich gemacht. Umrahmt wird die Ausstellung von Pferdegeschirren aller Art. Zu einigen Gefährten weiß der Sammler zu erzählen, wem sie ehemals dienten: heute noch berühmten Fahrgästen wie Josef Werndl oder Anton Bruckner, aber auch so manchem heute vergessenen Hammerherren.

THEMATISCHER WANDERWEG «Knappenweg», Ausgang: Gasthaus Zum Buchdenkmal, Gehzeit: ca. 2 Std., festes Schuhwerk empfehlenswert. **AUSKUNFT** Touristeninformation und Nationalpark-Infostelle, Tel./Fax 07254/8414. **ESSEN UND TRINKEN** Gasthof Kirchenwirt, Großraming 21, Tel. 07254/8256, Ruhetag: Sa (nur September bis April), gemütliche Gaststube, gepflegte Küche. Gasthof Zum Buchdenkmal, Pechgraben 32, Tel. 07254/8272, Ruhetag: Di. **ÜBERNACHTEN** Gasthof Kirchenwirt, Großraming 21, Tel. 07254/8256, Fax DW 4. Ennstalerhof, Aschasiedlung 1, Tel. 07254/7615. **MUSEEN** Kutschen- und Schlittenmuseum Gruber, Rodelsbach, Tel. 07254/8283, Mai bis November 8–17 Uhr und n.V., Kutschen- und Schlittenfahrten möglich. Heimatstube am Kirchenplatz, Öffnungszeiten in der Touristeninformation erfragen, Schwerpunkte: bäuerliches Handwerk und Ortsgeschichte.

Etwa 11 Kilometer nordöstlich von Großraming liegt – am äußersten Rand der oberösterreichischen Eisenwurzen – der kleine Wallfahrtsort *Maria Neustift.* Die ausgedehnte, hügelige Wald- und Wiesenlandschaft wird insbesondere von Wanderern und Mountainbikern geschätzt. In der vorwiegend neugotischen Kirche befindet sich eine spätgotische Marienstatue; der barocke Altar stammt von Hans Spindler d. J. (1688).

AUSKUNFT Touristeninformation, 4443 Maria Neustift, Tel. 07250/625, Fax DW 74. **ESSEN UND TRINKEN** Gasthaus Stockenreiter, Tel. 07250/261, Ruhetag: Do. **BADEN** Freibad beim Schulzentrum. **CAMPING** Freizeitzentrum, Auskunft in der Touristeninformation. **EISLAUFEN** Natureislaufplatz Ennsrückstau. **EISSTOCKSCHIESSEN** Gasthaus Hanusch, Tel. 07254/8271. Gasthaus Schraml, Pechgraben 32, Tel. 07254/272 (Kunsteisbahn). **FISCHEN** in der Enns und ihren Zuflüssen, Auskunft in der Touristeninformation. **RADVERLEIH** Sport Garstenauer,

Großraming 56, Tel. 07254/8252. **REITEN** Bauernhof Höselbauer, nach Voranmeldung, Tel. 07254/8604. **RODELN** Naturrodelbahn im Lumplgraben bei der Pension Staning, Tel. 07254/364. **SKILANGLAUF** 3 zusammenhängende Loipen im Ortsgebiet, leicht, Gesamtlänge: 12 km. Ausrüstungsverleih: Sport Garstenauer, Großraming 56, Tel. 07254/8252. **TENNIS** Familien-Tenniscamp Hans Salz, Tel. 07254/8234. ASKÖ-Tennisplatz, Auskunft in der Touristeninformation. **WANDERN** Nationalparkwanderungen, Auskunft in der Nationalpark-Infostelle Großraming, Tel. 07254/8414.

ALMJAUSE UND GIPFELBLICK: WANDERUNG ZUR GSCHWENDTALM UND AUF DEN GAMSSTEIN

Drei der ehemaligen Almen des Hintergebirges sind noch während des ganzen Sommers bewirtschaftet, verköstigen Wanderer und bieten ihnen auch Übernachtungsmöglichkeiten: die Ebenforstalm, die Anlaufalm und die Gschwendtalm. Von diesen dreien ist die Gschwendtalm am leichtesten zu erreichen, und sie hat darüber hinaus den Vorteil, daß sie direkt zu Füßen eines der besten Aussichtsberge des Hintergebirges, des Gamssteins, liegt.

Von Großraming führt eine kurvenreiche und ansteigende Straße durch den Lumplgraben nach *Brunnbach* (Zufahrt mit Auto oder Fahrrad). Dort bestand früher eine «Winkelschule», in der pensionierte Holzarbeiter den Kindern dieses entlegenen Gebiets elementare Kenntnisse vermittelten. Erst 1887 wurde der letzte autodidaktische «Waldschulmeister» durch einen staatlichen Lehrer abgelöst. Die anläßlich der Landesausstellung 1998 renovierte *Brunnbachschule* dient nun wiederum für Bildungsveranstaltungen und Schullandwochen. Schon kurz vor Brunnbach, auf der Gschwendthöhe, weist ein großes Schild auf den nach links abzweigenden Almweg zur Geschwendtalm hin. Zunächst am Waldrand mit Ausblick auf das Tal und die umliegenden Berge, führt der Weg später in schattigem Mischwald zur ausgedehnten Almfläche. Vor der steinernen Almhütte stehen einige Jausentische, im hölzernen Stadel mit Erker gibt es auch einfache Übernachtungsmöglichkeiten. Die Qualität der Almjause hat sich bereits herumgesprochen, sodaß an schönen Sommerwochenenden um die Mittagszeit einiger Andrang herrschen kann. Später am Nachmittag, wenn der Trubel nachgelassen hat und wieder Ruhe einkehrt, läßt sich mit der freundlichen Sennerin auch vortrefflich über die Vergangenheit und Gegenwart des Almlebens plaudern.

Blick über die Gschwendtalm nach Süden

Die Geschwendtalm ist mit 29 Hektar Weidefläche eine eher kleine Alm. Sie befindet sich im Besitz einer Weidegemeinschaft von neun Almbauern aus Großraming. Etwa vierzig Stück Jungvieh und drei Milchkühe werden jährlich aufgetrieben. Bereits wenige Schritte oberhalb der Hütte gewinnt man einen weiten Ausblick auf einige markante Gipfel des Hintergebirges. Um die Aussicht noch um eine Stufe zu steigern, bedarf es nur eines einfachen Aufstiegs von etwa einer Dreiviertelstunde auf den Gamssteig: Von der Hütte aus führt ein schmaler markierter Steig zunächst über die Weide, dann durch den Wald. Nach einer Jagdhütte erreicht man über eine steile Almwiese bereits den Bergkamm und das hölzerne Gipfelkreuz. Der Ausblick oder besser Rundblick reicht bei gutem Wetter über das Waldmeer des Hintergebirges zu den Gipfeln des Gesäuses, der Haller Mauer, des Toten Gebirges und des Sengsengebirges.

WANDERUNG auf die Gschwendtalm, Ausgang und Ankunft: Gschwendthöhe vor Brunnbach bei Großraming (634 m), einfache Wanderung am Waldrand und im Wald zur Gschwendtalm (954 m), Gehzeit: 1 Std., während des Sommers bewirtschaftet, einfache warme Mahlzeiten, Brettljause, Topfenjause und hausgemachtes Brot, Übernachtungsmöglichkeit auf Lagerplätzen mit Bettwäsche und in zwei abgetrennten Räumen, Anmeldung empfohlen bei Helmut Ahrer, Tel. 07254/7168, einfacher, zeitweise stark ansteigender Wald- und Wiesenweg zum Gamsstein (1275 m), Gehzeit: 45 Min.

REICHRAMING: VOM LEBEN DER HOLZKNECHTE UND «HINTERWÄLDLER»

Reichraming ist reich an Holz und Wasser. Und dieser Reichtum an den für die Eisenverarbeitung so wichtigen Rohstoffen prägte die Geschicke des Ortes über Jahrhunderte hinweg. Heute deutet nur mehr wenig darauf hin, daß Reichraming einmal einer der bedeutendsten Handwerks- und Industriestandorte der Region Eisenstraße und eine Hochburg der modernen Arbeiterbewegung war.

Seit dem 14. Jahrhundert erschallten hier die eisenverarbeitenden Hämmer. In der zweiten Hälfte des 19. Jahrhunderts zählte die Gußstahlhütte zu den größten Betrieben dieser Art in Österreich. Das Ende der Eisenverarbeitung kam überraschend, als der Besitzer, die Alpine Montangesellschaft, das Werk 1889 im Zuge von Strukturveränderungen stillegte und 150 Arbeiter auf der Straße standen. Auch für die seit dem 16. Jahrhundert in Reichraming angesiedelte Messingverarbeitung kam drei Jahrzehnte später das Aus. Als Existenzgrundlage verblieb den Reichramingern somit nur mehr das Holz, das seit dem 14. Jahrhundert im Hintergebirge gewonnen wird. Der technologische Fortschritt kostete aber auch in diesem Sektor mehr und mehr Arbeitsplätze. Seit längerem sind die meisten Reichraminger daher aufs Pendeln – vorwiegend nach Steyr – angewiesen. Die von den Ennskraftwerken geschürte Hoffnung, dem Ort mit Hilfe des zweiten reichlich vorhandenen Rohstoffes, des Wassers aus den Bächen des Hintergebirges, eine neue wirtschaftliche Grundlage zu verschaffen, erfüllte sich bekanntlich nicht. Statt dessen hat der durch diesen Plan geweckte Widerstand der Naturschützer den Reichramingern einen – zunächst mit gemischten Gefühlen aufgenommenen – Nationalpark beschert. Mehr und mehr Radfahrer und Wanderer wählen seither das «Tor zum Hintergebirge» als Ausgangspunkt für ihre Unternehmungen. Möglicherweise wird der Reichtum an natürlichen Ressourcen dem Ort eine neue wirtschaftliche Zukunft im touristischen Bereich erschließen.

Viele Einheimische kennen das Leben der Holzknechte und «Hinterwäldler» aus den Erzählungen ihrer Vorfahren. Mit geübtem Auge kann man im Hintergebirge auch auf Schritt und Tritt jene Spuren erkennen, die jahrhundertelang bewährte Methoden der Holzbringung hinterlassen haben. Wer die Holzknechte allenfalls aus romantischen Geschichten kennt, für den empfiehlt sich ein Besuch im *Forstmuseum*. Untergebracht ist es in einer ehemaligen Holzknechthütte, der Wällerhütte, die auf einer kleinen Anhöhe oberhalb des Ortszentrums wiedererrichtet wurde und von dort in wenigen Minuten erreichbar ist. Hütten dieser Art – meist waren sie noch kleiner – dienten den in einem Arbeitstrupp zusammengefaßten Holzknechten als «Basislager» während einer Arbeitswoche. «Gastarbeiter» aus anderen Bundesländern lebten dort sogar mehrere Monate. Zu den Hütten gelangten sie nach langen Fußmärschen, im Rucksack Proviant, auf den Schultern das Werkzeug. Hier brieten sie nach einem vierzehnstündigen Arbeitstag auf offenem Feuer ihre Nocken – bestehend aus Mehl und Wasser – in Schmalz heraus. Hier aßen sie ihre warmen Mahlzeiten, auf ihren Proviantkisten sitzend, und hier schliefen sie eng aneinandergedrängt auf Holzpritschen bis zum Aufstehen in aller Früh. Die harte und gefährliche Arbeit hielten nur körperlich starke Männer über längere Zeit aus, kaum einer erreichte das sechzigste Lebensjahr. Zu den wenigen Vergnügungen gehörten das streng verbotene Wildern oder der nächtliche Besuch bei einer Geliebten, die als Sennerin auf einer der Almen arbeitete.

Die Hütteneinrichtung, Arbeitswerkzeuge und Bilder vermitteln einen Eindruck von den Lebens- und Arbeitsbedingungen der Holzknechte. Ein zweiter Schwerpunkt des Museums sind die mit Modellen und Bildern dargestellten Holzbringungsmethoden. Denn das eigentliche Problem war nicht das Holzfällen, sondern der Holztransport aus dem zerfurchten und unzugänglichen Gebiet. Über Jahrhunderte wurden die geschlägerten Bloche auf dem Ramingbach und seinen Zuflüssen getriftet. Vorwiegend auf sogenannten Holzriesen glitten die Bloche zu den Bächen – eine derartige Rutsche wurde auch vor dem Museum nachgebaut. Alle größeren Bachläufe und Schluchten waren von teils kühn angelegten Steigen gesäumt, von denen aus die Holzknechte die Trift mit langen Stangen steuerten. Da die Bäche selten ausreichend Wasser führten, wurde ein ausgeklügeltes System von insgesamt siebzehn Klausen errichtet, das die Bäche an engen Stellen aufstaute und wo sich das geschlägerte Holz sammelte. Mehrmals im Jahr – nach der Schneeschmelze oder großen Regenfällen – «ging die Klaus», die Schleusen wurden aufgeschlagen und rissen die Hölzer mit Grollen und Getöse mit bis Reichraming, wo sie im großen

Waldbahn im Hintergebirge (historische Aufnahme)

Schallauer Rechen aufgefangen wurden, allerdings nicht ohne vorherige Warnung der Bewohner vor der Wasser- und Holzflut.

Bis 1936 wurde im Hintergebirge getriftet. Erst als die Steinkohle die Holzkohle bei der Befeuerung der Schmelzöfen ablöste, kam es mehr und mehr auch auf die Qualität des Holzes an, sodaß schonendere Methoden der Bringung entwickelt werden mußten. Ein katastrophaler Borkenkäferbefall, der die Schlägerung von einer Million Festmeter Holz notwendig machte, löste nach dem Ersten Weltkrieg eine technologische Innovation aus. An einem Wintertag des Jahres 1920 dampfte erstmals die Reichraminger Waldbahn auf einem zunächst 14 Kilometer langen Schienenstrang in die Einsamkeit der Wälder bis Brunnbach. Bald schon mußte ausgebaut werden. Eine weitere Beförderungsmethode wurde von Weißwasser – einer Ortschaft mitten im Hintergebirge – aus eingesetzt: Eine 11 Kilometer lange Materialseilbahn brachte die Stämme über den Bergkamm nach Kleinreifling. Bis 1971 tat die Waldbahn ihren Dienst, das Schienennetz war auf 41 Kilometer angewachsen, 19 Tunnels mit einer Gesamtlänge von mehr als zwei Kilometern und 41 Brücken waren errichtet worden. Doch die Erhaltung der Strecke und der Fahrzeuge war zu aufwendig geworden. Statt einer Generalsanierung setzen die Besitzer des Waldes, die Österreichischen Bundesforste, seither auf den Transport mittels Lastwägen.

AUSKUNFT Tourismusverband, 4462 Reichraming, Tel. 07255/8236. **ESSEN UND TRINKEN** Gasthof Ortbauerngut, Reichraming 91, Tel. 07255/8103. Gasthof-Pension Damhofer, Rohrbachgraben 103, Tel. 07255/8138, Ruhetag: Do, schöne Lage, Spezialität: Fische. **MUSEUM** Forstmuseum, Öffnungszeiten: 1. Mai bis 31. Oktober jeden 2. und 4. So im Monat 13–18 Uhr sowie n.V. (Hr. Garstenauer, Tel. 07255/8201, oder Hr. Feistritzer, Tel. 07255/8257). **FISCHEN** in der Enns und im Reichramingbach, Auskunft im Tourismusverband. **RADFAHREN** Mountainbikeverleih und geführte Touren (von 1. Mai bis 31. Oktober): Gerhard Lehner, Gasthaus Hirschenwirt, Tel. 07255/8630. Forstverwaltung Reichraming, Tel. 07255/8117, Fax DW 20. **TENNIS** Tennisplatz im Ort. Auskunft im Tourismusverband. **LITERATUR** Gerald Rettenegger: Holzknecht. Das Leben der Hinterwäldler, Grünbach 1995.

WANDERUNG DER SUPERLATIVE: DURCH DIE GROSSE SCHLUCHT UND ÜBER DIE HOCHSCHLACHT ZUR ANLAUFALM

Diese Wanderung kombiniert zwei der größten Naturschönheiten des Hintergebirges, ja der gesamten Ostalpen. Enthusiasten vergleichen die Große Schlucht mit der Samariaschlucht auf Kreta oder gar mit dem Grand Canyon in den USA. Der glasklare, smaragdgrüne Große Bach hat sich hier in drei großen Schleifen ein wannenförmiges, felsengesäumtes Bett gegraben. Mal plätschert er durch breite Talstücke über kleine Steinstufen und entlang weißer Kiesbänke dahin, dann steht er in metertiefen Tümpeln scheinbar still, dann wieder zwängt er sich rauschend durch fast lotrechte Felswände. Die einstige Waldbahntrasse folgt hier nicht dem Bach, sondern durchsticht mit mehreren Tunnels auf geradem Weg die Felsblöcke, und auch von der Straßenführung ist die Große Schlucht im wesentlichen unberührt geblieben. So waren vom ehemaligen Triftsteig entlang des Großen Baches, der überall sonst durch den Bau der Waldbahn und der Forststraße zerstört wurde, noch Reste vorhanden. Bereits kurz nach der Verhinderung des Kraftwerks – die Große Schlucht wäre ebenfalls im Stausee verschwunden – stellte der Alpenverein den Steig wieder her und sicherte ihn durchgehend mit Halteseilen und teils mit Trittstiften. So kann heute all jenen, die dieses Juwel nicht gekannt haben, gezeigt werden, wofür die Naturschützer gekämpft haben und was hier eigentlich gerettet worden ist.

Einladend für Wanderer: Anlaufalm

Der markierte Einstieg ist leicht zu finden. Sodann geht es auf einer Länge von etwa zweieinhalb Kilometern immer in der Schluchtwand dahin, manchmal ganz nahe am Wasser, manchmal bis zu 20 Meter über dem Bach. Man halte sich vor Augen, wie die Holzknechte – von einem weniger gesicherten Steig aus – früher die Holzstämme durch die Schlucht «stangelten». Ob sie wohl ein Auge für die sich hier entfaltende Blumenpracht hatten?

Auf dem Triftsteig durch die Große Schlucht

Wer die Tour fortsetzen will, geht etwa 200 Meter weiter taleinwärts bis zum imposanten *Schleierfall.* Links vom Wasserfall beginnt der schmale und steile Aufstieg zur Anlaufalm über die Hochschlacht. Zur Rechten der Route fließt der Bach, gespeist aus Quellbächen, die in den Weiden des Anlaufbodens entspringen. In seinem Mittellauf hüpft er von einer in Jahrtausenden geschliffenen und polierten Wanne zur nächsten. An heißen Tagen kann man darin durchaus ein erfrischendes Bad nehmen. Allmählich erreicht man einen felsigen, von Dolomittürmen gesäumten Grat mit schwindelerregenden Blicken hinunter in die Große Schlucht. Dann wird der Hochschlachtbach zu einem ganz normalen Gebirgsbach, der Weg trennt sich vom Wasserlauf und führt hinaus auf die Weiden der nahen *Anlaufalm.* Auf den Bänken vor der Hütte – versüßt durch frischen Topfenstrudel – läßt sich die Aussicht auf die Wald- und Bergwelt des Hintergebirges vortrefflich genießen.

WANDERUNG auf dem Triftsteig durch die Große Schlucht: Einstieg ca. 12 km vom letzten Parkplatz beim Anzenbachschranken entfernt, Zufahrt am besten per Fahrrad. Für einigermaßen trittsichere und schwindelfreie Wanderer, für Kinder ab 10 Jahren bei entsprechender Vorsicht geeignet. Gehzeiten: durch die Große Schlucht ca. 1 Std., vom Schleierfall (536 m) durch die Hochschlacht zur Anlaufalm (982 m), steil, ca. 2 Std.; die Anlaufalm (Tel. 0663/709 90) ist von Mitte Mai bis Ende September bewirtschaftet, es gibt auch einfache Übernachtungsmöglichkeiten; Abstieg auf der gleichen Route: ca. 1,5 Std., auf der Forststraße durch Tunnels (Taschenlampe!) in einer halben Stunde zurück. Gesamtgehzeit: ca. 5 Std.

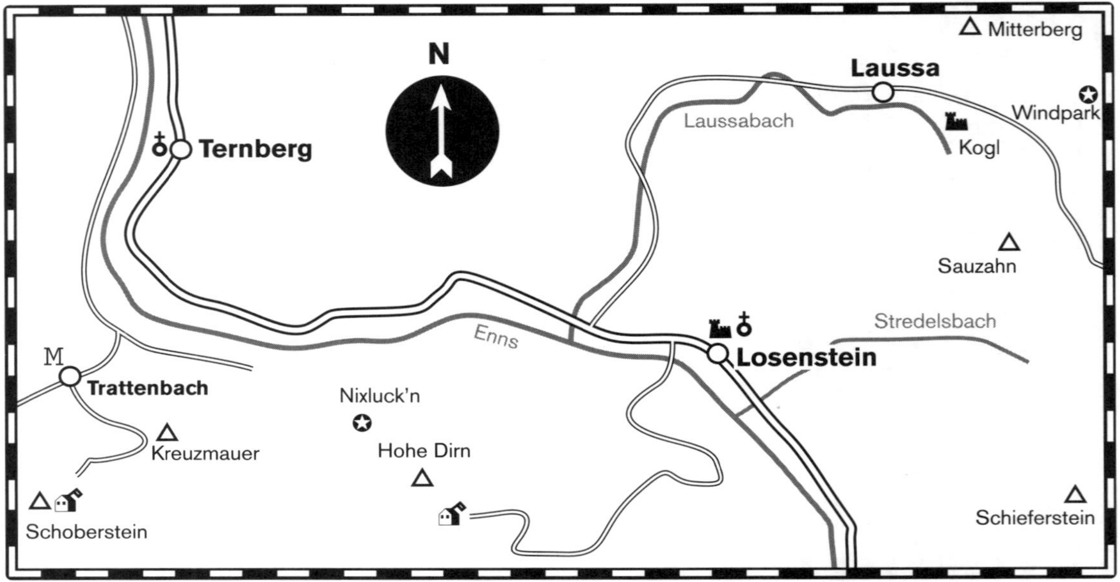

N
Mitterberg
Laussa
Windpark
Laussabach
Kogl
Ternberg
Sauzahn
Stredelsbach
Losenstein
Enns
M
Trattenbach
Nixluck'n
Kreuzmauer
Hohe Dirn
Schoberstein
Schieferstein

Im Ennstal zwischen Losenstein und Ternberg

LOSENSTEIN UND SEINE NAGELSCHMIEDVERGANGENHEIT

Dort, wo sich die Enns zwischen dem Felskamm des Schiefersteins und dem Massiv der Hohen Dirn ihren Weg bahnt, liegt Losenstein. Dicht drängen sich Kirche und Häuser des Ortskerns am schmalen Streifen zwischen dem Fluß und dem schroff abfallenden Burgfelsen zusammen. Die «Perle des Ennstals», wie Losenstein wegen seiner idyllischen Lage, aber auch aufgrund seiner einstigen Bedeutung als Zentrum des Nagelschmiedgewerbes genannt wird, bietet dem Besucher einige Sehenswürdigkeiten im Ort selbst und ist darüber hinaus ein guter Ausgangspunkt für Spaziergänge und Bergwanderungen.

Die Totenkrone der Nagelschmiede

Im Ortszentrum lohnt ein Besuch in der ursprünglich gotischen *Pfarrkirche* zum hl. Blasius. Bemerkenswert ist vor allem die gut erhaltene Freskenmalerei mit Evangeliensymbolen und ornamentaler Rankenmalerei im Kreuzrippengewölbe des Chors. Wie in vielen Kirchen der Region hat auch hier Johann Carl v. Reslfeldt mit einem großen Bild, das die Darbringung Jesu im

Tempel zeigt, den barocken Hochaltar geschmückt. Der Kirche gegenüber liegt der *Pfarrhof* (1718) mit reichem Fassadendekor, schönem Portal und schmiedeeisernen Fensterkörben. Das schmucke, 1931 erbaute Gemeindeamt beherbergt auch das *Heimatmuseum*, in dem die Geschichte des Nagelschmiedhandwerks einen Schwerpunkt bildet. Vor dem Gemeindeamt wurde dem Volksdichter Anton Schosser (1801–1849) ein Denkmal errichtet. In Losenstein als Sohn eines Nagelschmieds geboren, wurde er als Landvermesser zwischen Traun und Enns zu einem intimen Kenner von Land und Leuten und schrieb in der Freizeit Mundartgedichte und Liedertexte (darunter den Erzherzog-Johann-Jodler), die in den Wirtsstuben und Sennhütten des Ennstales bald weit verbreitet waren.

Zu den ältesten Gebäuden des Ortes zählen die Gasthäuser Eisentor und Schloßtaverne. Letztere war einst das Zunftlokal der Nagelschmiede, deren Zunftzeichen – ein von drei blauen Nägeln durchbohrtes rotes Herz – hier aufbewahrt ist. Von der Schloßtaverne in Richtung Ruine abzweigend, gelangt man zur *Villa Katherina*, einem romantischen Landhaus, das kurz vor der Jugendstilepoche von einem Wiener Architekten entworfen wurde. Unverzichtbar bei einem Ausflug nach Losenstein ist schließlich ein Spaziergang auf den etwa 60 Meter hohen *Burgfelsen*. Er läßt sich vom Gasthaus Eisentor in etwa einer Viertelstunde auf bequemen Stiegen und Wegen erreichen. Lohnend ist der Aufstieg zum einen wegen des schönen Ausblicks auf den Ort, das Tal und die umgebenden Berge. Ein zweiter Anziehungspunkt, insbesondere für Kinder, sind die Reste der einstigen Burg. Sie wurde um 1150 von den steirischen Otakaren erbaut, um die Reisenden auf der Eisenstraße zu schützen und den Verkehr zu kontrollieren. Ab 1252 waren die Ritter «von und zu Losenstein» Besitzer der Burg. Über die etwas tiefer gelegene und später erbaute Vorburg erreicht man die Hochburg, deren Grundriß ein gleichseitiges Dreieck bildete. In der Nordecke, also zum Ort hin, befand sich das viergeschossige Hauptgebäude. Erkennbar ist auch noch die ehemalige Kapelle im ersten Stock des angrenzenden dreigeschossigen Flügels. Im Süden befinden sich die Reste eines mächtigen Bergfrieds. Die Losensteiner gehörten zu den bedeutendsten Herrschergeschlechtern des Landes ob der Enns. Die Burg ist bereits seit Ende des 15. Jahrhunderts unbewohnt, der letzte Losensteiner starb 1692. Ihre Grabstätten finden sich in einer eigenen Kapelle in der Stiftskirche von Garsten.

AUSKUNFT Tourismusverband, 4460 Losenstein, Tel. 07255/255. **ESSEN UND TRINKEN UND ÜBERNACHTEN** Romantik-Gasthof Eisentor, Eisenstraße 59, Tel. 07255/281, Fax DW 4. **BAUERNMARKT** Fr 13.30–16 Uhr. **MUSEUM** Heimatmuseum Losenstein im Gemeindeamt, Schwerpunkt Nagelschmiede, Auskunft im Tourismusverband. **THEATER** Losensteiner Burgfestival während der Sommermonate. Jährlich wechselndes Programm, Informationen im Tourismusverband. **BADEN** Ennstal-Hallenbad: ausnehmend schöne Lage, aus dem Gelände entwickelt, Generalsanierung 1997/98; 25-m-Becken, Sauna, Solarium, Massagen, Bodensprudel, Wärmebänke, Ruhezone, im Sommer südseitige Glaswand geöffnet. **FISCHEN** in der Enns, Auskunft im Tourismusverband. **KLETTERN** Klettergärten: Nixluck'n im Hintsteingraben, Pfennigstein im Schiefersteingebiet. **REITEN** Reitschule Leopold Arthofer, Tel. 07255/4471. **SKI ALPIN** Skigebiet Hohe Dirn (Bergstraße), 4 Schlepplifte für ca. 3 km Abfahrten leichter bis mittlerer Schwierigkeit. Skischule Hohe Dirn, Alfons Rodlauer, Anmeldung im Bergrestaurant, Tel. 07255/300. **SKILANGLAUF** Höhenloipe Hohe Dirn, 10,5 km, 3 Loipen aller Schwierigkeitsgrade. Ausrüstungsverleih: Sport Kopf, Tel. 07255/231.

Unter den zahlreichen Spazierwegen, die vom Ort aus in östlicher Richtung auf die umliegenden Hügel führen, bietet der kürzlich angelegte *Nagelschmiedeweg* eine interessante Verbindung von Kultur und Natur. In Losenstein waren um 1860 in etwa 140 Nagelschmiedwerkstätten ca. 100 Meister, mehr als 600 Gesellen und 200 Lehrjungen beschäftigt. Die zunehmende maschinelle Herstellung bedeutete hundert Jahre später das Ende des Nagelschmiedhandwerks. Der Weg führt durch das *Stiedelsbachtal*, das am südlichen Ortsende beginnt. Die einst an der Bachmündung in die Enns angesiedelten Handwerksbetriebe waren wirtschaftlich längst bedeutungslos geworden, bevor sie für immer im Stauwasser des 1958 bis 1962 errichteten Ennskraftwerks untergingen. Zu sehen ist einzig noch die ehemalige *Tröglmühle*, aus der später eine Messerfabrik und eine Fabrik zur Erzeugung von Forstwerkzeugen hervorgingen. Wer den etwa einen Kilometer langen, etwas eintönigen Zugang auf der Straße scheut, der fahre bis zum Huber Berg vor, wo der Nagelschmiedeweg die Straße verläßt und rechts am Stiedelsbach entlangführt. Vorbei an der restaurierten Brandstatt mit einer Nagelschmied-Schauwerkstätte, kommt man zur *Sulzner Messerschmiede*, wo die alten Maschinen geölt und wieder funktionstüchtig gemacht wurden. Das Wasser für die Turbinen wurde aus einem etwa zehn Meter höher gelegenen Staubecken abgeleitet.

Vorbei an weiteren Wehranlagen und immer mit Blick auf den langen Rücken des Schiefersteins, führt der Weg schließlich durch eine enge Waldschlucht bergauf zu einem kleinen Stausee. Eine etwa 20 Meter breite Staumauer sperrt hier das Wasser ab, das in einer Druckleitung mit ca. 50 Meter Fallhöhe auf die Turbinen eines noch heute arbeitenden Kleinkraftwerks geleitet wird. Über den Güterweg Aichmühlgraben geht es zurück zur Hub. Das erste Haus auf dem Rückweg, das *Gütl am Fliechenstein*, ist 1387 erstmals beurkundet. Es verfügte ebenfalls über das Recht, eine Nagelschmiede zu betreiben, die sogenannte Nagelschmiedegerechtigkeit, und repräsentiert noch eine der alten bäuerlichen Bauformen. Auf dem Rückweg bietet sich ein schöner Ausblick auf die Hohe Dirn und auf die über dem sanften Rücken des Hintsteingrabens hervorragenden Zacken des Schobersteins.

THEMATISCHER WANDERWEG «Nagelschmiedeweg», aussichtsreiche Rundwanderung, Ausgang: Ortszentrum oder Stiedelsbachtal; entlang des Baches führender Gehweg, zunächst leicht, zuletzt mittel ansteigend, Gehzeit: vom Ortszentrum aus 2 Std., verbindbar mit weiteren Wanderungen auf den Schieferstein oder zum Sauzahn.

WANDERUNG AUF DIE HOHE DIRN UND ZUR NIXLUCK'N

Unter den zwei markanten Bergen, an deren Fuß Losenstein liegt, ist der 1206 Meter hohe Schieferstein der auffallendere. Wegen der ausgesetzten, Trittsicherheit und Schwindelfreiheit erfordernden Passagen im Gipfelbereich ist er allerdings der seltener aufgesuchte. Der eigentliche Hausberg Losensteins ist die bequemer zu besteigende Hohe Dirn mit der Anton-Schosser-Hütte. Die hier vorgeschlagene Variante über den Hintsteingraben weicht der weiter südlich angelegten Bergstraße aus. Die Wanderung kann direkt vom Ort aus begonnen werden: Sie führt durch die steile Klamm des Klausgrabens, in der sich eine ganz ungewöhnliche und üppige Pflanzenwelt entwickelt hat, und dann auf asphaltierten Güterwegen bis hinauf zum *Bauernhof Hintsteiner* am Sattel zum Wendbachtal. Wer bis dorthin mit dem Auto fährt, verkürzt die Gehzeit um etwa eineinhalb Stunden.

Mountainbiker bei Losenstein

Vom Hintsteiner aus öffnet sich ein weiter Blick auf die Enns, Losenstein und den Schieferstein auf der einen, den Schoberstein und die vorgelagerten Berge auf der anderen Seite. Das Ziel der Wanderung – der felsige Gipfel der Hohen Dirn mit dem Kreuz – ragt direkt oberhalb des Bauernhauses in südlicher Richtung auf. Nach einem kurzen Stück auf einem Güterweg führt der Weg nach rechts auf einen markierten Steig.

Bei einer Weggabelung hat man die Wahl zwischen einem steilen direkten Anstieg oder dem stetig an der Bergflanke entlangführenden Steig über den Luagstadel. Letzterer ist nicht nur weniger anstrengend, sondern läßt auch immer wieder Blicke ins Ennstal zu. Beim Luagstadel tritt man aus dem Wald heraus auf eine weiche und ausgedehnte Almwiese, von der sich nicht nur eine wunderbare Aussicht in die Bergwelt des Reichraminger Hintergebirges bis hin zu den Haller Mauern auftut, sondern auch bald die *Anton-Schosser-Hütte* zu sehen ist. Obwohl mehrmals vergrößert, hat sich am gemütlichen Charakter dieser 1926 erbauten Hütte wenig geändert. Von hier aus bietet sich ein weiter Rundblick: An klaren Tagen lassen sich etwa die Michaelerkirche und darüber der weiße Turm des Taborrestaurants in Steyr mit freiem Auge erkennen.

Das *Gipfelkreuz* der Hohen Dirn steht nicht hier, am höchsten Punkt, sondern auf dem etwa in einer Viertelstunde entfernten nördlichsten Punkt des Berges. Vom kleinen Gipfelplateau fallen die Felsen steil zum Hintsteinergut hin ab. Der Name des Berges leitet sich von diesen «Türn», den Felstürmen, ab. Der Wald behindert zwar den Blick nach Süden, zum Ausgleich liegt dem Betrachter das Ennstal von Losenstein bis Steyr gleichsam zu Füßen. Jenseits des Wendbachgrabens sind die schroffen Felsen der Kreuzmauer und der Pfaffenmauer schön einzusehen. Wer nicht den Aufstieg, sondern den in Gipfelnähe beginnenden steilen Abstieg zur erwähnten Weggabelung wählt, braucht gute Oberschenkelmuskeln und einige Konzentration für den steinigen Waldsteig.

Wer nicht nur *auf* die Berge, sondern auch gerne *in* die Berge hinein gehen will, sollte die Gelegenheit zu einem Abstecher zur *Nixluck'n* nützen. Vom Hintsteiner aus führt eine Forststraße in Richtung Wendbachtal, in dem einst Erz abgebaut wurde. Ein Schild weist den Weg über einen steilen Waldhang zur Höhle, deren Eingang sich am Fuß einer senkrechten Kalksteinwand befindet. Nach einem großen Portal verengt sich die etwa fünfzig Meter tiefe Höhle immer mehr und endet in einer schmalen Kluft. Die «Nix» sind die weißen Ablagerungen in der Nähe des Eingangs, die früher als heilkräftig angesehen wurden und daher von den Bauern sorgfältig abgebaut wurden. Leider ist der phantastische Tropfsteinschmuck der Höhle von unbedachten Sammlern schon sehr stark vermindert worden. Das «Nachwachsen» von nur einem Millimeter Tropfstein braucht etwa 10 Jahre. Vor einigen Jahren wurden von einem Forscherteam, das in der Nixluck'n nach Höhlenbärenknochen grub, Schabwerkzeuge entdeckt, die belegen, daß hier vor etwa 30.000 Jahren bereits Menschen lebten.

WANDERUNG auf die Hohe Dirn, Ausgang und Ankunft: Losenstein, am linken Ennsufer ca. 500 Meter flußabwärts Beginn des Klausgrabens oder Auffahrt durch den Hintsteingraben bis zum Bauernhof Hintsteiner (769 m); einfache, gefahrlose Bergwanderung. Gehzeiten: Losenstein–Hintsteiner 1,5 Std., Hintsteiner–Luagstadel–Anton-Schosser-Hütte (1158 m) 1,5 Std., von dort zum Gipfelkreuz (1134 m) 15 Min., Abstieg 1 Std., Gesamtgehzeit ab Hintsteiner: ca. 3 Std. Einkehrmöglichkeit: Anton-Schosser-Hütte, bewirtschaftet von Anfang Dezember bis Ende Oktober, Übernachtung in Betten und auf Lagerplätzen (Auskunft: ÖAV Steyr, Tel. 07252/620-01). Die Bergstraße endet unterhalb bei einem Bergrestaurant; Siklifte. Hintsteiner–Nixluck'n, Gehzeit: 20 Min. – Taschenlampe nicht vergessen!

LAUSSA: SENSENSCHMIEDE UND WINDRÄDER

Wenige Kilometer abseits des Ennstals und der großen Verkehrsverbindungen liegt Laussa. Im 19. Jahrhundert war das Laussatal – zusammen mit dem anschließenden, nach Großraming führenden Pechgrabental – ein bedeutender Standort der Kleineisenindustrie. Davon zeugen noch heute zwei schloßartige Landhäuser, ehemalige Herrenhäuser, die man kurz nach der Abzweigung von der Bundesstraße bei Losenstein passiert. Im Ort selbst befindet sich einer der zwei letzten sensenerzeugenden Betriebe Oberösterreichs. Abgesehen davon ist es eher ruhig (geworden) im Laussatal. Wer hierherkommt, schätzt die angenehmen, wenig begangenen Wanderwege in einer reizvollen Landschaft, die sanften und sonnigen Wiesenhänge und die schönen Ausblicke auf die nahen Berge oder auch die zahlreichen Mountainbikerouten, die in und um Laussa zusammenlaufen. Von Zeit zu Zeit wird Laussa aus seiner Beschaulichkeit gerissen. So wurden in den letzten Jahrzehnten im Laussatal immer wieder sensationelle urgeschichtliche Funde gemacht. Einige davon – vor allem Werkzeuge aus der Jungsteinzeit – kann man nun im Gemeindeamt oder auch im Heimathaus in Steyr besichtigen. In jüngster Zeit ist Laussa durch ein großes Windkraftwerk in die Schlagzeilen gekommen. Bei der Landesausstellung 1998 ist der Ort folgerichtig mit traditioneller Handwerkskunst, der Sensenerzeugung, und mit modernster Technologie, dem Windpark, vertreten.

AUSKUNFT Tourismusbüro, 4461 Laussa, Tel. 07255/7255-78, Fax DW 86. **ESSEN UND TRINKEN** Forellenhof Holzinger, Laussa 109 (Pechgraben), Tel. 07255/733, Fax DW 4. **MUSEUM** Prähistorische Fundsammlung im Gemeindeamt, Öffnungszeiten: Mo–Fr 9–12 Uhr. **BADEN** Freibad Laussa, Tel. 07255/7255. **EISLAUFEN UND EISSTOCKSCHIESSEN** Natureisbahn auf der Teichanlage Forellenhof Holzinger, Laussa 109 (Pechgraben), Tel. 07255/733. **FISCHEN** Forellenhof Heinrich Holzinger, Laussa 109 (Pechgraben), Tel. 07255/733. **KLETTERN** Klettergärten Kalksteinmauern direkt im Ortszentrum sowie Sauzahn (Richtung Pechgraben), Auskunft: Gasthaus Sonnleitner, Tel. 07255/7230.

WIE VOR HUNDERT JAHREN – DIE LETZTEN SENSENSCHMIEDE

Die heutige Firma Sonnleithner ist einer der ältesten eisenverarbeitenden Betriebe Österreichs. Bereits 1477 als Nagelschmiede urkundlich belegt, werden hier seit 1790 durchgehend Sensen hergestellt. Die derzeitige Jahresproduktion von ca. 50.000 Sensen und 100.000 Sicheln machen noch etwa ein Sechstel des Umsatzes des Unternehmens aus. Wirtschaftlich rechnet sich die Sensenerzeugung längst nicht mehr. Sie wird mitgetragen von den eigentlichen wirtschaftlichen Standbeinen: der Erzeugung von Fahnenmasten mit Auslegern sowie diverser Artikel für die Gestaltung von Parkplätzen und Fußgängerzonen. Der Eigentümer, ein deutscher Konzern mit langer Tradition in der Sensenerzeugung, hat Interesse, die über Jahrhunderte entwickelte Kunst der Sensenfertigung zumindest in einem seiner Betriebe zu erhalten. Vermutlich steht in Laussa das letzte europäische Werk, in dem Sensen aus einem einzigen Stück Stahl von Hand ausgeschmiedet werden – bei ohrenbetäubendem Lärm, in 25 Arbeitsgängen und mit zwölfmaligem Erhitzen wie vor hundert Jahren. 130 verschiedene Sensenmodelle werden hier erzeugt: breite und schmale, krumme und lange, leichte und schwere, Sensen für die Türkei und für Persien, für Tunesien und Äthiopien, für Irland und Frankreich, für Deutschland und die Schweiz und natürlich auch für diverse österreichische Regionen, manche jährlich, manche nur alle fünf Jahre. Die ausgefallenste ist eine irische Sense: schwer, grob, mit dickem Rücken und spezieller Hamme.

Sensenschmied im Werk Sonnleithner

Sensenschmiede Sonnleithner, Beteiligung an der Landesausstellung 1998, Auskunft im Tourismusbüro, Tel. 07255/7255-78, ansonsten Besichtigungen n.V. von Mo bis Do ausgenommen Juli/August, Anmeldung und Auskunft im Betrieb, Tel. 07255/7311.

WANDERUNG ZUM MITTERBERGKOGEL UND ZUM SAUZAHN

Unter den einladenden wald- und wiesenbedeckten Hügeln um Laussa ist der nahe Mitterbergkogel ein leicht erreichbares Ziel. Neben schönen Aussichten gibt es auf diesem Weg einen unter Denkmalschutz stehenden «Troadkasten» (Getreidespeicher) zu entdecken. Ausgangspunkt ist das Gasthaus Sonnleitner nahe der Kirche. Zwischen der Wirtsmauer auf der einen und der Stögmauer auf der anderen Seite betritt man den *Stodergraben* wie durch ein felsiges Eingangstor. Der Legende nach waren diese beiden Felsen miteinander verbunden, bevor sich der aufgestaute Stoderbach mit Urgewalt seinen Weg mittendurch brach. Der Pfad führt zunächst am Stoderbach entlang, bis rechts – nach etwa einem halben Kilometer und gegenüber einer etwas breiteren Stelle der Straße – ein unmarkierter Weg bergauf in den Wald abzweigt. Bei einer Kehre wechselt er die Richtung und erreicht schon bald eine Wiese. Von hier aus eröffnet sich ein schöner Ausblick auf den Ort Laussa und die Stögmauer, wo die Kinder des Ortes ihre ersten Kletterversuche unternehmen. Als Bewährungsprobe erwartet sie später die nahe Felsnadel des Sauzahns oder die Felssteige des dahinterliegenden Schiefersteins. Vorbei an einem Bauernhof, erreicht man auf einem asphaltierten Zufahrtsweg den Großmitterbergbauer. Unmittelbar neben dem renovierten

Der Sauzahn bei Laussa

Bauernhaus steht der strohbedeckte zweigeschossige und unterkellerte *Troadkasten* aus dem Jahr 1663, in dem einst zwei- bis dreitausend Kilogramm Getreide gelagert werden konnten. Wahrscheinlich wurde dieser mittlerweile denkmalgeschützte Speicher sowie einige andere leider nicht mehr erhaltene nach Vorbildern aus Friaul angefertigt. Die Innenräume lassen sich über eine steile, außen geführte Holztreppe erreichen. Wandert man am Güterweg weiter, sind bald die Windräder am Plattenberg zu sehen. Vor einer kleinen Wochenendsiedlung zweigt der Weg nach links, und ein Schild «Forstweg Mitterbergkogel» weist den Rundweg durch den Mischwald und dann auf einem Wiesenweg zurück zum Großmitterberger. Oberhalb des Bauernhofes hat man einen weiten Blick über die bewaldeten Hügel des Laussatals hin zu den beherrschenden Gipfeln des Dirn- und Schobersteinmassivs. Auf der Anstiegsroute zurück, geht es in kurzem Abstieg nach Laussa.

Troadkasten bei Laussa

RUNDWANDERUNG zum Mitterbergkogel, Ausgang: Ortszentrum Laussa (430 m), überwiegend Wald- und Wiesenweg mit leichten Anstiegen auf ca. 600 Meter Höhe. Gehzeiten: Laussa–Troadkasten 30 Min., Besichtigung auf Anfrage (Familie Felbauer, Tel. 07255/7488), Wanderung um den Mitterbergkogel 30 Min., Gesamtgehzeit: 1,5 Std., keine Einkehrmöglichkeit auf der Strecke.

Von ähnlichem Charakter, vom Ziel her aber spektakulärer ist eine zweite Kurzwanderung zum bereits erwähnten *Sauzahn.* Dazu folgt man entweder der Straße vom Ortszentrum in Richtung Schloß Kogl und von dort dem Wiesenweg Nr. 4, der sich hier mit dem alten Flößerweg deckt. Oder man wählt den direkten Zugang von der auf dem Sattel gelegenen Schöffthalerkapelle aus. Nach Querung einer Wiese teilt sich der Weg, der rechts abzweigende schmale Pfad führt in wenigen Minuten zum Fuß des ca. 50 Meter aufragenden Sauzahns. Wer nicht selber mit einer Kletterausrüstung hierhergekommen ist, kann sich von den wagemutigen Versuchen der zahlreichen Kletterer für ein nächstes Mal inspirieren (oder auch abschrecken) lassen. Für den Rückweg kann man den Aufstiegsweg in gleicher Richtung fortsetzen, zweigt dann nach links zum Sauzahnbauer ab und erreicht bald wieder die Weggabelung in der Nähe der Schöffthalerkapelle. Vom Sauzahn aus ist auch ein direkter Abstieg auf einem Güterweg durchs Brettertal nach Laussa möglich.

RUNDWANDERUNG zum Sauzahn, Ausgang: Ortszentrum Laussa (430 m) oder Schöffthalerkapelle, überwiegend Wald- und Wiesenwege mit leichten Anstiegen, Gehzeiten: Laussa–Schöffthalerkapelle 1 Std., Schöffthalerkapelle–Sauzahn 20 Min., zurück zur Kapelle auf Rundweg 30 Min., direkt zurück nach Laussa 45 Min., Gesamtgehzeit: 2,5 bzw. 1 Std. Einkehrmöglichkeit beim Sauzahnbauer.

MIT DER KRAFT DES WINDES ...

Die drei weißen Türme auf den ersten Hügeln der Voralpen sind an klaren Tagen schon von weitem zu sehen. Ja, der Blick wird durch die drei sternförmigen, fast immer in Drehung befindlichen Rotorblätter geradezu gefangen. Der Windpark auf dem 900 Meter hohen Plattenberg hat das Gesicht der Landschaft um Laussa verändert, und es wird einige Zeit brauchen, bis das Ungewohnte wieder alltäglich sein wird.

Als die Windräder im Herbst 1996 in Betrieb gingen, entfachten sie einen regelrechten «Windtourismus». Was die Leute anzieht, ist zwar auch die Faszination der Hochtechnologie und das energiepolitische Interesse. In erster Linie aber ist es wohl die selten gewordene sinnliche Erfahrbarkeit von Energieherstellung. Wenn der Wind in die riesigen Rotorblätter fährt, spürt oder besser: hört man förmlich, welche Kraft dahintersteckt und doch zugleich gebändigt wird. Die Folgen der Neugier: An schönen Wochenendtagen ziehen wahre Verkehrslawinen durch den Ort, und die Zufahrtsstraßen zum Windpark sind gerammelt voll. Gerhard Fallent, einer der Initiatoren und Betreiber des Windparks, gibt sich gelassen: Erstens könne man den Leuten nicht verbieten, auf öffentlichen Straßen unterwegs zu sein, und zweitens könne sich die Politik ja auch über das Interesse freuen und es zur Bewußtseinsbildung und Nachahmung nützen. Immerhin: Die Gemeinde Laussa lädt die Besucher mittlerweile ein, auf das Auto zu verzichten und statt dessen auf dem neu angelegten «Energiepfad» zum Windpark zu wandern.

Die auf dem Plattenberg besonders günstigen Windverhältnisse waren eine notwendige Voraussetzung; daß das Kraftwerk tatsächlich errichtet wurde, hängt eng damit zusammen, daß Laussa sich seit längerem zu einer energiepolitischen Mustergemeinde entwickelt hat: Annähernd auf jedem zweiten Haus sind Sonnenkollektoren angebracht, Biomasseheizungen sind weit verbreitet, es gibt einige kleine Wasserkraftwerke. Als Klimabündnisgemeinde hat der Ort das bis 2010 angestrebte Ziel der CO_2-Reduktion bereits jetzt fast erreicht. «Nur die vierte erneuerbare Energie neben Sonne, Biomasse und Wasser fehlte uns noch – der Wind, der immer eher als Feind betrachtet wurde. Wir begannen, den Wind mit anderen Augen zu sehen.» Wir – das waren neben Gerhard Fallent, einem «zuagroasten» gelernten Maschinenbauer und nunmehr freiberuflich tätigen Regionalentwickler, ein Landwirt, auf dessen Grund der Windpark später errichtet wurde, ein HTL-Lehrer und Nebenerwerbslandwirt sowie ein in einem Steyrer Betrieb tätiger Elektrotechniker. Drei Jahre lang stellten sie genaue Windmessungen an, suchten nach einem geeigneten Anlagetyp, verhandelten um die Finanzierung, kämpften sich durch die behördlichen Genehmigungsverfahren und rangen um die Zustimmung der lokalen Bevölkerung.

Zwei der drei Windräder auf dem Plattenberg bei Laussa

Die einschließlich der Rotorblätter etwa 70 Meter hohen und fast 100 Tonnen schweren Türme waren zum Zeitpunkt der Errichtung die größten in Österreich aufgestellten Windräder und zugleich die höchstgelegenen in Europa. Wenn alles so läuft, wie geplant, werden sie den Jahresbedarf von ungefähr 700 Haushalten decken, das ist etwa der doppelte Energieverbrauch der Gemeinde Laussa. Betriebsfehler werden automatisch an die Herstellerfirma und die Betreiber gemeldet, sind mittels Computer diagnostizierbar und zum Teil auch behebbar. In den ersten Betriebsmonaten waren einige Anpassungs- und Abstimmungsprobleme zu lösen. Der Zusammenprall von Naturkräften und Hochtechnologie ist eben auf diesem exponierten Standort besonders heftig und führte – trotz aller Vorausplanung – zu Situationen, die sich letztlich nur durch Erfahrungslernen bewältigen lassen. Als besonders kniffliges Problem der ersten Phase erwies sich etwa die Vereisung der Rotorblätter im Winter. «Da haben wir einiges probiert. Aber nun brauchen wir zur Enteisung nur mehr eine Viertelstunde», erzählt Gerhard Fallent nicht ohne Stolz.

THEMATISCHER WANDERWEG «Energiepfad», Ausgangspunkt: Sensenwerk Sonnleithner, 8 Stationen mit Schaukästen zu Energiethemen, ca. 5 km bis zum Windpark, Höhendifferenz: ca. 400 m, Gehzeit: 3 Std., auch als Rundweg begehbar; Führungen zum Windpark können über das Tourismusbüro organisiert werden, Tel. 07255/7255-78.

TERNBERG: DIE PFORTE ZUM ENNSTAL

Wo das Talbecken der Enns sich nach Norden öffnet und im Osten und Westen nur mehr von sanften Höhenrücken begrenzt wird, liegt Ternberg. So wie auf der anderen Seite des westlichen Höhenrückens die Orte Steinbach und Grünburg im Steyrtal, so bildet Ternberg die Pforte zum Gebirge, den Eingang zum «eigentlichen» Ennstal. Zahlreiche Funde belegen die historische Bedeutung des Ortes als Siedlungsgebiet für Kelten, Römer, Awaren und Bajuwaren. Ein bei Ternberg gefundener römischer Grabstein ist im Flößermuseum Kastenreith zu sehen. Das kunstgeschichtlich bedeutsamste Bauwerk des Ortes ist die *Pfarrkirche* mit dem einschiffigen Langhaus, das von einem Netzrippengewölbe aus dem 14. Jahrhundert überspannt wird. Für den von Marian Rittinger 1688 angefertigten prunkvollen schwarz-goldenen Hochaltar hat Johann Carl v. Reslfeldt das Altarbild mit der Auferstehung Christi gemalt. Für den Touristen bietet sich der angenehme Ort als Ausgangsort für Ausflüge, Wanderungen und Radtouren ebenso an wie zum Einkehren nach deren Abschluß.

AUSKUNFT Fremdenverkehrsverband, 4452 Ternberg, Tel. 07256/8865, Fax DW 18. **ESSEN UND TRINKEN UND ÜBERNACHTEN** Gasthof Derfler, Hauptstraße 15, Tel. 07256/8802, Ruhetag: Mi. **BAUERNMARKT** jeden Sa 8–10 Uhr. **BADEN** Freibad Ternberg, Tel. 07256/8455. **DRACHENFLIEGEN UND PARAGLEITEN** Flugschule Ternberg, M. und H. Poscher, 4592 Leonstein, Pernzell 5, Tel./Fax 07584/2712. **MINIGOLF** beim Freibad Ternberg, Hr. Altenmüller, Tel. 07223/5165. **RADVERLEIH** Gebr. Preininger, Roseggerstraße 3, Tel. 07256/8358. **REITEN** Reiterhof Sparr, Sonnenstraße 3, Tel. 07256/8877. Brettmaisserhof, Fam. Baumgartner, Wurmbach 32, Tel./Fax 07256/8634. **SKI ALPIN** Skigebiet Herndleck (Bergstraße), 2 Schlepplifte. **TENNIS** Tennisclub Ternberg, Auskunft im Fremdenverkehrsverband. **WALDLEHRPFAD** Etwa 3 km langer, leicht begehbarer Rundweg nahe dem großen Parkplatz am Ortseingang.

TRATTENBACH: IM TAL DER FEITELMACHER

Während die Eisenverarbeitung in Ternberg nie Fuß faßte, ist das zum Gemeindegebiet gehörende *Trattenbach* über Jahrhunderte von dieser Tradition geprägt worden. Die Häuser des kleinen Ortes, die sich entlang des Baches in einem tief eingeschnittenen Tal wie auf einer Perlschnur aneinanderreihen, bilden noch heute ein fast geschlossenes Ensemble der historischen und in Resten noch existierenden Kleineisenverarbeitung. In Trattenbach wurden über Jahrhunderte fast ausschließlich Messer erzeugt und hier wiederum vor allem ein Messertyp: der Taschenfeitel, von dessen Herstellung hier einst so gut wie alle gut lebten. Mit dem Feitel und seiner eigenwilligen Herstellungsweise, mit dem Festhalten an Zunftregeln und einer kollektiven Identität bis weit ins 20. Jahrhundert hinein stellte Trattenbach in der oberösterreichischen Eisenwurzen seit jeher eine Ausnahme dar.

Schon zur Zeit der ersten urkundlichen Erwähnung von «Dretenpach» im Grundbuch der Herrschaft Steyr im Jahre 1313 dröhnten hier die Hämmer der Messerschmiede. Sie waren der mächtigen Steinbacher Messererzunft unterstellt, der Weg über die fast 1000 Meter hoch gelegene «Messerergschoad» verband sie mit dem Zunftzentrum im Steyrtal. Obwohl sie von Alters her nur die Berechtigung zur Herstellung von gemeinen Messerklingen hatten, spezialisierten sich die Trattenbacher schon früh auf die lukrativen Schusterkneipe und Taschenmesser. Nach einem langen Streit mit der Steinbacher Zunft erhielten die Trattenbacher schließlich 1682 von Kaiser Leopold I. das begehrte Privileg, eine eigene Innung der «Scharsach- und Kneipschmiede zu Trattenbach» gründen zu dürfen. Der Name Scharsachschmiede bezog sich auf die Verwendung des Scharsachstahls, der als die beste Stahlsorte galt und aus dem vorwiegend Schwerter und Sensen hergestellt wurden. Die Trattenbacher aber verwendeten dieses hochwertige Rohmaterial zur Herstellung kleiner, handlicher Gebrauchsmesser mit hölzernem Griff, die Feitel oder auch Zaukerl genannt wurden. Die Bezeichnung Feitel kommt von falten (Feitel = Faltmesser). Zauk ist in Oberösterreich ein Schimpfwort für zänkische und listige Frauen; angeblich wurde es von den Steinbachern für die Trattenbacher benutzt und ging dann auf ihr Produkt über.

Daß die Trattenbacher Meister ein Qualitätsprodukt zu relativ niedrigen Preisen herstellen konnten, hatte mehrere Gründe. Im Unterschied zu den meisten Steinbacher Messerern waren sie «Meister vom Stock und Stein», also berechtigt, sowohl zu schmieden als auch zu schleifen. Da das Heftdrechseln kein eigenes Gewerbe war, blieb die Herstellung der Messer in Trattenbach also innerhalb nur einer Zunft. Darüber hinaus regelte die Trattenbacher Innung die Zugehörigkeit zur Zunft besonders rigoros: Mehr als 30 Werkstätten wurden im Tal nie geduldet, sie wurden von den Vätern an die Söhne weitergegeben und fremde Meister nur akzeptiert, wenn eine Meisterwitwe zu ehelichen war oder ein bestehender Betrieb zu verwaisen drohte. Dieses Modell, das einem Orts- und Familienkartell gleichkam, war von der Ressourcenknappheit im Tal geprägt: Die Messerer waren zugleich Bauern, und für die Landwirtschaft standen nur wenige trockene und ebene Gründe zur Verfügung; die Holzvorräte ebenso wie die Lieferkontingente an gutem Stahl waren begrenzt, und die Wassermenge des Baches wies enorme Schwankungen auf.

Trattenbacher Feitel

Die Feitelherstellung erfolgte in Trattenbach also traditionell innerhalb des erweiterten Familienverbandes. Die Männer schmiedeten, härteten, schliffen und drechselten, und die Frauen besorgten vor allem das Zusammenhämmern von Griff und Klinge. Kinder und Alte halfen beim Färben und Verpacken der fertigen Messer. Das Auf und Ab der Nachfrage wurde auf diese Weise abgefangen, denn die Arbeitskräfte wurden im Sinne des familiären Gesamtwohls oft nur gering entlohnt. So waren die Trattenbacher Meisterfamilien in ihrer Existenz nie wirklich gefährdet und wurden in Krisenzeiten von den Eisengewerken in den Nachbarorten beneidet. Zugleich war keiner der Meister in diesem Tal jemals wirklich reich.

Die Aufhebung der Zünfte in der Mitte des 19. Jahrhunderts änderte hieran zunächst wenig. Die Gewerbefreiheit führte nicht zu neuen Betriebsgründungen, aber es finden sich neue Namen unter den Besitzern. Keiner der Trattenbacher Meister wurde zum Verleger, und so entstanden keine neuen Abhängigkeiten. Übrig blieben nach dieser Übergangszeit schließlich 17 Betriebe. Vergleichsweise spät bedienten diese sich der im Eisengewerbe schon lange üblichen Schwanzhämmer. Dank dieser Innovation und ihrer zünftischen Tradition überlebten die

Trattenbacher Messerer die große Krise des Kleineisengewerbes in der zweiten Hälfte des 19. Jahrhunderts, als in Steyr und im Steyrtal aus den selbständigen Messerern Lohnarbeiter in den neuen Fabriken wurden. Der immer stärker werdende Druck der Konkurrenz zwang die Trattenbacher Messerer zu weiteren technischen Innovationen und zur Ausweitung der Produktion, während gleichzeitig die ersten Betriebe zusperrten. Schon 1931 gab es nur mehr elf. Der letzte entscheidende Bruch mit der Handwerkstradition war schließlich der Übergang vom Schmieden zum Herausstanzen der Klingen. Aus einem qualitativ hochwertigen Gebrauchsgegenstand für jeden war ein billiger Souvenirartikel geworden.

Schon bisher kamen viele Besucher nach Trattenbach. Für sie war der Ort meist nicht mehr als ein Ausgangspunkt zum Bergwandern und neuerdings zum Mountainbiken. Mit der Anlage eines *thematischen Wanderweges* ist er nun selbst zu einem lohnenden Ziel geworden, ist doch hier die Tradition der Eisenverarbeitung noch auf Schritt und Tritt zu spüren. Der etwa zwei Kilometer lange Weg beginnt bei der Mündung des Trattenbaches in die Enns in der Nähe des Bahnhofs. Eine monumentale Skulptur, ein aufgeklappter «Riesenfeitel», markiert den Taleingang. Bis 1949 stand im Mündungsbereich das Hammer- und Hüttenwerk Steg, zu dem einst ein eigenes Eisenbergwerk mit Hochofen im benachbarten Wendbach gehörte. Der Weg führt – stetig leicht steigend und immer am Bach entlang – hinauf bis zum wieder funktionstüchtigen Rameishammer. Die erste wichtige Station ist mit dem bedeutendsten Namen der Trattenbacher Messererzunft verbunden: den Löschenkohls. Ein Löschenkohl soll der erste Feitelerzeuger gewesen sein, und ein Löschenkohl ist heute der letzte Feitelerzeuger von Trattenbach (siehe S. 396).

Das herrschaftlichste Haus im Graben gehört der alten Messererfamilie Stübinger. Hier werden schon lange keine Feitel mehr erzeugt. Bereits 1904 wurde das Werk zu einer Nagelfabrik und Drahtzieherei umgerüstet; heute hat der Betrieb seinen Schwerpunkt im Bereich des Vertriebs von computergesteuerten High-Tech-Maschinen. Der restaurierte Gebäudekomplex Wegscheid beherbergt ein neu eingerichtetes *Museum*, in dem das Leben und die Geschichte der Trattenbacher Feitelmacher geschildert werden. Weiter geht es zur wieder instand gesetzten «Schleife am König», wo die schon vergessene – und sehr gefährliche – Kunst des Messerschleifens vorgeführt wird. Wo heute die Post untergebracht ist, befand sich früher ein Gasthaus, in dem die Zusammenkünfte der Zunft stattfanden. Gerettet und revitalisiert wurde die *Drechslerei am Erlach*, wo jetzt wieder die Herstellung von Feitelheften nach überlieferten Formen und Mustern vorgeführt wird, in der sich der Besucher auch selbst versuchen kann. In der danebenliegenden «Drahhütt'n» werden bäuerliche Produkte ausgeschenkt. Wer mit Kindern hierhergekommen ist, kann sich ruhig gemütlich niederlassen. Die großzügig angelegte Wasserspiellandschaft am Bach mit Wasserrädern, Fluder- und Stauanlagen lädt zum Spielen, Bauen und Experimentieren ein.

Fabriksgebäude in Trattenbach

Gleich nebenan, an der Feitelstraße, befindet sich das Betriebsgelände der zweiten noch bestehenden *Messerfabrik* Trattenbachs. Auch beim Hack werden keine Feitel mehr erzeugt, sondern Jausen-, Küchen- und Besteckmesser. Längst verwaist ist dagegen der oberhalb in einem kleinen Steinhaus gelegene Rameishammer mit dem wiederhergestellten oberschlächtigen Wasserrad. Hier – am Doppelschwanzhammer von 1878 – wird wieder gezeigt, wie die Trattenbacher einst ihre Feitelklingen geschmiedet haben.

THEMATISCHER WANDERWEG «Im Tal der Feitelmacher», Ausgang: Bahnhof Trattenbach oder Parkplatz Taleingang; leicht ansteigende Route, auch für Kinderwägen und Rollstühle geeignet; Gehzeit: je nach Besichtigungen 2–4 Std., Ausgangspunkt für Wanderungen, Führungen gegen Voranmeldung im Tourismusverband Ternberg, Tel. 07256/8865, Fax DW 18, dort auch Auskünfte über Vorführungen in den Museumsbetrieben und Öffnungszeiten der Messerbetriebe Löschenkohl und Hack. **LITERATUR** Gerald Rettenegger, Helmut Daucher: Auf des Messers Schneide. Bilder vom Überleben des Eisengewerbes auf dem Lande, Weitra 1994.

DER LETZTE FEITELMACHER

Die Erzeugung der Feitel in Trattenbach ist seit jeher eng mit dem Namen Löschenkohl verbunden. Zu Anfang des 16. Jahrhunderts soll sich Bartholomäus Löschenkohl, aus Frankreich kommend, in Steinbach niedergelassen haben. Seine zusammenklappbaren Taschenmesser mit der eigentümlichen Klingenform und den gerippten Holzgriffen erregten sogleich Aufsehen. Von den Steinbacher Messerern anfangs eher verachtet, fanden die Feitel beim Volk bald reißenden Absatz, sie werden noch heute Franzosen genannt. Warum die Löschenkohls ihre Werkstätte von Steinbach über die Berge nach Trattenbach verlegten, ist nicht überliefert; Neid dürfte dabei eine Rolle gespielt haben. Als die Trattenbacher Messerer noch zur Steinbacher Zunft gehörten, verzeichneten die Zunftbücher unter den 82 Meisteraufnahmen nicht weniger als 53 Löschenkohls. Und von den 199 Jungmeistern, die zwischen 1684 und 1854 in die nun eigenständige Trattenbacher Zunft aufgenommen wurden, trugen gar 145 den Namen Löschenkohl. Für die Dauer des Bestehens der Zunft läßt sich daher behaupten: Wer in Trattenbach Löschenkohl hieß, brauchte sich um sein Brot keine Sorgen zu machen.

Das Stammhaus der Löschenkohls steht seit dem 16. Jahrhundert an der gleichen Stelle am Bach. Die hauseigene Drechslerei wurde 1897 gebaut und lieferte bis vor nicht allzu langer Zeit die Hefte für die Feitel. Die letzte originale Taschenfeitelerzeugung findet im Betriebsgebäude nebenan statt. Der Trattenbach versorgt den Betrieb wie eh und je mit seiner

Energie. War es früher ein Wasserrad, so ist es jetzt der Strom aus der hauseigenen Turbine, der die behäbigen Maschinen antreibt. Der Klingenstahl – einst bestes Scharsach aus den Nachbartälern – wird heute in Stahlblechplatten zugekauft. Die Rohlinge werden mit dem Federhammer herausgestanzt. Ein automatisch geregelter Ofen übernimmt das Härten des Stahls, das bis vor nicht allzu langer Zeit ein streng gehütetes Familiengeheimnis war. Das Schleifen geschieht heute ebenfalls überwiegend automatisiert. Die Holzgriffe werden zugekauft, das Färben wird weiterhin vom Feitelmacher besorgt. In den düsteren Gewölben erzeugen drei Beschäftigte – neben Küchen- und Brotmessern – noch etwa 60.000 Feitel pro Jahr in drei Ausführungen. Bevor ihn die chinesische Billigkonkurrenz vom tunesischen und marokkanischen Markt vertrieb, wo die Klappmesser zur Bananenernte verwendet werden, stellte der Betrieb bis zu eineinhalb Millionen Messer pro Jahr her. Heute dient der Feitel fast ausschließlich als Souvenir, und sein Preis ist so gesunken, daß sich die Herstellung kaum mehr lohnt.

Johann Löschenkohl versucht dennoch, den harten Zeiten die Stirn zu bieten. Er hat seinen Betrieb für Besucher geöffnet, arbeitet mit Reisever-

Johann Löschenkohl mit dem Zunftzeichen der Feitelmacher

anstaltern zusammen, deren Busse Pensionisten oder Betriebsausflüge in das enge Tal chauffieren. Unten am Bach werden die Besucher mit der Geschichte vertraut gemacht, das wertvolle Zunftschild von 1660 wird zum Beweis hochgehalten. In den engen Räumen der Werkstatt kann man die Feitelproduktion hautnah erleben und am Ende ein gutes Stück erstehen. Dem aufmerksamen Besucher bleibt nicht verborgen, wie schwierig es ist, die Erfordernisse eines kleinen Produktionsbetriebs mit einem Schaubetrieb zu verbinden, vor allem dann, wenn gerade ein Auftrag termingerecht fertig werden soll. Noch zehrt der letzte Feitelmacher vom Stolz, ein Löschenkohl und ein Trattenbacher zu sein. Wie lange noch?

Taschenfeitel-Schaubetrieb Johann Löschenkohl, Öffnungszeiten: Mo–Do 7–15.30, Fr 7–12 Uhr sowie n.V.; Voranmeldung: Tel. 07256/8354, Fax DW 4.

WANDERUNG AUF DEN SCHOBERSTEIN: AUSSICHTSKANZEL INS ALPENVORLAND

In der Kulisse der Voralpengipfel fällt der Schoberstein mit seinem zackigen Gipfelkamm besonders auf. Er wird sowohl vom Enns- als auch vom Steyrtal aus gern bestiegen, und an schönen Sonntagen sollten sich Liebhaber einsamer Wanderungen ein anderes Ziel suchen. Die hier vorgeschlagene Variante ist wegen ihrer Kurzweiligkeit insbesondere mit Kindern zu empfehlen. Ausgangspunkt ist das *Berggasthaus Klausriegler* oberhalb von Trattenbach. Wer bereits vom Tal aufsteigt (Bahnhaltestelle), benötigt bis hierher bereits etwa eineinhalb Stunden. Vom Klausriegler weist die Markierung Nr. 481 über eine Wiese steil nach oben in den schattigen Wald. Der steinige Pfad führt stetig bergauf, sodaß man schnell an Höhe gewinnt. Mit dem Erreichen einer kleinen Lichtung mit Rastbankerl ist bereits die halbe Strecke geschafft. Hinter dem Sattel zwischen Pfaffenmauer und Schoberstein beginnt ein weitläufiges Almgebiet mit freier Aussicht auf das langgestreckte Sengsengebirge. Nur mehr leicht bergauf führt hier der Kammweg relativ mühelos zur Schobersteinhütte. Vor der Hütte zweigt der kurze Weg zum Gipfelkreuz ab, von wo die Felswand steil nach Norden abfällt. Bei klarer Sicht läßt sich von hier aus wie von einer Aussichtskanzel fast das gesamte in diesem Buch beschriebene Gebiet überblicken.

Die *Schobersteinhütte* ähnelt in ihren Dimensionen und in ihrem gastronomischen Angebot schon mehr einem Berggasthof als einer Berghütte. Für den vorgeschlagenen Rückweg folgt man den Wegweisern zur Grünburger Hütte und später dem Weg Nr. 483 bis zu einer Forststraße, auf der man scharf rechts abzweigt. Ein schmaler Pfad führt bald danach nach links in den Wald zu einer Marienkapelle, von dort weiter bergab durch lockeren Wald bis zu einer Forststraße, die den rasch breiter werdenden Trattenbach begleitet. Bei einer Abzweigung halte man sich an den talwärts führenden rechten Straßenast, neben dem sich zur Linken bald ein tiefer Bacheinschnitt auftut. Dort hinunter stürzt der unvermittelt nach einer kleinen Brücke auftauchende *Schreibbachwasserfall.* Kurz danach zweigt nach rechts

Ein beliebtes Wanderziel: das Schobersteinhaus (1260 m)

ein abgeschrankter Forstweg in Richtung Klausriegler ab. Zwischen Obstbäumen und Almwiesen führt der Weg schließlich in einem weiten Bogen dorthin zurück – und fast zwangsläufig in den schattigen Garten dieses bereits zur Institution gewordenen Gasthauses.

RUNDWANDERUNG auf den Schoberstein, Ausgang: Trattenbach, Gasthaus Klausriegler (652 m), einfache, gefahrlose Bergwanderung. Gehzeiten: Klausriegler–Schoberstein (1285 m) 1,5 Std., Abstieg über Mandlmais und Schreibbachwasserfall 2 Std., Gesamtgehzeit: 3,5 Std., vom Bahnhof Trattenbach aus 6 Std. Einkehrmöglichkeit: Schobersteinhaus (1260 m), ganzjährig bewirtschaftet, Übernachtung in Betten und auf Lagerplätzen, Tel. 07584/2035. **ESSEN UND TRINKEN** Gasthof Klausriegler, Schobersteinstraße 10 (oberhalb von Trattenbach), Tel. 07256/8907, Ruhetag: Do, schöner Gastgarten mit Aussicht.

Nützliche Tips und Adressen in der Pyhrn-Eisenwurzen

Mitarbeit: David Forster

HILFREICHE ADRESSEN

ALLES FÜR DEN GAST

Urlaubsinformation Österreich, Margaretenstraße 1, 1040 Wien, Tel. 01/587 20 00, Fax 01/588 66-20

Oberösterreich Information, Kapuzinerstraße 3, 4021 Linz, Tel. 0732/77 30 24, Fax 0732/77 30 25

Landesverband für Tourismus in Oberösterreich, Schillerstraße 50, 4010 Linz, Tel. 0732/77 12 64, Fax 0732/60 02 20

Tourismusinformation Pyhrn-Eisenwurzen, Am Kirchenplatz 7–9, 4560 Kirchdorf, Tel. 07582/624 50, Fax 07582/649 07-20 (Pyhrn-Eisenwurzen ohne Stadt Steyr und Almtal)

Tourismusverband Steyr, Stadtplatz 27, 4400 Steyr, Tel. 07252/532 29, Fax DW 15 (Stadt Steyr und Umgebung)

Tourismusinformation Salzkammergut, Postfach 130, 4820 Bad Ischl, Tel. 06132/269 09, Fax DW 14 (Almtal)

NATIONALPARK-INFORMATIONSSTELLEN

4463 Großraming, Kirchenplatz 3, Tel. 07254/8414

4580 Windischgarsten, Hauptstraße 56, Tel. 07562/6137

4592 Leonstein, Obergrünburg 340, Tel. 07584/3651-0

EISENSTRASSEN-INFORMATIONSSTELLE

Verein Eisenstraße Oberösterreich, Alter Pfarrhof, 4594 Steinbach an der Steyr, Tel. 07257/8585

AUSFLUGSREISEVERANSTALTER IN DER REGION

Eckersdorfer, 4580 Windischgarsten 42

Eckhart, 4582 Spital/Pyhrn 295

Englmaier Reisen, Kirchenstraße 11, 4540 Bad Hall

Heidi's Reisen, 4560 Inzersdorf 225

Ostarrichi Reisen, Marktplatz 8, 3335 Weyer

Riedler, E., 4573 Hinterstoder 20

Riedler, H., Mitterstoder 35, 4573 Hinterstoder

Schwanninger, Garsteneckstr. 223, 4580 Windischgarsten
Varga, Seebach 57, 4582 Spital/Pyhrn
Weiermair Reisen, Hauptplatz 23, 4560 Kirchdorf

IM FALL DES FALLES

Feuerwehr:	Tel. 122
Gendarmerie/Polizei:	Tel. 133
Rettung:	Tel. 144
Landeskrankenhaus Kirchdorf:	Tel. 07582/696-0
Landeskrankenhaus Steyr:	Tel. 07252/880-0

ANREISE

AUF DER SCHIENE

Großräumige Anreise aus Richtung Wien oder Salzburg mit der Westbahn, aus Richtung Graz mit der Pyhrnbahn.

Almtal: Bahnlinie Wels–Grünau, ungefähre Anreisezeit Wien–Grünau: 3 Std. 30 Min.

Kremstal: Pyhrnbahn von Linz oder Graz, ungefähre Anreisezeit Wien–Kirchdorf: 3 Std.

Steyrtal: Pyhrnbahn von Linz oder Graz bis Klaus (Bundesbusanschluß) oder Kronprinz-Rudolf-Bahn von St. Valentin bis Steyr (Bundesbusanschluß), ungefähre Anreisezeit Wien–Steyr: 2 Std. 15 Min., Wien–Klaus: 3 Std. 15 Min.

Garstner Becken und Stodertal: Pyhrnbahn von Linz oder Graz (Bundesbusanschluß nach Hinterstoder), ungefähre Anreisezeit Wien–Windischgarsten: 3 Std. 30 Min.

Ennstal: Kronprinz-Rudolf-Bahn (Anbindung an die Westbahn bei St. Valentin), Gesäusebahn (Anbindung an die Westbahn bei Amstetten, an die Pyhrnbahn bei Selzthal), ungefähre Anreisezeit Wien–Steyr: 2 Std. 15 Min., Wien–Weyer: 2 Std. 15 Min.

AUF DER STRASSE

Westautobahn A 1 und Pyhrnautobahn A 9
ARBÖ, Hausmaning 165, Kirchdorf, Tel. 07582/636 60
ÖAMTC, Weinzierlerbrücke, Micheldorf, Tel. 07582/610 10-0

IN DER LUFT

Flughafen Hörsching bei Linz, Tel. 07221/727 00, Betonpiste: 2660 m, für VFR- und IFR-Flüge
Flugplatz Wels (öffentlich), Tel. 07242/264 99-16, Betonpiste: 1180 m
Privatflugplatz Hofkirchen (zwischen Enns und Steyr), Tel. 07225/332, Graspiste: 448 m
Privatflugplatz Scharnstein, Tel. 07615/7380, Graspiste: 640 m

AUTOVERMIETUNG

Arac, Christian-Coulin-Straße, 4020 Linz, Tel. 0732/65 83 60
Avis, Europaplatz 5–9, 4020 Linz, Tel. 0732/66 29 81
Buchbinder, Bambergstraße 44, 4560 Kirchdorf, Tel. 07582/632 82
Buchbinder, Dauphinstraße 27 und Stockhofstraße 42 und Untere Donaulände 15, 4020 Linz, Tel. 0732/31 11 91 und 0732/66 48 38 und 0732/77 30 51
Doppler, M., Hauptstraße 77, 4020 Linz, Tel. 0732/73 73 77
Europcar, Wiener Straße 91, 4020 Linz, Tel. 0732/60 00 91
Hertz, Bürgerstraße 19, 4020 Linz, Tel. 0732/78 48 41
Hackl, Mostnystraße 10, 4020 Linz, Tel. 0732/75 00 85
Lechner, Schmiedstraße 33, 4591 Molln, Tel. 07584/2473
Steinbichler, Garnweid 12, 4591 Molln, Tel. 07584/2804
Schwaiger, Kleinschnaidt 15, 3334 Gaflenz, Tel. 07446/512

MIT DEM RAD

Oberösterreichisches Radwegnetz: siehe Umschlaginnenseite hinten

ZU FUSS

Weitwanderwege, die die Region berühren:
WW 01: Nordalpiner Weitwanderweg (Neusiedler See–Bodensee)
WW 04: Voralpiner Weitwanderweg (Wienerwald–Berchtesgaden)
WW 06: Oberösterreichischer Mariazeller Weg (Linz–Mariazell)

WW 08: Eisenwurzenweg (Waldviertel–Karawanken)

WW 09: Salzsteigwanderweg (Leonfelden/Mühlviertel–Wurzenpaß)

IN DIE BERGE

WANDERFÜHRER UND BÜCHER

Amt der oö. Landesregierung (Hg.): Der Almanach. Die grünen Dächer Oberösterreichs, Linz 1997

Otto Harant und Wolfgang Heitzmann: Oberösterreichische Voralpen, Steyr 1996

Otto Harant und Wolfgang Heitzmann: Reichraminger Hintergebirge, Steyr 1990 (mit 100 Wandervorschlägen)

Erika Kaftan: Wanderungen in der Sagenwelt der Region Pyhrn-Eisenwurzen, Linz 1993

Gerhart Prell: Totes Gebirge. Ein Landschaftsbuch über die Alpen zwischen Traun und Steyr, Steyr 1989

Rother Alpenvereinsführer Totes Gebirge

Rother Auswahlführer Nördliche Kalkalpen -- Höhenwege

Michael Wasner: 50 Wandertips, Linz 1990; 50 neue Wandertips, Linz 1991; 52 Rad- und Wandertips, Linz 1993

WANDERKARTEN

Grünau/Almtal, Steyrtal, Sengsengebirge, freytag & berndt, 1:50.000

Totes Gebirge, Windischgarsten, Tauplitz/Liezen, freytag & berndt, 1:50.000

Steyr-Waidhofen/Y., Hochkar, freytag & berndt, 1:50.000

Nationalparkwanderkarten mit Kurzlexikon zum Nationalparkgebiet, 1:35.000, Blatt 6: Sengsengebirge, Blatt 7: Großraming, Blatt 9: Spital am Pyhrn/Windischgarstner Tal, Blatt 10: Reichraminger Hintergebirge, Übersichtskarte Nationalpark Kalkalpen, 1:100.000 (erhältlich in den Nationalpark-Informationsstellen Großraming, Tel. 07254/8414, Windischgarsten, Tel. 07562/6137, Leonstein, Tel. 07584/3651, Fax 07584/3654)

BERGFÜHRER UND KLETTERSCHULEN

Prielschutzhaus, Andreas Frech, Tel. 07564/5347
Bergführer Helmut Steinmaßl, Spital/Pyhrn, Tel. 07563/7191
Bergführer Rupert Stummer, Spital/Pyhrn, Tel. 07563/249
Bergsteigerschule Wasserbauer, Windischgarsten, Tel. 07562/8018
Flugschule Wings, Windischgarsten, Tel. 07562/7767

ALPINVEREINE

Naturfreunde-Touristenverein, Landesgruppe OÖ, Landstraße 36/III, 4020 Linz, Tel. 0732/77 26 61
Österreichischer Alpenverein, Landesverband OÖ, Herrenstraße 7/I, 4020 Linz, Tel. 0732/77 10 23

SCHUTZHÜTTEN UND BERGGASTHÄUSER

Verzeichnisse finden sich auf den obengenannten freytag-&-berndt-Wanderkarten.

NOTFÄLLE

Bergrettung über die nächstgelegene Schutzhütte oder Gendarmeriedienststelle rufen.

EINKAUFEN

Einkaufszentren sind die Städte Enns, Kirchdorf und insbesondere Steyr. Angenehm einkaufen kann man auch in den Märkten Bad Hall, Kremsmünster, Weyer und Windischgarsten.
Öffnungszeiten: Im allgemeinen sind die Geschäfte über Mittag geschlossen (meist zwischen 12 und 14 Uhr). Dasselbe gilt für Postämter und Banken.

TYPISCHE GESCHENKE

Dörrobst aus Steinbach, Alter Pfarrhof Steinbach an der Steyr
Feitel (Taschenmesser) aus Trattenbach bei Ternberg
Käsesortiment aus der Stiftskäserei Schlierbach, Schaukäserei
Kerzen vom größten Kerzenerzeuger Österreichs, Hofer in Weyer

Konfiserie: Bad Haller Taler (Schokolade-Marzipan), erhältlich in der Konditorei Pürstinger am Hauptplatz und im Café-Restaurant Pürstinger, Ing.-Pesendorfer-Straße 6

Maultrommeln aus Molln aus einer der drei Werkstätten

Öle (Distel, Raps, Sonnenblumen), erhältlich ab Hof oder auf den Bauernmärkten

Schafwollprodukte vom Bauern, eine ausgewählte Adresse: Stefan Strutzenberger, Waldneukirchen, Steinerdorf 33, Tel. 07258/3833 (am Radweg Waldneukirchen–Sierning)

Schnäpse (z.B. Apfel-, Holler- oder Zwetschkenschnaps oder Nußgeist) in schönen Flaschen: erhältlich ab Hof oder auf den Bauernmärkten, eine ausgewählte Adresse: Peterseil, Natzberg 13, Nußbach, Tel. 07587/7313

Wein von den Wachauer Gütern des Stiftes Kremsmünster, Stiftsshop Kremsmünster

SCHÖNE BAUERNMÄRKTE

Garsten: jeden Samstag 7.30–10.30 Uhr am Platzl

Kremsmünster: jeden Freitag 14–18 Uhr am Marktplatz

Schlierbach: jeden Samstag 8–11.30 Uhr im Ort (neben Gasthaus Schröcker)

Weyer: jeden Samstag 7–12 Uhr am Marktplatz

SPRACHE

ZUR MUNDART IN DER PYHRN-EISENWURZEN

In Oberösterreich gibt es keine einheitliche Mundart. Als typisch oberösterreichisch gilt die Mundart des Hausruckviertels, die ehemalige Landesgrenze zum Innviertel stellt noch heute eine scharfe Mundartgrenze dar. Der bekannteste Mundartdichter Oberösterreichs, auf den auch der Text der Landeshymne «Hoamatland» zurückgeht, Franz Stelzhammer (1802–1874), war übrigens Innviertler. Im Osten des Landes verläuft die Mundartgrenze im wesentlichen entlang des Kremsflusses und auf dieser Linie weiter nach Norden und

Süden. Die Mundart der Pyhrn-Eisenwurzen ist eine Übergangs- und Mischmundart zum angrenzenden niederösterreichischen Mostviertel, auch sprachlich hat die gemeinsame Eisen-Vergangenheit also ihre Spuren hinterlassen. Natürlich gibt es auch innerhalb der Pyhrn-Eisenwurzen, in den einzelnen Tälern, oft sogar in einzelnen Orten, spezifische Ausprägungen der Mundart.

Der Sprachschatz der Pyhrn-Eisenwurzen ist von der Arbeit der Handwerker und Bauern geprägt und hat sich bei letzteren am besten erhalten, wenn auch mit der Veränderung der Arbeitstechnik viele Ausdrücke, die früher wichtig waren, verschwunden sind. Den besten, noch dazu kostenlosen Sprachkurs im regionalen Dialekt vermittelt daher ein Urlaub am Bauernhof. Einen lebendigen Eindruck von der im Raum Steyr gesprochenen Mundart erhält man durch einen Besuch im Steyrer Kripperltheater (siehe dazu den entsprechenden Abschnitt im Kapitel «Steyr»). Einer der bekanntesten Mundartdichter der Region war der Losensteiner Anton Schosser (1801–1849). Näheres über Schosser kann man im Losensteiner Heimatmuseum im Gemeindeamt Losenstein erfahren. Ein bekannter Mundartdichter der Region war auch der Pfarrer Norbert Purschka (1813–1898), der zuletzt in Waldneukirchen lebte. Von ihm stammt die folgende Kostprobe:

Bin a Bauer	sagt er
drunt vom Dorf	sagt er
und in Most	sagt er
trink i scharf	sagt er
a paar Maßl	sagt er
trink i schan	sagt er
kennt ma neamt	sagt er
nixi an	

BRAUCHTUM UND FESTE

Faschingsumzüge (am Faschingssonntag) finden in sehr vielen Orten statt. Am Faschingsdienstag findet in Sierning der Rudenkirtag mit eindrucksvollen Volkstänzen statt.

Der **Palmsonntag** wird vielerorts mit Prozessionen begangen. Besonders prächtige Palmbuschen gibt es in Weyer und Hinterstoder zu sehen.

Weit über die Grenzen der Region hinaus bekannt ist der **Georgiritt** in Micheldorf, ein Reiterzug in historischen Kostümen auf den Georgenberg, der jedes zweite (gerade) Jahr um Georg (24. April) herum stattfindet.

Nahezu an allen Orten werden die mit Reisiggirlanden geschmückten **Maibäume** aufgestellt. Das Maibaumkraxeln der Dorfjugend hat sich als Brauch gehalten.

Zu den Maifesten gehören auch die **Florianifeste** der Feuerwehrleute (um den 4. Mai), wobei jenes in Enns, wo der hl. Florian ertränkt wurde, besonders hervorzuheben ist.

Unter den **Fronleichnamsprozessionen** ist die um die Wallfahrtskirche von Frauenstein führende besonders eindrucksvoll.

Ein bedeutendes lokales Ereignis ist das Fest für den ersten Abt Garstens, den **hl. Berthold** (um den 27. Juli).

Goldhaubengruppen haben den alten Brauch der **Kräuterweihe** am 15. August (Maria Himmelfahrt) wiederbelebt. Um eine Neueinführung handelt es sich beim **«Tag der Tracht»**, der von lokalen Vereinen im August veranstaltet wird.

Teilweise stark kommerzielle Züge tragen viele der in den Sommermonaten stattfindenden Ortsfeste. Bekannt geworden ist insbesondere das **Lederhosenfestival** in Windischgarsten (Anfang August).

Selten geworden sind die festlichen **Almabtriebe**. In Grünau, Spital am Pyhrn und Hinterstoder werden sie noch gepflegt (Anfang September).

Wallfahrtszeit ist im Oktober, an den Goldenen Samstagen nach Michaeli (19. September). Der prominenteste **Kirtag** findet in Adlwang statt.

Um den 6. November (Leonhard) werden an manchen Orten wieder **Leonhardiritte** veranstaltet. Bereits eine lange Tradition hat der Leonhardiritt von Pettenbach nach Heiligenleithen am ersten Sonntag im November.

Beliebt ist der **Martinimarkt** in Gleink (um den 11. November).

Ein bekannter **Krampusumzug** findet jedes zweite (gerade)

Jahr in Windischgarsten statt (5. Dezember).

Der **Stiftertag** in Kremsmünster (11. Dezember), den die Mönche mit einem feierlichen Essen begehen, hat sein weltliches Pendant im Bratwürstelessen am ersten Adventsonntag gefunden.

Weit verbreitet sind in jüngster Zeit die **Adventmärkte**. Der bekannteste findet in Garsten statt. Damit verbunden, wurde in der Gegend von Steyr die Kripperltradition wiederbelebt («Kripperlroas»). Auch Steinbach an der Steyr ist mit seinem «Adventkalender» zu einem beliebten Ausflugsziel in der Vorweihnachtszeit geworden.

• MUSEEN / KULTURELLE VERANSTALTUNGEN •

DIE SCHÖNSTEN MUSEEN

Bad Hall: Oberösterreichisches Handwerkermuseum und Heimathaus

Enns: Museum Lauriacum (römerzeitliche Sammlungen)

Hinterstoder: Alpineum

Kremsmünster: Kunstsammlungen und naturkundliche Sammlungen im Stift; Musikinstrumentenmuseum im Schloß Kremsegg

Micheldorf: Oberösterreichisches Sensenschmiedemuseum

St. Florian: Bildgalerie Donauschule im Stift, bäuerliches Freilichtmuseum Sumerauerhof

Steinbach an der Steyr: Messerermuseum

Steyr: Museum Industrielle Arbeitswelt

Weyer: Ennsmuseum Kastenreith

REGELMÄSSIGE KULTURELLE VERANSTALTUNGEN

Internet-Hinweise unter http://www.upperaustria.org/regionen bei pyhrn-eisenwurzen

Bad Hall: Operettenfestspiele, Ende Juni bis Anfang August

Großraming: Europäische Musikwochen, August bis September

Klaus: Musiksommer von Ende Juni bis Anfang September in der Bergkirche

Kremsmünster: Stiftskonzerte von Mai bis September; Bordunmusikfestival, 1. Wochenende im August

Molln: Maultrommelfestivals (unregelmäßig)
St. Florian: Stiftskonzerte von Juli bis September; Hörerlebnis Brucknerorgel, von Mitte Mai bis Mitte Oktober tgl. außer Sa 14.30 Uhr in der Stiftskirche
St. Florian/Schloß Tillysburg: Kammermusikfest, Juli
Schlierbach: Stiftskonzerte von Frühling bis Herbst
Steyr: Schloßkonzerte Rosenegg, Mitte Juni bis Anfang September
Windischgarsten: Kleinkunstfestival, Juni

KULINARISCHES

Was beim Lesen der Speisekarte zu beachten ist

Am Anfang eines mehrgängigen Menüs steht die **Suppe**: Typisch für die Region sind die Rahmsuppe mit Schwarzbrotschnitten und Kümmel, die Erdäpfelsuppe mit Schwammerln oder die Sauhaxl- oder Fiaßlsuppe, zubereitet mit Karotten, Sellerie, Petersilie.

Unter den fleischlichen **Hauptgerichten** stehen Speisen vom Schwein im Vordergrund. Neben dem üblichen Schweinsbraten oder Surbraten findet man manchmal auch traditionelle Zubereitungsvarianten. Etwa in der Steyrer Gegend den Flößerbraten, einen gesurten Schweineschopfbraten mit Gewürzen, in Tannennadeln gedreht und kurz geräuchert, im Rohr gebraten, mit Blaukraut oder warmem Krautsalat sowie Specklinsen und Knödel serviert. Oder das Prasselfleisch, zubereitet aus dem Kronenfleisch an den Rippen, den Nierndln, Teilen der Leber, feinblättrig geschnitten und scharf herausgebraten mit Zwiebel, Knoblauch und Kümmel. Bekannt ist auch der Mostbraten, ein gespickter Schopfbraten (siehe Mostrezepte im Kapitel «Das Steyrtal von Aschbach bis Leonstein»). Bratwurst und Blutwurst mit Kartoffelschmarren und Sauerkraut oder Mostkraut finden sich auf vielen Speisekarten.
Einen hohen Rang nimmt seit eh und je das Wild in allen Variationen ein: Fleisch vom Reh und Hirsch, vom Hasen und der

Wildente, im gebirgigen Teil auch von der Gemse, herkömmlich serviert in Rahmsauce mit Knödeln und Preiselbeeren. Dagegen sind Lammfleischgerichte, früher ein Arme-Leute-Essen, erst neuerdings auf der Speisekarte zu finden.
Knödel sind ganz typisch, entweder als Beilage (Semmel- und Grießknödel), aber auch als Hauptspeise in allen Variationen (Speck-, Haschee- und Grammelknödel), serviert mit Sauerkraut.
In einer wasserreichen Gegend wie der Pyhrn-Eisenwurzen ist es nicht schwer, guten Fisch zu finden. Meist ist es die Forelle, manchmal auch der Saibling, ganz selten ein Huchen aus der Enns.

Als **Nachspeise** werden oft sehr sättigende Mehlspeisen angeboten. Aus der Steyrer Gegend etwa kommen die Beichtspalten, die früher zu Ostern nach den Beichttagen gegessen wurden: Entrindetes Weißbrot wird in Wein getaucht, paniert herausgebacken, in Zimt und Zucker gedreht und mit Weinchaudeau und Ribiselmarmelade serviert. Ebenfalls aus Weißbrotscheiben, gefüllt mit Marmelade, in Ei getunkt und herausgebacken, werden Pofesen bereitet. Für das Ennstal waren einst die Häutelknödel typisch: Der Kern besteht aus aufgekochten, würfelig geschnittenen Dörrzwetschken, die immer wieder durch den Teig gezogen und in Fett herausgebacken werden, so entstehen Schichten, je nach Haus unterschiedlich viele. Im Gasthof Mayr in St. Ulrich sind es sieben. Serviert wird mit Fruchtmus. Öfter auf der Speisekarte finden sich Mehlspeisen mit Most wie der Mostschober (ein mit Most übergossener und kalt gestellter Nußkuchen, siehe Mostrezepte im Kapitel «Das Steyrtal von Aschbach bis Leonstein») oder die Mostkeks, ein mit Most versetzter Mürbteig, gefüllt mit Marmelade. Unter den Obstknödeln ist der Zwetschkenknödel der beliebteste. Neben dem Kaiserschmarren findet man auch Apfelschmarren oder Birnenschmarren.

Zur **Jause**, etwa im Rahmen einer Wanderung, stärkt man sich am besten mit hausgemachtem Topfen mit Schnittlauch, Schafkäse mit Knoblauch und Kernöl oder Schlierbacher Schloßkäse, dazu Hausbrot und Most. Wildwürste oder Wildschinken zählen zu den leider selten angebotenen Spezialitäten.

ESSEN MIT GENUSS – 12 EMPFEHLUNGEN

Bei den örtlichen Servicehinweisen findet sich eine Auswahl der nach Qualität, Ambiente und Lage besten Lokale in den einzelnen Orten. Zusätzlich siehe auch unter Wohnen – Luxusunterkünfte.

Bad Hall: Café-Restaurant Pürstinger, Ing.-Pesendorfer-Straße 6, Tel. 07258/2248, Ruhetag: Fr. Wer Lust auf vielfältige und leichte Küche hat, wird hier fündig werden. Die hauseigene Konditorei ist besonders lecker. In der Adventzeit werden hier auch gute Lebkuchen zubereitet.

Großraming: Gasthof Kirchenwirt, Großraming 21 (gegenüber der Kirche), Tel. 07254/2560, Ruhetag: Sa. Im älteren Teil des Hauses gibt es eine behagliche Gaststube mit dunkler Holztramdecke, Bildern in alten Rahmen, Wirtshausbänken und gemusterten Vorhängen. Gekocht wird gut und bodenständig, das Ennstaler Lamm ist besonders zu empfehlen, bei den Nachspeisen kommen Liebhaber des Kaiserschmarrens auf ihre Rechnung.

Grünau: Gasthaus Deutsches Haus, direkt am Almsee gelegen, Tel. 07616/8332, kein Ruhetag während der Saison. Wenn immer möglich, wird man im schattigen Gastgarten mit Panoramablick aufs Tote Gebirge essen, bei Schlechtwetter in der gemütlichen Stube. Auf der kleinen Speisekarte sind wunderbar zubereitete Fischgerichte (Saibling, Forelle) besonders hervorzuheben.

Kirchdorf an der Krems: Wirt im Hochhaus, Ottsdorf 28 (von Kirchdorf in Richtung Steinbach am Ziehberg), Tel. 07582/626 13, Ruhetag: So ab 14 Uhr und Mo. Das «Hochhaus» ist einen Stock hoch, das gab ihm – umgeben von ebenerdigen Häusern – seinen Namen. Was dem Gast in den behaglichen Räumen serviert wird, braucht keinen Vergleich zu scheuen; wunderbar sind auch die Nachspeisen.

Kronstorf: Gasthof Rahofer, Hauptstraße 18, Tel. 07225/8303, Ruhetage: So und Mo. Im mächtigen zweigeschossigen Vierkanter mit Granitsäulen und Arkaden hat man die Wahl zwischen Jugendstilrestaurant, gemütlicher Gaststube oder dem Innenhof. Für die gekonnte Mischung aus bodenständigen Gerichten und leichten, raffinierten Speisen werden der Qualität angemessene Preise verlangt. Zu den Spezialitäten des Hauses zählt der Mostschober mit Mostschaum und Apfelbrandparfait.

Neuhofen an der Krems: Gasthof Moser, Marktplatz 9, Tel. 07227/4229, Ruhetag: So ab 15 bis Di 17 Uhr. Der Gast kann im originellen Salettl oder im gemütlichen Gastgarten Platz nehmen. Die Küche besticht mit einer Mischung aus traditionellen und neuen Gerichten, die gehobenen Preise werden durch Qualität aufgewogen. Wenn Zwetschkenpofesen auf der Speisekarte stehen, sollte man die Chance nützen. Einer der 60 verschiedenen Hausschnäpse bildet einen würdigen Abschluß.

St. Florian: Gasthof Zur Kanne, Marktplatz 7, Tel. 07224/4288, Ruhetag: Mo und Di bis 17 Uhr, So und Feiertag ab 14 Uhr. Im direkt unterhalb des Stifts gelegenen Gasthaus kann man gute bodenständige Gerichte, eine ordentliche Auswahl an Flaschenweinen, typische Nachspeisen aus der Region und Florianer Bauernschnäpse erwarten.

St. Ulrich bei Steyr: Gasthof Mayr, Pfarrplatz 3, Tel. 07252/520 91-0, Ruhetag: So. Der stattliche Vierkanter mit dem Ausblick auf die Stadt Steyr und den Damberg befindet sich seit 600 Jahren in Familienbesitz. Gegessen wird in der gemütlichen Gaststube mit Kachelofen oder der holzgetäfelten Moritzstube, im Sommer im schattigen Gastgarten. Auf dem Speiseplan stehen regions- und jahreszeitentypische Gerichte, darunter einige längst vergessene und wiederentdeckte wie der Sieben-Häutel-Knödel (November bis Jänner) oder die Beichtspalten (Osterzeit).

Steinbach am Ziehberg: Gasthof Weitenau, am westlichen Ortsende, Tel. 07582/7202, Ruhetag: Mi. Im großen, wohlproportionierten Gasthof mit seinen schönen Fensterkörben finden sich gemütliche Stuben mit gepflegten Schiffböden, schönen alten Holztramdecken und hübschen Vorhängen. Der Gastwirt ist zugleich Landwirt, Fleischhauer und Jäger, seine Qualitätsprodukte werden von seiner Frau in der Küche in kulinarische Gerichte verwandelt und liebevoll serviert – und das zu anständigen Preisen.

Steyr: Quenghof, Spitalskystraße 12 (an der Straße Richtung Christkindl), Tel. 07252/488 35, Ruhetag: Fr. Das als barocker Vierkanter errichtete Gebäude gehörte einst zum Schloß der Grafen zu Lamberg; das Ambiente eines Landgutes hat sich im Inneren erhalten. Auf der Speisekarte stehen traditionelle und neue Gerichte. Wer den Mostbraten kennenlernen will, ist hier an der richtigen Adresse.

Vorderstoder: Steinerwirt, im Ortszentrum, Tel. 07564/8313, Ruhetag: Mi. Von Mo bis Fr nur Abendbetrieb. Die Gaststube ist geschmackvoll eingerichtet, der Gastgarten einladend, die Speisekarte klein, aber fein. Das Mohnsoufflé als Nachtisch sollte man sich nicht entgehen lassen.

Windischgarsten: Hotel-Restaurant Schwarzes Rössl, im Ortszentrum, Tel. 07562/7011-0. In diesem traditionsreichen Haus mit der holztramgedeckten alten Gaststube wurden einst die Löhne der Sensenarbeiter ausbezahlt. Angenehm sitzt man auch im Innenhof mit Laubenterrasse. Gekocht wird traditionell und neu, zudem gibt es italienische Spezialitäten.

ESSEN IM FREIEN – DIE 10 SCHÖNSTEN GASTGÄRTEN, INNENHÖFE UND TERRASSEN

Bad Hall: Gasthof Hofwirt Schröck, Hehenberg 1 (2 km in Richtung Rohr), Tel. 07258/2274, Ruhetage: Mo, Di. Unter Kastanienbäumen ißt man am besten Fische aus dem hauseigenen Teich. Von den Nachspeisen sind die Powidltascherln erste Klasse.

Frauenstein (bei Molln): Gasthof Federlehner, Tel. 07585/512, Ruhetage: Mo und Di. Von der Terrasse des unmittelbar neben der Wallfahrtskirche gelegenen Gasthofs aus sind die Kremsmauer und das Sengsengebirge zum Greifen nahe.

Garsten: Gasthaus Hammermeister, Dambachstraße 101 (am Ende des Dambachtals, beim Aufgang zum Damberg), Tel. 07252/521 03, Ruhetag: Mo. Im Gastgarten vor dem traditionsreichen Haus ißt man unter Kastanienbäumen Bodenständiges wie Rinderbraten und Wildgerichte, als Nachtisch hausgemachte Mehlspeisen.

Hinterstoder: Gasthof Gressenbauer (an der Straße Richtung Vorderstoder), Tel. 07564/5359. Von der Terrasse aus blickt man direkt auf das bekannte Panorama von Großem Priel und Spitzmauer.

Kremsmünster: Gasthaus «Baum mitten in der Welt», Gustermairberg 86, Tel. 07583/304, Ruhetag: Do. Mitten in der Wiese sitzend, kann man einen traumhaften Rundblick auf Kremsmauer und Totes Gebirge genießen.

Schlierbach: Gasthaus Zu Dorf (am nördlichen Ortsrand), Tel. 07582/813 05, Ruhetag: Mo. Vom Gastgarten mit Tischen in der Wiese und unter Obstbäumen blickt man auf Schloß Dorff. Gekocht wird mit Produkten aus der hauseigenen Fleischerei, geschmackvoll, einfach und sehr preisgünstig.

Sierning: Gasthof Forsthof, Neustraße 29 (am Ortsende Richtung Bad Hall), Tel. 07259/231 90, Ruhetag: So u. Feiertag ab 15 Uhr. Im Arkadenhof des stattlichen und traditionsreichen Vierkanters läßt es sich gemütlich sitzen. Die Speisekarte bietet bodenständige, gutbürgerliche Kost der gehobenen Art. Einer der berühmteste Gäste war Anton Bruckner, der die Tochter des Hauses verehrte und ihr sein Lied «Die Rose» widmete.

St. Pankraz: Gasthaus Zum Niesl (neben der Kirche), Tel. 07565/220, Ruhetag: Mo, Di. Hausnamenforscher betrachten die Bezeichnung «Niesl» als Abkürzung des Vornamens Dionysos. Unter Kennern ist dieses Gasthaus für seine ausgezeichnete bodenständige und preiswerte Küche bekannt. Vor dem Eingang stehen einige Tische in der Wiese unter den Birnbäumen.

Steyr: Hotel Mader, Stadtplatz 36, Tel. 07252/533 58, Ruhetag: So. Das Haus wurde bereits 1694 als Einkehrgasthof erwähnt. Im Renaissance-Arkadenhof mit Blick auf einen sgraffitogeschmückten Turm werden verfeinerte Hausmannskost und regionale Spezialitäten serviert.

Trattenbach bei Ternberg: Gasthof Klausriegler, Schobersteinstraße 10 (Auffahrt von Trattenbach), Tel. 07256/8907, Ruhetag: Do. Der riesige Vierkanter unterhalb des Schobersteins hat einige schattige Gartenterrassen mit Blick auf die bemalte Hausfassade und ins Gebirge.

WOHNEN

Bei den örtlichen Servicehinweisen findet sich eine Auswahl der nach Ausstattung und Lage (Ruhe, Aussicht) besten Unterkünfte in den einzelnen Orten, wobei drei Sterne als Mindestvoraussetzung galten. Nicht enthalten sind Privatzimmer und Bauernhöfe. Auskünfte erteilen die Tourismusbüros in Kirchdorf, Steyr und Bad Ischl (s.o.: «Hilfreiche Adressen»). Ausführliche Broschüren über Urlaubsmöglichkeiten am Bauernhof sind erhältlich über den Landesverband Bäuerlicher Gästeringe Oberösterreich, Auf der Gugl 3, 4021 Linz, Tel. 0732/6902-248.

AUSGEWÄHLTE LUXUSUNTERKÜNFTE

Romantikhotel Almtalhof, 4645 Grünau im Almtal, Tel. 07616/8204, Fax DW 66. Ursprünglich 1910 als Bahnhofshotel errichtet, ehemaliger Konzertsaal, heute Teil des

Restaurants, Garten, Hallenbad. Qualitativ hochwertige Küche (1 Haube), auch Vollwertspeisen. Saisonbetrieb: Mai bis Oktober, Dezember bis Februar.

Kurhotel Herzog Tassilo, 4540 Bad Hall, Parkstraße 4, Tel. 07258/2611-0, Fax 07258/2611-5. Mitten im Kurpark gelegen, Hoteltherme, Biosauna, Gesundheitsangebote. Zum Kurhotel gehören zwei in unmittelbarer Nähe gelegene Häuser (Mahlzeiten im Kurhotel); Landesvilla: wunderschönes Jugendstilhaus, erbaut in den Jahren 1913/14 nach Plänen von Mauriz Balzarek, weitgehend original erhalten. Villa Rabl: 1866 erbaut nach den Plänen von Theophil Hansen.

Romantikhotel Minichmayr, 4400 Steyr, Haratzmüllerstraße1, Tel. 07252/534 10, Fax 07252/482 02-55. Das Haus wurde 1624 erstmals urkundlich erwähnt. Im Panoramarestaurant (1 Haube) mit Blick auf den Zusammenfluß von Enns und Steyr werden österreichische und regionale Spezialitäten wie der Flößerbraten oder das Steyrer Rahmkoch (eine Nockerl-Nachspeise) serviert.

GESUNDHEITSHOTELS

Bad Hall: Kurhotel Tassilo, Tel. 07258/2611, Fax DW 5

Hinterstoder: Hotel Stoderhof, Tel. 07564/5266, Fax 07564/5401

Losenstein: Gesundheitshaus Stefan & Fessler, Tel. 07255/4344

Roßleithen: Hotel Seebachhof, Tel./Fax 07562/262

Schlierbach: Seminarhaus Spes, Tel. 07582/814 25, Fax DW 54

Windischgarsten: Hotel Dilly, Tel. 07562/264-0, Fax 07562/8714-50; Windischgarstner Hof, Tel. 07562/7331, Fax DW 55

IM ZELT

Klaus/St. Pankraz: Camping Obermayr am Elisabethsee, Tel. 07565/215

Kremsmünster: Hotel-Pension Stadlhuber, Tel. 07583/7498

Pettenbach: Almtal-Camp, Tel. 07586/627

Roßleithen: Camping am Gleinker See, Fam. Stark, Tel. 07562/7503

Spital am Pyhrn: Campingplatz Pyhrn-Priel, Tel. 07562/7066

JUGENDHERBERGEN UND JUGENDGÄSTEHÄUSER

Hinterstoder: Hinterstoder 33, Tel. 07564/5227

Roßleithen: Jugendgästehaus Stoffer, Tel. 07562/7062

Spital am Pyhrn (ÖAV): Spital 44, Anm. ÖAV Linz, Tel. 0732/77 32 95; Jugendheim Lindenhof, Weinmeisterstraße 77, Tel. 07563/213

Steyr: Hafnerstraße 14, Tel. 07252/455 80

Windischgarsten: Villa Sonnwend, Mayrwinkel 1, Tel. 07562/5265; Evangelisches Freizeitheim, Römerweg 250, Tel. 07562/5219

SPORT UND FREIZEIT

DIE SCHÖNSTEN BADEMÖGLICHKEITEN

Seen: Gleinker See bei Roßleithen, Elisabethsee bei St. Pankraz

Freibäder in besonders schöner Lage in Bad Hall, Großraming, Micheldorf, Ternberg

Freibäder mit Erlebniselementen in Enns, Kirchdorf, Kremsmünster, Steyr

Hallenbäder mit Komfort und Aussicht in Bad Hall, Losenstein, Spital am Pyhrn

BOOTFAHREN

Gleinker See, Tel. 07562/7503

Klauser Stausee, Tel. 07585/310

DRACHENFLIEGEN UND PARAGLEITEN

Grünau: Startplatz beim Hochberghaus, Tel. 07616/8477

Hinterstoder: Flugschule Stodertal, Tel. 07564/5600

Micheldorf: Startplatz bei Burg Altpernstein, Tel. 07582/626 09

Molln: Tel. 07584/3017

Ternberg und Leonstein: Take-Off, Drachen- und Gleitschirmschule Poscher, Tel. 07585/462
Windischgarsten: Flugschule Wings, Tel. 07562/7767

EISLAUFEN UND EISSTOCKSCHIESSEN

(nur Wintersportgebiete)
Grünau: Almsee und beim Gasthof Kirchmühle im Ortszentrum
Hinterstoder: Eislaufplatz Sportbuffet Fam. Mühlberger, Tel. 07564/5574
Windischgarsten: Naturbahnen am Gleinker See, Tel. 07562/7503; Natureislaufplatz bei der Tennishalle Hengstpaßstraße, Tel. 07562/8433; Eislaufplatz Jugendheim Lindenhof; Eisstockschießen auch: Union Bahnen/Waidach, Herr Russner, Tel. 07562/5363
Weyer: Naturbahn am Binderweg

FISCHEN

Großraming: Enns und Zuflüsse, Auskunft im Tourismusbüro
Grünau: Alm und Almsee, Auskunft im Tourismusbüro
Grünburg: Steyr, Auskunft in der Touristeninformation
Hinterstoder: Steyr, Auskunft im Tourismusbüro
Klaus: Stausee, Auskunft im Tourismusverband und in der Fischerschule Klauser See, Tel. 07585/82 50 24
Losenstein: Enns, Auskunft im Tourismusverband
Molln: Paltenbach und Krumme Steyrling, Auskunft im Tourismusverband
Reichraming: Enns und Reichramingbach, Auskunft im Tourismusbüro
Vorderstoder: Schafferteich, Auskunft im Gasthof Steinerwirt, Tel. 07564/8313
Weyer: Gaflenzbach und Enns, Auskunft im Kurverband
Windischgarsten: Teichl und Dambach, Auskunft: Forstverwaltung Stoder-Spital, Tel. 07562/317; Gleinker See, Fam. Stark, Tel. 07562/7503

GOLF

Bad Hall/Pfarrkirchen: Golfclub Herzog Tassilo, Franz-Joseph-Straße 4, Tel. 07258/2232; Clubhaus am Blankenbergweg, Tel. 07258/5480

Kematen an der Krems: Public Gold Kremstal, Schachen 20, 4531 Kematen, Tel. 07228/292
St. Florian: Golfclub Linz – Tillysbürg, Tel. 07223/828 73

KANU UND KAJAK

Klaus: Kajak-Sportschule Klaus, Tel. 07585/310
Micheldorf: Winoga-Kanu-Tours, Tel. 07582/645 91

KLETTERN MIT BERGFÜHRERN

Grünau: Herbert Hackl, Tel. 07616/8606
Spital am Pyhrn: Helmut Steinmaßl, Tel. 07563/7191; Rupert Stummer, Tel. 07563/674
Windischgarsten: Bergsteigerschule Siegfried Wasserbauer, Tel. 07562/8018

MINIGOLF

Bad Hall: Kurpark (beim Tennisplatz), Tel. 07258/2188, schöne Lage, interessante Bahnen
Vorderstoder: Minigolfwanderweg, Tel. 07564/8255

NATURRODELBAHNEN

Gaflenz
Großraming
Hinterstoder (beleuchtet)
Kleinreifling
Rosenau/Edlbach (beleuchtet)
Roßleithen
Unterlaussa
Vorderstoder
Sommerrodelbahn: Wurbauerkogel/Windischgarsten, Tel. 07562/5248

RADFAHREN UND MOUNTAINBIKEN

Landesradwege und ausgewählte Radtouren: siehe Umschlaginnenseite hinten
Mountainbiken: besonders viele Wege im Enns- und Steyrtal

Tourenbeschreibungen und Karten:

Mit dem Rad durch die Täler von Pyhrn-Eisenwurzen, Radkarte Schubert & Franzke, 1:125.000

Enns-Radweg, Radtourenbuch von bikeline, 1:100.000, Wien 1996

Mountainbiken im Land der Hämmer, Rad- und Mountainbike-Übersichtskarte Pyhrn-Eisenwurzen mit 8 Tourenvorschlägen, erhältlich über die Tourismusinformation Pyhrn-Eisenwurzen, Am Kirchenplatz 7–9, 4560 Kirchdorf, Tel. 07582/624 50, Fax 07582/649 07-20

Helmut Daucher: Mountainbiken im Land der Hämmer. 35 ausgewählte Rad- und MTB-Touren in der Nationalparkregion Pyhrn-Eisenwurzen, Steyr 1997

Radverleih:

An vielen Bahnhöfen (Anmeldung!) und in vielen Sportgeschäften (siehe Serviceleisten)

RAFTING

Kajak-Sportschule Klaus, Tel. 07585/310

Flugschule Wings, Tel. 07562/7767

Up & Down, Ing. Norbert Mayr, Tel. 0732/60 00 11

REITEN

Hinterstoder: Pferdehof Viva beim Landgasthof Dietlgut, Tel. 07564/5685

Micheldorf: Reitergut Weißenhof, Atzelsdorf 3, Tel. 07582/626 09

Molln: Reitverein Molln, Forsthaus Hausbach, Fr. Gassner, Tel. 07584/3004

Ternberg: Kronawetterhof, Fam. Sparr, Sonnenstraße 3, Tel. 07256/8877

Weyer: Reiterhof Krenn-Edtbauer, Mühlein 3, Tel. 07447/531

Windischgarsten: Reitverein Garstnertal (Seebachhof, Familie Perner), Pichl 103, Tel. 07562/7417

SEGELFLIEGEN

Micheldorf: Tel. 07582/625 52

Scharnstein: Tel. 07615/7380

SKIFAHREN UND SNOWBOARDEN

In den hauptsächlichen Skigebieten Hinterstoder, Spital am Pyhrn/Windischgarsten, Grünau-Kasberg und Gaflenz-Forsteralm gibt es Skischulen und Ausrüstungsverleih.

Schneeauskünfte:

Spital am Pyhrn: Schneetelefon 07563/7000

Hinterstoder: Schneetelefon 07564/5500

Gaflenz/Weyer: in den örtlichen Tourismusbüros

Grünau: Kasbergbahnen, Tel. 07616/8329

SKILANGLAUF

Zentrum des Langlaufsports ist das Garstner Becken (Windischgarsten, Spital am Pyhrn, Rosenau) mit zahlreichen Loipen aller Schwierigkeitsgrade und in unterschiedlichen Höhenlagen. Über ein größeres Loipennetz mit Höhenloipen verfügen auch die Orte Hinterstoder/Vorderstoder, Grünau und Gaflenz. Nähere Auskünfte in den jeweiligen Tourismusbüros.

TAUCHEN

Gleinker See, Fam. Stark, Tel. 07562/7503

TENNIS

Tennisspielen ist in fast allen Orten der Region möglich (siehe lokale Serviceangaben). Spielen am hauseigenen Tennisplatz kann man in folgenden Hotels und Pensionen:

Hinterstoder: Berghotel Hutterer Böden, Tel. 07564/5421

Kremsmünster: Tennis-Center Stadlhuber, Tel. 07583/7498 (auch Rasenplatz)

Sierning: Gasthof Forsthof, Tel. 07259/2319 (auch Squash)

Windischgarsten: Sporthotel Baumschlager, Tel. 07562/7777; Hotel Bischofsberg, Tel. 07562/8855; Hotel Dilly, Tel. 07562/264; Hotel Sperlhof, Tel. 07562/8430

WANDERN

Nationalpark Kalkalpen

Auskunft in den Nationalpark-Infostellen (s.o.: «Hilfreiche Adressen»)

Naturlehrpfade
Hinterstoder
Ternberg
Weyer-Kreuzberg
Windischgarsten

Thematische Wanderwege
Enns: Via historica
Gaflenz: Wallfahrt zum heiligen Sebaldus
Großraming: Knappenweg
Grünburg/Leonstein: Auf den Spuren der Schwarzen Grafen
Hinterstoder: Flötzersteig
Klaus: Natur und Technik am Klauser See
Laussa: Energiepfad
Losenstein: Nagelschmiedweg
Micheldorf: Sengsschmiedroas
Scharnstein: Sensenweg
Sierning: Das Wandern ist des Müllers Lust
Steinbach am Ziehberg: Vom Kalkofen zum Kalksteinbruch
Steinbach an der Steyr: Messererweg
Ternberg/Trattenbach: Im Tal der Feitelmacher
Weyer-Markt: Kunst- und Kulturweg
Weyer-Land: Auf den Spuren von Handel und Transport
Windischgarsten: Millionenweg

WILDWASSERPADDELN

Geeignet sind Teilstrecken der Flüsse Alm, Krumme Steyrling, Laussabach (Weyer-Land), Reichramingbach, Steyr, Teichl.

SPEZIELL FÜR KINDER

Grünau: Cumberland Wildpark, Tel. 07616/8205
Grünau: Kinderland Schindlbach, Tel. 07616/8274
Roßleithen: Wild- und Freizeitpark Enghagen, Tel. 07562/5291

LITERATUR

Werner Dettelbacher: Salzburg, Salzkammergut, Oberösterreich, Köln 1993

Willibald Girkinger und Wolfgang Heitzmann (Hg.): Die Steyr. Landschaft und Menschen am Fluß, Linz 1990

Roland Girtler: Aschenlauge, Linz 1987

Otto Harant und Wolfgang Heitzmann: Reichraminger Hintergebirge, Steyr 1990

Wolfgang Heitzmann (Hg.): Die Eisenstraße, Linz 1987

Rudolf Lehr und Rudolf Lintner: Ein vorletztes Paradies. Zwischen Pyhrn und Krems, Alm und Enns, Linz 1985

OÖ Museumsführer, hg. vom Institut für Volkskultur, Linz 1995

Nationalpark Kalkalpen: Natur im Aufwind. Der Nationalpark in den oberösterreichischen Kalkalpen, Linz 1997

Gerhart Prell: Totes Gebirge. Ein Landschaftsbuch über die Alpen zwischen Traun und Steyr, Steyr 1989

Andreas Resch (Hg.): Mächtig dröhnt der Hämmer Klang. Sensenindustrie und regionale Entwicklung in Scharnstein, Linz 1991

Gerald Rettenegger, Helmut Daucher und Otto Schörkhuber: Hintergebirge. Stilles Leben im grünen Meer, Graz 1992

Gerald Rettenegger und Helmut Daucher: Auf des Messers Schneide. Trattenbach – Bilder vom Überleben des Eisengewerbes auf dem Lande, Weitra 1994

Gerald Rettenegger: Holzknecht. Das Leben der Hinterwäldler, Grünbach 1995

Gerhard Sperl, Hans Stögmüller und Werner Tippelt: Österreichische Eisenstraße, Steyr 1992

Hans Stögmüller: Wehrgraben. Führer durch Geschichte und Arbeitswelt, Steyr 1987

Gerhard Trumler (Hg.): Eisenwurzen. Landschaft – Kultur – Industrie, Wien 1997

Verein Eisenstraße (Hg.): Heimat Eisenwurzen. Beiträge zum Eisenstraßensymposium Weyer, Steyr 1997

Franz R. Vorderwinkler: Auf den Spuren der Kultur. Museen, Stifte, Burgen, Schlösser in Oberösterreich, Steyr 1997

Walter Wippersberg: Der Wehrgraben in Steyr, Steyr 1982
Walter Wippersberg: Die Stadt Steyr, Linz 1990

Zu den wichtigsten modernen Schriftstellern aus der Region, die in ihren Büchern auch zum Teil Bezüge zur Geschichte, zum Land und zu den Menschen der Pyhrn-Eisenwurzen herstellen, zählen Erwin Einzinger, Erich Hackl, Marlen Haushofer (siehe Exkurs), Andreas Renoldner (siehe Exkurs), Walter Wippersberg.

ZEITUNGEN UND ZEITSCHRIFTEN

Die weiteste Verbreitung hat die Tageszeitung «Oberösterreichische Nachrichten» (OÖN). Von regionaler Bedeutung sind die «Kremstaler Rundschau» und die „Steyrer Rundschau».
Urlauber, die sich besonders für die Eisenstraßenthematik interessieren, werden im «Journal Eisenstraße» fündig werden. Es wird vom oberösterreichischen, niederösterreichischen und steirischen Eisenstraßenverein herausgegeben und kann kostenlos über den Verein Eisenstraße bezogen werden (Tel. 07257/8585). Das Museum Industrielle Arbeitswelt in Steyr gibt ein eigenes Museumsjournal heraus (Tel. 07252/77351, Fax DW 11). Auch zum Nationalpark Kalkalpen gibt es eine eigene Zeitschrift: «Natur im Aufwind» erscheint vierteljährlich und kann ebenfalls kostenlos bezogen werden (Tel. 07584/3651, Fax 07584/3654).

ORTSREGISTER

FOTONACHWEIS

Archiv Pyhrn-Eisenwurzen (Seite 39, 102 oben re., 109, 183, 194, 199, 275, 286, 311 unten), /Eder (214)
Bildarchiv/ÖNB Wien (Seite 77, 123)
BMW-Motorenwerke Steyr (Seite 211 unten)
Ennskraftwerke AG/Luftreportagen Hausmann, Wien (Seite 28)
Leonhard Föge (Seite 166, 167)
Günter Forster (Seite 102 unten)
Rudolf Forster (Seite 21, 93, 132, 175, 212, 257, 289, 303, 336, 351, 365, 389, 395, Cover unten Mitte re.)
Wolfgang Heitzmann (Seite 10 oben li., 97, 205, 213 unten, 271, 305, 306 oben re., 307 oben li., 309 oben, 311 oben, 316, 331, 374, 386, 399)
Leo Himsl (Seite 177, 213 oben, 223, 231, 238, 250, 397)
Kunstverlag Hofstetter, 4910 Ried im Innkreis (Seite 100 unten, Umschlag Rücken)
Kurt Kotrschal (Seite 312)
Kurverwaltung Bad Hall (Seite 133)
Landesfremdenverkehrsverband O.Ö./A. Laimer (Seite 161)
Landesverband für Tourismus O.Ö. (Seite 143, 154, 181)
Lang & Lang (Seite 355)
Alois Lindenbauer (Seite 361)
Franz Maier (Seite 16)
Museum der Stadt Steyr (Seite 36, 45)
Museum Industrielle Arbeitswelt, Steyr (Seite 52, 98)
K. Neubauer (Seite 360)
OKA (Seite 13 oben, 267), /Schaffler (Seite 209)
O.Ö. Landespresse/F. Linschinger (Seite 90, 210 oben und unten, 211 oben, 216, 323, Cover unten Mitte li.), /Grilnberger (Seite 99 unten, 225)
O.Ö. Sensenschmiedemuseum Micheldorf (Seite 15 oben)
OÖW/Eder (Seite 10 unten), /Himsl (Seite 10 oben re., 11 oben li., 11 oben re., 14 unten, 15 unten, 104, 290, 301, 306 unten, 308, 309 unten, 310 oben und unten, 321, 381), /Fersterer (Seite 99 oben), /Höfer (Seite 102 oben li., 333), /Schwager (Seite 113, 146, 149)

FOTONACHWEIS

Österreich Werbung/Lessing (Seite 12), /Wiesenhofer (Seite 41, 116, 163), /Reinhard (Seite 105), /Trumler (Seite 100 oben, 101 oben und unten, 103 oben li., 120, Umschlag hinten)
Arno Pilgram (Seite 347, 368)
Matthias Schickhofer (Seite 189)
Stift Schlierbach (Seite 103 oben re., 186)
Tourismusverband Steyr (Seite 59, Cover unten li.)
Tourismusverband Hinterstoder (Seite 328)
Verein Eisenstraße (Seite 65, 87, 137, 141, 215 oben, 240, 345, Cover großes Bild), /H. Sperer (Seite 9, 14 oben, 265, 306 oben li., Cover unten re.), /Helga Singer (Seite 13 unten), /Kurt Redl (Seite 47), /W. Ebenhofer (Seite 73, 75, 173, 233, 243, 251, 356, 385), /H. Krottendorfer (Seite 215 unten), /Brunntaler (Seite 377)
Michael Wartecker (Seite 371)
Udo B. Wiesinger (Seite 307 oben re.)
Hermann Zangenfeind (Seite 125)

DIE AUTOREN
Inge Forster, geboren 1948 in Steyr.
Psychotherapeutin in freier Praxis in Wien.
Rudolf Forster, geboren 1949 in Steyr.
Professor für Soziologie an der Universität Wien.

DER NEUSIEDLER SEE

Sebauer/Vesely/Weisgram

Dieser Reiseführer führt nicht nur zu den bekannten Badeorten am Neusiedler See, sondern auch in die stillen Gegenden des Hinterlandes, in Küche und Keller und in die faszinierende Tier- und Pflanzenwelt des grenzüberschreitenden Nationalparks.

416 Seiten, mit zahlreichen Fotos, Tips und Adressen

DAS WEINVIERTEL

Thomas Hofmann

In ausführlichen Beschreibungen macht Sie dieser Band mit Kunstdenkmälern, Landschaft und Bewohnern dieser stillen und erholsamen Gegend bekannt.

472 Seiten, mit zahlreichen Fotos, Tips und Adressen

DER WIENERWALD

Wolfgang Weisgram

Dieser Reiseführer macht den Leser nicht nur mit den gerne besuchten Kulturdenkmälern wie dem Stift Klosterneuburg oder Heiligenkreuz, sondern auch mit den verborgenen Schönheiten des riesigen Waldgebiets rund um Wien vertraut.

416 Seiten, mit zahlreichen Fotos, Tips und Adressen

STEIRISCHES HÜGELLAND

Lilli und Werner T. Bauer

In diesem Band wird der südlichen Steiermark – der „österreichischen Toskana" – mit ihren vielfältigen landschaftlichen und kulturellen Schönheiten und kulinarischen Köstlichkeiten ein lebendiges Denkmal gesetzt. Mit Abstechern in die Landeshauptstadt Graz, ins Südburgenland und nach Slowenien und Ungarn.

424 Seiten, mit zahlreichen Fotos, Tips und Adressen